MEURTRE D'UN DISSIDENT

ALEX GOLDFARB
MARINA LITVINENKO

MEURTRE D'UN DISSIDENT

L'empoisonnement d'Alexandre Litvinenko
et le retour du KGB

*traduit de l'anglais (États-Unis) par
Claude-Christine Farny et Odile Demange*

ROBERT LAFFONT

Titre original : DEATH OF DISSIDENT
© Alexandre Goldfarb et Marina Litvinenko, 2007
Traduction française : Éditions Robert Laffont, S.A., Paris, 2007

ISBN 978-2-221-10936-6
(édition originale : ISBN 978-1-4165-5316-8, Free Press/Simon & Schuster, Inc., New York)

Pour Sacha

   Les pages qui suivent contiennent le récit très personnel de la vie et de la mort d'un homme ; mais elles retracent aussi des événements historiques, les faits et les méfaits de dirigeants mondiaux.
   Je me suis appuyé sur des informations de première main. Cette histoire traduit, j'en suis certain, les analyses et les convictions de Sacha Litvinenko, aussi bien que les miennes. Je ne prétends pas être un observateur neutre. Mais je pense être honnête, et je suis sans doute, grâce à Marina, le plus apte à parler au nom de Sacha.
   Tous les extraits de conversations reproduisent mes souvenirs personnels ou ceux de participants directs. Certains en gardent peut-être une image différente, d'autres ont présenté à leur façon les événements évoqués ici. Que l'Histoire définisse la vérité ultime. C'est la mienne, et celle de Sacha, que je propose ici au lecteur.

Alex GOLDFARB

Les principaux protagonistes

LES ESPIONS

Barsoukov, Mikhaïl, directeur du FSB de 1995 à 1996
Khokholkov, Evgueni, chef de la division opérationelle contre les organisations criminelles (URPO)
Kovalev, Nikolaï, directeur du FSB de 1996 à 1998
Trofimov, Anatoli, chef du secteur de Moscou au FSB jusqu'en 1997
Volokh, Vyacheslav, chef de la cellule antiterroriste (CAT) du FSB

LES DÉNONCIATEURS

Chebaline, Victor, adjoint de Goussak à l'URPO (peut-être une taupe)
Goussak, Alexandre, supérieur hiérarchique de Litvinenko à l'URPO
Litvinenko, Alexandre (Sacha)
Ponkine, Andreï, sous-lieutenant de Litvinenko

LES OLIGARQUES

Abramovitch, Roman, ancien codirigeant d'Aeroflot et de Sineft
Berezovski, Boris, ancien codirigeant de la chaîne ORT, d'AutoVAZ et d'Aeroflot
Goussinski, Vladimir (surnommé **Goose**), ancien codirigeant d'Aeroflot et de Sineft
Potanine, Vladimir, premier vice-Premier ministre de la Fédération de Russie

LES RÉFORMATEURS

Chekotchihine, Iouri, journaliste, membre de la Douma, assassiné en 2003
Eltsine, Boris, président de la Fédération de Russie de 1991 à 1999
Eltsine, Tatiana (Tania), fille d'Eltsine

Ioumachev, Valentin (Valia), journaliste, secrétaire général du Kremlin, compagnon de Tania
Soros, George, homme d'affaires américain, philanthrope
Tchernomyrdine, Viktor, Premier ministre russe de 1992 à 1998
Tchoubaïs, Anatoli, vice-Premier ministre de 1994 à 1996

Les autocrates

Korjakov, Alexandre, ex-agent du KGB, chef de la sécurité d'Eltsine
Koulikov, Anatoli, ministre de l'Intérieur
Lebed, Alexandre, lieutenant général, chef du Conseil national de sécurité sous Eltsine
Poutine, Vladimir, directeur du FSB de 1998 à 1999, Premier ministre jusqu'en 2000, puis président
Primakov, Evgueni, ministre des Affaires étrangères de 1996 à 1998, Premier ministre de 1998 à 1999
Skouratov, Iouri, procureur général de 1995 à 1999.
Volochine, Alexandre, secrétaire général de 1999 à 2003

Les Tchétchènes

Baraïev, Arbi, chef militaire
Bassaïev, Chamil, rebelle
Doudaïev, Djokhar, premier président de Tchétchénie, assassiné
Iandarbiev, Zelimkhan, deuxième président de Tchétchénie, assassiné
Maskhadov, Aslan, troisième président de Tchétchénie de 1997 à 2005
Oudougov, Movladi, vice-Premier ministre
Radouïev, Salman, chef militaire
Zakaïev, Akhmed, ancien ministre exilé

Les enquêteurs

Felchtinski, Iouri, coauteur avec Alexandre Litvinenko de *Blowing Russia*
Politovskaïa, Anna, journaliste à *Novaya Gazeta*, assassinée
Tregoubova, Elena, journaliste et auteur des *Contes d'une exploratrice du Kremlin*

Les suspects

Kovtoun, Dimitri, ancien agent du KGB
Lougovoï, Andreï, ancien agent opérationnel du FSB
Scaramella, Mario, avocat, consultant en sécurité
Sokolenko, Vladislav, ancien agent du KGB

Première partie

LA FABRICATION D'UN DISSIDENT

1
Droit d'asile

New York, 25 octobre 2000

La sonnerie de mon portable me réveilla en pleine nuit.
— Salut ! Tu es où ?
C'était la voix de Boris. Il m'appelait de sa maison de Cap-d'Antibes. Boris Berezovski était à l'époque l'un des plus riches et des plus puissants oligarques russes. Brouillé avec le nouveau président, Vladimir Poutine – qu'il avait pourtant formé pour le job –, il avait annoncé qu'il ne rentrerait pas au pays après ses vacances en France. Poutine avait entrepris l'exclusion systématique de tous les alliés de Berezovski encore en poste dans l'administration. Boris devait donc se méfier des écoutes téléphoniques, il s'assurait que je n'étais pas en Russie avant de commencer à parler.
— Tu te souviens de Sacha Litvinenko ?
Je m'en souvenais, effectivement. Membre du FSB (Service fédéral de sécurité), un des organismes qui avaient remplacé le KGB, dans la division chargée du crime organisé, le lieutenant-colonel Alexandre (Sacha) Litvinenko était l'un des hommes de Boris. Deux ans plus tôt, Sacha s'était fait remarquer en organisant une conférence de presse dans laquelle, entouré de quatre officiers masqués qui confirmèrent ses allégations, il dénonçait un complot fomenté par une poignée de généraux du FSB pour assassiner Berezovski. C'était peu de temps après la décision, prise par Boris Eltsine, de remplacer le directeur du FSB, un

vieux général à trois étoiles, par Vladimir Poutine, un ancien espion sans envergure parachuté par l'administration du Kremlin.

Attaquer le *Kontora* (le Bureau) publiquement, à la télévision et à une heure de grande écoute, ne pouvait être bien vu par le QG de la Loubianka. Litvinentko fut donc arrêté peu après sous le prétexte qu'il avait cogné un suspect quelques années auparavant. Il passa plusieurs mois à Lefortovo, la tristement célèbre prison de l'ancien KGB.

À l'époque, j'avais demandé à Boris de me présenter Sacha parce que je dirigeais pour George Soros (le financier américain) un projet de santé publique destiné à endiguer une épidémie de tuberculose dans les prisons russes. Je voulais interroger Sacha sur les services médicaux de Lefortovo. J'avais eu accès aux prisons dépendant du ministère de la Justice, mais pas à Lefortovo qui relevait du FSB. Je souhaitais rencontrer un ancien détenu pour me faire une idée de l'état sanitaire de ces geôles secrètes.

— Oui, je me souviens de Litvinenko, dis-je.
— Eh bien, il est en Turquie.
— Et c'est pour me dire ça que tu me réveilles à 5 heures du matin ?
— Il est en fuite.

Litvinenko se cachait dans un hôtel de la côte méditerranéenne avec sa femme et son fils. Il s'apprêtait à se livrer à l'ambassade des États-Unis.

— Tu es un ancien dissident, me dit Boris, citoyen américain de surcroît. Sacha pense que tu es le seul à pouvoir l'aider.
— Mais pourquoi ? Je le connais à peine.
— Tu es le seul Américain qu'il connaisse.

Quelques heures plus tard, et après avoir appelé Sacha, je pénétrai dans l'Old Executive Office Building, à Washington, pour y rencontrer un vieil ami, un spécialiste russe employé au Conseil national de sécurité du président Clinton.

Un policier, plutôt décontracté, jeta un rapide coup d'œil à ma carte d'identité. Cela se passait un an avant le 11 Septembre. L'élection présidentielle aurait lieu quinze jours plus tard, et personne à Washington ne se souciait des Russes ni de la Russie. Sans plus de formalité, j'étais entré à l'intérieur du bâtiment.

— Je peux t'accorder dix minutes, me dit mon ami. Alors, quelle est cette affaire urgente dont tu ne peux pas m'entretenir au téléphone ?

Je lui parlai de Litvinenko, de mon intention de le rejoindre en Turquie et de l'accompagner à l'ambassade américaine.

— En tant que fonctionnaire du gouvernement américain, je dois te dire qu'il n'est pas dans nos habitudes d'aider les agents russes à passer à l'Ouest, répondit-il. Et en tant qu'ami, je te conseille de ne pas t'en mêler. Ce genre d'affaire, c'est pour les professionnels, et tu n'en es pas un. Il y aura de l'imprévu, fais-moi confiance. Ça peut devenir dangereux. Et si tu t'embarques là-dedans, tu ne maîtriseras rien, ça va être un cercle vicieux, personne ne peut prédire où cela te mènera. Alors, si tu veux mon avis, tu rentres chez toi et tu oublies cette affaire.

— Mais Litvinenko ? Que va-t-il devenir ?

— Ce n'est pas ton problème. Litvinenko est un grand garçon. D'ailleurs il savait très bien ce qu'il faisait.

— Que se passera-t-il s'il se présente lui-même à notre ambassade ?

— *Primo*, ils ne le laisseront pas entrer. Ils ont de sérieux problèmes de sécurité là-bas. Ankara n'est pas Copenhague. Au fait, quel genre de papiers a-t-il ?

— Je ne sais pas.

— *Secundo*, même s'il réussit à entrer, il aura affaire à des employés d'ambassade dont le boulot – il sourit – consiste à maintenir les gens hors des États-Unis.

— Mais ce n'est pas n'importe qui.

— Écoute, s'il peut le prouver, peut-être qu'il sera reçu par – il hésita, cherchant le mot juste – *d'autres gens*. Théoriquement, ces gens-là pourraient intervenir en sa faveur, tout dépend...

— De ce qu'il peut leur offrir ?
— Exact.
— Je n'en ai pas la moindre idée.
— Eh bien, cela confirme ce que je t'ai dit, tu n'es pas un professionnel, conclut mon ami avec un sourire, au moment où je me levais pour prendre congé.

Ma décision était déjà prise, je ne suivrais pas ses conseils. J'avais été dissident moi aussi. Parti en 1975, j'étais alors un jeune biologiste juif qui militait à Moscou contre le régime soviétique. Mon père, scientifique lui aussi, était un *refuznik* qui n'obtint la permission d'émigrer que dix ans après moi. Aider les gens à échapper aux griffes de Moscou était dans ma nature. Je pris l'avion pour la Turquie.

À première vue, la famille Litvinenko, descendue dans un petit hôtel de la côte, ressemblait à des touristes russes ordinaires comme il y en a des milliers sur la Riviera turque. Un père sportif faisant son jogging matinal sur la plage, une mère joliment bronzée après une semaine au soleil et un garçon de six ans ; cette petite famille n'éveillait aucun soupçon dans une population locale pour qui les touristes venus du Nord représentent une manne économique.

Mais à les regarder de plus près, on pouvait remarquer la tension qui accablait ces trois fugitifs. Elle apparaissait dans les regards furtifs que Sacha lançait autour de lui, dans les yeux rougis de Marina, et dans l'attention constante que réclamait aux adultes le petit Tolik.

La Turquie est l'un des rares pays où les ressortissants russes peuvent entrer sans visa, ou plutôt en achetant un visa à la frontière pour trente dollars. Marina et Tolik étaient arrivés avec un passeport russe normal, ils venaient d'Espagne où ils faisaient du tourisme. Sacha avait de faux papiers ; il me montra un passeport de l'une des ex-républiques soviétiques, avec sa photo mais un nom différent.

— Comment vous l'êtes-vous procuré ?
— Avez-vous oublié où je travaillais ? Cent amis valent mieux que cent roubles, dit le proverbe.

— Mais comment allons-nous prouver votre véritable identité ?

Il me montra son permis de conduire et sa carte de vétéran du FSB, au nom du lieutenant-colonel Litvinenko.

— Les gens qui vous surveillaient, à Moscou, sont-ils au courant de votre départ ?

— Oui, cela fait une semaine qu'ils me cherchent.

— Comment le savez-vous ?

— Nous avons appelé ma belle-mère.

— Si vous avez téléphoné d'ici, ils savent que vous êtes en Turquie.

— Je me suis servi de ça, dit-il en me montrant une carte téléphonique espagnole, l'appel passe par un numéro d'accès en Espagne, on ne peut pas le localiser. Ils nous croient dans ce pays.

— Vous n'auriez pas dû appeler. Je ne serais pas surpris qu'ils aient déjà mis Interpol à vos trousses pour le braquage d'une banque.

— Oui, mais nous devions absolument rassurer nos parents. Ils n'étaient pas au courant de nos projets.

Un éclair de panique et de défi passa dans les yeux gris pâle de Sacha.

— Quelle bande de salauds ! Ils nous pourchassent comme des lapins !

Échange de regards entre Marina et moi. C'était sa première explosion de colère. Pourtant nous discutions depuis des heures, mais je voyais bien qu'il faisait des efforts pour conserver son calme.

Le lendemain, nous avons loué une voiture et pris la route d'Ankara. La nuit était claire. Nous roulions à pleine vitesse sur l'autoroute déserte, traversant un paysage de pierres. Sacha me racontait des histoires du FSB pour me tenir éveillé au volant.

À l'hôtel Sheraton d'Ankara, Joseph nous attendait. C'était un juriste américain scrupuleux, spécialiste des affaires de réfugiés que j'avais contacté avant de m'envoler vers la

Turquie. Il avait gentiment accepté de quitter l'Europe de l'Est où il travaillait pour venir passer quelques heures avec nous. Boris Berezovski payait tous les frais.

Joseph expliqua que pour demander l'asile, Sacha aurait d'abord dû se rendre aux États-Unis. De l'extérieur, il ne pouvait prétendre qu'à un visa de réfugié, mais il y avait des quotas annuels, et l'attente pouvait être longue ; des mois ou même des années.

— À l'époque, les réfugiés soviétiques entraient facilement aux États-Unis, dis-je.

— Oui, mais c'était la guerre froide, répliqua Joseph. Bien sûr, il existe une procédure plus directe que nous appelons « passe-droit pour raison d'intérêt public », mais il faut une décision des autorités supérieures pour l'obtenir. De toute façon, je pense que vos amis devraient remplir un formulaire officiel d'admission en tant que réfugiés pour que leurs papiers soient dans le circuit. Ensuite, ils resteront en Turquie pendant que, de votre côté, vous irez à Washington essayer de tirer quelques ficelles.

— Joseph, n'oubliez pas que Sacha est un officier du FSB, pas un réfugié ordinaire.

— Je vais vous confier un secret, répondit le juriste. La CIA dispose d'un tas de cartes vertes vierges. Tout ce qu'ils ont à faire, c'est inscrire un nom dessus. Si la personne les intéresse, elle se retrouve à Washington en quelques heures, sans passer par les procédures d'immigration. Mais cela implique de conclure un accord avec eux. Vous leur donnez quelque chose, ils vous assurent leur protection. Alors, il faut que votre ami comprenne : pour fuir la tyrannie, il doit négocier des secrets. Difficile de combiner les deux.

Je traduisis pour Sacha.

— Il faut que je voie ce que j'aurais à offrir, dit-il d'un ton sarcastique.

Joseph donna un dernier conseil à Sacha :

— De toute façon, au moment de marchander avec eux, soyez ferme. D'abord votre visa, ensuite seulement vous leur donnez ce qu'ils veulent.

En fin d'après-midi, le 30 octobre, j'accompagnai les Litvinenko à l'ambassade d'Ankara. Mon passeport américain nous permit de passer devant la file de personnes moins privilégiées qui s'étirait le long du mur d'enceinte sous la surveillance de deux voitures de police. J'avais prévenu de notre arrivée.

Un jeune homme nous accueillit :

— Bienvenue à l'ambassade des États-Unis. Je suis le consul. Veuillez me présenter vos papiers, monsieur Litvinenko.

Un marine nous prit nos téléphones portables et nous tendit des laissez-passer provisoires attachés à des chaînettes en métal. Puis le consul nous fit traverser une cour vide et tapa un code sur la serrure électronique d'une lourde porte qui s'ouvrit en grinçant. Un autre marine nous conduisit jusqu'à une pièce étrange, sans fenêtres. Une table et des chaises en occupaient le centre, un gros ventilateur tournait au plafond. Une caméra vidéo nous fixait depuis le mur d'en face. Sacha et moi nous nous sommes regardés. C'était la « bulle », cette pièce insonorisée que l'on trouve dans les romans d'espionnage. Nous étions à peine assis que la porte s'ouvrit de nouveau. Un autre Américain, la quarantaine, lunettes noires sur le nez, entra.

— Voici Mark, mon collègue de la section politique, dit le consul.

Exactement ce qu'avait prédit mon ami, à Washington : les gens du consulat et *d'autres gens*.

— Alors, monsieur Litvinenko, dit le consul, en quoi puis-je vous être utile ?

La suite se déroula selon le scénario décrit par le juriste. Sacha leur raconta son histoire et demanda l'asile pour lui-même et pour sa famille ; le consul répliqua qu'il comprenait leur situation, qu'il compatissait, mais que les ambassades ne pouvaient rien pour les demandeurs d'asile.

— Si vous voulez un visa de réfugié, la procédure est longue, mais remplissez les formulaires, nous essaierons d'accélérer le processus. Et sachez que les décisions se prennent à Washington.

Je dis que j'essaierais de leur obtenir un passe-droit depuis Washington.

— C'est une bonne idée, approuva le consul.

Malgré le ventilateur, il faisait très chaud dans la bulle et nous avions soif. Tolik, sentant qu'il se passait quelque chose de très important, se tenait tranquille. De grosses larmes coulaient sur les joues de Marina.

— Considérant la situation particulière de M. Litvinenko, dis-je, il y a des raisons de craindre pour sa sécurité et celle de sa famille. Serait-il possible de les loger dans un endroit sûr, comme le quartier où vit le personnel de l'ambassade, en attendant que leur cas soit résolu ?

— Malheureusement, c'est impossible.

— Dans quel hôtel êtes-vous descendus ? demanda Mark qui n'avait encore rien dit.

— Le Sheraton.

— Je pense que vos craintes sont exagérées. Le Sheraton est un site américain et nous sommes en territoire musulman. Étant donné la menace de terrorisme, le Sheraton possède un dispositif de sécurité correct. J'aimerais m'entretenir avec M. Litvinenko en particulier. – Et avant que j'aie eu le temps de réagir, il ajouta : – Nous n'aurons pas besoin de traducteur.

Sacha acquiesça et nous partîmes. Le consul nous raccompagna jusqu'à l'entrée, nous rendit nos passeports et nous souhaita bonne chance. Marina, Tolik et moi longeâmes en silence les barrières de sécurité derrière lesquelles la file des demandeurs de visas avait disparu. La rue était toujours bloquée, il n'y avait aucune circulation et l'air était pesant. Je regardai les immeubles, plus hauts que la cime des arbres, en me disant que derrière l'une de ces fenêtres, des agents russes devaient nous surveiller, pointer leurs jumelles sur nous, prendre des photos. J'espérais que les Américains auraient la bonne idée d'escorter Sacha jusqu'à l'hôtel.

Lorsque Mark téléphona, presque quatre heures plus tard, il faisait déjà nuit.

— Vous pouvez venir chercher votre ami, me dit-il.

Nous aurions pu rentrer à pied jusqu'à l'hôtel, mais Sacha n'était pas prêt à retrouver les siens.

— Allons faire un tour en voiture, dit-il en grimpant dans un taxi jaune. J'ai besoin d'un peu de temps pour reprendre mes esprits.

— Pourquoi vous ont-ils retenu si longtemps ? J'étais impatient de savoir ce qu'il s'était passé.

— Ils ont mis du temps à me faire craquer.

— Craquer ? que voulez-vous dire ?

— Me faire parler. Ils ont établi une liaison sécurisée avec Washington. Et le type, là-bas – il vous ressemblait comme un frère, d'ailleurs –, ce n'était pas n'importe qui : il parlait russe sans accent. Et il avait toute une équipe autour de lui. Il a commencé par vérifier mes dires. Il me posait une question et attendait que ses amis aient comparé la réponse avec les données dont ils disposaient. Une fois renseignés sur ce que je pouvais savoir, ils ont passé trois heures à essayer de m'extorquer un nom. Du genre : « Écoutez, je suis sincèrement disposé à vous aider, mais vous devez me donner quelque chose qui plaide en votre faveur, je ne peux pas monter là-haut les mains vides. » La technique habituelle, quoi.

— Qu'avez-vous fait ?

— J'ai fini par leur donner quelque chose. Cela faisait des heures que j'étais assis là, et à un moment je me suis dit : « Et zut ! après tout, je n'ai rien à perdre. » Il a vraiment sursauté quand je lui ai lâché le morceau – un nom, juste un nom. « Très bien, très bien, c'est tout ce dont j'ai besoin. Merci beaucoup. Inscrivez ce nom sur une feuille de papier, s'il vous plaît. »

— Et ils vous ont promis quelque chose ?

— Non, rien. Rentrez à l'hôtel et attendez. Maintenant, advienne que pourra.

Son indifférence affectée dissimulait mal sa tension. J'essayais de m'imaginer à sa place – à la merci de mon sosie sur un écran, risquant ma vie et celle des miens, ne sachant pas quoi faire. Tout dire ou garder le silence ? Et quel nom avait-il donné ?

Ce soir-là, au dîner, nous devions offrir un spectacle pathétique. Tolik était de mauvaise humeur ; Sacha, perdu dans ses réflexions, ne disait rien ; Marina et moi essayions d'entretenir la conversation. Tôt ou tard, j'allais devoir rentrer chez moi – en fait, mon billet de retour était pour le lendemain matin, mais je n'osais pas le leur annoncer.

Soudain, Sacha dit :

— Ils sont déjà là. Vous voyez ce type avec son journal, au bar ? Il était dans le vestibule, à notre étage, et je le retrouve ici. Je vais vérifier.

Il quitta la table pour se rendre aux toilettes. L'homme se tourna de manière à surveiller la porte de celles-ci. Sacha sortit et se dirigea vers le hall de l'hôtel. L'homme changea encore de position pour ne pas le perdre de vue.

— Quel crétin ! Si j'avais bossé comme ça, je me serais fait virer depuis longtemps, dit Sacha en me tendant le journal qu'il avait pris dans le hall. Quelles sont les nouvelles ?

Je jetai un coup d'œil à la une du *Turkish Times*. « Coup de filet dans le milieu russe », annonçait le gros titre. L'article précisait que deux cent mille Russes résidant illégalement en Turquie se livraient à la prostitution et au trafic de réfugiés vers l'Europe. Les autorités avaient lancé une opération de regroupement et de renvoi vers la Russie. Ce n'était pas précisément le genre de nouvelle que Sacha avait besoin d'entendre ce soir-là.

— Vous pensez qu'il est seul ? demandai-je pour en revenir à notre suiveur.

— Oui, sûrement. Sinon, il ne m'aurait pas filé d'étage en étage. Et d'ailleurs, un seul suffit – où pourrions-nous aller en pleine nuit ? Ils nous ont probablement pris en chasse depuis l'ambassade. Il faut partir d'ici.

Nous nous sommes regardés avant de dire, au même moment : « Heureusement que nous n'avons pas rendu la voiture. »

— Marina, tu prends la clé de la chambre d'Alex, discrètement, dit Sacha. Tu montes dans notre chambre, tu fais les valises. Transporte-les ensuite dans la chambre d'Alex et attends-le. Si ce type est tout seul, il va rester ici, avec moi.

Marina bâilla, nous dit bonsoir, et tira le petit Tolik à moitié endormi vers l'ascenseur. Une demi-heure plus tard, nous quittâmes la salle à manger, Sacha et moi. L'homme resta accoudé au bar.

Nos chambres étaient à des étages différents, la leur au septième, la mienne au huitième. Quand l'ascenseur s'arrêta, nous échangeâmes un regard. Dans le sien, je lus de la panique. Il allait devoir franchir seul l'espace qui le séparait de sa chambre – il ferait une cible idéale. Il sortit de l'ascenseur.

Quand j'entrai dans ma chambre, Marina regardait la télé et Tolik dormait sur mon lit, tout habillé.

Il nous fallut un bon quart d'heure, et deux allers et retours au sous-sol où se trouvait le garage, pour charger toutes nos affaires dans la voiture et y installer Tolik. Ensuite, j'ai appelé la chambre de Sacha :

— Nous sommes prêts. Allons-y.

Trois minutes plus tard, il sautait dans la voiture et nous quittions l'hôtel aussitôt. Il était 1 h 30 du matin. Je gardais un œil sur le rétroviseur pour voir si nous étions suivis, mais Sacha me dit de ne pas chercher ; en agglomération, il était impossible de s'en rendre compte. Une fois sur l'autoroute, ce serait plus facile.

— Si seulement je savais quelle direction prendre, dis-je.

Nous n'avions pas de plan d'Ankara. Au coin d'une rue, plusieurs taxis jaunes attendaient. Je m'arrêtai.

— Pour aller à Istanbul ? demandai-je en anglais. Istanbul, Istanbul !

Une longue explication en turc s'ensuivit. Je fis comprendre à un chauffeur que je le suivrais s'il voulait bien nous mettre sur la bonne route. Une demi-heure plus tard, nous roulions dans la bonne direction.

— Arrêtez-vous, me dit Sacha après un virage serré. Attendez dix minutes.

Personne ne nous suivait. Nous continuâmes dans un silence morose.

— Je ne m'en sortirai pas vivant, dit soudain Sacha. Si les Turcs me livrent, je me tuerai.

Je regardai dans le rétroviseur. Marina et Tolik dormaient.

Quelques minutes plus tard, il reprit la parole :

— Je vais aller me rendre aux Russes. Plaider coupable, purger ma peine, ce sera mieux que de pourrir en Turquie.

— Ne dis pas de bêtises, souffla Marina sans ouvrir les yeux.

— Et qu'est-ce que je peux faire d'autre ? demanda Sacha.

— Arriver à Istanbul, dis-je, trouver un hôtel et dormir. Cela fait quatre nuits que je n'ai pas bien dormi. Et ensuite on pourra chercher une solution.

— Vous voulez que je prenne le volant ?

— Non. Si on nous arrête et qu'on trouve des noms différents sur votre permis de conduire et sur votre passeport, nous serons fichus.

Voyager de nuit délie les langues. Surtout quand on vient de couper les ponts derrière soi, que l'on est dans une voiture avec femme et enfant endormis à l'arrière et que l'on parle à la seule personne qui vous soutienne dans un monde étranger et hostile. Trois heures plus tard, je savais tout de Sacha, sauf peut-être le secret qui avait suscité une telle effervescence à la CIA.

À l'aube, un épais brouillard nous enveloppait. D'après le compteur kilométrique, nous devions approcher d'Istanbul, mais nous n'avions devant nous qu'un mur blanc, désespérément opaque. Et si le chauffeur de taxi nous avait fait une farce ? S'il nous avait envoyés dans la mauvaise direction ? Nous n'avions presque plus d'essence. Tout en conduisant, je pensais aux mises en garde de mon copain de Washington – nous foncions vers l'inconnu, et qu'adviendrait-il de nous dans une heure si nous tombions en panne d'essence sur cette autoroute déserte et si des flics venaient nous demander nos papiers ?

Soudain, un panneau vert émergea du brouillard : Aéroport Kemal Atatürk. Et cinquante mètres plus loin, je m'arrêtai dans une station d'essence.

Enfin arrivés à Istanbul, nous sommes descendus à l'hôtel

Hilton. Là, grâce au généreux budget alloué par Boris Berezovski, nous avons demandé une suite royale avec vue sur le Bosphore, et nous nous sommes glissés entre les draps après avoir accroché sur la porte le panneau « Ne pas déranger ».

Je me suis réveillé à 4 heures de l'après-midi et j'ai immédiatement rallumé mon portable – il était éteint depuis notre départ d'Ankara, j'avais peur qu'il puisse servir à nous repérer. Une douzaine de messages s'affichèrent sur l'écran. Mark, de l'ambassade des États-Unis, nous avait appelés toutes les demi-heures, avec de plus en plus d'anxiété dans la voix. Où étions-nous ? Pourquoi ce silence ? Il avait des choses importantes à nous transmettre.

— Désolé, Mark, nous avions un retard de sommeil à rattraper, lui dis-je.

— Dieu soit loué ! On ne vous trouvait pas à l'hôtel, nous étions inquiets. Bonne nouvelle, mon vieux, nous les acceptons ! Qu'ils soient prêts dans vingt minutes, nous viendrons les chercher.

— Le problème, c'est que nous sommes à Istanbul.

— Istanbul, pourquoi diable êtes-vous allés là-bas ?

— Un type nous surveillait, nous avons fui.

— Je vois. Humm, cela complique les choses. On vous surveille encore ?

— Je ne crois pas.

— O.K., laissez votre téléphone allumé, je vous rappelle.

À son second appel, le ton de sa voix n'était plus le même :

— Mauvaise nouvelle, mon vieux, ils ont changé d'avis. On ne les accepte plus.

— Comment ça, ils ont changé d'avis ?

Je ne saisis pas immédiatement toutes les implications de ce revirement. Les dimensions de la catastrophe mirent du temps à m'apparaître, creusant progressivement d'un trou noir l'image paisible que j'avais sous les yeux – Sacha sur le balcon admirant le Bosphore, Tolik regardant des dessins animés à la télé, Marina préparant les valises. Qu'allais-je faire d'eux, maintenant ?

— Vous n'avez pas compris ? Ils ont changé d'avis au QG, répéta Mark d'une voix contenue. Vous êtes livrés à vous-mêmes. Nous ne pouvons pas vous aider.

— Est-ce parce que nous sommes à Istanbul ? – J'avais posé la première question qui me passait par la tête, dans le seul but de le retenir.

— Non, bien sûr que non. Je ne peux rien vous dire de plus... Je suis désolé. Bonne chance.

Et il raccrocha.

Voilà pourquoi je ne pourrais pas travailler pour le gouvernement. Je serais incapable de transmettre des nouvelles comme celle-là. Je suis un fervent amateur de l'œuvre de John Le Carré, et je n'avais plus aucune illusion sur le métier d'espion, mais j'étais tout de même pris au dépourvu, et furieux. Laisser tomber un homme qui leur avait donné ce qu'ils demandaient ! Il fallait que je leur dise ma façon de penser !

Je composai le numéro de Mark. Une voix enregistrée prononçait quelque chose en turc où seuls les mots « Télécom turques » étaient identifiables. L'abonnement n'existait sans doute plus maintenant que l'opération avait avorté. Il était inutile d'appeler la ligne fixe de l'ambassade. On me répondrait certainement qu'aucun Mark ne faisait partie du personnel.

Je descendis dans le hall d'entrée pour appeler Boris sans que Sacha et Marina m'entendent.

— Bon sang, mais où étiez-vous, tous ? s'exclama-t-il. J'ai essayé de te joindre toute la journée.

— Il y a des complications, je t'en parlerai plus tard. En résumé, nous sommes allés à l'ambassade, mais les Américains ne veulent pas d'eux.

Boris ne renonce jamais. Pendant que nous traversions la Turquie en voiture, il avait déjà mis au point le plan B : un yacht affrété en Grèce allait venir nous chercher et nous transporter en eaux libres.

— Et après ? demandai-je. Ils vont sillonner les mers jusqu'à la fin des temps, comme le Hollandais volant ? On peut se perdre dans une grande ville, mais pas se cacher sur un yacht.

Tôt ou tard, ils devront descendre à terre et montrer leurs papiers.

— Ça laisserait au moins le temps de se retourner.

— J'ai un autre plan, mais je ne peux pas t'en parler au téléphone.

Pour demander le droit d'asile, Sacha devait se trouver sur le sol d'un pays susceptible de le lui accorder. Mais il ne pouvait pas monter à bord d'un avion vers un de ces pays sans visa, et il ne pourrait pas obtenir de visa avec son faux passeport. Mon plan consistait à prendre des billets pour Moscou avec changement d'avion dans un aéroport ouest-européen où il pourrait demander le droit d'asile. Il n'est pas besoin de visa pour ce genre de voyage, tant que l'on reste en zone de transit. Je consultai les horaires de vol sur Internet.

— Où voulez-vous aller ? En France ? En Allemagne ? En Angleterre ? demandai-je aux Litvinenko.

— N'importe où, répondit Sacha, du moment qu'on part le plus vite possible.

— Je voudrais aller en France, dit Marina.

— Je crois qu'il vaut mieux choisir l'Angleterre. Au moins, là-bas, je pourrai expliquer qui vous êtes.

Le matin suivant, notre groupe se présentait au comptoir d'enregistrement de la Turkish Airlines : un Américain barbu qui parlait russe, sans bagage et avec un passeport presque rempli de tampons d'entrée en Russie ; une belle femme russe avec un enfant turbulent et cinq valises ; un homme athlétique affirmant être citoyen d'une nation insignifiante et portant des lunettes de soleil malgré le temps couvert. Ces lunettes lui permettaient d'observer attentivement la foule dispersée de l'aérogare. Je surpris le regard d'un policier turc fixé sur nous. Il prenait sans doute Sacha pour mon garde du corps.

Nous nous sommes présentés à l'enregistrement pour un vol vers Londres avec correspondance à Heathrow pour Moscou par Aeroflot. L'enregistrement se passa normalement, mais au contrôle des passeports un policier s'intéressa de très près à celui de Sacha. Marina, Tolik et moi étions passés sans encombre et nous regardions cet employé zélé retourner le passeport dans tous les sens, l'examiner page après page, le soumettre à la lumière des ultraviolets. Il lui fallut plusieurs minutes pour se décider à tamponner le document et à faire signe à Sacha d'avancer. Gagné ! me dis-je. Notre avion allait bientôt décoller et nous nous sommes précipités vers la porte d'embarquement.

— Ça y est ? On a réussi ? demanda Marina tout heureuse.

Et puis nous les avons vus. Deux Turcs à la drôle d'allure nous suivaient à distance. On ne pouvait les manquer, ils couraient à la même vitesse que nous, comme s'ils faisaient partie de notre groupe.

— Tu les vois ? ai-je demandé à Sacha.

Il acquiesça.

— Ils nous ont repérés au contrôle des passeports.

— Oui, sans doute.

Nous sommes arrivés à la porte d'embarquement juste à temps. Nous étions les derniers à monter à bord. Les deux hommes se sont assis, sans nous quitter des yeux. Une jeune femme en uniforme de la Turkish Airlines a pris nos cartes d'embarquement et nos passeports.

— Vous, ça va, m'a-t-elle dit. Mais vous – elle considéra Sacha et Marina d'un air interrogateur –, vous n'avez pas de visa britannique.

— Nous avons une correspondance immédiate à Heathrow, dis-je. Voilà nos billets.

— Et vos cartes d'embarquement pour Moscou ?

— Nous changeons de compagnie, on nous les donnera à Londres.

— Étrange, dit-elle, pourquoi faire escale à Londres alors qu'il y a un vol direct pour Moscou dans une heure ?

— Nous passons toujours par Londres pour faire nos achats en duty-free à Heathrow, répondis-je, tout fier de ma présence d'esprit.

— Je dois demander la permission de vous laisser passer. – Elle prononça quelques phrases en turc dans son émetteur radio. – Mon collègue va emporter leurs papiers au bureau pour que le patron y jette un coup d'œil. Ne vous inquiétez pas, l'avion va vous attendre.

Sacha était blanc comme un linge. L'un des hommes qui nous avaient suivis escorta l'employé de la Turkish Airlines. L'autre nous surveillait toujours, imperturbable. Je pris Tolik par la main et l'emmenai acheter des bonbons à la boutique la plus proche. Le temps passait lentement. Une dizaine de minutes plus tard, deux silhouettes se profilèrent au bout du couloir : la jeune femme et notre Turc.

— Tout est en ordre, annonça-t-elle en tendant les papiers à Sacha. Bon voyage !

Nous nous sommes engouffrés dans la passerelle d'accès, et installés à nos places. Avant le décollage, j'ai réussi à appeler un ami, à Londres, en lui demandant d'envoyer un avocat à Heathrow pour nous accueillir.

— Tu as compris ce qui s'est passé ? me demanda Sacha.

— Oui. Les Turcs nous ont escortés jusqu'à l'avion pour s'assurer que nous montions à bord.

— Ils avaient mon faux nom sur leur ordinateur. Cela veut dire que les Américains les ont renseignés. Personne d'autre ne connaissait ce nom, conclut-il.

Pendant les quatre jours que j'avais passés en Turquie, j'ai eu constamment la certitude qu'on voulait nous barrer le chemin, je m'attendais en permanence à voir un mur se dresser devant nous. Mais c'est sous le visage d'un officier de l'immigration britannique que l'obstacle se présenta à moi. Le ton de sa voix, d'une politesse exquise, n'annonçait rien de bon.

— Ce que vous avez fait, me dit-il en regardant le faux passeport de Sacha, vous expose à de graves ennuis au Royaume-Uni. Vous rendez-vous compte que je peux vous arrêter pour avoir illégalement fait entrer des demandeurs d'asile sur notre sol ?

Je savais qu'ils ne pouvaient rien contre Sacha car un nouvel avocat nous attendait à la zone des Arrivées avec la copie d'un fax envoyé au ministère de l'Intérieur – nous avions discuté avec lui avant de passer le contrôle de police. Mais moi, j'étais à la merci de ce fonctionnaire de l'immigration. Et il ne partageait apparemment pas ma nostalgie des jours héroïques où des clandestins passaient le rideau de fer.

— Avec tout le respect que je vous dois, monsieur, lui dis-je, nous sommes ici face à des circonstances exceptionnelles. M. Litvinenko et sa famille étaient en danger. C'est une question de vie ou de mort.

— La Russie, pour autant que je le sache, est une nation démocratique. Et pourquoi ne pas les emmener dans votre propre pays ? Votre ambassade a refusé de les accepter et vous avez décidé de résoudre le problème à votre manière, n'est-ce pas ? Avez-vous été payé par M. Litvinenko pour le faire ?

— Non. J'étais guidé par des sentiments humanitaires, et je connais la tradition britannique d'hospitalité et d'accueil aux personnes qui fuient la tyrannie.

— Eh bien, guidé par mes propres sentiments humanitaires, je ne vais pas vous arrêter, monsieur, mais je vous interdis définitivement l'entrée au Royaume-Uni. Nous allons confier M. Litvinenko à son avocat et vous renvoyer en Turquie par le premier avion.

Il apposa le visa de contrôle sur mon passeport, le barra d'une grande croix et, visiblement ravi, ajouta une note de sa main.

— Mais je n'ai pas besoin d'aller en Turquie, ai-je objecté. Je dois rentrer à New York.

— Vous êtes renvoyé en Turquie ! Et un autre passeport n'y changerait rien. – Il semblait avoir deviné ma pensée. – Vous êtes enregistré dans notre ordinateur comme passeur. Vous devrez vous adresser à votre ambassade pour obtenir l'autorisation de revenir ici, au cas où vous en auriez l'intention. Et je doute que vous l'obteniez.

Sacha et Marina me regardèrent d'un air consterné lorsque je leur expliquai la situation. Je dus faire appel à tous mes talents de persuasion pour les calmer, leur assurant qu'en dépit de la fureur de ce fonctionnaire ils étaient maintenant en sécurité sur le sol britannique, et qu'ils n'avaient plus rien à craindre.

L'homme tint parole. Depuis son ordinateur, mon bannissement fut répercuté sur le réseau américain, la notification restera probablement inscrite jusqu'à la fin des temps. Bien que les Britanniques m'aient restitué mes droits quelques mois plus tard, il m'arrive encore d'être arrêté à la douane américaine et obligé d'expliquer ce qui s'est passé à Heathrow le 1er novembre 2000. Mais ce soir-là je me moquais complètement d'avoir une tache sur ma réputation électronique ; j'avais eu la satisfaction de voir Sacha, Marina et Tolik escortés par deux policiers vers la zone de sécurité d'un terminal magnifiquement éclairé.

Une fois rentré aux États-Unis, je passai beaucoup de temps à essayer de comprendre ce qui s'était produit pendant ces quelques heures où la CIA avait modifié sa décision. Aucun de mes contacts ne voulait répondre à mes questions. « Réjouis-toi que les choses aient bien tourné pour eux et ne va pas remuer de vieilles histoires », me disaient-ils en substance. Finalement, un espion à la retraite, un vétéran de la guerre froide, familier de ce genre d'affaires, m'expliqua ce qui s'était sans doute passé.
— Dans une situation comme celle-là, l'essentiel c'est la rapidité, dit-il. Dès que la décision du futur transfuge est connue, tous les réseaux, officiels et officieux, s'activent : « Nous savons que notre homme est en Turquie et nous savons qu'il veut aller chez vous. Si vous le prenez, attendez-vous à des représailles, nous expulserons quelqu'un, nous ferons ceci ou cela, alors réfléchissez-y à deux fois. » Donc, les Américains commencent à se demander si le type vaut la peine qu'ils s'attirent des ennuis. Quand le passage s'opère discrètement et qu'il n'est connu que plus tard, c'est une chose. Quelqu'un a disparu, voilà tout. Mais quand le marchandage commence, c'est autre chose. En partant pour Istanbul, vous avez perdu du temps. Les Russes ont compris ce que voulaient faire les Américains et ont bloqué le transfert. Le matin, vous aviez encore une chance, l'après-midi, Moscou avait tiré les ficelles et c'était trop tard.
— À votre avis, qui nous surveillait à l'hôtel, les Russes ou les Américains ?

— Les Russes, bien sûr. Mais ils n'auraient rien pu tenter sur place – trop compliqué et trop bruyant. Ils auraient patienté et fini par récupérer vos amis grâce aux Turcs.

— Et ces Turcs, à l'aéroport ?

— Je doute qu'ils aient été renseignés par les Américains. Si les Russes vous ont repérés à l'ambassade, ils ont eu amplement le temps de transmettre des photos aux Turcs. Et le passeport de Litvinenko n'était peut-être pas si bon que ça. Vous avez vraiment eu de la chance. Les Turcs ont sans doute décidé de les laisser filer pour ne pas être mêlés à l'affaire. La prochaine fois, réagissez plus vite.

Pour moi, il n'y aurait pas de prochaine fois. Je songeais à ce que Sacha m'avait confié durant notre cavalcade en Turquie.

2
L'agent opérationnel

Sur la route d'Istanbul, le 31 octobre 2000

Notre long trajet de nuit d'Ankara à Istanbul avait été jalonné de révélations qui me firent pénétrer dans le passé de Sacha.

La femme qui dormait avec son fils sur la banquette arrière avait été sa seule véritable alliée. Tout ce qu'il me raconta dans la voiture, toutes ces histoires de gangsters et d'oligarques, de terroristes et de politiciens, il me les présenta comme des événements qui s'étaient produits *avant* ou *après* Marina. Le point central de son existence n'était pas sa naissance ni la remise d'un diplôme, ce n'était pas la date de son entrée au KGB ni celle de sa fuite de Russie. C'était un jour d'été de 1993, le jour où Marina et lui s'étaient rencontrés. Tout ce qui avait pu se passer *avant* ne l'intéressait pas vraiment. Leur rencontre avait été pour lui un coup de baguette magique qui avait tout transformé. Il tenait Marina à l'écart de ses affaires, et évitait de lui confier un certain nombre d'informations qui auraient pu la mettre en danger, mais elle était devenue, et pour toujours, l'étoile qui guidait ses pas.

Avant Marina, Sacha avait connu une existence difficile. Ses parents s'étaient mariés alors qu'ils étaient étudiants, et leur couple n'avait pas duré. Sacha avait trois ans quand il avait été confié à son grand-père paternel qui vivait à Naltchik, une petite ville du nord du Caucase, tandis que ses parents fondaient chacun de nouvelles familles dans d'autres régions du pays. Le dimanche, son grand-père l'emmenait au zoo et au cinéma.

— Quand j'ai eu cinq ans, mon grand-père m'a fait visiter le musée d'histoire régionale de Naltchik, où il m'a montré l'étendard du régiment de l'Armée rouge dans lequel il avait combattu les nazis. Il m'a expliqué que toute notre famille avait défendu la Russie, et que moi, j'en ferais autant, me raconta Sacha.

Il aimait beaucoup son grand-père et il lui devait tout, mais à l'adolescence, il trouva cette vie un peu étriquée. Au cours de ses dernières années de lycée, il se lança à corps perdu dans l'athlétisme et se prit d'une passion presque obsessionnelle pour le pentathlon. Ses entraîneurs, ses coéquipiers, l'adrénaline, les compétitions devinrent toute sa vie. Il trouvait là ce dont il manquait cruellement : un ancrage solide, un objet d'attachement et d'engagement.

Il avait dix-sept ans quand son père quitta l'armée et rentra à Naltchik avec femme et enfants. Ils s'installèrent tous chez le grand-père, la maison devint exiguë, et le train-train quotidien de Sacha fut bouleversé. Il chercha vainement à s'intégrer dans la famille de son père. Il avait beau aimer ses proches, il se sentait exclu. Il réussit alors à se faire admettre dans l'armée sans attendre d'avoir dix-huit ans, l'âge normal du service militaire. Il venait de quitter le lycée et suivait les traces de son père et de son grand-père.

Il se sentit immédiatement comme un poisson dans l'eau.

— Le service militaire, c'est un peu comme le sport, m'expliqua-t-il dans la voiture, à cette différence près que ce n'est plus un jeu : tu fais partie d'une vraie équipe qui combat un ennemi commun – et tu es du bon côté, enfin, c'est ce que tu penses. Quand on m'a proposé d'entrer au KGB, ça m'a paru tout à fait logique. Tu auras peut-être du mal à le croire, mais j'ai accepté avec enthousiasme.

Mon parcours n'aurait pu être plus différent : j'avais vécu une enfance protégée à Moscou en compagnie de parents affectueux. Pour nous, le KGB était l'incarnation du mal, de plus je n'ai jamais fait de sport. Être appelé sous les drapeaux aurait été une catastrophe pour moi. « Si tu ne travailles pas assez bien, ils te prendront dans l'armée, » me menaçait mon père, professeur de microbiologie.

Je demandai à Sacha ce qu'il avait fait au KGB. Mon ton soupçonneux ne lui échappa pas.

« J'étais un jeune lieutenant quand je suis entré au Kontora. Je ne connaissais rien de la vie, à part l'armée, et j'imaginais que j'allais protéger les gens. Quant au passé noir de l'URSS – le Goulag, les millions de victimes –, je ne l'ai découvert que dans les années 1990, lorsqu'on on a commencé à publier des articles sur le sujet. »

Sacha avait d'abord été employé à la division de la sécurité économique, puis à la CAT (la cellule antiterroriste), toujours dans le même domaine : le crime organisé, les assassinats, les enlèvements et les liens entre la pègre et la police. Sa carrière progressait, il se maria, il eut deux enfants. Malheureusement, à l'image de ses parents mariés trop jeunes, il n'était pas très heureux en ménage.

Sacha faisait partie du personnel chargé de conduire les opérations – ce qu'on appelle dans le milieu un *agent opérationnel*. Il établissait des dossiers secrets sur des membres de la pègre, surveillait leurs activités, leurs réseaux, leurs relations avec des hommes d'affaires et des politiciens. Ce que Sacha savait – et la façon dont il l'avait appris – était rarement révélé à un tribunal. Mais pour les enquêteurs officiels, ses informations étaient d'une valeur inestimable. Il trouvait le commanditaire des crimes avant que les poursuites soient engagées. Il travaillait en coulisses. Il espionnait des conversations privées. Il recrutait et faisait travailler des agents.

« Les gens se font une image atroce des agents du KGB. Pour eux, ce sont des mouchards qui dénoncent leurs amis, ou alors des espions envoyés en Amérique, poursuivit Sacha, mais ce n'est pas vrai. Et ce n'est pas juste. La plupart de nos agents travaillent dans la clandestinité, ils infiltrent des bandes, ce sont d'authentiques héros. Ils savent que s'ils se font prendre, ils sont morts. Mes agents étaient mes meilleurs amis, ils ont continué à s'occuper de moi et ont aidé ma famille quand je me suis retrouvé en prison. Il y a agent et agent, tu sais. Est-ce que tu saisis la différence entre un agent opérationnel et un enquêteur officiel ? »

Il s'animait en m'expliquant le fonctionnement des services secrets. Les images de sa carrière défilaient. Il faisait un métier qu'il aimait et, de toute évidence, il le faisait bien.

— Quand il y a un crime, l'enquêteur suit des pistes, dans son carnet, il note victimes, suspects, témoins, etc. Il rassemble des pièces à conviction, elles sont collectées et traitées en toute légalité. Alors qu'un type comme moi, un *agent opérationnel*, s'intéresse à un criminel potentiel – c'est mon *objet* opérationnel, et je tiens à tout savoir de lui avant même qu'il n'ait commis un crime, de façon à pouvoir l'en empêcher à temps ou, au moins, l'arrêter plus facilement. Je ne travaille pas avec des *preuves*, je travaille avec des *informations opérationnelles*, tu comprends ?

La plupart des gens sur lesquels il était chargé d'enquêter n'étaient pas franchement sympathiques – des assassins, des cambrioleurs de banques, des kidnappeurs, des trafiquants de drogue – et il n'éprouvait aucun regret. À une exception près cependant : lorsque son *objet* fut Sergueï Grigoriants, le défenseur des droits de l'homme, que je connaissais aussi. Ce fut sa seule affaire politique avant 1997, date à laquelle on lui demanda de s'intéresser à Boris Berezovski.

Cela se passait pendant la première guerre de Tchétchénie. La célèbre « Cinquième ligne », la cinquième Direction générale du KGB chargée des dissidents au temps soviétique, avait disparu depuis longtemps. Des gens comme Grigoriants se retrouvaient désormais sous la surveillance de la CAT, ce qui montre bien comment cette guerre a incité la Russie à renouer avec les bonnes vieilles méthodes de l'URSS.

Grigoriants enquêtait sur les massacres de civils commis par les troupes fédérales dans le village tchétchène de Samachki le 12 avril 1995. Il devait se rendre à l'étranger vers la fin de l'année pour participer à une conférence sur les droits de l'homme. Il avait sur lui une vidéo prouvant que des troupes russes avaient tiré sur des civils à Samachki. L'unité de Sacha fut chargée d'une mission inhabituelle : dissimuler des cartouches de fusil de chasse dans le sac de Grigoriants à l'aéroport international de Moscou, pour qu'il soit arrêté et fouillé. Au cours de cette simulation de fouille, ses cassettes vidéo seraient confisquées et « accidentellement » endommagées.

— C'est la seule affaire dont j'aie honte, m'avoua Sacha.

— J'accepte ton repentir et je te pardonne tes péchés, *amen*, plaisantai-je. À propos, si tu avais eu vingt ans de plus, j'aurais peut-être été un de tes *objets*.

Je lui confiai qu'à Moscou, dans les années 1970, sous l'œil vigilant du KGB, j'avais transmis des informations sur des prisonniers politiques à des correspondants occidentaux. Sacha m'expliqua en détail à quel type de surveillance un agent opérationnel m'aurait soumis. Son exposé m'aurait été d'une grande utilité vingt ans plus tôt, et m'amusa beaucoup. Malgré des parcours très différents, nous avions beaucoup de points communs.

Marina avait fait la connaissance de Sacha le jour de ses trente et un ans, le 15 juin 1993. Divorcée depuis quatre ans, c'était une femme libre et sûre d'elle, décidée à profiter de la vie et qui ne recherchait pas de relation durable. Elle habitait toujours sa chambre de jeune fille dans l'appartement de ses parents, des ingénieurs à la retraite, dans un immense ensemble résidentiel juste au sud du centre de Moscou. C'était la première fois qu'elle rencontrait un membre des « services ». Quand Lena, sa meilleure amie, lui demanda si son mari et elle pouvaient amener un agent à la petite fête qu'elle organisait pour son anniversaire, Marina ouvrit de grands yeux :

— Voilà un cadeau original, c'est le moins qu'on puisse dire.

— Il ne ressemble pas du tout à un agent secret, protesta Lena. Il est très amusant. Il a beaucoup d'humour, je suis sûre qu'il te plaira. En plus, il nous a sauvés.

Elle lui expliqua que Sacha aidait son mari à se débarrasser de racketteurs qui extorquaient de l'argent à son entreprise.

— Bon, d'accord, tu peux l'amener, dit Marina.

Lena avait raconté à Sacha que Marina était danseuse, ce

qui avait déjà piqué sa curiosité. Son métier d'agent lui faisait côtoyer toutes sortes de gens, mais il n'avait jamais rencontré quelqu'un qui gagnait sa vie en dansant. Marina s'était prise de passion pour cet art quand elle était encore à l'université, où elle suivait des études de génie pétrolier. Après son diplôme, elle avait décrété que, décidément, le pétrole n'était pas sa voie, et s'était consacrée à plein temps à la danse de salon. Elle avait même gagné des concours. Depuis 1993, elle était professeur de danse et d'aérobic.

Ce soir-là, les invités restèrent tard. Ils discutèrent de la solution à apporter au problème du mari de Lena : Sacha pourrait peut-être arrêter les escrocs au moment où l'argent changerait de mains. Marina, qui adorait les romans policiers depuis qu'elle était petite, n'en revenait pas : ce type, « étrangement lumineux, rayonnant et émotif comme un gamin », pouvait-il vraiment tenir tête aux bandits qui avaient récemment passé à tabac le mari de Lena et menacé de lui briser les jambes s'il ne payait pas ?

Malgré son assurance et sa gaieté, Sacha lui parut « abandonné, un peu à la dérive ». Quand on aborda le sujet du divorce, Sacha déclara qu'il était marié et ne divorcerait jamais, à cause des enfants. Mais à la façon dont il parlait, elle avait tout de même l'impression qu'il avait des problèmes familiaux.

Elle le revit une semaine plus tard. Sacha partait en vacances après avoir effectivement arrêté la bande qui terrorisait ses amis, et Lena téléphona à Marina pour lui proposer de les rejoindre à la gare, où ils avaient organisé une petite cérémonie d'adieux. Elle fut surprise de trouver Sacha seul, sans sa femme ni ses enfants.

— Sa femme l'a fichu dehors. À cause de nous, lui chuchota Lena à l'oreille. Ils étaient censés partir la semaine dernière, mais il est resté pour régler nos problèmes. Alors, elle lui a fait une scène et quand il est rentré ce soir-là, il a trouvé toutes ses affaires sur le palier. Ça fait une semaine qu'il n'est pas rentré chez lui. Ce n'est pas la première fois d'ailleurs. S'il n'y avait pas les enfants, il l'aurait quittée depuis belle lurette.

— Au revoir ! À bientôt ! cria Sacha depuis la fenêtre tandis que le train s'ébranlait.

Lena jeta à Marina un regard entendu.

— Il faut que tu saches qu'avec ce type c'est forcément sérieux. Les passades, ce n'est pas son truc. Alors, tu peux faire une croix dessus tout de suite.

— Je n'ai absolument aucune visée sur lui, protesta Marina.

Sacha réapparut trois semaines plus tard. Il avait demandé le divorce à sa femme, Natacha.

Timidement, discrètement, il commença à faire la cour à Marina. « Il arrivait à l'improviste avec un bouquet, puis il disparaissait plusieurs jours avant de téléphoner pour m'inviter au cinéma. » Elle ne savait pas trop pourquoi elle acceptait cette situation, mais elle hésitait autant à l'éconduire qu'à l'encourager. Quant à lui, il n'avait pas envie non plus de précipiter les choses. « Sacha savait attendre, mais il ne renonçait jamais à ce qu'il voulait. »

Un jour, il lui proposa un rendez-vous, mais elle avait déjà prévu d'aller au concert avec une amie. Juste avant l'entracte, au moment où les applaudissements diminuaient, elle sentit une légère tape sur son épaule : Sacha était assis juste derrière elle, tout sourire, brandissant un sac en plastique rempli de bananes.

— Je vais devoir m'absenter un moment, je t'ai apporté quelques provisions, expliqua-t-il.

À leur premier rendez-vous, elle lui avait confié qu'elle adorait les bananes.

Sacha avait été transféré à la cellule antiterroriste et c'était le premier voyage qu'il entreprenait dans le cadre de ses nouvelles fonctions. Il se rendait avec son patron en république des Adygués, dans le nord du Caucase occidental, pour essayer de mettre la main sur le chef de la pègre locale dont le gang était responsable de plusieurs assassinats et enlèvements à Moscou.

« Après le concert, il m'a raccompagnée et m'a avoué qu'il n'avait pas envie de partir. J'ai compris que c'était à cause de moi, et ça m'a fait plaisir. Moi non plus, je n'avais pas envie qu'il s'en aille. J'avais pris l'habitude qu'il soit là, il m'inspirait une telle impression de solidité, de sécurité. Je ne recherchais pas particulièrement ça. Mais quand il est parti, je me suis rendu compte qu'il me manquait. »

Sacha l'appela de l'aéroport dès son retour. Il passa la nuit chez elle, et y resta. C'était au début du mois d'août. Les parents de Marina étaient à la campagne, dans leur datcha. Sacha et Marina avaient l'appartement pour eux. Quand ses parents rentrèrent, Sacha proposa d'aller s'installer dans un logement du FSB, mais la mère de Marina insista pour qu'il vive chez eux.

« Elle l'a immédiatement adopté. Nous étions vraiment heureux ensemble, et je pense que c'est parce que nous pouvions être nous-mêmes. Nous n'avions pas besoin de faire semblant, de chercher à séduire à tout prix, nous n'avions rien à conquérir et rien à prouver. Les choses ont été évidentes dès le premier jour ; c'était parfaitement naturel. Nous n'avions jamais cru cela possible, ni l'un ni l'autre, et cela n'a jamais cessé de nous étonner, jusqu'au dernier jour que nous avons passé ensemble. »

En octobre, Marina lui annonça qu'elle était enceinte. Encore un miracle dû à Sacha – elle n'avait pas eu d'enfant de son premier mariage, et les médecins lui avaient même conseillé un traitement contre la stérilité. Sacha était aux anges.

— Maintenant au moins, je suis sûr que tu ne me quitteras pas, lui dit-il.

— D'habitude, ce sont les femmes qui tiennent ce genre de raisonnement, répondit-elle en souriant.

Comme elle l'expliqua plus tard : « Dans notre famille, les rôles traditionnels étaient souvent inversés. En général, il me laissait commander, peut-être pour contrebalancer le côté tellement "masculin" de son métier. »

Ce qui n'empêchait pas Marina de percevoir autre chose en lui, un aspect très dur qu'il s'efforçait de ne pas lui montrer, et dont « il ne s'en servait que dans des situations exceptionnelles, comme on le fait avec un second levier de vitesses sur une quatre roues motrices ». Quand il prépara leur évasion de Russie, elle ne se douta de rien jusqu'au dernier moment ; il se chargea de tout, et quand il finit par lui en parler, il n'y avait plus à discuter – et plus le temps de le faire.

Elle découvrit cet autre visage de Sacha peu après qu'il se fut installé chez elle. Elle prenait alors des leçons de conduite. À la fin des cours, le moniteur annonça que ceux qui n'avaient pas envie de passer l'examen n'avaient qu'à lui apporter deux cents dollars « pour les flics ». Ils pourraient venir chercher leur permis à l'auto-école ensuite. Marina conduisait bien, et elle décida de passer l'examen. Elle fut recalée. L'examinateur, un agent de police, lui fit comprendre que ce refus serait systématique tant qu'elle ne serait pas passée à la caisse. « Le prochain examen est dans huit jours, ma petite dame, lui dit-il. J'ai comme l'impression que nous allons continuer à nous balader ensemble toutes les semaines. »

Paniquée, Marina se précipita à l'auto-école. Le moniteur secoua la tête d'un air contrit : « Vous ne faites plus partie du groupe. Maintenant, c'est trois cents dollars. »

Sacha était furieux.

— Tu crois vraiment que je lutte jour et nuit contre la corruption pour que tu verses des pots-de-vin à ces flics ?

Le jour où elle repassait l'examen, il l'accompagna, prit l'agent de police à part, lui dit calmement quelques mots, lui montra rapidement sa carte du FSB et lui jeta un regard que Marina ne lui avait encore jamais vu. Le flic blêmit et commit l'erreur de lui proposer d'accorder à Marina son permis sans lui faire passer l'épreuve. Au comble de la colère, Sacha lui lança : « Je resterai dans la voiture et nous lui ferons passer l'examen ensemble. Si elle le réussit, très bien, sinon, elle se représentera. »

Une fois l'examen terminé, Sacha redevint immédiatement le jeune homme charmant, facile à vivre qu'elle connaissait, souriant et même plaisantant avec le policier. Mais Marina n'oublia jamais ce regard. Elle n'en avait pas peur ; elle était contente de l'avoir à sa disposition « au cas où ».

Ils se marièrent en octobre 1994 au bureau d'état civil, alors que leur fils Tolik avait déjà quatre mois. Ils n'avaient pas voulu de grande cérémonie, après tout, c'était leur second mariage à l'un comme à l'autre, et « les mariages se font au ciel », certainement pas dans un local administratif lugubre. Quand ils arrivèrent, en jeans comme d'habitude, l'officier d'état civil leur dit : « Vous avez un fils, et quand il sera plus grand, il voudra voir une photo de votre mariage. Quelle image de vous avez-vous envie de lui donner ? »

« Sacha n'avait qu'un costume – de couleur claire. Il est rentré le chercher et m'a donné de l'argent pour m'acheter une tenue. Évidemment, je n'ai rien trouvé, les robes me paraissaient trop chères. Si bien que même pour notre mariage, nous avons inversé les rôles : le marié était en blanc et la mariée en noir, c'était la seule tenue correcte que j'avais. »

Peu de temps après, elle fit la connaissance de ses collègues. À première vue, elle les trouva sympathiques, mais remarqua que Sacha n'était pas comme eux.

« Il y avait trois différences. D'abord, il ne buvait pas, alors que pour les autres, c'était le seul moyen de se détendre. Le deuxième point, c'était l'argent. Sacha ne savait pas s'y prendre. Bien sûr, nous n'avons jamais manqué de rien, mais nous ne vivions pas dans le luxe. Nous avons fini par acheter un appartement, mais c'était un petit logement, il n'y avait qu'une chambre. Nous roulions en Lada. Quand ses amis ont commencé à s'acheter des voitures étrangères et à se payer des appartements à des prix exorbitants, il était clair que Sacha était incapable d'en faire autant. »

Il lui expliqua que cet argent provenait d'emplois extérieurs. Il appelait ça « louer ses services de police ». À l'époque, la police et les membres du FSB étaient autorisés à faire du conseil dans le privé, pour compenser l'incapacité du gouvernement à les payer correctement. « Je ne suis pas très fort pour ça », reconnut-il.

Enfin, et c'était la troisième différence avec ses collègues, il hésitait à exploiter le pouvoir lié à son insigne du FSB. Cette petite carte rouge ouvrait toutes les portes, dans les magasins ou au théâtre, parce que le KGB continuait à terrifier les gens. Mais à part l'épisode du permis de conduire de Marina, il ne s'en servit jamais. Ses copains se moquaient de lui. Mais « il ne les désapprouvait pas non plus, pas à l'époque en tout cas. Ils formaient une bonne bande. Il jouait dans une équipe ».

Au début, du moins.

Sacha était un joueur qui ne passait pas toujours le ballon. Il commença à s'interroger sur certains de ses coéquipiers au cours des premières années de sa nouvelle vie avec Marina. Et il rencontra l'homme qui allait finalement le discréditer vis-à-vis de son équipe, et de tout son service.

— La première fois que j'ai rencontré Boris Berezovski, racontait Sacha, notre service ne s'appelait plus le KGB, et pas encore le FSB. C'était le FSK, le service fédéral de contre-espionnage. Cette période-là a été la plus satisfaisante de notre histoire : la répression appartenait au passé et la corruption ne faisait que commencer. J'avais le grade de commandant et j'avais été affecté à la division de lutte contre le terrorisme et le crime organisé. Quand Boris a été victime d'une tentative d'assassinat, il était déjà un homme important, et le directeur envoya une note à toutes les divisions : les personnes qui disposaient d'une quelconque information devaient enquêter sur cette affaire. Je décidai de parler à Boris, j'avais en effet une vague idée de ceux qui avaient pu faire le coup. »

Je me souvenais très bien de l'attentat contre Berezovski ; c'était la première fois que j'entendais son nom. La photo d'une voiture endommagée par une explosion avait été publiée en première page du *New York Times*.

Une bombe télécommandée placée dans une Opel bleue en stationnement avait explosé à 17 h 20, le 7 juin 1994, au moment où la Mercedes grise de Berezovski s'arrêtait devant les grilles du Club, le local de réception de sa société, au centre de Moscou. Son chauffeur fut tué sur le coup, mais Berezovski et son garde du corps s'en sortirent miraculeusement avec de légères brûlures. L'explosion souffla les vitres d'un immeuble de huit étages situé de l'autre côté de la rue et blessa six passants. Nous étions entrés dans une nouvelle ère, la sombre période des privatisations, et ce fut l'un des premiers gros attentats commis par des tueurs à gages. À cette époque, les rivalités commerciales et les conflits d'entreprises se réglaient plus souvent avec l'aide d'hommes de main que devant les tribunaux. Comme les autres administrations gouvernementales, les services chargés de faire respecter la loi étaient impuissants, paralysés par les réformes économiques de la Russie.

« Nous n'avons jamais trouvé qui avait commandité cet attentat, poursuivit Sacha, mais de toute évidence, il était lié au commerce automobile. En 1994, Boris ne faisait pas grand-chose d'autre : il vendait des Lada et des Mercedes. »

Boris dirigeait alors LogoVAZ, la première société capitaliste de vente de voitures du pays. Il l'avait fondée en 1989 et n'avait pas encore étendu ses activités aux médias, à la banque et à l'industrie pétrolière. Sacha pensa d'abord que l'attentat relevait de la guerre de territoires ; à l'époque, LogoVAZ achetait dans toute la ville des magasins concessionnaires, qui étaient auparavant contrôlés par les racketteurs d'un gang qu'on appelait « Solntsevo ». Par la suite, ses soupçons se portèrent sur un membre de la direction de la VAZ, l'usine d'automobiles de la Volga. Cette entreprise qui produisait la Lada (la Jigouli en russe) avait été sous le régime soviétique une des industries nationales gigantesques. C'était de ces chaînes qu'étaient sorties la moitié des voitures qui circulaient en Russie. Cette société, beaucoup trop pesante et inefficace, Boris avait dans l'idée de la privatiser.

« Il avait un conseiller financier, Nikolaï Glouchkov, qui travaillait dur sur la VAZ, m'expliqua Sacha. Glouchkov enquêtait sur les liens entre l'entreprise de construction automobile et ses nombreux intermédiaires. Alors quelqu'un de la VAZ a engagé un tueur pour descendre Boris. »

Sacha me décrivit le fonctionnement des privatisations en Russie. Les investisseurs, après le rachat des entreprises nationales, découvraient qu'une bonne partie des profits était mangée par des distributeurs, des intermédiaires, des conseillers extérieurs... L'acheteur se rendait compte que l'entreprise avait fonctionné à perte et qu'elle avait été maintenue à flot à grand renfort de subventions gouvernementales. En règle générale, les sociétés extérieures appartenaient au directeur de l'entreprise, à sa famille ou à ses amis, pour la plupart des rescapés de l'ère soviétique. Dans les faits, ils escroquaient l'État qu'ils représentaient – et l'État comblait toutes les pertes de l'entreprise. La privatisation entraînait la fin de ce petit manège lucratif, car elle morcelait les structures de distribution.

« Le contrat placé par la VAZ sur la tête de Boris avait été confié aux Kourgans, pas aux types de Solntsevo, m'expliqua Sacha. C'étaient les deux gangs les plus célèbres de Moscou à l'époque. Les Kourgans s'étaient spécialisés dans les assassinats. Ils étaient prêts à liquider n'importe qui. Ils avaient des hommes à eux dans la police de Moscou et même dans les services secrets. »

Quand Sacha alla voir Boris pour discuter de tout cela, ils échangèrent leurs numéros de téléphone et décidèrent de rester en contact. Au cours des mois suivants, ils se revirent de temps en temps, mais l'enquête s'enlisa : la guerre de Tchétchénie débuta en décembre et devint une priorité pour le FSB. Les crimes ordinaires, dont ceux de la pègre, furent relégués au second plan.

10 décembre 1994. Trois divisions russes envahissent la Tchétchénie, une province montagneuse à majorité musulmane du sud de la Russie. Groznyï, la capitale, est encerclée. Le régime du président séparatiste Djokhar Doudaïev est menacé. Les divisions russes se heurtent à une résistance massive et subissent de lourdes pertes – près de deux mille morts – au cours d'une tentative avortée de s'emparer de Groznyï la veille du nouvel an.

Vers la même époque, Boris Berezovski se désintéressa de son commerce d'automobiles – qui prospérait très bien sans lui – et se concentra sur un nouveau domaine, celui des médias, intimement lié au monde fluctuant de la politique russe.

Les réformes de l'économie russe se poursuivaient depuis trois ans. Dès son arrivée au pouvoir en 1991, année où il avait présidé à la dissolution de l'URSS, Boris Eltsine avait entrepris des réformes énergiques : suppression du contrôle de l'État sur les prix, abolition des barrières douanières, programme intensif de privatisations. En quatre années de « traitement de choc », son principal conseiller, Anatoli Tchoubaïs, trente-huit ans, l'enfant prodige de l'économie russe, réalisa l'impossible – il vendit aux enchères et privatisa des dizaines de milliers d'entreprises, transféra plus de la moitié de la main-d'œuvre dans le secteur privé, et réussit à éviter un virage inflationniste incontrôlé.

Mais ces réussites coûtèrent cher aux Russes des classes moyennes et populaires. Le faible pouvoir d'achat d'une population appauvrie et la réduction des subventions de l'État paralysèrent des branches entières de l'économie, notamment l'industrie militaire et celle de la production des biens de consommation, incapables de résister à la concurrence des entreprises occidentales qui inondaient le marché de tout ce dont le commun des Russes avait manqué, et rêvé, si longtemps. Ceux qui en avaient les moyens s'arrachaient les vêtements, les voitures et la technologie venus de l'Occident.

Malheureusement, ces gens-là se faisaient de plus en plus rares. Des millions de leurs compatriotes étaient condamnés à vivre sous le seuil de pauvreté. Les fonctionnaires – enseignants, médecins, employés de l'administration, policiers – attendaient leur salaire pendant des mois et des mois. Il n'y avait pas de recettes fiscales, car on était encore en train de créer le système d'imposition (il n'existait pas d'impôts sous le régime soviétique). Dans les universités et les laboratoires scientifiques, l'intelligentsia avait perdu confiance dans la démocratie. La criminalité montait en flèche. L'armée grognait. Le capitalisme et l'économie de marché perdaient de leur attrait. Les Russes étaient de plus en plus nombreux à songer avec nostalgie au bon vieux temps de l'URSS.

Pour autant, la liberté s'épanouissait. Au terme de soixante-dix ans de dictature, les journalistes écrivaient ce qu'ils voulaient, il n'y avait plus de prisonniers politiques, tout le monde pouvait obtenir un passeport pour voyager à l'étranger, les électeurs avaient le choix entre une bonne dizaine de partis politiques, tandis que quatre-vingt-six régions et républiques ethniques de la fédération de Russie gagnaient leur autonomie et pouvaient se consacrer à leurs affaires sans ingérence du Kremlin.

Pendant tout le temps durant lequel Eltsine fut au pouvoir, son principal dilemme fut le suivant : jusqu'à quel point pouvait-on accepter de violer la démocratie pour la sauver ? À l'automne 1993, le Soviet suprême – c'est-à-dire le parlement, encore rempli d'anciens apparatchiks soviétiques – s'était opposé à ses réformes et avait incité les régions de la fédération à se rebeller. Eltsine avait alors prononcé la dissolution de l'Assemblée législative et envoyé des chars pour débusquer les députés barricadés à l'intérieur. Les échauffourées avaient fait cent quarante morts. Il s'agissait d'un choix cornélien, mais c'était, selon Eltsine, le seul moyen d'éviter l'effondrement économique et politique.

Les communistes ne renoncèrent pas. Plus tard, Eltsine dut affronter à nouveau un parlement hostile. La nouvelle Douma était dominée par les communistes et par le parti néonazi de Vladimir Jirinovski qui prônait ouvertement un modèle de gouvernement fasciste et autoritaire. Les élections présidentielles à venir promettaient d'être catastrophiques : au début de la guerre de Tchétchénie, Guennadi Ziouganov, le candidat communiste, enregistrait près de 30 % des intentions de vote alors que la cote d'Eltsine plongeait au-dessous de la dizaine de points. Berezovski avait depuis peu ses entrées dans le cercle fermé du Kremlin. Il avait quarante-six ans. Le journaliste Valentin Ioumachev, qui avait aidé le président à rédiger ses mémoires avant d'épouser sa fille, Tatiana, présenta Berezovski à deux grosses pointures de l'entourage d'Eltsine : son secrétaire général, Viktor Ilioukhine, un libéral, et le général Alexandre Korjakov, responsable des services de sécurité du Kremlin, le FSO (le Service de surveillance du territoire, l'équivalent de la DST) qui fournissait des gardes du corps aux membres de l'administration fédérale. Mais le pouvoir de Korjakov dépassait largement les questions de sécurité : il était de fait le représentant de l'ensemble des services secrets et des milieux du renseignement au Kremlin.

À cette date, tout l'entourage d'Eltsine n'avait qu'une idée en tête : l'élection présidentielle de 1996.

Chaque semaine qui passait semblait réduire les chances d'Eltsine de se voir confier un second mandat.

Après avoir analysé la situation, Boris Berezovski eut une idée : mobiliser la télévision soviétique vétuste – la première chaîne, qui touchait deux cents millions de téléspectateurs répartis sur dix fuseaux horaires – en faveur de la campagne électorale d'Eltsine. Ainsi vit le jour l'ORT – initiales de la Télévision publique russe –, autrement dit la chaîne de Berezovski.

Avant Boris, la première chaîne s'appelait Ostankino. C'était une mosaïque de stations et de programmes dont les communistes essayaient de s'emparer en alléguant que la télévision d'État devait être « subordonnée à la branche législative ». À l'époque, la seule chaîne privée du pays était la 4, NTV. Appartenant à Vladimir Goussinski, elle détenait approximativement 15 % de parts de marché. Mais de toute évidence, la mainmise sur la première chaîne permettrait l'accès à la majorité des téléspectateurs russes. Berezovski persuada Ilioukhine et Korjakov qu'il était le seul à pouvoir prendre le contrôle de la télévision, afin de servir les réformes et le président.

C'était plus facile à dire qu'à faire – Ostankino TV s'effondrait. Cette structure gigantesque et pesante était parasitée par d'innombrables services annexes et par des subdivisions sans aucune utilité, grevée par un personnel pléthorique et par des dépenses astronomiques qui atteignaient l'équivalent de cent soixante-dix millions de dollars par an. Les recettes publicitaires représentaient moins de 5 % de ce montant.

En un mot, Ostankino TV était un gouffre dans le budget gouvernemental, une structure irrécupérable. Mieux valait la fermer et repartir de zéro. C'est exactement ce que Berezovski proposa aux conseillers d'Eltsine – accorder la licence de la première chaîne à une nouvelle société par actions, dans laquelle 51 % des parts reviendraient à l'État et 49 % à des investisseurs privés. Berezovski se faisait fort de remettre sur pied une structure administrative qui gérerait la chaîne à profit ou, du moins, réduirait les pertes à un niveau raisonnable.

Le décret présidentiel du début de décembre 1994 démantelant Ostankino TV et créant l'ORT passa presque inaperçu, car tous les yeux étaient tournés vers le conflit naissant avec les séparatistes tchétchènes. Mais trois mois plus tard, l'ORT lança un pavé dans la mare en annonçant un moratoire sur la publicité. L'émotion fut vive.

L'objectif de Berezovski était de rompre d'un coup toutes les relations entre les studios d'Ostankino TV et les structures obscures qui vendaient des espaces publicitaires.

La description que Sacha me fit du dilemme de la privatisation tenait la route : la chaîne perdait des centaines de millions, alors que ses espaces publicitaires étaient sous-traités par des organisations extérieures qui se chargeaient de les vendre. C'était le règne de la corruption. Selon les estimations les plus modestes, les annonceurs payaient cinq fois ce que touchait la chaîne. L'essentiel de ces sommes était versé en espèces dans des enveloppes qui se retrouvaient dans les poches de producteurs, d'intermédiaires et de truands. La nouvelle direction mise en place par Boris avait l'intention de profiter d'une parenthèse de quelques mois pour mettre sur pied un département interne des ventes publicitaires, coupant ainsi l'herbe sous le pied de tous les intermédiaires.

Le moratoire fut annoncé le 20 février 1995. Le 1er mars, Vlad Listiev, le nouveau directeur général de l'ORT, fut assassiné à la porte de son domicile, à Moscou. Listiev était le présentateur vedette de la télévision russe et tout le monde l'adorait dans le pays. En signe de deuil, toutes les stations de télévision interrompirent leurs émissions pendant vingt-quatre heures. Le pays était sous le choc.

Le matin qui suivit cet assassinat, une réunion extraordinaire eut lieu dans le bureau du sous-directeur du FSB. Avec son rang de commandant, Sacha était le moins gradé des participants. Il déclara aux généraux que, selon lui, l'assassinat de Listiev et l'attentat perpétré contre Berezovski huit mois plus tôt étaient l'œuvre du même groupe, le gang des Kourgans, qui avait infiltré les services de la police moscovite.

— Berezovski m'avait laissé un message sur mon alphapage pour que je le rappelle de toute urgence, me dit Sacha, j'en ai informé Trofimov qui m'a dit : « Eh bien, appelez-le. »

— Qui est Trofimov ?

Sacha me regarda comme si j'étais un cancre.

— Le général Anatoli Trofimov, chef du FSB régional de Moscou. Il était proche du chef de la sécurité, Korjakov, et on disait qu'il avait une ligne directe avec le Kremlin. Bref, j'ai appelé Boris et il m'a appris qu'on était venu l'arrêter.

— Qui ? lui ai-je demandé.

— La police de Moscou. Il m'a donné quelques noms. Je suis retourné au bureau en courant et j'ai dit : « Ils sont venus le chercher. Les contacts des Kourgans dans la police sont venus chercher Berezovski. » Trofimov m'a ordonné de me rendre sur place immédiatement et de tirer l'affaire au clair.

Le QG de la Loubianka et le Club de LogoVAZ sont à deux pas. Sacha y découvrit huit policiers armés qui lui firent savoir qu'ils avaient reçu l'ordre de conduire Berezovski au poste. Il devait être interrogé à propos de l'assassinat de Listiev. Une équipe de cameramen de NTV était en train d'installer son matériel devant l'entrée ; quelqu'un les avait prévenus qu'on allait arrêter Berezovski.

« Il ne fallait surtout pas que les flics l'embarquent. Je savais comment les choses se passeraient : le lendemain, on aurait annoncé qu'il avait succombé à un infarctus ou qu'il avait été tué lors d'une tentative de fuite, et nous n'aurions rien pu prouver, poursuivit Sacha. J'ai sorti mon arme de service et ma carte du FSB et j'ai hurlé : « Dégagez ! C'est notre enquête et nous l'interrogerons nous-mêmes. » Ils ont rétorqué : « Nous avons des ordres. » Après quelques échanges un peu vifs, ils ont appelé leurs patrons et j'ai appelé les miens. Trofimov a dit : « Ne le lâchez surtout pas, je vous envoie des renforts. Combien sont-ils ? »

Un quart d'heure plus tard, vingt hommes de Trofimov se

présentaient en armes. L'incident fut clos avec l'arrivée d'un enquêteur officiel de la police qui prit la déposition de Berezovski pendant que Sacha montait la garde à côté de lui.

À l'époque, j'avais entendu dire que cette opération manquée s'inscrivait dans les hostilités en cours entre le gouvernement municipal de Moscou et le Kremlin. Les tensions montaient et risquaient à tout moment de déboucher sur des violences. Iouri Loujkov, le très influent maire de Moscou, était en conflit avec le vice-Premier ministre, Anatoli Tchoubaïs, à propos de la privatisation des biens de la ville. La police municipale défendait évidemment les intérêts de la mairie, le FSB ceux du Kremlin.

— J'avais cru comprendre que l'affrontement à LogoVAZ était politique : mairie contre Kremlin – et que le maire cherchait à exploiter l'assassinat de Listiev pour se débarrasser de Boris. Ce n'est pas vrai ? Qu'est-ce que le gang des Kourgans a à voir là-dedans ? demandai-je.

— C'est peut-être vrai, répondit Sacha. Je ne comprenais rien à la politique à l'époque. Je suis un agent opérationnel, je m'en tenais aux preuves ; la politique, ce n'était pas mon truc. En tout cas, Listiev n'a pas été assassiné par le maire. Et ce n'est pas le maire qui a cherché à liquider Boris en 1994. La pègre était forcément dans le coup. Et les flics sont bien plus proches de la pègre que de leurs propres patrons, crois-moi. Je suis certain que ceux qui sont venus chercher Boris en 1995 ne mijotaient rien de bon. Mais tu as raison, à l'époque, beaucoup de gens ont cru que c'était un épisode de la guerre du maire contre le Kremlin.

Il s'interrompit un instant, me jeta un coup d'œil et ajouta : Boris et toi, vous n'avez que la politique en tête et vous ne voyez pas les gens – c'est votre gros défaut. Dans notre travail, c'est l'individu qui prime. Je ne me fiais pas à Loujkov, le maire de Moscou, mais je savais pouvoir compter sur Boris et sur Trofimov. En revanche, je n'ai jamais fait confiance au général Korjakov, bien qu'il ait été l'ami de Trofimov. Ce jour-là à LogoVAZ, je protégeais Boris et je sentais que Trofimov me soutenait – il y avait au moins deux hommes dont j'étais sûr. Le Kremlin et la mairie étaient le cadet de mes soucis.

Les assassins de Vlad Listiev courent toujours. L'affaire fut classée parmi la bonne dizaine d'autres meurtres de personnalités en vue commandités dans les années 1990 – de l'assassinat par balle de la députée libérale de la Douma, Galina Starovoïtova, à la bombe déposée chez le journaliste d'investigation Dimitri Kholodov, sans oublier l'empoisonnement de l'éminent banquier Ivan Kivelidi.

Cela n'empêcha pas l'ORT de diffuser ses émissions et de respecter son moratoire de trois mois sur la publicité. Quant à Sacha et Boris, ils furent désormais unis par le lien qui n'existe qu'entre ceux qui ont affronté ensemble un danger de mort : une loyauté à toute épreuve, qui dépasse l'attachement ou la simple amitié.

Le premier réflexe de Boris fut de remercier Sacha de lui avoir sauvé la vie en lui donnant de l'argent – un geste parfaitement typique du Moscou de l'époque. Mais Boris connaissait déjà suffisamment Sacha pour savoir qu'il n'accepterait pas et qu'il le prendrait mal. Il décida donc de lui offrir une chose dont la plupart des ex-Soviétiques ne pouvaient que rêver – il lui proposerait de l'accompagner à l'étranger, joignant ainsi l'utile à l'agréable : après l'assassinat de Listiev et la tentative de meurtre à laquelle il venait d'échapper, la sécurité n'était pas une vaine préoccupation, et la présence de Sacha à ses côtés serait appréciable.

Un coup de fil à Korjakov, et Sacha obtint un ordre de mission. Avec un « document de couverture » en poche – un passeport diplomatique au nom d'Alexandre Volkov, second secrétaire de l'ambassade de Russie à Berne –, Sacha monta dans le jet privé de Berezovski pour son premier voyage hors de sa patrie, en mars 1995.

Depuis la Suisse, il appela Marina et lui dit d'une voix vibrante d'excitation :

— Tu ne me croiras pas, mais ils ne ferment pas les portes

de l'hôtel à clé et les flics sont aussi courtois que nos universitaires !

— Parce que tu as déjà eu le temps d'avoir affaire aux flics ? s'étonna Marina.

— Je te raconterai ça à mon retour.

Il lui rapporta des cadeaux : du parfum français et des jeans pour Tolik de différentes tailles en prévision des années à venir – un vrai luxe selon les critères moscovites. « On ne sait pas de quoi demain sera fait, voilà au moins un problème réglé », dit-il en riant. Il raconta aussi l'histoire des flics suisses. Cette aventure lui avait fait forte impression. Boris conduisait une Mercedes de sport, en compagnie de Lena, sa femme, assise à côté de lui, et de Sacha sur la petite banquette arrière. Fidèle à son habitude moscovite de non-respect des règles, Boris roulait à tombeau ouvert, n'hésitant pas à franchir la ligne continue. Ils se retrouvèrent face à deux policiers d'une politesse extrême. À Moscou, une affaire de ce genre aurait été « réglée » par un billet de vingt dollars plié à l'intérieur du permis de conduire du contrevenant. Il n'en était pas question ici : le petit groupe fut conduit au commissariat de Château-d'Oex, dans les Alpes vaudoises. Boris, Lena et Sacha furent enfermés dans une cellule munie d'une porte d'acier et d'un judas, tandis que la police s'éloignait avec leurs papiers.

Sacha ne se doutait pas que sa fausse identité les tirerait de ce mauvais pas. Les policiers si polis revinrent deux heures plus tard.

— Nous vous présentons nos excuses, dirent-ils. Nous n'avons pas le droit de vous retenir, en raison de votre immunité diplomatique. Il a fallu un petit moment à votre ambassade pour nous envoyer une confirmation, mais tout est en ordre.

Ils lui rendirent son faux passeport, sans s'étonner apparemment que le second secrétaire de l'ambassade de Russie ne parlât aucune langue étrangère.

Avec le recul, on peut penser que la présence de Sacha en Suisse n'était pas une simple mesure de protection pour Boris.

Bien des années plus tard, un transfuge russe réfugié à l'Ouest, bien informé des activités du SVR, le service de renseignements extérieurs de la fédération de Russie, m'a confié que le centre moscovite avait été très alarmé par le plan de Berezovski visant à privatiser Aeroflot. La compagnie nationale d'aviation russe servait en effet de couverture à des centaines d'espions dispersés dans le monde entier. C'est ainsi qu'en avril 1995 un télégramme secret fut envoyé au siège genevois ; il convenait de surveiller de près Berezovski lors de sa visite laquelle, soupçonnait le SVR, était liée à l'établissement à Lausanne d'un centre financier et de vente. Mesure qui permettrait de mettre le cash-flow de la compagnie d'aviation à l'abri de tout contrôle des services de renseignements. Le rapport des services secrets sur cette visite fut à l'origine de la fameuse « affaire de l'Aeroflot » qui allait poursuivre Berezovski bien des années plus tard.

> *8 février 1995 : les troupes russes s'emparent enfin de Groznyï. Les combats ont fait vingt-sept mille morts dans la population civile, et la ville a été rasée par des bombardements aériens et des tirs d'artillerie massifs. Les forces russes soumettent de nombreuses autres agglomérations à des bombardements intensifs. Les civils sont pris au piège. L'accès des lieux est interdit aux organisations humanitaires. Les combattants tchétchènes se réfugient dans les montagnes et s'engagent dans des opérations de guérilla.*

Au départ, Sacha considéra surtout la guerre comme un épiphénomène qui détournait l'attention et les ressources du Service fédéral de sécurité de ce qu'il considérait comme le problème essentiel : la corruption et le crime qui régnaient dans la police et dans les « services ». Il était sûr que, comme l'avaient promis le président et les généraux, les opérations militaires en Tchétchénie s'achèveraient rapidement. Cela faisait presque un an qu'il passait de longues nuits devant la table de sa cuisine, à tracer des diagrammes colorés représentant les liens de la pègre avec les grands pontes du FSB et du ministère de l'Intérieur. Il écrivit même une note à ce sujet, destinée à Eltsine, et que Marina tapa à la machine une bonne dizaine de fois.

Mais après avoir fait la connaissance de Boris, il décida de ne pas l'envoyer. Il disposait désormais d'un lien direct avec le Kremlin et était bien décidé à l'exploiter. Il accablait Boris de récits sur la collusion entre certains généraux et les gangs de Solntsevo, des Kourgans ou de Podolsk, cet univers qu'il connaissait si bien. Finalement, Boris réussit à obtenir pour lui des rendez-vous non seulement avec le général Korjakov, mais aussi avec Mikhaïl Barsoukov, directeur du FSB, et avec le vice-ministre des Affaires intérieures, Vladimir Ovtchinski. Ainsi, ils apprendraient de la bouche même de Sacha ce qui se passait dans leurs services.

Ces entrevues ne se déroulèrent pas très bien. Comme Korjakov le rapporta dans une interview à la *Komsomolskaïa Pravda* le 14 décembre 2006, il n'avait pas trouvé Sacha sympathique et n'avait pas vraiment apprécié ce qu'il avait à dire : « Je vis arriver un commandant, un type mince, mal rasé, hirsute, portant des chaussures élimées qui n'avaient pas vu le cirage depuis un moment, un pantalon de travail chinois, un pull qui lui tombait jusqu'aux genoux. Il jetait des regards furtifs tout autour de lui. » Korjakov l'écouta pendant une heure et demie. Après son départ, raconta-t-il, « j'ai posé des questions à mon entourage. Il se trouve qu'un de mes amis travaillait dans le "mauvais" service que Litvinenko avait "balancé". J'avais combattu avec lui en Afghanistan. Je lui faisais confiance, c'était un type parfaitement normal, un combattant. Je lui ai demandé de venir me voir et je lui ai raconté la visite de Litvinenko. Il m'a dit : "Tu me connais, non ? Ne crois pas ce que raconte Litvinenko, c'est un sale type qui ne sait pas quoi inventer". »

Vladimir Ovtchinski fut, lui aussi, un des auditeurs réticents de Sacha. « Il était bizarre, difficile à comprendre, se rappelait-il dans un entretien au journal letton *Chas*, le 30 décembre 2006. Il venait et dénonçait certains de nos hommes qui travaillaient sur le crime organisé. Il prétendait démasquer la corruption qui régnait à la direction du ministère. Au début, j'ai pris Litvinenko pour une sorte de boy-scout, pour qui seul le travail comptait... Il accusait un tas de gens, citait les noms de professionnels célèbres. Mais voyez-vous, rien de ce qu'il disait ne pouvait être confirmé. »

— J'étais d'une telle naïveté, reconnut Sacha à propos de ces entrevues. Je pensais que ces grands manitous prendraient les choses en main et mettraient fin à la pagaille qui régnait dans leurs services. La bonne blague ! Chaque fois que les ficelles conduisaient assez haut, la personne mise en cause était le copain, le parent ou le compagnon d'armes de quelqu'un. Je n'ai obtenu qu'une chose, c'est de passer pour l'idiot du village. Et j'ai découvert que les hautes sphères étaient encore plus gangrenées que les échelons moyens de l'administration. J'aurais dû m'en douter : ils s'achetaient des hôtels particuliers et des Mercedes alors qu'ils touchaient des salaires de misère. Tout le système était pourri jusqu'à la moelle. J'ai rassemblé une sacrée documentation sur le sujet.

Pendant que nous roulions vers Istanbul, Sacha me fit un cours de trois heures sur la vie et les mœurs du Kontora vers 1995. Sur la corruption systématique. Sur la disparition de tout sens de la mission provoquée par la fin de l'idéologie marxiste. Sur le vide qui en avait résulté et que l'argent remplissait.

— Le FSB continuait à rassembler des informations, m'expliqua-t-il. Or l'information est une marchandise. L'information, c'est le pouvoir. On peut s'en servir pour résoudre des problèmes économiques, pour faire pression sur la concurrence. Le FSB avait trouvé un débouché.

Les tribunaux ne fonctionnaient pas plus que les lois.

— Si ton associé te carottait, si un créancier ne te payait pas ou si un fournisseur ne te livrait pas – à qui pouvais-tu te plaindre ? Je ne parle même pas du racket ordinaire dont tu dois te protéger. Dès que l'usage de la force a pu se monnayer, il y a eu de la demande. On a vu s'ouvrir des parapluies – des gens qui abritaient et protégeaient ton entreprise. Les premiers à assurer ces services ont été les membres de la pègre, puis vint le tour de la police, et bientôt nos propres types ont compris.

Les gangsters, les flics et le « service » ont commencé à se battre pour obtenir des parts de marché. La police et le FSB sont devenus plus compétitifs, ils ont exclu les gangs. Mais dans bien des cas, la concurrence a cédé la place à la coopération, et les représentants des services officiels sont devenus des gangsters, eux aussi.

S'il y a un point sur lequel tout le monde, amis ou ennemis, est d'accord, c'est sur la mémoire phénoménale de Sacha. Il avait en tête des centaines d'anecdotes, d'adresses, de numéros de téléphone et de noms. Ensemble, ils composaient le tableau terrifiant d'une vague de criminalité qui engloutissait peu à peu les institutions chargées de faire respecter la loi et l'ordre dans la nouvelle Russie.

Quand nous arrivâmes à Istanbul en cette nuit d'Halloween de l'an 2000, le lien qui s'était noué entre Sacha et moi dépassait la simple amitié et la complicité dans l'évasion. Nous avions découvert dans nos vies respectives des parcours parallèles, liés par Boris Berezovski et par deux approches très différentes d'un même objectif : permettre à la Russie de rester ouverte et libre.
Pour Sacha, 1995 fut une année décisive. Il était de plus en plus convaincu qu'il ne serait pas facile de remporter la guerre qu'il menait, mais il pensait que Boris Berezovski et les gens du Kremlin l'aideraient. Quant à moi, j'entrais dans le monde tumultueux des oligarques du Kremlin et leur lutte intestine pour le pouvoir.

Deuxième partie

LA LUTTE POUR LE KREMLIN

3
Le baron voleur

Nous roulions dans le beau quartier de la Roubliovka – enclave réservée aux résidences d'été des habitants du Kremlin depuis la période stalinienne. J'y étais déjà allé dans les années 1970, avant de quitter la Russie. Extérieurement, rien n'avait changé : mêmes murs couleur d'ocre surmontés de fils de fer barbelés, même lourdes portes percées de judas pour le garde, même panneaux « défense de stationner » le long de l'autoroute.

La voiture s'est engagée dans une allée, mon chauffeur a freiné, klaxonné, et un garde en treillis est sorti de sa guérite. Après nous avoir fixés d'un regard impassible, il nous a fait signe d'avancer. La porte métallique s'est ouverte en grinçant et nous nous sommes engagés dans une énorme pinède. Au-delà des arbres, se dressait une grosse bâtisse de style « datcha officielle » construite en briques rouges et en béton. Le site était impressionnant avec sa vue magnifique sur la Moskova. Mon compagnon, Arkady Evstafiev, porte-parole du vice-Premier ministre Anatoli Tchoubaïs, m'expliqua que c'était autrefois la datcha de Nikolaï Ryjkov, le dernier Premier ministre soviétique.

Arkady m'avait téléphoné, un peu plus tôt dans la journée, pour m'annoncer qu'il voulait que je rencontre quelqu'un, sans préciser qui.

— Tu verras, je ne peux rien dire au téléphone.

Escortés par un domestique qui ressemblait à un garde du

corps, nous avons traversé la maison pour ressortir de l'autre côté sur une vaste pelouse. Une table couverte d'une nappe blanche y était dressée pour le thé, en pleine lumière. Mon hôte se présenta sur le mode de la plaisanterie :

— Dites-moi, cette maison ressemble-t-elle à celle de Soros ou avons-nous encore du travail à faire ?

C'était Boris Berezovski.

Quatre jeunes hommes au visage figé, portant smoking et gants blancs, faisaient le service. Ils paraissaient complètement déplacés dans ce décor champêtre. Il y avait plusieurs autres personnes autour de la table, mais on ne voyait que Berezovski – qui se lança dans un discours édifiant sur l'avenir de la télévision russe, prononcé à la vitesse d'une mitrailleuse, son débit n'arrivant visiblement pas à suivre le rythme de sa pensée.

La tenue du maître de maison, jeans et sweater, jurait encore plus avec l'ensemble. Berezovski ne ressemblait ni à un apparatchik ni à un capitaliste, mais plutôt à un mathématicien fou démontrant un théorème d'une profonde élégance à des auditeurs uniquement préoccupés de questions insignifiantes, terre à terre. Vu de près, il avait plus de charme qu'à la télévision ; malgré son crâne chauve, luisant au soleil, son visage était jeune et expressif. Ses yeux d'un noir ardent et ses perpétuelles gesticulations dégageaient une énergie qui ne transparaissait pas à l'écran.

La plaisanterie par laquelle il m'avait accueilli n'était pas seulement une astuce de nouveau riche pour rompre la glace. Il m'avait convoqué parce que je travaillais pour George Soros et qu'il voulait entrer en contact avec ce mythique milliardaire, espérant obtenir son aval pour d'importantes opérations de privatisation qui se profilaient à l'horizon. J'avais plus ou moins deviné la raison de son invitation à prendre le thé. Ce que je n'avais pas compris, c'est qu'elle marquerait mon entrée dans une nouvelle galaxie – le monde de Boris – où j'allais naviguer pendant dix ans.

Je voulus répondre poliment à l'entrée en matière de Berezovski. El Mirador, la maison de vacances de Soros, est une jolie hacienda de style mexicain située à Southampton, sur Long Island. Mais je ne trouvai rien de mieux à dire que :

— Elle lui ressemble un peu, bien que son style soit très différent.

— Dès que nous en aurons terminé avec les élections, nous nous occuperons d'immobilier, répondit Berezovski. J'aimerais inviter M. Soros dans ma datcha la prochaine fois qu'il viendra à Moscou. Nous avons beaucoup à apprendre de lui. La façon dont il a court-circuité la livre sterling, il a vraiment fait très fort ! Quel homme !

Berezovski faisait référence au 16 septembre 1992, le « mercredi noir » où Soros avait joué contre le gouvernement britannique sur les marchés des changes du monde entier. Il avait obligé les Britanniques à dévaluer la livre et gagné un milliard de dollars dans la journée.

Depuis, on le surnommait « l'homme qui a fait sauter la banque d'Angleterre ». Ce coup d'éclat avait assuré sa réputation, et les nouveaux capitalistes russes l'avaient immédiatement pris pour modèle. Mais l'opinion de Soros sur ce qui se tramait en Russie était nuancée. À la vague de privatisations provoquée par Tchoubaïs, son principal interlocuteur en Russie, il avait réagi avec un mélange de stupeur et de désapprobation.

D'un côté, il ne pouvait s'empêcher d'admirer la prouesse de Tchoubaïs : en un peu plus de trois ans, le jeune vice-Premier ministre avait en grande partie inversé la révolution des bolcheviks qui, soixante-dix ans plus tôt, avaient mené les expropriations en faisant couler des flots de sang. L'essentiel du secteur nationalisé était repassé entre des mains privées, mais sans aucune violence – si l'on excepte l'assaut du Soviet suprême en 1993 et quelques centaines de victimes des « conflits d'intérêts ».

Pourtant Soros n'approuvait pas la manière dont Tchoubaïs avait procédé. L'arrogant et caustique vice-Premier ministre n'était pas simplement un ennemi juré des communistes. Ultra-libéral, il pensait que d'une façon ou d'une autre l'autorité de la loi découlerait de la libéralisation économique. Si le marché s'ouvrait, les relations sociales s'organiseraient d'elles-mêmes.

Soros était horrifié par les conséquences désastreuses de ce type de capitalisme où tous les coups sont permis.

Le conflit éclata publiquement entre les deux hommes en janvier 1995, au Forum économique mondial de Davos, en Suisse, quand Tchoubaïs annonça au monde que la privatisation avait fait naître en Russie une nouvelle classe de propriétaires fonciers qui allait constituer la colonne vertébrale de la Russie libre.

Tchoubaïs était venu à Davos pour remplacer Eltsine retenu à Moscou pour cause de guerre. La débâcle du nouvel an à Groznyï était encore trop récente. Les délégués se réunissaient pour entendre Tchoubaïs prononcer son discours, et au même moment de violents combats faisaient rage.

Les paroles de Tchoubaïs suscitèrent néanmoins l'enthousiasme. Il venait d'achever la première étape de la privatisation massive en distribuant à tous les citoyens russes des chèques échangeables contre des actions dans les entreprises appartenant à l'État. Certes, beaucoup de ces chèques avaient été achetés par des spéculateurs et des « patrons rouges », les anciens directeurs d'usines soviétiques, mais Tchoubaïs n'en avait pas moins transformé plusieurs millions de Russes en actionnaires.

La plupart des observateurs avaient prédit une inflation galopante et le chaos, mais la réalité démentait leur pessimisme – l'inflation était maîtrisée. Les statistiques des privatisations parlaient d'elles-mêmes, et Eltsine restait au pouvoir malgré les intrigues fomentées par les communistes.

— Notre réforme est irréversible ! affirma Tchoubaïs en conclusion.

En réponse, Soros, personnalité très respectée à Davos, traita les nouveaux Russes de « barons voleurs ».

— J'espérais assister à une transition ordonnée vers une société ouverte, un système démocratique répondant aux besoins du marché et fondée sur l'autorité de la loi, expliqua-t-il. Or, de ce point de vue, la réforme est un échec. Mais vous avez effectivement créé un nouveau système : le capitalisme voleur. C'est un système brutal et laid, poursuivit-il, mais très dynamique dans son organisation. Il peut réussir parce qu'il y a maintenant des intérêts économiques à défendre. Mais le problème est que ce système crée un extraordinaire sentiment d'injustice et le déclin des valeurs de la civilisation ; tant de frustration et de désorientation pourrait entraîner un contrecoup politique et une poussée de nationalisme.

Au cours des années précédentes, Soros et Tchoubaïs s'étaient entretenus à plusieurs reprises, presque toujours à Moscou lors des séjours qu'y effectuait George Soros pour ses projets philanthropiques. J'assistais souvent à leurs discussions, ou plutôt à leurs dialogues de sourds. Tchoubaïs, apôtre du libre-échange, ne cessait de répéter que la propriété privée finirait par résoudre tous les problèmes politiques et sociaux ; que la démocratie et la liberté, la morale sociale, l'autorité de la loi, un gouvernement libéral, ces nouveaux équilibres découleraient du capitalisme aussi sûrement que la juste fixation des prix était déterminée par la « main invisible » d'Adam Smith.

Soros, dont la pensée se situait entre celle de Keynes et un socialisme voilé, estimait qu'en temps de crise l'ingérence de l'État était inévitable. Il conseillait à Tchoubaïs de rétablir des tarifs douaniers pour protéger les secteurs les plus fragiles de l'économie et de le soutenir, lui Soros, dans sa campagne pour obtenir de Washington un filet de sécurité pour la société russe, financé par l'aide économique occidentale. Ce « plan Marshall » social « amorcerait la pompe » de la demande en mettant des millions de dollars dans les poches des citoyens ordinaires. Tchoubaïs voulait que Soros montre l'exemple en investissant lui-même en Russie, mais Soros était trop occupé à mettre sur pied des institutions caritatives richement dotées et ne voulait pas mélanger les affaires et la philanthropie. En outre, avec le retour en force des communistes, il estimait trop risqué d'investir en Russie.

C'était maintenant le tour de Berezovski de vouloir convaincre Soros de s'associer avec lui. Boris était persuadé que les deux cents millions de téléspectateurs de sa chaîne représenteraient un jour ou l'autre un énorme marché publicitaire et que son investissement serait d'un excellent rapport. Mais en attendant, il enregistrait un déficit annuel de cinquante millions de dollars, ce qui dépassait largement sa marge de manœuvre. Il m'expliqua qu'il voulait demander à Soros un prêt d'environ cent millions de dollars, avec un nantissement dans le capital de l'ORT et la possibilité d'acheter d'autres actions. C'était un marché susceptible de rapporter un milliard, affirma-t-il. De plus, en soutenant la nouvelle télévision progressiste, Soros ferait réellement avancer la démocratie en Russie. Et puis, n'avait-il pas donné cent millions de dollars pour aider les scientifiques sans rien obtenir en contrepartie ?

— À propos, pourquoi nous traite-t-il de barons voleurs ? Je ne comprends pas, dit Berezovski. Il nous prend peut-être pour une bande de gangsters façon Al Capone ?

— Pas exactement, répondis-je.

Puis je lui racontai l'histoire des financiers et des grands patrons américains de l'âge d'or. Je lui parlai des hôtels particuliers que l'on faisait visiter aux petits Yankees, comme autrefois, il devait s'en souvenir, on emmenait les petits Soviétiques sur la tombe de Lénine.

— Si ces hommes restent présents dans nos mémoires, ce n'est pas pour la façon dont ils ont accumulé leur fortune, ce n'étaient pas des anges, mais parce qu'ils ont bâti l'industrie américaine et se sont conduits en philanthropes. On leur doit Carnegie Hall, la fondation Rockefeller et l'université Vanderbilt. Voilà pourquoi Soros donne de l'argent aux scientifiques russes. Il préfère qu'on se souvienne de lui, non comme de « l'homme qui a fait sauter la banque d'Angleterre », mais comme d'un promoteur de la démocratie en ex-URSS.

Boris demeura un instant pensif, mais son naturel reprit vite le dessus.

— Très intéressant. Nous ferons la même chose, dès que nous le pourrons. Avez-vous entendu parler de ma fondation Triomphe ? Elle attribue des prix à des artistes. Et si je contribuais à votre fondation pour les sciences en versant un million et demi par exemple, cela déciderait-il Soros ?

À la fin de notre conversation, nous nous étions trouvé bien des points communs et nous parlions avec plus de familiarité. Nous étions presque du même âge, nous venions des mêmes milieux de l'intelligentsia soviétique juive. Seul un caprice du destin avait propulsé nos vies dans des directions différentes, vingt ans auparavant – j'avais pris le chemin de l'émigration et entrepris une carrière universitaire aux États-Unis tandis que Boris passait par les méandres de l'Académie des sciences soviétique avant de se lancer dans la ruée vers l'or de l'ère Eltsine.

Depuis le moment où j'ai rencontré Berezovski, je n'avais pu chasser de mon esprit l'idée qu'il n'appartenait pas au monde de l'establishment russe au pouvoir. Son tempérament enthousiaste et ses visions grandioses ne cadraient pas avec la philosophie soporifique mais meurtrière qui imprégnait les murs du Kremlin. Je voyais en lui une sorte de Gatsby le Magnifique moscovite.

L'inauguration de la bourse LogoVAZ pour les jeunes scientifiques de la fondation Soros eut lieu pendant l'été 1995 à Moscou, dans le grand hall du ministère des Sciences. Sous l'œil des caméras, George et Boris échangèrent une poignée de main. Dans son discours, George évoqua la passation du relais philanthropique à la nouvelle classe capitaliste russe.

— Le capitalisme n'en est encore qu'à ses débuts ; après tout, il faut commencer par accumuler de l'argent pour pouvoir le distribuer. Je suis très heureux que vous en soyez déjà là et que vous compreniez, comme moi, l'importance de la science et de l'éducation.

Boris exultait.

Mais après la cérémonie, dans la voiture, le ton de George changea. Comme je lui faisais part de ma comparaison avec Gatsby le Magnifique, il dit :

— Effectivement, je le trouve sympathique, mais j'ai bien peur qu'il finisse mal. Il est en pleine ascension et il ne sait pas où il doit s'arrêter. Or, plus on grimpe, plus on tombe de haut !

À la fin de l'été, les prévisions de Soros devinrent plus sombres encore. Eltsine, selon lui, était pris entre le marteau et l'enclume : confronté à une crise sociale et subissant la pression du Fonds monétaire international et de la Banque mondiale – qui lui fournissaient l'essentiel de son budget – il devait s'arranger pour limiter les dépenses. En Tchétchénie, il semblait avoir perdu le contrôle de l'armée, et la violence de la guerre générait de nouvelles violences. C'était l'escalade.

> *Printemps 1995. Les embuscades tchétchènes se multiplient et les séparatistes minent toutes les routes de la zone des conflits. Le 14 juin, quatre-vingts rebelles, commandés par Chamil Bassaïev, s'emparent d'un hôpital dans la ville russe de Boudennovsk, à cent vingt kilomètres de la frontière tchétchène, et prennent mille cinq cents personnes en otages. Une longue période d'incertitude, entrecoupée de tentatives bâclées de l'armée russe pour reprendre l'hôpital, aboutit finalement à un compromis : la plupart des otages sont relâchés en échange d'un cessez-le-feu promis par Eltsine en prélude à des négociations de paix. À leur retour en Tchétchénie, les militants sont fêtés comme des héros. Le Premier ministre russe Viktor Tchernomyrdine, qui conduit des négociations télévisées avec Bassaïev, apparaît comme la principale colombe du Kremlin.*

« La Russie s'enfonce dans un trou noir et elle va entraîner toute la région avec elle », annonça Soros à la fin de l'été. Il me demanda de réduire progressivement les dépenses de son programme pour les sciences, car il ne voulait pas « jeter l'argent par les fenêtres ».

Il hésitait encore à consentir un prêt pour l'ORT. « C'est d'un partenaire stratégique que Boris a besoin, dit-il, et je ne connais rien à la télévision. Mais je peux lui présenter quelqu'un. »

L'associé potentiel – investisseur dans l'une des grandes chaînes américaines – refusa lui aussi de prêter de l'argent à Berezovski. Il proposa en échange d'acheter une participation dans le capital de l'ORT. Mais Boris lui dit que c'était impossible, car les communistes de la Douma provoqueraient un tapage monstrueux quand ils découvriraient que la première chaîne était vendue aux Américains. Dans ce cas, répondit le partenaire stratégique, même un prêt représenterait un gros risque politique. Les discussions s'arrêtèrent là.

La seule bonne nouvelle était le succès de la première chaîne réorganisée, qui dépassait toutes les prévisions. Une nouvelle équipe, dirigée par le journaliste libéral Constantin Ernst, jeune intellectuel aux cheveux longs, avait revu la programmation, modifié le format et le style des bulletins d'information, et produit des émissions de divertissement destinées aux jeunes. L'ORT s'efforçait de donner l'image d'une Russie dynamique, prospère, occidentalisée, où il ferait bon vivre si les communistes ne la ramenaient pas à l'ère soviétique. Le taux d'écoute ne cessait d'augmenter, dépassant celui de NTV, mais le problème essentiel restait sans solution : la chaîne continuait à générer de lourdes pertes. Boris cherchait de nouveaux financements pour la maintenir à flot. Il fallait qu'il tienne un an, disait-il, jusqu'à l'élection présidentielle.

Il était sûr qu'après la victoire d'Eltsine les investisseurs étrangers se bousculeraient à sa porte. Un jour où, assis à la terrasse du Club, nous buvions une excellente bouteille de château-latour, le vin préféré de Boris, je lui demandai ce qu'il ferait si Eltsine n'était pas réélu. Il me regarda comme si j'étais l'idiot du village.

— Pas réélu ? Tout simplement impossible ! Tu ne t'es jamais bagarré quand tu étais gosse ?

— Non, je l'admets.

— Alors sache qu'on ne se lance pas dans une bagarre en pensant qu'on peut être battu. Et pas seulement battu, mais pendu haut et court ! On ne peut même pas se permettre d'envisager une défaite, Alex. Il ne s'agit pas d'élections municipales à Cincinnati mais d'une révolution, au sens propre du terme !

Tchoubaïs, malgré son discours optimiste de Davos, n'était pas sorti d'affaire. Il avait déjà privatisé plus de la moitié de l'économie, par le biais de très nombreuses petites et moyennes entreprises. Mais il n'avait pas encore touché aux grosses sociétés, industries du gaz et du pétrole, des minerais, des télécommunications et de l'armement. Elles étaient toujours dirigées par leurs anciens patrons soviétiques dont beaucoup n'hésitaient pas à extorquer des fonds par la revente à des tiers, à les blanchir et à les planquer dans des paradis fiscaux.

L'ensemble de ces directeurs de sociétés étatiques, que l'on appelait le « corps directorial », constituait un lobby puissant dont le représentant au Kremlin était Oleg Soskovets, vétéran de l'industrie militaire et détenteur du second portefeuille de vice-Premier ministre, donc principal rival de Tchoubaïs au Conseil des ministres. Avec les communistes de la Douma, le corps directorial constituait le principal obstacle à de nouvelles privatisations, car ses membres souhaitaient vivement réintégrer une économie planifiée si les communistes revenaient au pouvoir.

Mais cette fois-ci, Tchoubaïs ne pouvait plus se permettre de distribuer gratuitement des chèques à toute la population russe. Il avait besoin d'argent. À l'époque, les recettes budgétaires n'étaient que de trente-sept milliards de dollars, alors que les dépenses s'élevaient à cinquante-deux milliards, ce qui représentait un déficit de presque 30 %. L'exportation du pétrole à quinze dollars le baril ne rapportait pas suffisamment. Les impôts n'étaient pas encore collectés et il fallait payer les salaires des fonctionnaires. La guerre en Tchétchénie devenait chaque mois plus coûteuse, et les investissements étrangers étaient réduits au minimum. Tchoubaïs se tourna donc vers le seul endroit où il y avait de l'argent et aucun ancien apparatchik : le secteur bancaire russe émergent. C'était une industrie cent pour cent nouvelle que des propriétaires privés avaient créée à partir de rien.

Comme il l'expliqua lui-même plus tard : « En 1996, j'avais le choix entre le retour des communistes au pouvoir ou le capitalisme voleur. J'ai choisi le capitalisme voleur. »

Il sélectionna une douzaine de banquiers, qu'il savait incapables de céder aux sirènes du communisme, et leur offrit quelques-uns des joyaux de la couronne russe : le gaz, les minerais et certains éléments de l'infrastructure industrielle en échange de tout l'argent qu'ils pourraient réunir. Le gouvernement obtint ainsi des prêts en hypothéquant les entreprises. Si ces prêts n'étaient pas remboursés à temps, les banques pouvaient vendre leurs actions aux enchères, pure formalité puisqu'elles contrôlaient elles-mêmes le processus.

Une douzaine d'entreprises, dont six compagnies pétrolières, trois usines et trois compagnies de transport, furent concernées par la vente des « prêts contre actions ». Celle-ci rapporta au gouvernement plus de un milliard de dollars. Les heureux bénéficiaires de l'opération comptaient désormais parmi les personnes les plus riches du monde – si toutefois elles pouvaient conserver leurs biens après les élections.

Quant à Berezovski, comme il ne possédait ni banque ni fortune suffisante, il n'avait d'abord pas eu l'intention d'enchérir pendant ces ventes. Il était déjà étranglé par sa chaîne de télévision qui dévorait tous les bénéfices de son commerce automobile. Mais, de tous les oligarques, il était le plus proche du Kremlin et il imagina une façon de transformer sa faiblesse en force : il expliqua à Tchoubaïs et à Korjakov, les deux mandants, que pour financer l'ORT il avait besoin d'une source de profits quelconque. Après tout, l'État possédait 51 % des parts et devait assumer ses responsabilités dans l'entretien de la chaîne. Il obtint satisfaction. Une nouvelle « vente aux enchères » fut aussitôt annoncée, pour une participation majoritaire dans le capital de Sibneft, compagnie pétrolière sibérienne, la septième par sa taille de toutes les compagnies pétrolières de la fédération de Russie. Les économistes de Tchoubaïs l'évaluèrent à un minimum de cent millions de dollars. Le problème, c'est que Boris n'avait pas cent millions de dollars, il ne pouvait réunir qu'environ la moitié de cette somme.

6 octobre 1995. Une bombe blesse grièvement Anatoli Romanov, commandant de l'armée russe en Tchétchénie et l'un des rares militaires modérés, qui avait entrepris des négociations de paix avec les rebelles. Le cessez-le-feu respecté depuis juin est rompu. Des rumeurs circulent, attribuant l'attentat contre Romanov au « parti de la guerre », cabale de militaires de haut rang et de mandarins de la sécurité opposés à la politique de règlement négocié entreprise par Eltsine. Les ministres de la Défense et de l'Intérieur réclament ouvertement la guerre. Eltsine hésite.

Un jour, au début de l'automne, Boris m'invita à le rejoindre au Club pour discuter d'une « affaire urgente ».

Pour la plupart des Moscovites, le Club était un lieu à la fois célèbre et mystérieux, réputé pour la qualité de ses vins et le talent de son chef cuisinier. Y être admis était un marqueur social. Depuis la tentative d'assassinat de Boris en 1994, des mesures de sécurité considérables avaient été prises : détecteurs de métaux, caméras de surveillance, contrôles d'identité ; il y avait partout des jeunes gens dont l'allure et le comportement rappelaient ceux des agents du KGB en faction au Kremlin.

Au-dessus du bar, dans la pièce qui servait aussi de salle d'attente, se trouvait le premier poste de télévision à haute définition de Moscou. Il y avait un piano à queue blanc sur lequel jouait parfois un ami de Boris, vieux pianiste juif en complet blanc. Un crocodile empaillé se dressait dans un coin, personne ne savait pourquoi ! Boris était souvent en retard, mais l'ambiance du bar était agréable, et l'attente laissait place au divertissement et au spectacle que représentait le flot ininterrompu de visiteurs.

On pouvait à tout moment y croiser ministres, personnalités de la télévision, députés de la Douma et journalistes vedettes, gouverneurs de province et gestionnaires de fonds occidentaux, mais aussi de parfaits inconnus, comme ce jeune homme quelconque, en pantalon et veste de jean, souvent assis dans un coin : le commandant Sacha Litvinenko. Nous nous étions vus plusieurs fois au Club, Sacha et moi, avant d'être présentés.

Ce jour-là, on me fit rapidement traverser le bar et pénétrer dans le bureau de Boris, en passant par un vestibule au centre duquel bruissait une petite fontaine baroque.

— À ton avis, George serait-il intéressé par un investissement d'environ cinquante millions de dollars ? lança Boris sans attendre que j'aie franchi sa porte.

Soros ayant refusé de lui prêter de l'argent pour l'ORT, il semblait inutile de le solliciter pour une proposition du même genre, mais avant que j'aie eu le temps d'ouvrir la bouche, Boris me détaillait le projet :

— Cette fois, il ne s'agit pas d'une chaîne de télé, mais

d'une compagnie pétrolière très rentable, à l'intégration verticale, avec des champs pétrolifères, une raffinerie et un terminal d'exportation –, l'un des joyaux énergétiques soviétiques. Elle va être vendue aux enchères, mais nous sommes un peu à court d'argent. Donc, je voudrais proposer à George de s'associer avec moi, 50-50.

— Attends une minute, objectai-je. Les étrangers ne sont pas admis à ces ventes.

— Pas de problème. On crée une entité russe légale où George a 50 % des parts, moins une. Selon les standards mondiaux, les réserves de pétrole en question vaudraient aux alentours de cinq milliards. Moins le risque politique, bien sûr. Dis à George qu'il doit accepter. Tiens, voilà toute la documentation. C'est très, très urgent. Un signe de lui et je m'envole pour New York dans l'heure.

Je retournai à New York pour présenter le projet à George et, à ma grande surprise, il se montra disposé à le considérer. Il réfléchit pendant deux semaines, tandis que je faisais des paris avec moi-même : allait-il franchir le pas, participer à la ruée vers l'or des capitalistes voleurs ? George n'avait jamais fait un mystère de sa double personnalité. Il était à la fois un gestionnaire de fonds habile, servant au mieux les intérêts de ses actionnaires, et un réformateur social travaillant à rendre le monde meilleur. Pour éviter tout conflit d'intérêts, il préférait ne pas faire d'affaires dans les pays où il s'occupait de philanthropie. Mais cette occasion-là lui paraissait unique.

Finalement, il refusa. « Cette affaire ne vaut pas un clou, dit-il. Je te parie cent contre un que les communistes vont gagner et annuler toutes ces ventes. Dis à Boris que je lui conseille de laisser tomber, lui aussi. Il met tout ce qu'il possède dans l'affaire et il va tout perdre. »

Soros n'était pas le seul à rendre ce verdict. Boris fit le tour de tous ses partenaires occidentaux, depuis les patrons de Mercedes en Allemagne jusqu'aux propriétaires de Daewoo en Corée, mais personne ne voulait investir dans la compagnie pétrolière Sibneft. Tout le monde pensait que le sacrifice de

Tchoubaïs avec ses ventes bidons serait contré dans le mois suivant le départ d'Eltsine, dont personne ne doutait.

Pourtant, Boris finit par trouver un associé – un inconnu dénommé Roman Abramovitch, négociant en pétrole. Âgé de vingt-neuf ans, timide, grassouillet, le teint rubicond, il arriva au Club à moto, vêtu d'un jean et d'un sweater. Personne n'a jamais su où il avait trouvé cinquante millions de dollars.

— Je vais te présenter, me dit un jour Boris, au Club, après mon retour de New York. Voici Roman, mon nouvel associé. Il s'intéresse à la philanthropie, et je pense qu'il devrait faire partie du bureau de la nouvelle fondation.

Boris parlait de mon dernier projet – la Société russe pour la science et l'éducation, que je m'efforçais de monter avec des dons fournis par quelques oligarques coopératifs.

Je fis à Roman mon numéro sur l'âge d'or et les piliers de la philanthropie américaine. Il écouta poliment, les yeux baissés, et sourit timidement lorsque Boris dit d'une voix émue que la Russie avait besoin d'hommes comme lui « qui la transforment en un pays normal ».

— Alors, qu'en penses-tu ? Il est formidable. Il nous en faudrait beaucoup des types comme ça ! s'enthousiasma Boris après le départ de Roman qui n'avait toujours pas ouvert la bouche.

Mais il allait regretter amèrement d'avoir introduit Roman dans son cercle. Cinq ans plus tard, après avoir pris le contrôle de Sibneft et de l'ORT, le jeune homme timide deviendrait l'homme le plus riche de Russie et la nouvelle éminence grise du Kremlin.

4
Le pacte de Davos

9-18 janvier 1996. Sous la conduite du chef de guerre Salman Radouïev, les Tchétchènes attaquent la ville de Kizlyar au Daghestan, à l'intérieur de la frontière russe. Ils prennent cent soixante otages, mais se font encercler par l'armée russe dans le village frontalier de Pervomaïsk. Avec d'autres hommes du FSB, Sacha Litvinenko est là, dans les tranchées, aux côtés de l'armée régulière. Au terme d'une semaine de siège et de plusieurs vaines tentatives pour s'emparer du village, les commandants russes affirment qu'« il ne reste pas d'otages » et engagent un bombardement intensif qui coûte la vie à de nombreux habitants et à quelques rebelles. Le lendemain matin, Radouïev et le gros des rebelles réussissent à franchir les lignes russes et à regagner la Tchétchénie, emmenant vingt otages avec eux.

Davos, Suisse, 3 février 1996

Dans sa chambre d'hôtel de Davos, Vladimir Goussinski, surnommé « Goose », l'« oie » en anglais, décroche le combiné. Il reste un instant sans voix en reconnaissant son interlocuteur. C'est son ennemi juré, Boris Berezovski.

Ils assistent l'un comme l'autre au Forum économique mondial de 1996.

— Volodia, tu ne crois pas que nous devrions tourner la page et nous retrouver pour bavarder un moment ? demande Boris.

Ancien directeur de théâtre et membre éminent de la communauté juive de Moscou, Goose, quarante-trois ans, avait été considéré un temps comme l'homme le plus riche de Russie – avant que le programme « prêts contre actions » ne crée une nouvelle sorte d'oligarques, encore plus riches. Il devait sa fortune à son amitié avec le maire de Moscou, Iouri Loujkov. La plupart des fonds municipaux étaient déposés à la Most-Bank, un établissement bancaire appartenant à Goose. Sa société immobilière mettait la main sur les propriétés intéressantes qui se négociaient dans le cadre des privatisations réalisées sous contrôle de la ville. Il était également propriétaire d'un journal, d'un hebdomadaire d'information, d'une station de radio et d'une chaîne de télévision, la NTV. Cette chaîne prenait plaisir à éreinter le Kremlin, critiquant sa politique jour et nuit et ridiculisant ses représentants dans une émission populaire de satire politique baptisée « Koukly » (« Les Marionnettes »). Les idées politiques de Goose, un intellectuel à lunettes, étaient proches de celles de Grigori Iavlinski, démocrate de centre-gauche, ami de George Soros. Goussinski était plutôt hostile à la politique d'Eltsine, il craignait la cabale des membres de l'armée et des services de sécurité qui gravitaient dans l'entourage du président.

Des mois durant, tout Moscou n'avait parlé que des péripéties de la rivalité entre Goose et Berezovski. Goose avait même dû se réfugier à Londres pendant cinq mois à la suite de ce qu'on avait appelé le raid de la Most-Bank, une opération menée contre lui par des hommes de main du général Korjakov, un ami de Boris au Kremlin.

En ce jour mémorable de décembre 1994, le convoi de voitures de Goose quitte sa datcha comme à l'accoutumée. En tête, une voiture rapide contient des hommes chargés de surveiller les deux côtés de la route. Vient ensuite la Mercedes blindée de Goose, suivie d'un tout-terrain qui roule en zigzag pour interdire à quiconque de dépasser le cortège. Celui-ci est fermé par une camionnette sans vitres transportant une équipe d'anciens parachutistes dirigés par un gorille chauve surnommé le Cyclope.

Les écouteurs des gardes grésillent soudain : « On a de la

visite. » Quelqu'un suit le convoi. Le chauffeur de Goussinski accélère, la Mercedes prend de la vitesse avant de s'arrêter dans un crissement de pneus devant le siège de la Most-Bank, situé dans un des plus hauts immeubles de la ville qui abrite également les services de la mairie. C'est l'ancien siège du Comecon, le centre de commandement économique du bloc soviétique. Sous la protection de ses gardes du corps, Goose s'engouffre à l'intérieur du bâtiment, et se réfugie dans le bureau du maire.

Ses poursuivants arrivent quelques instants plus tard : une trentaine d'hommes en gilets pare-balles et encagoulés, équipés d'armes automatiques et de lance-grenades. Pendant les deux heures qui suivent, Goose observe la scène, horrifié et incrédule, depuis les fenêtres du bureau du maire. Les agresseurs, qui appartiennent de toute évidence à une branche des services secrets, désarment ses hommes et les obligent à se coucher face contre terre dans la neige, où ils restent presque deux heures, sous les yeux d'une foule de spectateurs et devant les caméras de la télévision. Appelée sur les lieux, la police municipale échange quelques mots avec les agresseurs puis s'éloigne paisiblement. Une équipe du FSB, prévenue par le personnel de la Most-Bank qui craignait un hold-up, suit le même chemin.

Finalement, les assaillants repartent aussi mystérieusement qu'ils sont venus, sans s'identifier ni expliquer les motifs de cette opération. Le lendemain matin, Goose et toute sa famille partent pour Londres et se mettent à l'abri au Park Lane Hotel où ils restent plusieurs mois. Les administrateurs de son vaste empire économique font la navette entre Moscou et Londres.

Le mystère du raid de la Most-Bank fut élucidé quelques jours plus tard. Le général Korjakov reconnut que ses hommes s'en étaient pris à ceux de Goose, dans le cadre, prétendit-il, de la recherche d'armes illicites. Simple mesure de précaution, se défendit Korjakov. Le convoi de Goose empruntait le même itinéraire que le président quand il se rendait au Kremlin, et la prudence était de mise. Mais le général admit à demi-mot les motifs personnels de cette opération. « La chasse à l'oie est un de mes sports favoris », déclara Korjakov à l'hebdomadaire russe *Faits et Arguments* du 8 janvier 1995. Il se vengeait sans doute des critiques de NTV contre la guerre en Tchétchénie, engagée en décembre ; il n'avait pas apprécié non plus d'être représenté sous les traits d'une marionnette ridicule et complètement stupide dans l'émission « Koukly ».

Sur le moment, beaucoup de gens crurent que Berezovski était derrière le raid de la Most-Bank. Après tout, c'était un ami de Korjakov. Quatre mois plus tard, quand Berezovski faillit se faire coffrer par la police à la suite de l'assassinat de Listiev en mars 1995 – l'épisode au cours duquel Sacha Litvinenko le tira d'affaire –, la même logique suggérait que le maire se vengeait ainsi du raid de la Most-Bank.

Mais revenons au sommet de Davos, en février 1996. À cette date, Berezovski et Goose se livraient une concurrence acharnée pour les réseaux de télévision, et voilà que Berezovski avait le front d'appeler Goose pour l'inviter à prendre un verre. Celui-ci pensait savoir de quoi il s'agissait. Vu la tournure que prenait le sommet, Goose aurait dîné avec le diable lui-même s'il avait pu lui extorquer quelques conseils susceptibles d'éviter la catastrophe qui menaçait de se produire à la prochaine élection présidentielle.

Quelques semaines plus tôt, la machine à rêves des privatisations s'était soudainement enrayée. Cela faisait des mois que d'heureux banquiers découvraient à leur réveil qu'ils étaient devenus des industriels. Mais en décembre, sans un mot d'explication, le gouvernement annula trois ventes aux enchères du programme « prêts contre actions » dans l'industrie aéronautique, dont un contrat du KB Soukhoï, fabricant des célèbres avions de chasse. La rumeur y vit la main du ministre de la Défense, Pavel Gratchev, un des principaux faucons du Kremlin.

La position de Tchoubaïs était de plus en plus précaire. À l'approche des élections de juin, sa présence au gouvernement desservait gravement Eltsine. La propagande communiste le présentait comme l'ennemi public numéro un. Le slogan

« Eltsine démission, Tchoubaïs en prison » résonnait bruyamment à tous les meetings. Ses adversaires exploitaient sans vergogne le patronyme non-russe de Tchoubaïs, son physique singulier, et notamment ses cheveux roux. La tradition populaire russe présente les roux comme des personnages fourbes et suspects, dont il convient de se méfier. Pour confirmer cette image, on dénicha fort opportunément dans les archives un ancien édit du tsar Pierre le Grand interdisant aux roux de témoigner en justice, et on le diffusa sur les ondes.

Début janvier, une fracture s'était produite dans le petit cercle des intimes d'Eltsine. Une faction anti-Tchoubaïs, dirigée par Korjakov, commença à chuchoter à l'oreille du président qu'il était plus que temps de sacrifier le « privatiseur », pour remonter un peu sa cote de popularité.

Le groupe de Korjakov comprenait le patron de Sacha, le directeur du FSB Mikhaïl Barsoukov, et le vice-Premier ministre, Oleg Soskovets, un homme que Korjakov espérait asseoir un jour dans le fauteuil de président. Le clan des libéraux qui soutenaient Anatoli Tchoubaïs réunissait le ministre des Affaires étrangères Andreï Kozyrev, le chef d'état-major Sergueï Filatov et Valentin Ioumachev, un remarquable journaliste, ami puis époux de la fille d'Eltsine, Tatiana, et qui serait plus tard l'une des principales éminences grises du Kremlin. Le Premier ministre Viktor Tchernomyrdine, qui avait eu la haute main sur le gaz et le pétrole du temps des Soviétiques, conservait une stricte neutralité, à l'instar de Boris Berezovski. Tchoubaïs avait pour atout majeur sa popularité à l'Ouest – auprès de l'administration Clinton, de la Banque mondiale et du Fonds monétaire international ainsi que de nombreux conseillers de l'université Harvard qui l'aidaient à mettre en place des institutions capitalistes telles qu'une Bourse et des services fiscaux. Mais cette carte le desservait plutôt dans l'opinion publique.

Le 17 janvier 1996, le coup d'envoi de la campagne électorale d'Eltsine fit l'effet d'une bombe. Il renvoya Tchoubaïs et plusieurs membres libéraux de son cabinet en déclarant : « Tout est de la faute de Tchoubaïs. » La phrase résonna à travers la

Russie. C'était une défaite cuisante pour les réformateurs. Eltsine confia alors le portefeuille de l'Économie à Vladimir Kadannikov, directeur des usines VAZ – celles-là même que Boris avait cherché à privatiser au moment de sa tentative d'assassinat. Le ministre des Affaires étrangères pro-occidental Andreï Kozyrev fut remplacé par un faucon extrémiste, le chef des services de renseignements extérieurs, Evgueni Primakov. Le chef d'état-major libéral Filatov démissionna, et un autre jusqu'au-boutiste, Nikolaï Egorov, prit sa place.

Eltsine chargea alors le vice-Premier ministre Oleg Soskovets, instrument de la déchéance de Tchoubaïs, de présider son comité de réélection, flanqué du duo de généraux : Korjakov du FSO et Barsoukov du FSB. À l'époque, les sondages donnaient le candidat communiste Guennadi Ziouganov en tête avec 24 % des intentions de vote ; Grigori Iavlinski, le social-démocrate ami de Soros, obtenait 11 % ; le fasciste Vladimir Jirinovski 7 ; le général de parachutistes non conformiste Alexandre Lebed 6 et Eltsine ne dépassait pas 5 %. La moitié des personnes interrogées demeuraient indécises.

À son arrivée à Davos le 1er février, Boris découvrit que Guennadi Ziouganov, potentiel futur président communiste de la Russie, était une des principales attractions du forum. Les directeurs d'entreprises occidentales « s'agglutinaient autour de lui comme des mouches sur du miel », raconta-t-il. Pendant ce temps, Tchoubaïs, désœuvré, errait dans la station de ski « comme une âme en peine » : il ne faisait plus l'actualité.

Ziouganov, un apparatchik robuste de cinquante et un ans arborant une calvitie naissante, ne ménageait pas sa peine pour se présenter comme un social-démocrate à l'occidentale.

« Ce que nous voulons, déclara-t-il au *New York Times*, c'est une économie mixte. Le communisme, c'est la collégialité, le développement durable, les valeurs spirituelles, un investissement majeur dans l'être humain. »

« J'ai été choqué de voir tous ces Occidentaux, et même Soros, se faire avoir au charme par Ziouganov, se rappelait Boris. Ils ne comprenaient pas qu'il n'était qu'une façade de l'ancien Comité central ! Si les communistes arrivaient au pouvoir, ils se seraient immédiatement mis à flanquer des gens en prison. Comment l'Occident pouvait-il ne pas le comprendre ? »

Mais l'Occident, au dire de tous, avait déjà tiré un trait sur Eltsine. Une analyse de la CIA divulguée à la presse dépeignait le président russe comme un alcoolique qui avait déjà fait quatre infarctus et perdrait inévitablement les élections s'il ne rendait pas l'âme avant. La Russie avait le choix entre les communistes et une coalition de l'armée et des services secrets.

« C'est fini pour toi, annonça Soros à Boris quand ils se retrouvèrent pour un petit déjeuner à Davos. Si j'ai un conseil à te donner, c'est de prendre ta famille, de vendre ce que tu peux, et de quitter le pays avant qu'il soit trop tard. »

Mais Boris était obstiné et il aimait l'aventure. Sa conversation avec George n'eut pas l'effet voulu – au contraire, elle ne fit qu'aiguiser son irrépressible désir de gagner, à tout prix. Il décrocha son téléphone et appela Goose.

Goose était un précieux allié pour Eltsine à deux égards. Pour commencer, son ami, le maire Loujkov, un chauve râblé à casquette de prolétaire et à l'allure mussolinienne, tenait Moscou où vivaient 10 % de l'électorat. Sans l'aide de Loujkov, il ne fallait même pas songer à remporter les élections dans la ville. Ensuite, NTV, la chaîne de Goussinski, était particulièrement populaire auprès des Russes cultivés – qui représentaient environ 15 % des voix.

Quand Boris s'assit pour prendre un verre avec Goose, il alla droit au but : « Volodia, tu sais ce que feront les communistes quand ils seront au pouvoir ? Ils te mettront en prison parce que tu es un riche Juif. »

Goose acquiesça. C'est alors que Boris abattit ses cartes. Le seul moyen de redresser la situation était de faire cause commune. Goose devait se débarrasser du vice-Premier ministre Iavlinski et obtenir de Loujkov qu'il appuie la candidature d'Eltsine. Boris souhaitait même remettre Tchoubaïs en selle. Il ne faisait jamais rien à moitié.

Goussinski avait de bonnes raisons de refuser. Il nourrissait quelques rancunes tenaces contre les gens du Kremlin, et n'avait oublié ni les brutes de Korjakov tenant ses hommes en joue dans la neige ni Tchoubaïs, qui avait exclu sa banque du filon des « prêts contre actions ». Quant au maire, il ne serait pas facile à convaincre de travailler avec Tchoubaïs : ils étaient en conflit perpétuel à propos de la privatisation des entreprises situées à Moscou, incapables de se mettre d'accord sur celles qui étaient municipales et celles qui étaient fédérales.

« Si les communistes arrivent au pouvoir », reprit Boris, mais Goose l'interrompit en développant lui-même les arguments de son interlocuteur : peu importera aux communistes que les privatisations se fassent au profit de Moscou ou du Kremlin, ils les annuleront en bloc ; Iavlinski n'avait aucun poids : étant juif, il n'obtiendrait jamais plus de 12 % des suffrages. En l'absence d'un meilleur choix, Eltsine était sans doute un moindre mal. Goose était déjà prêt à accepter.

Mais, ajouta-t-il, la menace que représentaient les services secrets et l'armée d'Eltsine n'avait rien à envier à celle des communistes ; et il fallait à tout prix mettre fin à la guerre de Tchétchénie. Boris était bien de son avis. Ils se serrèrent la main pour sceller leur accord. L'existence d'ennemis communs a déjà engendré des unions plus solides, mais à Moscou nul n'aurait imaginé une telle association.

Boris entreprit de téléphoner à d'autres oligarques présents à Davos qui étaient tous en plus ou moins mauvaise posture, pour les inviter à une réunion stratégique. Tchoubaïs y fut convié, lui aussi. Le spectacle de Berezovski et de Goussinski, les deux ennemis jurés, bavardant comme de vieux amis, fut un véritable déclic : le « groupe de Davos » était né et chargea Boris d'essayer d'obtenir une entrevue avec le président.

Pour accéder au président en court-circuitant Korjakov, Boris exploita ses liens avec Tania-Valia, surnom donné à l'inséparable duo formé de Tatiana, la fille du président, et de Valentin Ioumachev, le journaliste. Il était certain que le tout-puissant directeur du FSO serait informé de son rôle et que cela couperait définitivement court à leurs relations. Korjakov mettait à l'index tous ceux qui se passaient de lui pour voir le président, même s'il s'agissait d'une mission parfaitement innocente. Or cette mission-là n'avait rien d'innocent : Boris complotait pour faire échouer Korjakov.

Vers la fin de février, Eltsine les reçut au Kremlin. C'était la première entrevue sérieuse entre Boris et le président. Berezovski ne savait pas trop comment se comporter avec cet homme énigmatique, à la personnalité pétrie de contradictions : un remarquable esprit de décision en temps de crise et une inertie frôlant l'hébétude dans l'intervalle ; un autocrate qui protégeait la liberté de parole et les libertés civiques ; un ancien chef du Parti communiste qui détestait les communistes ; un Soviétique à tout crin, qui avait, à lui seul, dissous l'Union soviétique.

Eltsine avait l'air malade. Juste avant le nouvel an, il avait fait un nouvel infarctus que son entourage avait réussi à dissimuler à la presse. Son visage bouffi et sa charpente d'ancien athlète, ravagés par l'alcool et la maladie cardiaque, transpiraient la fatigue. Berezovski savait que l'épouse d'Eltsine chercherait à le convaincre de ne pas se présenter pour un second mandat. Il savait aussi que son plus proche confident, Korjakov, poussait le président à remplacer Tchernomyrdine, Premier ministre modéré, par Oleg Soskovets, un faucon, qui deviendrait ainsi son successeur officiel si le président devait être frappé d'incapacité (peut-être par une ultime crise cardiaque).

— Boris Nikolaïevitch, nous aimerions aborder la question des prochaines élections, commença Berezovski. Nous avons l'impression que vous courez à la catastrophe.

— On m'affirme pourtant que la situation s'améliore, que les sondages sont faussés et que la plupart des gens voteront pour moi, répliqua le président en fronçant les sourcils.

Le ton impassible d'Eltsine ne permettait pas à Boris de savoir s'il était complètement déconnecté des réalités ou s'il s'amusait à les taquiner.

— Boris Nikolaïevitch, on vous ment, reprit Berezovski.

Les autres membres de son groupe renchérirent :

— Ce qui se passe autour de vous est catastrophique. Les gens le voient bien, et de nombreux membres des milieux économiques cherchent à s'entendre avec les communistes tandis que les autres font leurs bagages pour s'enfuir à l'étranger. Il faut renverser la situation immédiatement. Dans un mois, il sera trop tard. Notre motivation est on ne peut plus simple : si vous perdez, les communistes nous pendront aux réverbères.

— Bien, et que proposez-vous ? demanda Eltsine d'un ton toujours aussi neutre, ne trahissant ni approbation ni objection.

— Donnez-nous la possibilité de soutenir votre campagne, plaida Boris. Nous disposons des médias, nous avons de l'argent, des hommes, des contacts dans les régions et surtout, de la détermination. Vous n'avez qu'un mot à dire.

— J'ai déjà une équipe de campagne, rétorqua Eltsine. Auriez-vous l'intention de prendre la place de Soskovets ?

— Non, bien sûr que non. Créez un autre organe – un groupe d'analyse, par exemple, qui travaillerait parallèlement à votre équipe de campagne. Nous proposons qu'il soit dirigé par Anatoli Borisovitch Tchoubaïs.

— Tchoubaïs ? Tchoubaïs... Tout est la faute de Tchoubaïs, marmonna le président se citant lui-même.

Il s'interrompit, le visage toujours impassible. Mais soudain, il esquissa une ombre de sourire.

— Eh bien d'accord, puisque tout est de sa faute, il n'a qu'à remettre de l'ordre. C'est entendu, accordons-lui une chance.

À l'issue de la réunion, Boris resta encore un quart d'heure pour régler les derniers détails. Il craignait que le président ne soit pas franchement emballé par leur plan. Il lui confia avoir entendu dire que Korjakov envisageait de reporter les élections.

— Nous gagnerons, démocratiquement, Boris Nikolaïevitch. Toute autre voie conduirait à un bain de sang, insista-t-il.

Mais en partant, il n'était pas convaincu d'avoir véritablement obtenu gain de cause. Eltsine cachait bien son jeu.

Dès le lendemain, le « QG fantôme », comme on surnomma ce cercle fermé, se mit au travail fébrilement. Ni la presse ni le public n'en eurent vent. En l'espace de quelques jours, Boris et

Goose réussirent à rassembler les meilleurs cerveaux de Moscou, des spécialistes du sondage d'opinion aux rédacteurs de discours. Ils élaborèrent des stratégies destinées à rallier les jeunes, les retraités, l'armée ; ils organisèrent des rassemblements et des concerts ; ils engagèrent des artistes, des vedettes de la chanson ; ils firent la cour aux éminences grises régionales ; bref, ils tirèrent sur toutes les ficelles figurant dans les manuels occidentaux de campagnes électorales et qui étaient encore inconnues en Russie. Leurs adversaires, léthargiques, ne réagissaient pas, convaincus de l'emporter grâce à des discours dans le style archaïque du Politburo soviétique.

Le travail au QG fantôme se poursuivait vingt-quatre heures sur vingt-quatre, sept jours sur sept, dans le plus grand secret. Tchoubaïs s'occupait des finances et de la logistique. Boris définissait la stratégie générale, Goose introduisit dans l'équipe son génie de la communication, et président de NTV, Igor Malachenko, pour coordonner la campagne médiatique. Les résultats du président dans les sondages s'améliorèrent presque immédiatement.

Quelques années plus tard, exilé en Amérique, Malachenko évoqua le caractère dramatique et paradoxal de ces journées.

« J'ai d'abord été conduit auprès d'Eltsine le 6 mars, dans le plus grand secret. Je lui ai tout de suite annoncé que je le ferais gagner. Il n'a pas eu l'air de me croire. J'ai eu l'impression qu'il n'avait accepté de travailler avec nous que pour pouvoir se dire qu'il n'avait négligé aucune possibilité. Je lui ai fait comprendre que j'avais besoin de son aide pour mener une opération de relations publiques agressive au quotidien. "Que voulez-vous dire ?" m'a-t-il demandé. Je lui ai expliqué que Ronald Reagan se rendait dans une usine d'automobiles pour prononcer un discours sur l'économie, ou dans une usine de drapeaux pour produire des images patriotiques. L'idée de l'usine de drapeaux l'a amusé. Mes hommes se sont démenés pour trouver une usine de drapeaux à Moscou. Mais quand ils en ont déniché une, j'ai dû renoncer à cette idée : c'était un trou minable, rempli d'ouvriers aigris, affamés et vêtus de haillons, qui n'avaient pas été payés depuis des mois, un de ces lieux en perdition. Il n'y avait aucun débouché pour les drapeaux russes à cette époque. »

En apprenant l'existence du QG fantôme, Korjakov se mit dans une colère noire. Le triumvirat Tchoubaïs-Boris-Goose, soutenu par l'argent des oligarques du programme « prêts contre actions », l'importunait tout autant que les communistes. Il voulait qu'Eltsine soit président, mais à ses propres conditions, qui assureraient la domination des services secrets. Quand il apprit que Berezovski n'avait pas laissé Eltsine indifférent en lui exposant franchement ses tristes perspectives électorales, il changea de tactique : toute son équipe commença à murmurer à l'oreille du président que la situation était tellement catastrophique qu'aucune campagne, aussi judicieuse fût-elle, ne pourrait lui éviter une défaite humiliante. Il fit même intervenir une équipe de consultants américains, chargée de présenter une « expertise indépendante », prétendant qu'il était impossible de remporter ces élections. La seule solution, affirma-t-il – et il était certainement de bonne foi – était d'ajourner le scrutin et d'imposer l'état d'urgence.

À la mi-mars, deux groupes politiques inconciliables s'étaient constitués autour du président : le premier cherchait à résoudre le problème communiste en le noyant sous l'argent, le second en l'écrasant sous les chars.

5
Le QG fantôme

6 mars 1996. Des centaines de combattants tchétchènes infiltrent Groznyï, maîtrisent les unités russes, et tiennent la ville pendant trois jours avant de rejoindre les montagnes avec de grandes quantités d'armes et de munitions prises à l'ennemi. Cette attaque surprise est la première tentative des rebelles pour reprendre Groznyï depuis que la ville est tombée aux mains des forces russes en février 1995.

George Soros arriva à Moscou le 15 mars 1996 pour rencontrer le Premier ministre Tchernomyrdine et obtenir sa bénédiction pour un nouveau projet : connecter la Russie à Internet. À cette date, peu de gens en Russie avaient entendu parler du Net, mais pour George, c'était une évidence : si quelque chose pouvait sortir ce pays de son bourbier provincial, c'était l'intégration dans le réseau mondial d'information. Ce plan prévoyait d'installer trente concentrateurs dans les principaux campus universitaires du pays, avec des liens en direction des communautés urbaines environnantes. Il s'agissait de connecter de vastes cercles progressistes à travers le pays – journalistes, ONG, hommes politiques libéraux locaux, et la classe cultivée en général.

La première fois que j'avais exposé cette idée à George, je ne m'attendais pas vraiment à ce qu'il la finance. Après tout, ne prédisait-il pas inlassablement que la Russie était au seuil d'une « catastrophe de dimensions "cosmiques" » ? J'eus la surprise de le voir accepter en disant : « Après tout, il y a une vie après la mort. » Il était prêt à débloquer cent millions de dollars sur cinq ans, à condition que le gouvernement russe accompagne ces fonds de contributions, sous forme de réseaux de communication gratuits qui relieraient les concentrateurs les uns aux autres et au reste du Web. Pour cela, il fallait rencontrer le Premier ministre.

Le problème était que Tchernomyrdine ne voulait pas voir George. Quelqu'un lui avait raconté qu'à Davos, Soros avait fraternisé avec Ziouganov, et qu'il l'aidait à se donner une nouvelle image de social-démocrate modéré. Je dus exploiter mes liens personnels avec Boris, qui intervint alors auprès du Premier ministre, pour obtenir un rendez-vous.

Le jour de cette entrevue, les communistes présentèrent à la Douma une résolution dénonçant l'accord de Belovej. C'était le fameux pacte qu'Eltsine avait signé en 1991 avec les présidents d'Ukraine et de Biélorussie, et qui avait officiellement mis fin à l'existence de l'URSS. La nouvelle de cette motion parlementaire ébranla tout l'ancien empire, de la Baltique à l'Asie centrale, provoquant la panique dans les anciennes républiques soviétiques. Eltsine la présenta comme une simple manœuvre électorale. L'ancien président de l'URSS, Mikhaïl Gorbatchev, qui avait pourtant perdu son poste à la suite de l'accord de Belovej, affirma : « Je devrais applaudir, parce que mon poste présidentiel redeviendrait réel. Mais parler de renaissance de l'Union soviétique aujourd'hui... c'est ignorer les réalités nouvelles. »

Tchernomyrdine nous reçut à la Maison Blanche, le siège du gouvernement, sur les rives de la Moskova. À part Eltsine, il était le dernier grand rescapé de l'ère soviétique à participer au gouvernement russe. Ce passé apparaissait avec évidence dans sa grande silhouette solide, sa grosse tête à la lourde mâchoire carrée, ses yeux profondément enfoncés et sa voix de basse d'homme habitué à donner des ordres. Mais cela ne l'empêcha pas de nous infliger immédiatement une diatribe furieuse, parfaitement antisoviétique, contre Ziouganov, le chef de file des communistes, qu'il traita de « loup déguisé en agneau ».

— D'après ce que nous avons entendu dire de Davos, intervint Tchernomyrdine en jetant à Soros un regard qui en disait long, certaines personnalités occidentales le considèrent comme un modéré de gauche. Un bon exemple de cette naïveté occidentale, monsieur Soros, que le camarade Lénine comprenait si bien lorsqu'il disait que les capitalistes lui vendraient la corde avec laquelle il les pendrait. Mais je connais bien ces gens, monsieur Soros. J'ai été attelé au même joug qu'eux pendant trente ans, je vois clair dans leur jeu. Vous a-t-on raconté ce qu'ils ont trouvé le moyen de faire aujourd'hui ? Ils veulent restaurer l'Union soviétique ! Et ils la restaureront si on les laisse faire. Ne vous leurrez pas, monsieur Soros, il ne sortira rien de bon de ces hommes-là, et nous ne les laisserons pas reprendre le pouvoir, quoi qu'il en coûte.

Après dix minutes de laïus sur les horreurs du communisme, Soros put enfin rassurer le Premier ministre : il n'avait pas la moindre intention de soutenir Ziouganov, et moins encore après la résolution de la Douma. Il partageait les préoccupations générales de l'Occident quant à l'issue de l'élection présidentielle.

— Oui, soupira Tchernomyrdine. C'est un gros souci, je peux vous le dire, monsieur Soros.

À la fin de cet entretien, le Premier ministre était apparemment revenu à de meilleurs sentiments à l'égard de l'Occident. En tout cas, le gouvernement accorda aux centres Internet universitaires la connexion gratuite.

George était enchanté de ce nouveau contact.

— Tu sais que ce type contrôle Gazprom ? me dit-il alors que nous repartions en voiture de la Maison Blanche. Je me demande s'il n'est pas encore plus riche que moi !

Un instant, ce ne fut pas le visage du philanthrope que j'eus devant moi mais celui de l'investisseur. Affamé, de surcroît.

« Devine combien de gens ont lu la transcription de votre conversation », me dit Sacha Litvinenko quand, plusieurs années plus tard, je lui fis le récit de notre entrevue avec Tchernomyrdine.

Il m'expliqua qu'au début de 1996, un de ses agents lui avait raconté que des transcriptions de conversations étaient en vente. Elles provenaient de micros cachés dans les bureaux de Tchernomyrdine et de son chef d'état-major. Parmi les acheteurs figuraient des Tchétchènes de Moscou, qui les envoyaient aux séparatistes réfugiés dans les montagnes. C'était un double scandale – d'abord, que quelqu'un ait mis le Premier ministre sur écoute, ensuite, que les transcriptions soient livrées à l'ennemi.

« Nous avons commencé à travailler sur cette piste, et nous avons découvert que c'était des hommes de Korjakov qui avaient organisé ces écoutes. Plus précisément, le département P du FSO, dirigé par le colonel Valeri Streletski, poursuivit Sacha. Dès que j'ai rendu mon rapport, Korjakov en personne est venu, il a saisi tous les documents et m'a annoncé qu'il se chargerait personnellement de l'enquête. »

À cette date, Sacha avait de plus en plus de mal à y voir clair dans le réseau politique embrouillé de ses patrons. Son mentor, le général Anatoli Trofimov, chef du FSB régional de Moscou, était proche de Korjakov. Mais si Korjakov avait installé des micros chez Tchernomyrdine, Sacha ne savait plus très bien quelles informations il devait ou ne devait pas transmettre, ni à qui.

De la même manière, certains membres du FSB commençaient à s'interroger sur Sacha. Personne n'ignorait qu'il fréquentait Berezovski. Cela en faisait-il obligatoirement sa créature ? Était-ce au contraire une taupe du FSB infiltrée dans le cercle de Boris ?

Peu après l'enquête sur les écoutes, un des conseillers du FSB fit venir Sacha dans son bureau. Il alla droit au but :

— Écoutez, Goussinski s'est réconcilié avec Berezovski et est passé dans le camp de Tchernomyrdine. Il a laissé tomber le maire. Le directeur s'intéresse beaucoup à ce triangle : Goose,

Berezovski, Tchernomyrdine. Explorez cette voie et faites directement votre rapport au directeur, en passant par moi.

Sacha demanda naïvement :

— En quoi est-il ennuyeux que Berezovski et Goussinski fassent la paix ? Ça ne peut être qu'une bonne chose. Et puis si le maire se calme, il n'est pas impossible qu'un peu d'ordre revienne à Moscou.

Le conseiller, qui ne savait pas très bien lui-même ce qui se tramait, proposa son interprétation personnelle :

— Vous voulez que ces deux juifs travaillent ensemble ? Il n'en sortira rien de bon. Nous préférons que les juifs se chamaillent entre eux. Bien, vous avez compris votre mission ? Vous pouvez disposer.

Sacha avait donc des raisons aussi bien officielles qu'officieuses d'être satisfait quand Boris l'appela à la mi-février pour lui proposer un rendez-vous. Il obéissait à ses patrons et espérait en même temps obtenir quelque lumière sur les dessous de cette mission.

Quand ils se retrouvèrent, Sacha parla de la Tchétchénie, de ce qu'il avait vu dans les tranchées pendant le siège de Pervomaïsk. Il en était encore bouleversé. Mais comme d'habitude Boris n'avait pas le temps de l'écouter. Il avait d'autres chats à fouetter.

— Nous nous occuperons de la Tchétchénie après les élections, et je te le promets, nous mettrons fin à ce gâchis, lui assura Berezovski. Mais pour le moment, voilà ce qu'il faut que tu saches. Il y a peu de temps encore, j'étais en excellents termes avec tes patrons, Korjakov et Barsoukov. Mais nous avons rompu. Je tenais à te prévenir que tu risques des ennuis si tu continues à me fréquenter.

Boris lui expliqua son différend avec Korjakov : ce denier voulait annuler les élections. Or Boris pensait que cela inciterait les communistes à faire descendre les gens dans la rue. Les troupes fédérales, et le FSB certainement, pourraient recevoir l'ordre de tirer sur la foule.

— Je ne veux pas t'inquiéter, Sacha, poursuivit-il. Je veux

simplement que tu saches que tu risques d'avoir à choisir ton camp dans très peu de temps.

Jusqu'à ce jour, Sacha ne s'était pas posé de question sur sa relation privilégiée avec Boris. La politique n'était pas son fort. Ce qui comptait pour lui, c'était la conviction de travailler pour le gouvernement, dirigé par le président. Il divisait le monde entre « nous » et « eux ». Boris, membre de l'establishment et conseiller d'Eltsine, faisait indéniablement partie de la première catégorie, c'était quelqu'un auquel les « services » étaient censés prêter assistance. Du reste, ses patrons – Korjakov, Barsoukov et Trofimov – avaient toujours encouragé leurs relations. Boris n'était devenu un « objet d'opération » que tout récemment.

Ce que Boris lui expliqua l'ébranla profondément. Pour la première fois de sa vie, il se voyait appelé à porter un jugement de valeur qui pouvait le mettre en conflit avec ses obligations officielles. Bien sûr, Korjakov et Barsoukov étaient ses patrons, et Boris une personnalité extérieure. Mais il se fiait au jugement de celui-ci.

Boris n'exigea pas qu'il se décide immédiatement. Il ajouta qu'il comprendrait très bien que Sacha mette quelque distance entre eux. Mais il avait une dernière faveur à lui demander : lui obtenir un rendez-vous avec le général Trofimov, le chef du FSB de Moscou, l'homme qui l'avait protégé des flics municipaux après l'assassinat de Listiev.

Trofimov, un petit homme mince à l'allure de comptable, était une figure légendaire des services secrets. On le disait incorruptible. Les anciens dissidents soviétiques eux-mêmes, qui avaient eu affaire à lui dans les années 1980, le respectaient. Certains le disaient proche de Korjakov, mais Boris en doutait ; il pensait que le loyalisme de Trofimov s'adressait exclusivement à Eltsine. C'était Trofimov qui avait arrêté les responsables du putsch parlementaire après l'assaut donné à la Maison Blanche en 1993. Boris était certain qu'il ne nourrissait pas d'ambitions politiques, et souhaitait le sonder avant l'orage qui se préparait : si la politique russe dégénérait en affrontements de rue, la position du chef du FSB de Moscou risquait d'être déterminante.

Le lendemain matin, Boris vint voir Trofimov au bureau du FSB de Moscou. Sacha l'attendit à l'extérieur.

« Je ne sais pas de quoi ils ont parlé, mais quand je l'ai escorté jusqu'à la sortie après leur entrevue, j'ai repéré deux types de l'autre côté de la rue qui le surveillaient. Ils avaient des attachés-cases. »

Sacha connaissait bien le dispositif – c'était un moyen classique de dissimuler un appareil photographique. Les agents étaient placés exactement comme on le lui avait appris, formant un angle bien précis. L'un tenait l'attaché-case tourné perpendiculairement vers la porte du bâtiment du FSB. L'appareil photo, situé sur le côté de la mallette, était pointé vers Sacha et Boris. L'autre lui servait de couverture en faisant semblant de bavarder.

« Je les ai montrés à Berezovski, il a sauté dans sa Mercedes et il a filé. Je me suis précipité vers les deux types, mais ils étaient déjà partis. Alors je suis allé voir mon chef, et je lui ai demandé s'il savait de quoi il retournait. »

Trofimov sourit et répondit que le FSB n'y était pour rien. Il suggéra à Sacha de chercher du côté du FSO, le service de Korjakov.

« J'ai téléphoné au général Dimitri Rogozine, l'adjoint de Korjakov, et je ne sais pas ce qui m'a poussé à lui demander carrément : "Anatoli Vassilievitch se demande si c'est vous qui avez mis notre bâtiment sous surveillance." Rogozine s'est contenté de rire et a répliqué : "Il faut bien avoir l'œil sur les oligarques, Sacha." »

Il espérait que Trofimov lui ferait comprendre, ne fût-ce qu'à demi-mot, ce qu'il devait faire. Mais le général ne se prononça pas. Et pour la première fois de sa vie, Sacha préféra ne pas choisir son camp : « Je n'arrivais pas à me décider. »

« Cette période a été très difficile pour lui, m'a confirmé Marina plus tard. Il a maigri, il souffrait d'insomnies. »

Pendant ce temps, le président russe se trouvait devant un dilemme de même nature ; il devait choisir entre deux camps : Berezovski et le « QG fantôme » d'un côté, Korjakov et les services secrets de l'autre. Eltsine en perdit le sommeil, lui aussi, mais contrairement à Sacha, il ne pouvait pas se permettre de tergiverser. Dans ses mémoires, il décrit les affres de l'indécision et de l'introspection qu'il vécut dans la solitude en 1996. Les élections étaient-elles vraiment perdues d'avance ? La fin – empêcher le retour du communisme – justifiait-elle tous les moyens, et jusqu'à la suspension de la constitution russe ? Était-il admissible d'employer la force et de verser le sang pour empêcher le bain de sang que les communistes ne manqueraient pas de provoquer s'ils reprenaient le pouvoir ?

Le 17 mars 1996, sa décision était prise.

À six heures du matin ce jour-là, Berezovski fut réveillé par un appel téléphonique de Valentin Ioumachev.

— Tout est fini, lui annonça celui-ci, paniqué. Boris Nikolaïevitch vient de donner le feu vert à l'annulation des élections.

Après avoir pris un verre tard dans la nuit avec Korjakov et sa bande, le président avait autorisé la promulgation de trois décrets. Il allait dissoudre la Douma, interdire le Parti communiste et reporter l'élection présidentielle de deux ans.

Boris disposait de deux moyens pour convaincre Eltsine de changer d'avis : Tchoubaïs et le Premier ministre Tchernomyrdine. Lorsque Eltsine convoqua le Conseil de sécurité nationale en réunion secrète pour annoncer ses décrets, Boris avait déjà tiré ces deux ficelles, espérant en obtenir le maximum.

Eltsine ouvrit la séance en déclarant qu'il avait des mesures radicales à proposer pour réagir à la résolution récente de la Douma visant à rétablir l'URSS. Il admit cependant que ce n'était qu'un prétexte. Il n'ignorait pas que cela l'obligerait à violer la constitution, mais c'était indispensable si l'on voulait débarrasser définitivement la Russie du fléau du communisme. Il en assumerait l'entière responsabilité.

Un silence de mort tomba sur la pièce. Puis, après une longue pause, le Premier ministre Tchernomyrdine se prononça contre cette décision, affirmant qu'il était inutile d'en arriver à de telles extrémités puisque la cote du président était en hausse. C'est alors que le ministre de l'Intérieur, le général Anatoli Koulikov, prit la parole. Il laissa entendre d'un ton inquiétant qu'il ne pourrait garantir la loyauté de ses forces si les communistes appelaient la population à descendre dans la rue – et il offrit sa démission. C'était une intervention de poids.

Mais elle ne suffit pas à faire revenir Eltsine sur sa décision. Tous les autres – le FSB, l'armée, les services de renseignements et les Affaires étrangères, ainsi que les deux vice-Premiers ministres, Soskovets et Kadannikov – étaient favorables aux décrets. « Nous avons la situation en main, affirmèrent-ils, et en tout état de cause, vous n'avez pas l'intention d'abolir la constitution, mais seulement de la suspendre pendant deux ans pour un objectif supérieur, monsieur le Président. »

Korjakov exultait. Il tenait entre ses mains un classeur de cuir orné du blason présidentiel qui contenait les trois décrets. Les unités d'élite du FSB stationnées autour de Moscou furent mises en état d'alerte, prêtes à entrer en ville pour sécuriser les sièges des médias et les centres de communication. En se prononçant contre ce plan, Tchernomyrdine avait scellé son départ du gouvernement et augmenté les chances de Korjakov d'arriver à ses fins. Oleg Soskovets deviendrait Premier ministre. Sous un tel régime, Tchoubaïs, Goose et Boris ne feraient pas long feu.

Mais les réactions de Koulikov et de Tchernomyrdine avaient intrigué Eltsine, et le président hésitait. Dans un geste qui stupéfia sans doute les faucons, il se retira dans son bureau, affirmant vouloir réfléchir encore quelques instants. Le silence épais du Kremlin l'entoura. Eltsine était seul dans la salle célèbre où Ivan le Terrible, Pierre le Grand, Staline et Khrouchtchev avaient tous conspiré un jour. Comme le raconte Eltsine dans ses mémoires, c'est en proie à un terrible cas de conscience qu'il tentait de prendre une décision : entrerait-il dans l'Histoire comme le dirigeant qui avait eu l'occasion de libérer la Russie pour la première fois en mille ans, et qui avait laissé passer cette chance ?

Puis il entendit du bruit. Sa fille, Tatiana, fit irruption dans la pièce :

— Papa, il faut que tu entendes un autre avis.

Pendant qu'Eltsine discutait avec ses généraux de l'opportunité d'un coup de force, le duo Tania-Valia – c'est-à-dire la fille du président et son ami Valentin Ioumachev – avait fait venir au Kremlin le seul homme doté de l'intelligence, de l'influence et du culot nécessaires pour essayer de ramener Eltsine à d'autres sentiments : Anatoli Tchoubaïs.

Quand celui-ci entra dans la pièce, il avait le visage cramoisi, comme toujours dans les moments de vive excitation. Il ne perdit pas son temps en subtilités. Il dénonça le projet d'Eltsine comme une « folie ». Il parla de la guerre civile que ne manquerait pas de déclencher une telle mesure et accusa les faucons du KGB – Korjakov et compagnie – de vouloir récupérer la présidence. Il était convaincu que le QG fantôme conduirait Eltsine à la victoire électorale si on le laissait poursuivre son travail.

Finalement, après avoir essuyé une véritable engueulade de la part d'Eltsine – une première pour lui –, Tchoubaïs réussit à faire revenir le président sur sa décision.

Eltsine regagna la salle de réunion, annula les décrets, et donna ordre à Korjakov et à son équipe de ne pas se mêler de la campagne. Tchoubaïs obtint carte blanche.

Au QG fantôme, une activité fébrile reprit immédiatement. L'ORT et NTV commencèrent à travailler main dans la main, afin de contrebalancer la propagande à laquelle se livrait Ziouganov dans les nombreuses stations de télévision régionales contrôlées par les communistes. Les slogans de campagne d'Eltsine – « Votez avec votre cœur ! » « Choisir ou perdre ! » – étaient partout, dans les salons, sur les banderoles et les panneaux d'affichage. Goose apporta le soutien de Loujkov et couvrit Moscou de photographies montrant le président et le maire ensemble. Berezovski rencontra le général Lebed et accepta de financer secrètement sa campagne, pour diviser les votes communistes.

21 avril 1996. Le président tchétchène Djokhar Doudaïev est assassiné par deux missiles téléguidés dirigés sur le signal de son téléphone portable. Il était en train de discuter d'une initiative de paix avec un député libéral de la Douma. Zelimkhan Iandarbiev succède à Doudaïev.
27 mai 1996. Le président Eltsine et le Premier ministre Tchernomyrdine rencontrent Iandarbiev au Kremlin pour signer un cessez-le-feu. La guerre a duré dix-sept mois. On estime qu'elle a fait quarante mille morts.

Le 16 juin, après une campagne acharnée qui l'avait conduit à sillonner tout le pays, Eltsine obtint une majorité relative de 35 %. Cela le plaçait juste en tête devant son rival communiste Zouganov qui, lui, récoltait 32 % des voix. Le nouveau système électoral russe prévoyait un affrontement entre les deux hommes lors d'un second tour fixé au 4 juillet. La stratégie de Berezovski consistant à réduire les chances du social-démocrate Iavlinski tout en aidant secrètement Lebed avait payé : l'ancien parachutiste arrivait bon troisième avec 15 % des suffrages, mordant largement sur l'électorat communiste, tandis que Iavlinski était en quatrième position, avec seulement 7 % des voix. Quant à Vladimir Jirinovski, il dut se contenter de 6 %.

Il n'y avait aucun doute dans l'esprit du président : il devait sa victoire au premier tour au travail de Tchoubaïs, Goose et Berezovski. Le 17 juin au matin, il rassembla l'équipe au Kremlin, pour commencer à préparer le second tour. L'humeur était au beau fixe. La coalition des réformateurs et des oligarques paraissait fermement en place au Kremlin.

De surcroît, Eltsine réussit un coup de maître dès le lendemain. Il obtint l'appui de Lebed en échange d'un poste de secrétaire du Conseil de sécurité nationale, avec pour mission de trouver une issue rapide au conflit tchétchène. La victoire d'Eltsine au second tour était pour ainsi dire acquise.

Un jour plus tard, la bande de Korjakov faisait ses bagages.

Sacha Litvinenko avait senti que quelque chose se tramait dans l'après-midi du 18 juin. Un de ses collègues, un agent opérationnel comme lui, se plaignit d'un surcroît de travail qu'on lui avait imposé alors qu'il s'apprêtait à rentrer chez lui : le directeur Barsoukov réclamait toutes les informations disponibles sur Tchoubaïs, Berezovski et Goussinski.

— Une pensée m'a immédiatement traversé l'esprit : ils vont les arrêter, me raconta Sacha.

— Tu as envisagé de prévenir Boris, demandai-je.

— Non. Ç'aurait été une trahison et c'est une chose dont je n'étais absolument pas capable. Je n'étais pas content, ça c'est sûr. Je considérais Boris comme un ami et je savais que toute cette affaire était politique. Mais tu vois, c'est l'avantage de porter un uniforme : tu ne contestes pas tes supérieurs.

— Tu l'aurais arrêté, si on t'en avait donné l'ordre ?

— À l'époque, oui. J'étais un officier loyal. J'avais été formé à ça : obéir aux ordres. Mais je l'aurais fait sans aucun plaisir.

— Tu aurais tiré sur la foule, si on te l'avait ordonné ?

— Je n'en sais rien. Heureusement, on ne me l'a jamais demandé.

En cet après-midi de 1996, Sacha se demanda pourquoi il avait été tenu à l'écart de ce qui se préparait. Après tout, il était le « contact de Berezovski » au sein du service. Doutait-on de sa loyauté ? Ou le réservait-on pour une tâche spéciale ? Au moment même où il décidait de rentrer chez lui, son téléphone sonna. C'était le général Rogozine, l'adjoint de Korjakov.

— Sacha, pouvez-vous passer à mon bureau demain à quatre heures ?

Ça y est, se dit Sacha. Ils veulent se servir de moi contre Boris. C'est ce que Boris craignait. Que Dieu nous garde.

Mais il n'eut pas l'occasion de discuter avec Rogozine. À l'instant où il pénétrait dans son antichambre, le lendemain après-midi, Rogozine sortit précipitamment de son bureau.

— Dois-je vous attendre ? demanda Sacha.

— Ne m'attendez pas, non, j'ai une affaire à régler. Nous nous verrons demain.

Cette entrevue n'eut jamais lieu.

Tout au début de la soirée du 19 juin 1996, Igor

Malachenko, bras droit de Goose et génie de la communication à NTV, s'arrêta au Club. Il y trouva Berezovski et Tchoubaïs, assis dans la véranda. Boris, d'excellente humeur, sirotait son château-latour préféré, alors que Tchoubaïs était de plus en plus inquiet.

Cela faisait quatre heures qu'il n'arrivait pas à joindre son plus proche lieutenant, Arkady Evstafiev. Il n'était pourtant pas du genre à disparaître comme cela, sans prévenir. Tchoubaïs passa des coups de fil fébriles aux quatre coins de la ville, demandant à toutes ses connaissances de rechercher Arkady.

Il apprit soudain qu'Arkady et Sergueï Lisovski, propriétaire de Media International, une agence dont l'activité était de découvrir des vedettes, avaient été arrêtés par les hommes de Korjakov au moment où ils sortaient d'un bâtiment gouvernemental, portant une caisse contenant un demi-million de dollars en liquide.

Selon Malachenko, « un lourd silence s'abattit sur la terrasse. » Ce n'était pas l'argent qui les étonnait : l'agence de Lisovski organisait des spectacles pour la campagne d'Eltsine, et ses rock stars et autres vedettes pop ne chantaient pas gratuitement. Ce qui était préoccupant, c'était que Korjakov ait décidé de s'en prendre aux proches de Tchoubaïs. De toute évidence, un autre coup n'allait pas tarder

— Quittons la terrasse, mettons-nous plutôt à l'intérieur, suggéra quelqu'un, craignant pour la sécurité du groupe.

D'autres gens arrivèrent : Goussinski, entouré par son bataillon de gardes du corps que dirigeait le redoutable Cyclope, armé d'un énorme fusil à pompe ; Boris Nemtsov, un homme à la chevelure bouclée, étoile montante du mouvement libéral ; et Alfred Kokh, ministre de la Privatisation.

Malachenko reconstitua plus tard les événements de la nuit : « Les deux plus calmes étaient, comme toujours, Boris et Goose. Ils se sont assis avec Tchoubaïs pour passer en revue nos atouts » : les deux chaînes de télévision, une ligne directe avec le président sous la forme du duo Tania-Valia, et le soutien probable du Premier ministre et peut-être du général Lebed.

Il était écrit que le duo Tania-Valia sauverait la démocratie russe pour la troisième fois en un an. Ils arrivèrent au Club juste après minuit. Avec le recul, tous s'accordèrent à y voir le rebondissement essentiel de toute l'affaire. Aux premières heures de l'aube, des tireurs s'étaient déployés sur les toits et le bâtiment était cerné. Mais ils n'oseraient jamais donner l'assaut si la fille du président se trouvait à l'intérieur.

La sécurité du Club étant assurée par la présence de Tatiana, tout le monde s'inquiéta du sort des deux détenus, Evstafiev et Lisovski. Ce fut à cet instant que Tchoubaïs décrocha le combiné pour appeler Barzoukov, directeur du FSB : « Si vous touchez à un seul de leurs cheveux, hurla-t-il, vous êtes fini ! »

Bien sûr, sa menace ne reposait pas sur grand-chose, mais la vision de Tchoubaïs en train de passer un savon à Barsoukov ragaillardit tout le monde. Dès qu'elle arriva, Tatiana appela son père. Elle exigea qu'on le réveille. « Papa, il faut que tu regardes les infos, lui dit-elle, il se passe quelque chose de grave. »

À ce moment-là, le présentateur de NTV, Evgueni Kiselev, se dirigea vers la salle de rédaction. Tchoubaïs alla chercher le général Lebed pour le conduire également au studio.

« Ce bulletin d'informations a peut-être été le plus important de l'histoire de NTV, a raconté Malachenko. Paradoxalement, l'émission était destinée à un public limité à une personne : le président. Si Tatiana ne l'avait pas appelé pour le réveiller, tout était fini. »

D'habitude, quand j'étais à Moscou, je me couchais tard et je laissais la télé allumée. Vers une heure du matin, cette nuit-là, j'entendis NTV annoncer la diffusion prochaine d'un bulletin spécial. Une heure plus tard, Evgueni Kiselev apparut à l'écran, le visage sombre, pour annoncer qu'un coup d'État était en train de se produire : deux membres de l'équipe de campagne d'Eltsine avaient été arrêtés par les services secrets. L'objectif était de déstabiliser le gouvernement et de proclamer l'état d'urgence. Le général Lebed succéda à Kiselev, et déclara de sa voix grave que toute tentative de coup d'État « serait impitoyablement écrasée. » Un quart d'heure plus tard, le bulletin était repris sur ORT.

Je ne comprenais rien à ce que je venais d'entendre. Je décrochai mon téléphone et appelai Boris au Club. Il était surexcité.

— Tu vas voir, dit-il. Ces idiots ont perdu. Ils ne connaissent pas le pouvoir des médias.

Le président regarda les informations, passa un coup de fil et retourna se coucher. Arkady et son compagnon furent libérés à 4 heures du matin. Plus tard dans la matinée, Tchoubaïs fut convoqué dans le bureau du président.

— Je vais réclamer le renvoi de Korjakov et de Soskovets, annonça-t-il à Boris au moment de partir pour le Kremlin.

— Il faudrait aussi se débarrasser de Barsoukov, dit Boris. Si un seul d'entre eux reste en place, ça recommencera tôt ou tard. Je vais envoyer des équipes de télé.

Boris avait compris que le meilleur moyen de s'assurer que le président versatile ne changerait pas d'avis était de médiatiser immédiatement sa décision.

À neuf heures du matin, dans un communiqué officiel, Eltsine limogeait Korjakov, Barsoukov et Soskovets.

Quand Sacha Litvinenko arriva au travail, les grands manitous du service « semblaient en état de choc. » Mais le conseiller de Barsoukov l'appela dans son bureau et lui dit : « Prévenez Boris que si Korjakov ou Barsoukov sont arrêtés, il est mort. »

Il transmit consciencieusement le message.

8 juillet 1996. Quatre jours après la victoire décisive d'Eltsine au second tour, les hostilités reprennent en Tchétchénie. Chaque camp accuse l'autre d'avoir violé la trêve.

Troisième partie

LES GRONDEMENTS DE LA GUERRE

6
Les rebelles

Le 6 août 1996. Sous la conduite du commandant tchétchène Aslan Maskhadov, des milliers de rebelles fondent sur Groznyï, encerclant quelques milliers de soldats russes. Après deux semaines d'intenses combats, l'armée fédérale abandonne la capitale tchétchène. Contre l'avis de ses généraux, qui veulent poursuivre les bombardements et raser Groznyï, le président Eltsine autorise le secrétaire du Conseil de sécurité, Alexandre Lebed, à entamer des pourparlers. Le 31 août, Lebed et Maskhadov signent l'accord de Kha Ssavioust, qui donne aux rebelles le contrôle de la république et promet un retrait rapide des troupes russes. Les négociations sur l'indépendance de la Tchétchénie sont repoussées en 2001.

Groznyï, septembre 1996

Akhmed Zakaïev, le conseiller du président tchétchène pour la sécurité, prenait possession de ses nouveaux bureaux dans l'un des rares bâtiments intacts de la capitale. Pendant les deux années précédentes, il avait vécu l'enfer. Avant l'effondrement de l'Union soviétique, il était l'un des principaux acteurs du Théâtre dramatique de Groznyï. Il jouait Shakespeare et les classiques russes en rêvant d'une renaissance culturelle tchétchène. Après la chute de l'URSS et la déclaration d'indépendance de son pays, il prit la tête de la Guilde nationale des acteurs tchétchènes. « J'étais une sorte de Ronald Reagan local », dit-il en plaisantant. Mais dès le début de la guerre, il troqua ses costumes de scène pour le treillis du guérillero endurci, bandeau vert avec inscriptions islamiques autour du front et Kalachnikov au côté. C'est lui qui avait dirigé l'assaut sur Groznyï par le sud, affrontant des forces russes bien supérieures en nombre à ses propres effectifs.

Maintenant, il était heureux de revenir à la vie civile et d'assumer son nouveau poste dans le gouvernement du président intérimaire Zelimkhan Iandarbiev.

À la même période, tandis que le gouvernement séparatiste s'efforçait de prendre le contrôle de la guérilla, Sacha Litvinenko effectua à Moscou une perquisition qui, par un étrange concours de circonstances, faillit saper le fragile accord de paix tchétchène.

Cette fragilité était en grande partie due à l'absence d'un homme, Djokhar Doudaïev, le seul leader, pensait Zakaïev, capable d'unifier les factions et de calmer les conflits internes à la résistance tchétchène.

Zakaïev l'avait rencontré pour la première fois au début de l'année 1990 alors que Doudaïev, général dans l'armée de l'air, était cantonné à Tartou, en Estonie. C'était le seul Tchétchène de souche à avoir atteint un grade aussi important dans l'armée soviétique. Au départ, Zakaïev s'était méfié de cet homme de quarante-six ans, doucereux, au visage orné d'une moustache impeccablement taillée et coiffé d'une casquette militaire ridicule. Pour devenir général, il fallait être cent pour cent loyal au Parti communiste. Un Russe d'origine non russe devait aussi être assimilé et marié à une Russe de souche. Doudaïev réunissait toutes ces conditions. Il parlait à peine sa langue maternelle. Mais quand Zakaïev l'entendit prononcer une conférence sur la renaissance de la nation tchétchène, il fut impressionné. Voilà un homme, se dit-il, qui pourrait mener notre peuple à la liberté. En tant qu'acteur, il appréciait son charisme ; en tant qu'indépendantiste, il se laissait peut-être influencer par l'Estonie, l'une des républiques soviétiques les plus rebelles. Les Estoniens vouaient un véritable culte à Doudaïev depuis que celui-ci avait ignoré l'ordre donné par Moscou de fermer la télévision locale au plus fort des émeutes antisoviétiques.

Rentré en Tchétchénie après l'effondrement de l'URSS, Doudaïev s'était lancé dans la politique et n'avait pas tardé à être élu président. Il avait proclamé l'indépendance de son pays en novembre 1991. Zakaïev observait tout cela de loin, jusqu'à ce jour de novembre 1994 où Doudaïev lui offrit le poste de ministre de la Culture.

Un mois plus tard, la première guerre de Tchétchénie commençait.

Comme beaucoup de conflits, elle fut la conséquence de malentendus entre les deux belligérants. Après l'effondrement de l'Union soviétique, les Tchétchènes avaient cru qu'ils allaient être libres, comme les autres républiques. Cette impression fut d'ailleurs confortée par la décision du Kremlin de partager les biens collectifs. En quittant la Tchétchénie, l'armée russe fit don de tout ce qu'elle possédait – chars, avions, armes et munitions – au gouvernement de Doudaïev. Elle devait s'en mordre les doigts quelques années plus tard.

Mais la Tchétchénie n'était pas vraiment une république comme l'Estonie ou la Géorgie. Région ethnique autonome, elle faisait partie des quatre-vingt-six provinces de la Fédération de Russie. Aux yeux de Moscou, elle n'avait pas droit à une entière souveraineté. Les Tchétchènes protestèrent et déclarèrent unilatéralement leur indépendance, comme l'avait fait le Tatarstan, une autre région majoritairement musulmane enclavée au cœur de la Russie. En février 1994, un traité de délégation des pouvoirs avait été signé par le président Eltsine et le président du Tatarstan, Mintimir Chaimiev. Il accordait à ce dernier le contrôle des affaires locales, mais laissait à Moscou la défense, la monnaie, la législation et la collecte des impôts fédéraux, entre autres domaines de compétence.

Les Tchétchènes s'attendaient à être traités de la même façon, et ils auraient sans doute renoncé à leur indépendance s'ils avaient obtenu la gestion de leurs propres affaires. Mais

Moscou ne proposa aucune négociation. Avec son million d'habitants, la Tchétchénie paraissait insignifiante, comparée au Tatarstan qui avait une population quatre fois plus importante. Les pourparlers furent retardés, puis reportés. Pendant l'été 1994, l'ambiance à Moscou changeait rapidement, Eltsine ne pouvait plus se permettre d'accorder sa souveraineté, même symbolique, à une autre région. Il décida au contraire de saper l'autorité de Doudaïev et d'installer à sa place une administration fidèle à la Russie.

Il autorisa une opération secrète de soutien aux forces anti-Doudaïev, essentiellement composées d'expatriés tchétchènes résidant à Moscou. Doudaïev écrasa les insurgés et captura un certain nombre de soldats russes qui se présentaient comme des dissidents tchétchènes. Il les montra à la télévision et traita publiquement Eltsine de menteur. Celui-ci fut pris d'une colère noire. En décembre 1994, conforté par son ministre de la Défense, Pavel Gratchev, qui assurait qu'un régiment de parachutistes prendrait Groznyï en deux heures, Eltsine mit toute la puissance de l'armée russe dans la bagarre. En voyant un reportage sur l'avancée des colonnes russes vers Groznyï, Sacha et un groupe de ses amis du FSB furent pris de ferveur patriotique, ils applaudirent et trinquèrent à une victoire rapide.

— Qu'est-ce qui te rend si heureux, idiot ? lui demanda Marina. Des gens vont se faire tuer. Et c'est une guerre interne à notre pays, non ?

Mais à l'époque, il n'appelait même pas ça une guerre. « C'est l'affaire de deux heures pour un groupe de paras », répéta-t-il, citant la fière déclaration du ministre de la Défense. « Les Tchétchènes, ces bergers primitifs, ne pouvaient absolument pas résister à l'armée russe. »

Quelques semaines plus tard, lorsque NTV montra des images horribles de la destruction de Groznyï, les commentaires de Sacha furent un peu moins désinvoltes, mais pas plus sympathiques envers la cause tchétchène. « Ces bandits provoquaient des combats de rue », dit-il. Les bombardements étaient la façon la plus économique de les empêcher de nuire, et cela faisait moins de victimes russes que les combats au corps à corps. Les

Tchétchènes étaient des ennemis. Il était officier. La guerre est une sale affaire, mais l'intégrité de la Russie devait être préservée.

Son heure de vérité sonna en janvier 1996, pendant le siège de Pervomaïskaya. Il téléphona à Marina pour lui dire qu'il partait au Daghestan et lui demanda de regarder la télévision. Pendant quinze jours, Marina resta rivée à l'écran, espérant apercevoir son visage parmi les soldats russes qui encerclaient l'infortuné village où une bande d'insurgés retenaient quelque cent vingt otages. Marina comprit qu'il se passait quelque chose de très grave, et le fait que Sacha ne l'appelle pas – comme à son habitude – ne faisait qu'ajouter à son angoisse.

Lorsque se produisit le drame des otages, elle constata l'impuissance absolue des commandants russes : ceux-ci étaient incapables d'expliquer comment moins de trois cents rebelles encerclés avaient pu résister à des milliers de soldats fédéraux qui n'avaient même pas réussi à prendre leur village pourtant livré au feu de l'aviation et de l'artillerie depuis quatre jours. Ils n'expliquaient pas non plus pourquoi les bombardements avaient été autorisés alors que la plupart des otages étaient encore en vie. Ni comment le chef des insurgés, Salman Radouïev et sa bande de « loups solitaires » avaient pu quitter le village en traversant trois lignes de démarcation.

Deux jours après la fin du drame, la sonnette retentit. C'était Sacha.

« Au début, je ne l'ai pas reconnu, raconte Marina. C'était un autre homme. Épuisé, le regard vide, il pouvait à peine marcher. Il avait eu les pieds gelés.

Il lui fallut quelques jours pour se remettre. Ensuite, il fit une chose qu'il n'avait encore jamais faite : il me raconta ce qui s'était passé. »

Marina n'en crut pas ses oreilles. Le groupe de Sacha, une poignée d'agents du FSB, avait été jeté en pleine opération militaire sans équipement, sans moyens de protection, sans même de réserves de nourriture et d'eau suffisantes. Les hommes avaient l'ordre d'attaquer le village en traversant un champ à pied, mais ils avaient dû se couvrir, sans cela ils auraient été exposés au feu des lance-roquettes russes. Ils avaient dormi dans un autobus non chauffé alors que la température extérieure était glaciale. Ils avaient bien quelques boîtes de conserve, mais pas de fourchette ni de couteau pour les ouvrir. Ils étaient restés pendant deux jours dans ce bus, abandonnés, sans ordres ni communication avec qui que ce soit. Finalement, Sacha avait réussi à se glisser, dans un brouillard glacé, jusqu'à une tente chauffée où il trouva un groupe de généraux complètement saouls.

Le troisième jour du siège, une unité de commando émergea soudain du brouillard, et Sacha reconnut son commandant, un vieil ami de l'école des officiers. Les nouveaux arrivants, aussi désorientés qu'eux, étaient au moins correctement équipés, habillés et entraînés. Le commandant prit en charge le bus du FSB, ce qui, d'après Sacha, leur épargna de mourir gelés.

« À Pervomaïskaya, nous n'avons vu ni commandement, ni contrôle, ni coordination, me dit plus tard Sacha. Nous étions livrés à nous-mêmes, et nous nous battions contre les éléments autant que contre les Tchétchènes, peut-être même plus. J'en suis arrivé à me demander qui diable pouvaient être nos chefs. »

Le dernier jour de l'opération, ils avaient capturé un adolescent tchétchène qui n'avait pas plus de dix-sept ans. Le village avait finalement été pris, après que les terroristes se soient tous enfuis. Le spectacle était terrible : des cratères laissés par les bombes, des maisons incendiées et partout des cadavres, rebelles, villageois, otages et soldats russes.

Le garçon, apparemment séparé de ses camarades, avait marché droit sur eux.

« Il tremblait de peur, raconta Sacha, il pensait que nous allions le frapper. Mais je l'ai pris à part et j'ai discuté avec lui. C'était un gars intelligent. Il vivait à Groznyï et parlait fort bien le russe. J'avais envie de savoir comment il s'était joint à ce groupe d'insurgés. N'aurait-il pas dû être en train d'étudier ? Et il m'a dit cette chose remarquable : "Je hais la guerre, mais elle doit être faite. Quand elle a commencé, toute ma classe a rejoint les combattants." Je me suis souvenu de mon grand-père qui racontait comment toute sa classe s'était portée volontaire pour aller combattre pendant la Grande Guerre contre les Allemands. Et je me suis dit que les rebelles n'étaient pas des terroristes, même s'ils attaquaient des civils. Des classes entières de collégiens ne s'engagent pas dans des organisations terroristes. C'est une guerre du peuple. »

Il trouva aussi un journal de campagne sur le cadavre d'un commandant tchétchène. Quel contraste avec les méthodes brouillonnes des officiers russes ! À la fin de chaque journée, le Tchétchène faisait le compte de ses hommes, de ses munitions et de ses réserves d'une manière froide et organisée.

« C'est à Pervomaïskaya que j'ai compris que cette guerre ne serait pas facile à gagner, mais je restais persuadé qu'elle était nécessaire pour la Russie. Il ne m'était pas encore venu à l'idée que nous aurions peut-être dû laisser les Tchétchènes tranquilles. »

Dans ce carnet, Sacha découvrit pour la première fois que des étrangers participaient à la lutte. Parmi les noms des combattants, certains étaient arabes. La nouvelle était d'importance. Sacha transmit toutes ces informations à son commandant. Le lendemain, le directeur du FSB communiqua la liste aux journalistes comme preuve de l'implication de « mercenaires étrangers » dans le raid. Eltsine lui-même, s'exprimant à la télévision depuis le Kremlin, mentionna l'existence de ce journal.

Sacha était présent lors de la conférence de presse donnée par le directeur du FSB, Mikhaïl Barzoukov, depuis le Daghestan, le 20 janvier 1996, et diffusée dans tout le pays sur la chaîne ORT. Il entendit son chef dire : « Nos missiles Grad n'ont été utilisés que pour exercer une pression psychologique... sur la population locale, y compris les Tchétchènes... Il y avait trois lance-roquettes, mais un seul a servi. Il tirait à une distance d'un kilomètre et demi du village, et sur l'autre rive du fleuve Térek, en territoire tchétchène, où les rebelles venus prêter main-forte aux bandits pouvaient être concentrés. »

Sacha étouffa un juron. Quand il courait dans ce champ boueux en direction du village, des missiles Grad explosaient tout autour de lui. Ils avaient tué deux de ses amis. Comment son patron pouvait-il mentir aussi effrontément au monde entier ? Eltsine répéta ces mêmes mensonges dans son allocution enregistrée au Kremlin. Il décrivit Pervomaïskaya comme « une place forte de Doudaïev avec terrassements, casemates, passages souterrains reliant les maisons entre elles, toutes sortes de constructions spéciales et d'équipements de combat, y compris des armes lourdes. Quand j'ai dit, ici au Kremlin, que l'opération ne durerait qu'une journée, nous ne savions pas que Doudaïev avait une place forte souterraine. Elle était construite et entretenue depuis longtemps. »

Ce n'était qu'un tissu de mensonges. La confiance de Sacha dans le système en fut ébranlée, mais pas sa conviction que la guerre devait être gagnée. Sans haïr les Tchétchènes, il restait patriote. Il ne pouvait accepter de leur laisser la victoire.

Il fallut deux ans et quarante mille morts, mais la Russie finit par perdre. La Tchétchénie endura d'horribles souffrances, mais jamais autant que le 21 avril 1996. Zakaïev devait accompagner le président Doudaïev ce jour-là, mais il fut contraint de rentrer chez lui pour enterrer son père. Cet enterrement lui sauva probablement la vie.

Doudaïev, sa femme Alla, poétesse, et quatre de ses adjoints se rendirent dans la montagne à bord de deux véhicules. Vers 18 heures, le soleil s'était couché dans la vallée, mais sur les collines où le groupe s'arrêta, il faisait encore jour. Alla devait s'adresser en direct aux femmes de Russie sur Radio Liberté pour appeler à la paix et lire l'un de ses poèmes. Mais Doudaïev voulut d'abord téléphoner à Konstantin Borovoï, un membre de la Douma, grand défenseur de la paix. Le président avait un téléphone portable, un cadeau d'amis très haut placés en Turquie. Zakaïev s'en méfiait, car des missiles pouvaient être guidés sur son signal. Doudaïev l'avait rassuré : les Russes étaient absolument incapables d'utiliser cette technologie américaine. Et il savait de quoi il parlait. N'avait-il pas été général dans l'armée de l'air ? Quant aux Américains, poursuivit Doudaïev, ils n'aidaient pas militairement la Russie, il le tenait de source sûre, c'est-à-dire de membres du gouvernement turc. La

Radio Liberté américaine à Prague était l'une des principales sources d'information pour les rebelles. Et puis, poursuivit-il, Eltsine n'était pas loin de passer des accords avec lui. Quant aux Américains, ils se rendaient sûrement compte qu'après la guerre il serait le seul capable de garantir la stabilité dans le Caucase du Nord, une région riche en pétrole, et de contenir « les fous », les islamistes radicaux. Pourquoi voudraient-ils sa mort ?

Pendant que le président et ses assistants plaçaient le téléphone sur le capot du tout-terrain, sortaient l'antenne et appelaient Moscou, Alla et son garde du corps Musa s'éloignèrent vers le bord d'un ravin.

Quand le bruit des avions se fit entendre, Musa la rassura : ils volaient trop haut pour présenter un danger. Mais soudain, deux missiles tombèrent l'un après l'autre, avec un sifflement suraigu. L'onde de choc propulsa Alla vers le ravin. Elle réussit à garder l'équilibre en se rattrapant à des branches. Lorsqu'elle recouvra ses esprits, le tout-terrain était détruit. Les missiles avaient fait mouche. Musa tenait le président mourant dans ses bras.

Zakaïev apprit ces terribles détails dès le lendemain, de la bouche d'Alla. La presse moscovite annonça fièrement ce meurtre comme le triomphe d'une nouvelle technologie mise au point par le laboratoire secret du FSB, mais Zakaïev n'en crut pas un mot. Une précision pareille n'était tout simplement pas à la portée des Russes. Le président lui-même avait dit que son téléphone était américain. Zakaïev était convaincu qu'une balise électronique avait été introduite dans l'appareil en Turquie, et que les Américains, à partir de leurs propres satellites, avaient guidé les missiles russes vers leur cible.

Sacha Litvinenko comptait parmi les ennemis de Zakaïev pendant la guerre. Plus tard seulement, à Londres, ils deviendraient amis. Mais Zakaïev connaissait l'existence de Sacha avant même de découvrir son nom.

« Nous savions qu'un officier du FSB venait souvent de Moscou depuis le début de la guerre. Il opérait depuis le quartier général du FSB à Naltchik », me confia plus tard Zakaïev. Naltchik, ville d'où Sacha était originaire, capitale de la Kabardino-Balkarie, était une autre province musulmane de la Russie dans le Caucase du Nord.

« Nous avions notre propre agent au FSB de Naltchik, ajouta Zakaïev. Il nous a informé que l'officier se nommait Alexandre Volkov et qu'il était natif de Naltchik. Mais nous n'avons eu aucun mal à établir qu'il s'appelait en réalité Sacha Litvinenko, car beaucoup de gens connaissaient la famille de son père. »

Pendant la guerre, Sacha travaillait principalement à Naltchik. Sa participation au commando de libération des otages à Pervomaïaskaya devait rester exceptionnhelle.

« C'était un fichtrement bon agent, dit Zakaïev. Il a infiltré des taupes chez nous. Trouver un Tchétchène disposé à travailler pour les Russes était une chose extrêmement difficile, vous savez. Or, il n'en a pas recruté un, mais trois. On les a repérés à la fin, grâce à notre homme de Naltchik. C'est pour te dire à quel point Sacha était efficace. »

Sacha avait également mené à bien une opération dont Zakaïev ne devait être informé que plus tard. Au début de la guerre, Khamad Kourbanov, le représentant du gouvernement de Doudaïev à Moscou, fut arrêté par le FSB. Sur les conseils de Sacha, il fut relâché et autorisé à s'installer à Naltchik où Sacha continua de le surveiller. Les contacts de Kourbanov conduisirent le FSB à des membres de la diaspora tchétchène qui coopéraient avec les séparatistes depuis la Russie ou l'Europe.

— Si vous saviez qu'il était là, pourquoi ne l'avez-vous pas éliminé ? demandai-je à Zakaïev, un soir, chez lui, à Londres.

— Pour ne surtout pas compromettre notre propre agent, répondit-il. Mais aujourd'hui je dirais que c'était la volonté d'Allah, parce que cela m'a donné la chance de faire sa connaissance à Londres.

Alla Doudaïeva, la veuve du président, rencontra aussi Sacha pendant la guerre. Après la mort de son mari, les chefs rebelles décidèrent qu'elle devait aller en Turquie. Le 27 mai, munie de faux papiers, elle s'apprêtait à monter en avion avec Musa, son garde du corps, quand elle fut repérée. Le lieutenant-colonel Volkov, c'est-à-dire Sacha, quitta précipitamment Moscou pour venir l'interroger.

« Elle n'a pas été maltraitée, mais elle était terrorisée, me raconta Zakaïev. Les gorilles qui s'occupaient d'elle n'étaient vraiment pas rassurants. Alors, cet officier extrêmement aimable a immédiatement gagné sa confiance. Elle a dit que Sacha manifestait une intelligence et une sensibilité rares pour un agent du KGB. »

Sacha m'avait raconté cet épisode de sa vie. Les Russes détenaient Alla dans une ancienne datcha de Staline, en pleine montagne, dans la station thermale de Kislovodsk. Ses gardes, des hommes de terrain appartenant au FSB, étaient plus habitués à brutaliser les combattants capturés qu'à s'occuper d'une femme en deuil. Ils avaient reçu l'ordre de la traiter avec diplomatie.

La mission de Sacha consistait à découvrir deux choses : *primo*, si son mari était bien mort ou si, ayant survécu à l'attaque, il était en convalescence dans un quelconque village de montagne. *Secundo*, s'il était mort, où était-il enterré ? Les Russes ne voulaient surtout pas que sa tombe devienne le sanctuaire d'un martyr.

Sacha arriva au moment où Alla et ses geôliers s'apprêtaient à déjeuner dans la luxueuse salle à manger de Staline. Il régnait entre eux un silence pesant. Alla, blonde et fragile, âgée de quarante-neuf ans, avait des traits typiquement slaves. Vêtue de noir, elle semblait, d'après Sacha, « tendue et anxieuse ». Pour la mettre à l'aise, Sacha déploya tout son charme. Il commença par lui dire qu'il respectait son chagrin et lui exprima ses condoléances. Elle soupçonnait qu'il lui jouait la comédie du bon flic venant remplacer les mauvais, mais elle en fut tout de même émue. Après le déjeuner, ils poursuivirent leur conversation (tout était enregistré par une caméra dissimulée), et elle lui raconta son histoire : sa jeunesse dans une base militaire du nord de l'URSS où son père était officier, son mariage avec un général, son rôle de première dame de son pays d'adoption, puis de compagne d'armes du chef de la guérilla.

Au bout d'une heure, Sacha était rassuré sur la mort de Doudaïev. Il allait aborder la seconde question – où se trouvait sa tombe ? – quand il apprit que le président Eltsine avait pardonné à Alla Doudaïeva et qu'elle était libre. Elle dit qu'elle voulait se rendre à Moscou pour mener une campagne en faveur de la paix.

Une semaine plus tard, Sacha fut de nouveau chargé d'une mission la concernant. Elle devait donner, quelques jours avant le premier tour de l'élection présidentielle, une conférence de presse télévisée à Moscou pour se prononcer en faveur d'Eltsine.

Sacha arriva à l'Hôtel national, situé en face du Kremlin, juste avant le début de la conférence de presse. Des femmes appartenant à une organisation pacifiste entouraient Alla ; elles s'apprêtaient à faire une déclaration commune. Sacha lui fit signe de le rejoindre.

— Alla Fiodorovna, je suis ici pour tenter d'annuler cette conférence de presse, dit-il. Croyez-vous que ce soit possible ?

— Absolument pas. On installe déjà les caméras, répondit-elle.

— Alors, au moins, ne dites pas trop de mal des dirigeants russes.

— Je peux vous le promettre, dit Alla dans un sourire. En échange, j'ai moi aussi une faveur à vous demander. Libérez Musa, mon garde du corps, je vous en prie. Il n'a jamais pris part au moindre combat, il a toujours été à mes côtés. Quand je pense à ce qu'il endure, je n'arrive plus à fermer l'œil. Est-il à Tchernokosovo ?

Elle parlait d'un camp de prisonniers militaires considéré comme un lieu de torture et d'humiliations permanentes pour les Tchétchènes.

— Il n'est pas maltraité, madame, il est ici, à Lefortovo. Je verrai ce que je peux faire.

Dans sa déclaration télévisée, Alla accusa le Parti de la guerre d'être responsable du malheur de la Tchétchénie. Elle affirma qu'Eltsine était le seul espoir pour la démocratie et la liberté.

« Doudaïev a essayé quatre fois de contacter Eltsine, mais l'entourage présidentiel ne l'a pas laissé faire », déclara-t-elle à l'agence Reuter ce jour-là.

Comme me le confia plus tard Sacha, elle avait raison pour l'essentiel, mais elle ne connaissait pas toute la vérité : en janvier, juste après la crise des otages à Pervomaïskaya, Eltsine avait autorisé l'assassinat de son mari.

Après la conférence de presse, Sacha ne devait plus la revoir. Fin juin, le FSB détourna les yeux pendant qu'elle quittait discrètement le pays. Mais Sacha eut l'occasion de tenir sa promesse ; en participant à l'organisation d'un échange de prisonniers, il put remettre Musa en liberté.

Quant à l'accord de Kha Ssavioust, qui mettait fin à la guerre, Sacha partageait l'avis des officiers du FSB et des pontes de l'armée : c'était une humiliation. Toutes ces souffrances et la mort de ses amis n'avaient donc servi à rien ? Depuis que le général Lebed avait négocié la paix, Sacha et les autres officiers le considéraient comme un traître ou du moins comme un homme qui, au nom de la politique, s'était désolidarisé des soldats en uniforme, ceux qui avaient combattu et péri. La population, quant à elle, accueillit l'accord avec soulagement, ce qui améliorait les chances de Lebed à l'élection présidentielle prévue quatre ans plus tard.

En septembre 1996, quand Akhmed Zakaïev prit son nouveau poste, les perspectives de retour à la stabilité étaient pour le moins incertaines. Presque cinq cent mille personnes – soit 40 % de la population d'avant guerre – avaient été déracinées et vivaient désormais dans des villages surpeuplés ou des camps de réfugiés. Groznyï, la florissante cité de quatre cent mille habitants, n'était plus que ruines. L'économie avait été en grande partie détruite. Des milliers de jeunes gens traînaient dans les rues, en brandissant leur Kalachnikov. Les chefs rebelles Chamil Bassaïev et Salman Radouïev, qui avaient lancé des raids spectaculaires contre les Russes, ne manifestaient aucune intention de dissoudre leurs milices ni de se soumettre à l'autorité centrale. Par-dessus le marché, il restait deux brigades russes en Tchétchénie, et aucune ne donnait l'impression de vouloir partir, en dépit de la décision inscrite dans l'accord de paix. Il y avait à Moscou un Parti de la guerre qui complotait contre Lebed. Zakaïev estimait que la paix, précaire, reposait en grande partie sur les épaules de Lebed et sur son maintien en place.

Un soir de septembre, Sacha Litvinenko, à la tête d'une brigade d'agents opérationnels, mena une perquisition dans les locaux d'une grosse société de surveillance moscovite suspectée d'enlèvements et d'extorsion de fonds. Elle était dirigée par d'anciens officiers du GRU, le service de contre-espionnage du ministère de la Défense, rival de longue date du FSB. Ses hommes trouvèrent un énorme coffre-fort et Sacha fut surpris d'y découvrir un uniforme de général et plusieurs classeurs marqués « ultrasecret ».

— Vous n'avez pas le droit de voir ces documents, dit le directeur de la compagnie en pâlissant.

— C'est pourtant ce que je vais faire, rétorqua Sacha. D'ailleurs ils ne devraient pas se trouver dans votre coffre. Pour autant que je sache, ils ont pu être volés. Comment sont-ils arrivés ici ?

— Ils appartiennent au général Lebed, le secrétaire du Conseil national de sécurité. Il estime qu'ils ne seraient pas en sûreté dans son cabinet.

Sacha ferma la porte du bureau et se mit à étudier les dossiers.

Ils appartenaient bien à Lebed : la présence de ses papiers d'identité et de quelques photos personnelles parmi les documents l'attestait. L'un des dossiers traitait en détail de la corruption au ministère de l'Intérieur et impliquait plusieurs grands pontes dans diverses affaires. Sacha découvrit des noms qui lui étaient familiers.

Un autre dossier contenait un rapport du GRU sur la Tchétchénie, avec quelques détails sur l'assassinat de Doudaïev. Sacha apprit que, contrairement à ce que pensait tout le monde, le GRU n'avait joué dans ce meurtre qu'un rôle mineur en fournissant les avions lance-missiles. Le rapport laissait entendre que le cerveau de l'opération était son collègue du FSB, le général Evgueni Khokholkov. Celui-ci, d'après le rapport, s'était procuré le système de guidage américain pour les missiles, et une énorme somme d'argent avait disparu lors de la transaction.

Le troisième document était un brouillon de décret rédigé par Lebed, pour la création d'une « Légion russe », unité d'élite de cinquante mille hommes, dépendant du Conseil national de sécurité ; elle serait chargée d'opérations spéciales contre les personnes constituant « une menace pour la sécurité de l'État ».

Bref, Sacha découvrit les secrets les plus intimes du général Lebed : deux dossiers qui lui donnaient prise sur le FSB et le ministère de l'Intérieur, avec la possibilité d'impliquer les responsables, des faucons, dans deux scandales majeurs ; un autre qui projetait de créer une armée sous le contrôle direct de Lebed. L'ensemble de ces documents permettait de comprendre comment Lebed envisageait de mener sa bataille contre le Parti de la guerre.

Au moment où Sacha terminait sa lecture, un enquêteur officiel arriva.

— Je ne peux pas m'occuper de ça, dit-il après avoir vu les dossiers.

— Que voulez-vous dire ? Officiellement, c'est votre devoir, insista Sacha.

— Ces documents n'ont rien à voir avec le but de mon enquête.

— Tout matériel interdit à la libre circulation doit être confisqué, c'est la loi. Et les documents secrets ne doivent évidemment pas circuler librement.

Mais l'enquêteur campa sur sa position. Sacha téléphona au général Vyacheslav Volokh, son chef. Celui-ci l'écouta, promit de rappeler une minute plus tard et ne le fit jamais. L'enquêteur suggéra que dès qu'il aurait terminé son travail et quitté les lieux, Sacha pourrait entreprendre lui-même des recherches sur l'affaire. Mais Sacha avait une meilleure idée. Il téléphona à

Anatoli Koulikov, le ministre de l'Intérieur. Il connaissait ce dernier personnellement car il s'était lié d'amitié avec son fils adoptif à l'école des officiers. Il ne s'était encore jamais servi de cette relation, mais cette fois les circonstances l'imposaient, et il connaissait la rivalité qui opposait Koulikov à Lebed.

Dix minutes plus tard, Koulikov rappelait.

— Anatoli Sergueïevitch, nous avons découvert des documents ultrasecrets appartenant à Lebed, dit Sacha.

— Alors pourquoi m'appeler ? Vous avez des supérieurs, non ?

— Mes supérieurs ne savent pas quoi décider.

— Je vois. Le ton de Koulikov changea. Quelque chose d'important ?

— Des dossiers secrets et compromettants sur toute la direction du ministère de l'Intérieur.

— Y compris moi ? s'enquit Koulikov.

— Non. Seulement votre équipe.

— Très bien, dit-il, soulagé. J'envoie quelqu'un les prendre officiellement en charge.

Le secrétaire à la sécurité Lebed savait que le ministre de l'Intérieur Anatoli Koulikov complotait contre lui. Les deux hommes allaient inéluctablement s'affronter, et l'un des deux finirait sans doute par quitter le gouvernement. Lebed plaisantait même, disant que « deux volatiles ne peuvent pas vivre dans le même nid ». Il faisait allusion à leurs noms, Lebed voulant dire *cygne* en russe et Koulikov, *bécasse*. Ce qui l'inquiétait, surtout, c'était que Koulikov se rapprochait apparemment d'Anatoli Tchoubaïs, secrétaire général du Kremlin, qui assurait de fait la présidence. Eltsine semblait s'affaiblir chaque jour un peu plus. Son opération du cœur devait avoir lieu début novembre, et personne ne savait si le vieil homme y survivrait. Constitutionnellement, le Premier ministre Tchernomyrdine était le deuxième sur la liste, mais beaucoup de gens voyaient en Lebed, qui était arrivé troisième au premier tour des élections, le véritable héritier. Il avait conquis l'estime du peuple en mettant fin à la guerre en Tchétchénie. Si le vieux président mourait, des élections auraient lieu, et Lebed n'aurait aucune difficulté à battre Tchernomyrdine. La dernière personne que Tchoubaïs voulait voir aux commandes de l'État c'était bien ce général non conformiste, fumeur invétéré, qui arrivait aux réunions officielles du Kremlin avec des socquettes blanches dans des chaussures noires et un costume à carreaux de couleurs vives.

Le 13 octobre, Lebed commit une erreur fatale. Dans le but de renforcer son opposition contre les réformateurs, il joignit ses forces à celles du général Korjakov, l'ancien chef de la sécurité d'Eltsine. Korjakov avait été démis de ses fonctions, mais il jouissait toujours d'une grande influence au sein des services de sécurité. Ils apparurent ensemble à un rassemblement, à Tula, ville militaire située à cent soixante kilomètres de Moscou. C'était le cœur de l'ancienne circonscription électorale de Lebed et le district d'où Korjakov voulait se présenter à la Douma.

« J'ai trouvé un excellent remplaçant », déclara Lebed de sa voix de basse, cette même voix qui, trois mois auparavant, avait promis d'écraser le coup d'État tramé par Korjakov. Korjakov prit ensuite la parole. Il se mit au diapason en accusant Tchoubaïs d'être un régent anticonstitutionnel au Kremlin.

En s'affichant avec ce général de la police secrète détesté par les libéraux, Lebed scellait son propre destin. Les réformateurs conclurent rapidement une alliance avec le Parti de la guerre pour faire obstacle à Lebed. Boris Berezovski s'envola pour New York et montra à George Soros le mémo sur la « Légion russe » découvert par Sacha en septembre.

« Ne te laisse pas abuser par le rôle de pacificateur qu'a joué Lebed en Tchétchénie, expliqua Boris à George. Les Occidentaux le comparent à de Gaulle, mais ce n'est au mieux qu'un Pinochet, et au pire un Franco. Voudrais-tu transmettre ceci à quelqu'un susceptible d'être intéressé à Washington ? » Un peu plus tard, ce jour-là, j'ai faxé le mémo à mon contact au bureau des affaires russes du Département d'État.

À Moscou, l'épreuve de force se rapprochait de jour en jour. Le 15 octobre, après s'être fait éreinter par les députés de la

Douma, Lebed déposa sur le bureau d'Eltsine un dossier incriminant Koulikov.

Le 16 octobre, la bécasse se vengeait du cygne. Le robuste général Koulikov, revêtu de son uniforme bardé de médailles, apparut en direct à la télévision. Il accusa Lebed de comploter pour prendre le pouvoir par la force et de violer la Constitution avec sa Légion russe qui (expliqua-t-il en lisant le mémo) serait chargée de « l'identification, du traitement psychologique, de la mise à l'isolement, du recrutement, voire de la liquidation des chefs politiques ou militaires ainsi que des chefs des mouvements extrémistes, terroristes et séparatistes et autres organisations dont les activités menaceraient la sécurité nationale ».

Le lendemain matin, Tchernomyrdine convoqua une réunion des responsables de la sécurité qui se transforma en un concours d'invectives entre Lebed et Koulikov. À la fin, Tchernomyrdine rejeta l'accusation de coup d'État, mais Lebed reconnut être l'auteur du projet de Légion russe. Cela suffit pour que le Premier ministre l'accuse de « bonapartisme grossier ».

Pendant que Lebed essayait d'obtenir un rendez-vous avec Eltsine, ses gardes du corps neutralisèrent quatre policiers en civil qui le suivaient, sur ordre de Koulikov. À la fin de l'après-midi, le président, qui était souffrant, en eut assez. Il convoqua une équipe de la chaîne ORT à sa résidence et signa un décret limogeant son secrétaire du Conseil de sécurité sous l'œil des caméras. D'une voix altérée par l'émotion et une souffrance mal dissimulée, Eltsine reprocha à Lebed d'avoir semé la discorde : « On dirait qu'une sorte de course électorale est déjà engagée. Les élections sont prévues pour l'an 2000... Une situation comme celle-là ne saurait être tolérée. Il nous faut une équipe unie comme les doigts de la main ; une équipe soudée, qui travaille ensemble. Or... Lebed divise cette équipe... C'est absolument inacceptable. Korjakov avait été limogé, mais Lebed l'a emmené à Tula pour le présenter comme son successeur. Il aurait pu trouver mieux. Mais qui se ressemble s'assemble. »

Comme Eltsine l'écrivit dans sa biographie, il ne supportait plus les généraux. Il voulait travailler avec des civils. En une semaine, une nouvelle équipe de sécurité nationale fut mise en place avec Ivan Rybkine, ancien président de la Douma, fidèle à Eltsine, comme secrétaire, et Boris Berezovski comme adjoint en charge de la Tchétchénie.

— Pourquoi avais-tu besoin de ça, demandai-je à Boris lorsque j'appris sa nomination. Tu n'as pas mieux à faire que de traiter avec les Tchétchènes ? Toute cette histoire ressemble à un opéra-comique.

— Un opéra-comique, si tu veux, mais où les acteurs tirent à balles réelles. Le Parti de la guerre nous a aidés à nous débarrasser de Lebed, mais on ne peut pas leur laisser la bride sur le cou. Si la guerre en Tchétchénie reprend, ce pays est fichu. Et crois-moi si tu veux, il n'y avait personne d'autre pour faire ce boulot.

Le 5 novembre 1996, le président Eltsine, âgé de soixante-cinq ans, subit une opération à cœur ouvert au centre cardiologique de Moscou. Elle dura sept heures et demie et nécessita cinq pontages. Le malade se remettrait complètement, affirmèrent les chirurgiens.

Akhmed Zakaïev poussa un soupir de soulagement en apprenant que c'était Rybkine qui remplaçait Lebed. L'ancien président de la Douma avait une solide réputation de pacificateur. Quant à Berezovski, Zakaïev ne le connaissait pas. Quelques jours plus tard, quand un avion officiel russe se posa sur un aérodrome militaire au nord de Groznyï, Zakaïev fut heureusement surpris. Boris avait la tête froide, il allait droit au but, confinant parfois au cynisme, mais surtout il n'était pas possédé par le démon de l'orgueil national blessé qui affligeait tous les Russes à qui Zakaïev avait eu affaire jusque-là. La nostalgie pour l'empire perdu agissait comme un lent poison : tous les Russes semblaient tenir les Tchétchènes pour responsables de leurs infortunes historiques – depuis la chute du mur de Berlin jusqu'à l'émergence des États-Unis comme seule superpuissance, en passant par la baisse des prix du pétrole. Ce ressentiment irrationnel constituait le principal obstacle aux objectifs immédiats de Zakaïev : le retrait des deux brigades russes encore cantonnées en Tchétchénie et la signature d'un traité permanent qui résoudrait la question de la souveraineté.

— Pourquoi cette différence entre Boris et les autres, demandai-je à Zakaïev quelques années plus tard. Pourquoi n'était-il pas habité par ces démons de la Guerre froide, mais seulement par des démons personnels ? Crois-tu que le fait qu'il soit juif y était pour quelque chose ?

— C'est possible, répondit Zakaïev. Et ça lui a posé des problèmes, à l'époque, souviens-toi. Mais pas à nous.

Dès le premier jour de sa nomination au Conseil national de sécurité, les communistes avaient lancé une campagne contre lui, clamant partout qu'il avait la citoyenneté israélienne et qu'on ne pouvait par conséquent lui confier la sécurité du pays.

— Nous n'avions rien contre les juifs, poursuivit Zakaïev. Ils ne tuaient pas les nôtres. Nos deux peuples ont subi un génocide. Et un accord avec Israël, s'il existait, ne nous ferait pas de mal. Tu sais, Doudaïev m'a dit un jour qu'il rêvait d'une alliance entre Tchétchénie, Georgie, Turquie et Israël, soutenue par les États-Unis.

— Contre qui ? demandai-je.

— La Russie, bien sûr. Et les islamistes radicaux. Les Américains ont choisi de nous trahir au profit des Russes, à leurs risques et périls. Mais tout ça c'est de l'histoire ancienne.

— La première chose que Boris m'ait dite, reprit Zakaïev, c'était : vous croyez être un État indépendant. Nous, le gouvernement russe, nous pensons que vous faites partie de la Fédération de Russie. Cela dit, laissons de côté les sujets sur lesquels nous ne pouvons pas nous entendre et occupons-nous des autres, un par un. Et j'ai tout de suite compris, quand nous avons abordé la logistique du retrait des troupes russes, qu'il ne s'intéressait pas tellement à la manière dont seraient rédigés les accords que nous aurions à signer.

Zakaïev fut fort impressionné par le comportement de Berezovski et de Rybkine. Ils donnaient l'impression d'avoir vraiment du poids.

« Ils n'avaient pas peur d'aborder les sujets difficiles et prenaient parfois des décisions sur-le-champ, à propos de l'échange de prisonniers, par exemple, ou de l'amnistie. Quand ils ne pouvaient pas trancher, ils disaient simplement : "Il faut voir ça de plus près" ou "C'est d'accord, mais il faudra en référer aux instances supérieures". Ils étaient directs avec nous et nous leur faisions confiance. »

Zakaïev me décrivit la façon dont ils se partageaient le travail.

« Berezovski proposait, lançait des idées, imaginait des solutions, et Rybkine évaluait ce qui pouvait être réaliste et ce qui n'avait aucune chance d'aboutir. Ils disposaient d'un atout considérable : la chaîne ORT. Boris arrivait toujours accompagné de techniciens. Chaque fois que nous avions passé un accord ou que nous butions sur un obstacle, Rybkine passait à la télévision pour s'adresser directement à Eltsine – il regardait le journal télévisé du soir – avant que nos opposants puissent intervenir.

Cela n'empêcha pas le Parti de la guerre et les chefs de guerre tchétchènes de comploter, les uns à Moscou, les autres dans leurs montagnes, pour saper les négociations.

« J'ai commencé à comprendre comment fonctionnaient mes homologues du Kremlin », me dit Zakaïev en arrivant à Moscou fin novembre. La première série d'accords était prête pour la signature. Elle définissait le cadre d'une administration interne au pays jusqu'aux élections. Mais la question majeure restait posée : celle des deux brigades russes cantonnées en Tchétchénie. Les Tchétchènes tenaient absolument à ce qu'elles partent, comme le prévoyait l'accord de Kha Ssaviouts.

Le jeudi 21 novembre, Zakaïev alla voir Berezovski dans son bureau du Conseil de sécurité au Kremlin. Les nouvelles étaient mauvaises, le ministre de l'Intérieur, commandant suprême pour la Tchétchénie, s'opposait au retrait, il l'avait annoncé à la télévision. Les troupes russes resteraient sur place pendant encore cinq ans.

« Va voir Koulikov, tu jugeras par toi-même », suggéra Boris.

Le ministre regarda Zakaïev « comme un soldat regarde une puce », selon l'expression employée dans l'armée.

— Ces deux brigades resteront là où elles sont, point final. Elles dépendent d'un décret présidentiel spécial.

— Alors nous ne signerons rien demain. Tant qu'il restera un seul soldat russe sur notre territoire, les négociations seront interrompues !

— Comme il vous plaira ! dit froidement Koulikov.

Le samedi matin, Boris appela Zakaïev à son hôtel.

— Ça y est ! Le président a signé le décret de retrait.

Il lui annonça également que son propre Premier ministre se dirigeait vers la Maison-Blanche pour tenir une conférence de presse avec Tchernomyrdyne. Zakaïev alluma son poste de télévision et apprit qu'un nouveau décret présidentiel ordonnait le rapatriement immédiat des soldats russes.

— Comment t'y es-tu pris ? demanda-t-il à Boris en arrivant à la Maison-Blanche.

— Quand je t'ai dit d'aller voir Koulikov jeudi, je savais déjà que le décret serait signé aujourd'hui, lui expliqua Boris. Mais je voulais m'assurer que Koulikov n'aurait aucun soupçon. Juste après t'avoir vu, il est parti à Varsovie pour une réunion des ministres de la Police des pays d'Europe de l'Est. Tu nous as servi de leurre, tu comprends ? Tu étais tellement déçu. Nous savions qu'après t'avoir vu avec ce visage-là, il n'hésiterait pas à prendre son avion. Sinon, s'il avait eu le moindre soupçon, il aurait pu annuler son voyage, se précipiter au Kremlin, faire une scène, et qui sait ce qui serait arrivé. Désolé de t'avoir trompé, mon ami.

Des années plus tard, Rybkine m'a raconté au téléphone, depuis sa datcha des environs de Moscou, ce qui s'était réellement passé en coulisses. Le jeudi soir, dans le plus grand secret, les deux avions du Conseil de sécurité les emportaient, Boris et lui, vers la Tchétchénie. Ils voulaient que la nouvelle de leur escapade ne parvienne aux hommes de Koulikov que le plus tard possible. Comme ils approchaient de Groznyï, le pilote leur annonça que les militaires avaient fermé l'aéroport.

— Et Naltchik ? demanda Rybkine, ou Makhachkala ? Sleptsovsk ?

— Aucun aéroport dans le Caucase ne nous donnera l'autorisation d'atterrir.

— Avons-nous du carburant ?

— Pour une heure, à peu près, répondit le pilote.

Ils firent demi-tour pour aller se poser à Volgograd (anciennement Stalingrad), à plus de mille kilomètres au nord. Il était 4 heures du matin.

Ils s'accordèrent quelques heures de sommeil à l'hôtel de l'aéroport. Au matin, l'équipe de Rybkine obtint l'autorisation d'atterrir à Sleptsovsk. Là, ils retrouvèrent le commandant Maskhadov et sa garde rapprochée. Ce groupe de Tchétchènes étant arrivé de Groznyï en voiture, Rybkine les emmena à Moscou.

Le samedi matin, les deux Premiers ministres se retrouvèrent dans la datcha de Rybkine pour attendre l'annonce du retrait des troupes.

Ils signèrent enfin les accords. Jusqu'au dernier moment, Maskhadov avait craint qu'ils n'y parviennent pas.

Frontière Tchétchénie-Daghestan, 14 décembre 1997. Salman Radouïev, le chef de guerre tchétchène, est arrêté à la frontière alors qu'il se rend à un congrès de Tchétchènes habitant au Daghestan. Comme la police russe tente de le retenir, la milice de Radouïev, forte de quatre-vingt-dix hommes, s'interpose, désarme vingt et un policiers russes et les prend en otages. Refusant d'obéir à l'ordre de son gouvernement et de relâcher les otages, Radouïev menace même de les tuer si le commandement russe ne lui présente pas ses excuses pour lui avoir interdit le passage.

Boris Berezovski arriva au bastion de Radouïev à Novy Gordali le matin du 18 décembre, quatre jours après la prise d'otages. Sa mission était d'empêcher que l'incident ne dégénère. La captivité de leurs camarades rendait les forces de police de plus en plus nerveuses. Radouïev, le chef de guerre non conformiste dont l'énorme barbe, les lunettes noires et la casquette de base-ball dissimulaient un visage défiguré lors d'une fusillade, avait résisté à toutes les pressions du gouvernement séparatiste. Il ne reconnaissait pas l'accord de Kha Ssavioust parce qu'il n'accordait pas l'indépendance à son pays. Maintenant, il voulait au minimum des excuses de la part des Russes.

— Je te fais mes excuses, Salman, lui dit Boris.

— Allons, Boris, ce n'est pas de toi que j'attends des excuses, répondit Radouïev en souriant.

Soudain, ils entendirent un fort grondement à l'extérieur. Deux hélicoptères banalisés apparurent dans le ciel et firent pleuvoir quelques salves de mitraillette sur le campement avant de disparaître. Personne ne fut blessé.

— Ils savent que tu es là, n'est-ce pas ? dit Radouïev. C'est d'eux que j'attends des excuses.

Après trois heures de négociations, ils trouvèrent un arrangement : en échange des otages, onze hommes de Radouïev capturés un an plus tôt seraient libérés, mais le marché devait rester secret. Comme Radouïev insistait toujours pour ses excuses, Boris manifesta son impatience en regardant sa montre.

— Belle montre, remarqua Radouïev. C'est une Rolex ?

— Non, une Patek-Philippe.

— Connais pas. C'est mieux qu'une Rolex ? Combien l'as-tu payée ?

— Cinquante mille dollars, répondit Boris.

— Belle montre.

— Elle est à toi, dit Boris en la détachant de son poignet.

Radouïev joua avec la montre pendant quelques minutes.

— OK, tu peux avoir tes flics. Tu les embarques aujourd'hui, mais j'ai ta parole, tu libères mes hommes.

Le matin de ce jour où Boris négociait avec Radouïev, peu avant l'aube, des hommes masqués firent irruption dans les locaux de la Croix-Rouge du village tchétchène de Novy Atagi et tuèrent avec des armes munies de silencieux six travailleurs humanitaires étrangers endormis, dont cinq femmes. Le lendemain, cinq Russes étaient tués de la même manière à Groznyï.

« C'est une catastrophe nationale pour nous », dit Aslan Maskhadov, le chef du gouvernement de coalition. Son adjoint, Movladi Oudougov, accusa directement le FSB de ces crimes.

Comme l'expliqua plus tard Zakaïev : « Ces meurtres ne ressemblaient à rien de connu, même de la part des renégats tchétchènes. Jamais revendiqués, ni accompagnés d'exigences politiques ou de vol. À nos yeux, c'était une manœuvre du Parti de la guerre pour torpiller le retrait des troupes et les élections. »

Pendant ce temps-là, un obscur colonel du FSB nommé Mikhaïl Trepachkine recevait l'ordre secret et urgent d'identifier certains prisonniers liés à Salman Radouïev. Ils devaient être prêts pour un prochain échange de prisonniers.

Groznyï, 27 janvier 1997. Les électeurs se pressent dans les bureaux de vote de toute la Tchétchénie pour élire leur président. Le scrutin a été jugé « légitime, démocratique et libre » par les observateurs de l'Union européenne. Aslan Maskhadov, cinquante-cinq ans, ancien officier de l'armée soviétique qui a coordonné les opérations militaires contre la Russie pendant la guerre, est élu avec une large majorité : 69 % des voix. Le chef de la guérilla, Chamil Bassaïev, qui a lancé l'attaque terroriste contre Boudennovsk, **termine deuxième avec 16 %,** *et le président intérimaire Zelimkhan Iandarbiev troisième avec 15 %.*

Fin avril 1997, Boris Berezoski me convoqua au Club.

— Est-ce que tu peux jouer le rôle d'un agent de la CIA ?

— Premièrement, il est illégal de se faire passer pour un officier fédéral, répondis-je en souriant. Deuxièmement, te connaissant, j'espère que les armes à feu resteront au vestiaire.

— Tu es le représentant de Soros, non ? dit Boris, très content de lui. Tu as une carte de visite professionnelle ? Cela suffira à les impressionner. Tout le monde en Russie pense que la Fondation Soros est une base camouflée de la CIA. Je t'emmène à ma datcha, tu représenteras l'autorité américaine. Tu n'auras rien d'autre à faire que de nous honorer de ta présence.

À la datcha, nous étions quatre autour de la table : Boris, Rybkine, le secrétaire du conseil fédéral de sécurité, et Movladi

Oudougov, l'adjoint au Premier ministre tchétchène et chef de l'aile islamique du gouvernement Maskhadov. Le but de ce dîner était d'établir un traité de paix qui mettrait officiellement fin à la guerre de Tchétchénie et qui devait être signé le mois suivant.

J'assistais à une scène improbable : Rybkine affichait la confiance d'un ancien apparatchik ; Boris sirotait son château-latour ; Oudougov interrompit la discussion pour aller faire sa prière du soir. Quant à moi, je m'efforçais d'avoir l'air important pour incarner au mieux le poids des USA.

Le traité était déjà rédigé dans ses grandes lignes. Il commençait par une demi-page de nobles déclarations sur la réconciliation des deux nations mettant fin à leur inimitié « séculaire ». Ce qui manquait, c'était un cadre de référence légal. Rybkine et Boris voulaient que le traité soit explicitement tiré de la Constitution russe. Ougoudov, lui, souhaitait l'ancrer dans la législation internationale. Ils discutèrent pendant presque trois heures. À la fin, ils trouvèrent un compromis : chacun ajouta une référence légale de son choix.

Dans la version finale du document, ces références étaient supprimées. J'avais tout de même appris quelque chose de fondamental pendant cette réunion : outre l'atmosphère de méfiance qui régnait autour de la table, de fortes dissensions existaient entre les deux parties.

Le 28 avril 1997, une bombe explosa peu avant 7 heures du matin dans la gare d'une petite ville du sud de la Russie, Pyatigorsk, tuant deux personnes et en blessant plus de quarante. L'accord de paix était de nouveau menacé. Le président Eltsine, en vacances au bord de la mer Noire, imposa immédiatement des mesures de sécurité strictes dans toute la Russie méridionale.

Le ministre de l'Intérieur, Anatoli Koulikov, mit en cause les terroristes tchétchènes et annonça que deux femmes arrêtées à Pyatigorsk avaient avoué leur participation à l'attentat. Il affirma que ces femmes étaient des terroristes connues, impliquées dans l'affaire des otages de Pervomaïaskaya en janvier 1996. Il annonça aussi que des Tchétchènes avaient attaqué un poste de police russe à la frontière du Daghestan la nuit précédente. « Il est maintenant évident que le Parti de la guerre ne se trouve pas à Moscou, mais à Groznyï », clama-t-il à la télévision.

Mais deux jours plus tard, alors que Boris et Rybkine prenaient l'avion pour Groznyï, les Tchétchènes annonçaient que l'une des deux femmes dénoncées par Koulikov vivait tranquillement dans la capitale et que l'autre avait été tuée un an auparavant. Des journalistes révélèrent que leurs doublures, les deux femmes qui avaient « avoué » à Pyatigorsk, avaient été arrêtées avant l'attentat. Comme le dit plus tard Zakaïev : « Nous étions sûrs qu'il s'agissait d'une provocation. »

Les Tchétchènes fournirent les preuves qu'ils détenaient à Boris et Rybkine dès leur descente d'avion. Rybkine s'empressa de faire une déclaration en direct à la télévision puisque Boris ne se déplaçait jamais sans son équipe de l'ORT.

« Beaucoup de gens, en Tchétchénie et en Russie, voudraient détruire cette paix fragile, mais nous allons mettre fin à leurs agissements... aussi haut qu'ils soient placés, quel que soit le type d'étoiles qui ornent leurs épaulettes », dit-il depuis la passerelle de son avion.

« Et c'est alors que s'est produit un truc vraiment moche, me raconta Zakaïev, d'un ton rageur. Ce pauvre imbécile de Salman Radouïev a revendiqué l'attentat de la gare. »

Radouïev, qui commandait toujours une milice, cherchait des moyens de redorer son blason. Il annonça que la bombe était sa façon à lui de célébrer l'anniversaire du meurtre de Doudaïev.

« Nous savions très bien qu'il n'y était pour rien, poursuivit Zakaïev. Maskhadov était fou de rage. Il ordonna son arrestation pour fausse déclaration. Mais voilà, notre Parti de la guerre avait fait plus fort que celui des Russes. Et j'ai compris à ce moment-là que les Russes étaient prêts à organiser des attaques terroristes contre leur propre peuple pour nous en accuser. »

Il faisait référence aux bombes qui avaient explosé deux ans auparavant dans un appartement moscovite.

7

Les conspirateurs

À la frontière entre la Tchétchénie et le Daghestan, le 6 juin 1997. Les quatre journalistes russes qui avaient été enlevés sont libérés et regagnent Moscou dans l'avion de Boris Berezovski. Aslan Maskhadov, le président tchétchène, se félicite de ce dénouement. Il a récemment promulgué un décret prévoyant la peine de mort pour les auteurs d'enlèvements et lance une opération d'envergure destinée à libérer tous les captifs encore retenus par des chefs militaires dans l'attente d'une rançon. « Le succès de Maskhadov va lui donner encore plus d'influence, estime Ivan Rybkine, chef du Conseil national de la sécurité russe. Mais cela ne réjouit pas tout le monde, que ce soit à Moscou ou à Groznyï. »

Moscou, été 1997

Les deux guerres de Tchétchénie n'ont été qu'un seul et même conflit, interrompu par une parenthèse de deux ans et demi. À Moscou, pendant cet intervalle, empêtré dans la lutte entre les pontes du FSB et la clique de Boris au Kremlin, Sacha s'est laissé dépasser par les événements, tandis qu'une âpre querelle opposait les membres du pacte de Davos, compromettant la stabilité du gouvernement Eltsine. Nous avions, George Soros et moi, des atomes crochus avec les deux camps. J'aurais dû sentir la rupture s'amorcer au début du mois de juin, quand Boris me confia son intention de prendre le contrôle de

Gazprom, le plus gros producteur mondial de gaz naturel. Une fois encore, il avait besoin de l'aide de Soros.

Le conseil d'administration de Gazprom devait se réunir le 28 juin. Boris m'expliqua que si George consentait un important investissement, lui-même pourrait prendre la présidence de Gazprom. Il avait déjà le soutien du Premier ministre Tchernomyrdine. Une fois à la tête de l'entreprise, Boris était bien décidé à mettre de l'ordre dans les opérations industrielles, à moderniser la gestion et à faire de Gazprom une entreprise transparente, à l'occidentale. Selon toute prévision, la demande européenne de gaz connaîtrait une forte augmentation, ce qui ferait de Gazprom une des plus puissantes entreprises du monde.

George se trouvait alors à Budapest, au siège européen de sa fondation. L'affaire l'intéressait, me dit-il au téléphone. Il rencontrerait Boris.

Nous partîmes pour Budapest le samedi 7 juin au matin, dans le jet *Gulfstream* de Boris, qui lui servait de seconde maison. Je me suis souvent demandé comment il arrivait à assumer ses charges gouvernementales en plus de ses responsabilités économiques sans manifester le moindre signe de fatigue. Les jours qui précédèrent ce voyage à Budapest, il s'était rendu à La Haye pour participer à une table ronde sur les relations entre la Russie et la Tchétchénie ; à Kiev, pour négocier le partage de la flotte soviétique de la mer Noire avec le président ukrainien, Leonid Koutchma ; à Bakou, pour discuter de l'oléoduc chargé de transporter le pétrole caspien vers les ports russes de la mer Noire ; et au Daghestan, pour tenter de récupérer les journalistes russes libérés.

Dans le secteur privé, son fonds d'investissement venait de conclure un accord avec General Motors pour faire fabriquer des voitures Opel dans le nord-ouest de la Russie ; une équipe de directeurs d'Aeroflot préparait la privatisation de la compagnie d'aviation nationale ; et il venait de déjouer une tentative de Vladimir Potanine, un autre oligarque du pacte de Davos, pour remporter les enchères définitives adjugeant 51 % de la

Sibneft, la société pétrolière administrée en fidéicommis par Boris depuis l'époque du projet « prêts contre actions ».

Boris ne s'attendait absolument pas à cette intervention de Potanine. Bien que sa surenchère ait été rejetée pour vice de forme, elle révélait clairement que tout n'allait pas pour le mieux au sein de la coalition qui avait porté Eltsine au pouvoir deux ans auparavant. En 1995, quand, dans le cadre de la politique « prêts contre actions », Tchoubaïs avait partagé les avoirs du gouvernement entre un petit groupe de banquiers, il avait été entendu que ces marchés ne pourraient être révisés. En fait, la politique de prêts contre actions était initialement une idée personnelle de Potanine, qui en fut également le principal bénéficiaire : sa banque, l'Unexim, avait mis la main sur Norilsk Nickel, le plus gros producteur de métaux non ferreux de Russie, et sur Sidanko, une compagnie pétrolière encore plus importante que la Sibneft.

« Potanine et Tchoubaïs sont en train d'établir leur base de pouvoir pour la campagne présidentielle de l'an 2000 », remarqua Boris dans l'avion qui nous conduisait chez Soros.

En effet, Potanine, grand spécialiste du capitalisme des nouveaux Russes, était l'oligarque le plus proche de Tchoubaïs. Après les élections de 1996, il devint premier vice-Premier ministre chargé de l'Économie. Sa banque, l'Unexim, obtint les contrats les plus lucratifs de l'État, dont les comptes du service fédéral des douanes. Potanine revint à sa banque en mars 1997, quand Eltsine remania son gouvernement et mit en place ce qu'on a appelé le gouvernement des « jeunes réformateurs ». Tchoubaïs prit alors la place de Potanine au cabinet ministériel de l'Économie ; il était accompagné d'un homme de trente-six ans qui n'avait pas été éclaboussé par les scandales des privatisations, un certain Boris Nemtsov. L'ancien poste de Tchoubaïs, celui de secrétaire général du Kremlin, revint à Valentin Ioumachev, le journaliste ami de la fille d'Eltsine.

À la suite de ce remaniement, l'alliance entre Potanine et Tchoubaïs ne fit que se renforcer. Des hommes de l'Unexim se virent confier des positions clés au sein de l'économie, à la

Commission fédérale des opérations en Bourse, au ministère des Finances et à la Commission fédérale des faillites, notamment. Désormais, alors que la lutte pour Gazprom commençait à se profiler, Potanine et Tchoubaïs s'opposaient à Tchernomyrdine et à Berezovski. Boris espérait qu'en ralliant George Soros à sa cause, il remporterait la victoire d'un coup.

Gazprom était une cible tellement attrayante que George ne résista pas à l'envie d'entrer en lice. Boris et lui décidèrent de s'associer. Puis George, qui avait prévu de passer ses vacances dans l'Adriatique, reprit l'avion. Depuis son yacht, il dicta une lettre à son « cher Boris », que je faxai aux secrétaires de George à New York pour qu'elles la tapent sur son papier à en-tête, après quoi elle fut réexpédiée par fax à George pour signature, puis transmise à Boris et à Tchernomyrdine !

Dans cette lettre, George s'engageait à investir un milliard de dollars sur-le-champ, ce qui lui permettait de se porter acquéreur d'environ 3 % de parts de la société. Il réservait également une option d'achat d'actions de Gazprom pour un montant de deux milliards de dollars dans un délai de deux ans, à condition que Boris prenne la présidence du géant du gaz. Cette lettre demandait aussi au conseil d'administration de Gazprom de lever ses restrictions sur la vente d'actions à des non-résidents russes. Un tel geste, écrivait Soros, renforcerait la confiance occidentale dans l'ensemble du marché russe émergent, tout en assurant des retombées très lucratives aux actionnaires russes dès que le cours de l'action s'envolerait.

Par téléphone, je louai un hélicoptère qui devait aller chercher George sur l'Adriatique et le conduire au plus proche aéroport des Balkans. De là, il poursuivrait sa route dans un jet spécialement affrété jusqu'à Sotchi, sur la mer Noire, où le Premier ministre Tchernomyrdine prenait ses vacances. Ils avaient prévu de se retrouver le samedi 14 juin.

J'étais chez moi, à Moscou, quand Boris me réveilla à l'aube du jeudi 12 juin.

— Une voiture passe te prendre dans un quart d'heure. J'ai

une course à faire avant d'aller à Sotchi. Nous passons par Groznyï.

Un énorme avion militaire nous attendait sur la piste d'un aérodrome à l'extérieur de Moscou. Les moteurs tournaient déjà. C'était le siège aéroporté du Conseil national de la sécurité russe.

— Ça ferait un sacré grabuge si on apprenait que j'ai amené un Américain ici, me fit remarquer Boris, assis dans le salon du commandant avec Rybkine. Personne ne sait qui tu es, à part Ivan Petrovitch Rybkine et Sergueï, mon garde du corps. Alors je t'en prie, sois discret. Et dès que nous nous mettrons à parler de secrets d'État, tu iras t'asseoir avec Sergueï.

Après le décollage, un garde me fit passer à l'arrière de l'appareil. C'était un spectacle incroyable. Dans la section « communications », une dizaine d'officiers coiffés d'écouteurs surveillaient des écrans, maintenant apparemment le contact avec le reste du commandement de la défense russe. Puis venait une section de deux douzaines de redoutables parachutistes membres des Spetsnaz en tenue de combat, leurs kalachnikovs posées en tas dans un coin. Je me retrouvai finalement dans un minuscule compartiment avec Sergueï, que j'avais déjà rencontré au Club.

— Quand nous nous poserons, restez avec moi, et si vous avez besoin de quelque chose, adressez-vous à moi, dit-il. Quand ces Tchétchènes sauront qui vous êtes, vous allez devenir une cible de choix pour un enlèvement.

L'avion se posa. Depuis le hublot, je vis nos parachutistes prendre position en cercle autour de l'appareil. Une camionnette approcha, suivie d'une Jeep remplie de Tchétchènes en armes. Rybkine, Boris, deux autres membres du Conseil national de la sécurité, Sergueï et moi, montâmes dans la camionnette, six civils perdus dans un océan de soldats tchétchènes. Ils nous emmenèrent, laissant derrière nous notre escorte de Spetsnaz.

— Ça ne servirait à rien de les emmener, m'expliqua Sergueï. Ils ne sont pas de taille face aux Tchétchènes et nous n'avons pas envie qu'ils se retrouvent nez à nez avec ceux qui les combattent. La tradition d'hospitalité tchétchène, quoi qu'on en pense, est encore notre meilleure protection.

Pendant une quinzaine de minutes, nous traversâmes un paysage ravagé par la guerre, passant devant des maisons bombardées, des squelettes d'arbres calcinés et un char russe incendié.

Nous arrivâmes à un bâtiment miraculeusement intact. Une caravane de jeeps et de véhicules tout-terrain amena la délégation tchétchène : le président Maskhadov, en treillis militaire, Akhmed Zakaïev, en civil – c'était la première fois que je le voyais –, et Oudougov, coiffé du chapeau de fourrure tchétchène traditionnel. Sergueï et moi restâmes dans le couloir en compagnie d'une demi-douzaine de guérilleros à la mine patibulaire, tous vêtus de noir et équipés d'armes automatiques de toutes sortes. Nous nous dévisagions mutuellement dans un silence de plomb.

Une heure plus tard, les négociations étaient terminées.

— Nous emmenons Maskhadov à Sotchi pour voir Tchernomyrdine, m'expliqua Boris pendant que nous rejoignions notre avion.

Comme je l'appris plus tard, ces rencontres s'inscrivaient dans les premiers épisodes d'une nouvelle partie de bras de fer pour contrôler la circulation du pétrole du nord de la Caspienne.

Un oléoduc qui reliait la capitale azérie de Bakou à Novorossisk, port russe de la mer Noire, traversait le territoire tchétchène sur cent quarante kilomètres. En cas d'accord de réouverture du pipeline, les Tchétchènes exigeaient d'y être associés de plein droit en tant que partenaires souverains, au même titre que la Russie et l'Azerbaïdjan. Les jusqu'au-boutistes de Moscou refusaient d'accorder aux Tchétchènes un statut égal, y voyant une humiliation de plus pour la Russie : le contrôle de l'oléoduc n'avait-il pas été le mobile initial de cette guerre ? Mais pour Boris et Rybkine, sauver les apparences était accessoire. Leur souci premier était de l'ouvrir afin d'affaiblir la proposition, soutenue par les États-Unis, de créer un nouvel oléoduc jusqu'au port turc de Ceyhan, sur la Méditerranée, et qui contournerait donc la Russie.

Le 13 juin, je fus dans les faits l'unique spectateur en direct d'une déclaration commune de Maskhadov et Tchernomyrdine, prononcée devant la caméra de l'ORT dans la datcha du gouvernement russe à Sotchi, l'ancienne résidence d'été de Staline. À l'extérieur s'étendaient des jardins en terrasses plantés de magnifiques cyprès et de massifs de fleurs exotiques. Nous étions à moins de trois cents kilomètres de la Tchétchénie, mais c'était un autre monde. Maskhadov et Tchernomyrdine annoncèrent qu'ils avaient levé tous les obstacles à la réouverture de l'oléoduc, signé un accord bancaire et posé les bases d'un accord douanier entre la Russie et la Tchétchénie. Cela ne faisait pas l'affaire des faucons de Moscou, mais, pour le moment du moins, ils étaient hors jeu.

Soros arriva dans la matinée, tout bronzé. Il fut aussi impressionné que moi par la célèbre résidence de Staline sur la mer Noire. Tchernomyrdine et lui se retrouvèrent comme de vieux amis ; Tchernomyrdine rappela du ton de la plaisanterie le sermon communiste qu'il avait infligé à Soros lors de leur précédente entrevue. Ce fut à présent au tour de Soros de lui faire la leçon. Pendant le déjeuner, il chanta les louanges de l'ouverture des marchés et de la transparence économique et assura que son investissement de trois milliards inciterait d'autres Occidentaux à changer d'attitude et à ne plus considérer que placer des capitaux en Russie était trop risqué.

Boris était aux anges. Les trois protagonistes se serrèrent la main pour conclure l'affaire. Puis Boris et George partirent se promener sur la plage pour régler quelques détails. George me prit ensuite à part.

— Est-ce que Boris vous paye pour organiser cela ? demanda-t-il.

— Bien sûr que non, répondis-je. Je croyais que je travaillais pour vous.

— Bien. Est-ce que par hasard vous êtes encore citoyen russe ?

— Non, j'ai perdu ma nationalité quand j'ai quitté l'URSS et je me suis fait naturaliser américain il y a dix ans.

— C'est bien dommage, dit George. Voyez-vous, Boris et moi avons décidé de prendre l'affaire en main, *fifty fifty*. C'est moi qui suis censé en avoir le contrôle, mais la loi exige que la propriété des actions de Gazprom soit russe à plus de cinquante pour cent. Il nous faut donc un citoyen russe en qui je puisse avoir toute confiance.

— J'ai une fille de mon premier mariage, à Moscou. Elle est citoyenne russe, mais envisage de partir pour les États-Unis.

— Ça devrait faire l'affaire. Faites passer une copie de sa carte d'identité à mes hommes dès que nous serons à Moscou. Nous lui donnerons un quart de point : 0,25 %...

Je sentis soudain frémir en moi un peu de la rapacité qui faisait agir les Boris et les George de ce monde. Il suffisait de se trouver au bon endroit au bon moment pour empocher des millions.

Et puis ce fut la débandade. Le projet de prise de contrôle de Gazprom ne survécut pas vingt-quatre heures à l'arrivée de Soros à Moscou. Il y rencontra Boris Nemtsov qui lui expliqua qu'en mars, quand il était entré au gouvernement, il avait été décidé de respecter scrupuleusement les règles. Il déconseilla vivement à George de s'engager dans le marché de Gazprom car cela sentait trop l'affairisme. Ce serait porter un coup aux tentatives récentes du gouvernement pour jouer franc jeu.

George fit immédiatement volte-face et, d'investisseur, redevint un auxiliaire désintéressé – en apparence du moins. Il accepta de prêter un milliard de dollars au budget russe pour le maintenir à flot jusqu'à l'arrivée du revenu des euro-obligations – et renonça aux *sweepstakes* de Gazprom.

George était d'humeur sombre dans la voiture qui nous conduisait au Club, il devait annoncer la nouvelle à Boris et ne rompit le silence que pour me dire : « En un sens, je vous envie. Vous vous êtes acheté un billet de première loge – avec mon argent – et vous profitez du spectacle. Moi, je ne peux pas me le permettre. Dès que j'apparais, je deviens un acteur. »

Au Club, il informa Boris que le marché de Gazprom était annulé. Boris eut le plus grand mal à garder son sang-froid. Dès que George fut parti, il explosa :

— Comment a-t-il pu faire ça ? Nous avions conclu un accord ! Il a vraiment cru ces bouffons ? Il ne comprend donc pas que le seul rôle de Nemtsov est de jouer les Tchoubaïs à visage humain ? C'est moi qui l'ai personnellement embauché pour ce rôle en mars, quand on faisait encore équipe. J'ai été honnête avec George, je l'ai emmené à Sotchi pour qu'il voie comment marche le système. Potanine ? Ce n'est qu'un écran de fumée. Je croyais George plus malin que ça !

Je ne trouvais rien à répondre. J'étais ennuyé, évidemment, ne fût-ce que parce que je venais moi-même de voir s'évanouir mes chances de devenir millionnaire. George était-il vraiment aussi naïf ? Ou savait-il quelque chose que nous ignorions ?

En fait, il restait dans le jeu. Le banquier d'investissement américano-russe Boris Jordan le persuada bientôt de soutenir personnellement Vladimir Potanine en s'engageant pour un montant de un milliard de dollars dans la future cession de 25 % de Svyazinvest, la société qui exerçait un monopole sur les télécommunications. Soros et Potanine se battraient contre Vladimir Goussinski, soutenu par un partenaire stratégique espagnol, Telefonica de España. Les enchères étaient organisées par Alfred Kokh, le ministre de la Privatisation.

On annonça le résultat le 26 juillet. Soros et Potanine avaient acquis le quart de la société, pour un montant de 1,88 milliard de dollars. Le scandale fut effroyable. Goussinski, qui avait offert 1,71 milliard de dollars, cria à l'injustice. Il n'en était pas à une contradiction près et prétendit que les enchères étaient truquées, tout en affirmant que Tchoubaïs lui-même avait fait référence au pacte de Davos et lui avait promis que personne ne surenchérirait sur son offre. Tchoubaïs répliqua simplement que tout s'était déroulé dans les règles, et que c'était le début d'une nouvelle ère de capitalisme irréprochable.

Le pacte de Davos n'existait plus. Pendant les trois mois qui suivirent, les perdants, mettant toute la force de leurs empires médiatiques dans la bataille, attaquèrent les gagnants en les accusant d'entente illicite. Ils tracèrent le portrait d'un État à la botte de Potanine, le gros banquier, qui jouissait lui-même de la protection du spéculateur véreux de Wall Street, George Soros. Ce conflit devint une affaire d'État, déchirant l'administration Eltsine et paralysant le gouvernement. Les sondages d'opinion révélaient une chute régulière de la cote des « jeunes réformateurs ».

Je me rappelle avoir discuté avec Boris à cette époque, car je craignais que cette affaire ne provoque la chute du gouvernement, ce qui aurait redonné du tonus aux communistes et aux nationalistes. Pourquoi faire autant d'histoires à propos d'une société de télécommunications que voulait Goussinski ?

Il me jeta un regard furieux :

— La question n'est pas là. Je me fiche pas mal que Goose l'obtienne ou non. L'honnêteté de la transaction ne me préoccupe pas non plus. De toute façon, les jeux sont faits. Le problème est de savoir si on va laisser Tchoubaïs agir à sa guise sous prétexte qu'il a décidé que l'État, c'est lui. Putain de bolchevik !

La querelle s'envenimant, il fallut se rendre à l'évidence : il ne s'agissait pas d'une lutte entre Goussinski et Potanine. Ceux-ci ne faisaient que servir de doublures à deux hauts personnages du règne d'Eltsine : Tchoubaïs et Berezovski, le technocrate par excellence et le magnat. Il s'agissait d'un conflit politique, de deux visions du rôle des oligarques dans la nouvelle Russie.

Selon Boris, les oligarques issus du pacte de Davos devaient rester des acteurs majeurs de la politique russe au cours des années à venir. Telle était leur mission historique. « Ce sont les adversaires naturels des communistes et des services secrets, me dit-il. Ils sont intrinsèquement favorables à la démocratie et peuvent faire bouger les choses. Ce sont les meilleurs garants de la liberté. En d'autres termes, ce qui est bon pour LogoVAZ est bon pour la démocratie russe. »

Tchoubaïs était persuadé du contraire : les hommes d'affaires avaient à s'occuper de leurs activités. Les oligarques, qui devaient leur existence même à la générosité de l'État, devaient être contrôlés de près, et même soumis à l'État. En moins de deux ans, Tchoubaïs avait complètement retourné sa veste : ses sermons sur le capitalisme libéral avaient cédé la place à un éloge du contrôle étatique.

Rétrospectivement, il me semble que c'est sur ce point que mon désaccord avec George Soros se cristallisa. George suivait le « nouveau » Tchoubaïs.

La Russie, essayai-je d'expliquer à George, n'avait aucune tradition de liberté. Ses institutions démocratiques restaient précaires. Il n'existait encore ni classe moyenne ni société civile. Depuis des siècles, le pouvoir illimité du Kremlin avait empêché la Russie d'avancer. Dans ce contexte, tout centre de pouvoir susceptible de contrebalancer l'État – même s'il s'agissait d'oligarques qui ne défendaient que leurs intérêts propres – était un facteur de progrès. Ces hommes palliaient l'absence de freins et de contrepoids institutionnels.

George, en revanche, voyait en Boris l'incarnation du capitalisme sans entraves, le fléau auquel il s'attaquait dans ses croisades occidentales. Il observait la Russie à travers le prisme de son article, « La Menace capitaliste », publié cette année-là dans *Atlantic Monthly*, où il affirmait que « le principal ennemi de la société ouverte... n'est plus la menace communiste mais la menace capitaliste ».

> *Moscou, 19 août. Igor Malachenko, le président de NTV, révèle que sa chaîne a versé plus de un million de dollars pour libérer les journalistes enlevés en Tchétchénie trois mois auparavant. Boris Berezovski, vice-secrétaire du Conseil de sécurité nationale, confirme le versement de rançons pour d'autres captifs. La paix fragile en Tchétchénie est marquée par de nouvelles prises d'otages par des bandes de chefs militaires.*

Pendant que les nouveaux Russes progressaient, d'autres évolutions de mauvais augure se préparaient au sein des services spéciaux. À la fin août 1997, la carrière de Sacha Litvinenko prit un tour inattendu avec son affectation dans un mystérieux département, l'URPO (Division des opérations contre les organisations criminelles). Il travaillerait désormais pour un homme sur lequel il avait déjà eu à enquêter.

Cela se passa à la suite d'une querelle avec son patron de la cellule antiterroriste (CAT), le général Vyacheslav Volokh. Sacha venait de rentrer de mission quand Volokh le convoqua.

— J'ai reçu un rapport affirmant que tes hommes ont tiré et blessé un suspect. Raconte-moi ce qui s'est passé.

Sacha expliqua que son groupe procédait à l'arrestation d'un dangereux criminel, un trafiquant de drogue qui avait plusieurs assassinats sur la conscience. L'homme chercha à fuir. Après les trois tirs de sommation prescrits par les règlements du FSB, un de ses officiers avait tiré et l'avait touché à une jambe. Le suspect avait été appréhendé et conduit à l'hôpital.

Volokh était fou de rage. Il hurla que la dernière chose dont il eût besoin était que la presse se mette à raconter que des agents du FSB tiraient sur des gens en plein centre de Moscou. Il ordonna à Sacha de suspendre l'officier en question. Sacha répliqua sur le même ton, claqua la porte et se dirigea tout droit vers le bureau de Nikolaï Kovalyov, le directeur du FSB.

Cela faisait des années que Kovalyov connaissait Sacha. Il avait en effet l'habitude de traiter directement avec les officiers de base, sans passer par la voie hiérarchique. Sacha faisait partie de ceux qu'il lui arrivait de convoquer sans autre formalité.

Sacha plaida sa cause auprès de Kovalyov. Personne n'avait porté plainte. Tout avait été fait selon les règles. Il n'y avait aucune raison de mener une enquête. Il ne pouvait pas laisser ses officiers se faire traiter de la sorte. Finalement, Sacha menaça de démissionner.

Kovalyov l'écouta jusqu'au bout, sans le désapprouver. Sacha fit l'éloge de son équipe et Kovalyov admit que c'étaient des « chics types, une équipe solide », puis il lâcha sa bombe.

— Je vous transfère à l'URPO. Vous vous présenterez au colonel Goussak. Je lui ai déjà parlé, il vous prendra.

Alexandre Goussak était un ancien collègue de Sacha à la CAT.

Sacha était stupéfait. Comment pouvait-on lui demander de travailler à l'URPO, alors que quelques mois plus tôt il avait transmis à Kovalyov un dossier compromettant sur son commandant, le général Evgueni Khokholkov ?

Au début de la guerre, en septembre 1994, Khokholkov, un costaud aux bras immenses qu'on surnommait le « taureau », dirigeait une section à la Division des opérations de la CAT, un poste équivalent à celui de Sacha. Mais après la guerre, il obtint subitement de l'avancement, devint général et se vit confier la direction de l'URPO qui venait d'être créée.

L'ascension soudaine de Khokholkov ne plut guère au directeur des opérations de la CAT, le général Vyacheslav Volokh, le patron de Sacha – et l'ancien patron de Khokholkov. Il craignait que cette nouvelle division ne fasse concurrence à la sienne.

Sacha avait appris par le téléphone arabe que Volokh avait eu une altercation avec Khokholkov à propos de l'enrichissement rapide de ce dernier, qui s'était acheté un restaurant et une datcha. Khokholkov avait refusé de s'expliquer, disant à Volokh de s'occuper de ses oignons. Au milieu de l'été 1996, Volokh avait convoqué Sacha et lui avait demandé de « dénicher tout ce qu'il y a sur Khokholkov. »

Sacha commença à fouiller. De fait, il trouva rapidement des indices qui pouvaient donner à penser que Khokholkov était lié à certaines figures du crime organisé en Ouzbékistan.

C'est alors qu'une source au ministère de l'Intérieur fit savoir que l'unité du crime organisé de la police municipale de Moscou possédait des documents explosifs sur Khokholkov, qui remontaient à plusieurs années. On l'avait filmé en compagnie de grands noms de la scène criminelle. Sacha ne s'étonna pas que la police détienne ce genre de fiches sans en faire usage. La police de Moscou était notoirement corrompue. Cette vidéo pouvait être un moyen d'éviter que l'URPO ne vienne mettre le nez dans ses affaires.

Puis vinrent la perquisition de Sacha à Moscou en septembre 1996 et les dossiers « ultrasecrets » de Lebed.

Avant la guerre, Khokholkov avait passé quatre mois en Allemagne sous une fausse identité, se faisant passer pour un homme d'affaires américain, dans le cadre d'une opération contrôlée personnellement par l'ancien directeur du FSB, Mikhaïl Barsoukov. Les opérations extérieures ne faisaient pas partie des attributions du FSB, qui était censé ne s'occuper que de la sécurité intérieure, alors que les missions à l'étranger étaient normalement du ressort du Service de renseignements extérieurs de la fédération de Russie (le SVR) ou des Renseignements militaires (Direction principale du renseignement, le GRU). Mais cette opération concernait une question purement intérieure – l'achat d'un équipement de sécurité électronique d'un montant de plusieurs millions de dollars, destiné aux bureaux présidentiels du Kremlin.

Grâce à cette opération, Khokholkov noua des liens étroits avec Alexandre Korjakov, alors chargé de la sécurité du Kremlin. Cette mission exigeait un secret absolu en raison des restrictions imposées par les États-Unis à l'exportation de matériels technologiques du type que recherchait Korjakov. Peut-être s'agissait-il aussi d'éviter d'attirer l'attention sur un deuxième achat de Khokholkov : l'appareil américain capable de guider un missile vers une cible terrestre en se dirigeant sur un signal particulier, comme celui d'un téléphone portable – le système utilisé pour assassiner Djokhar Doudaïev, le président séparatiste tchétchène.

Cette information, en soi, ne fit pas tiquer Sacha. Après tout, assurer la sécurité du Kremlin et liquider le chef des ennemis au cours d'une guerre, cela n'avait rien de franchement répréhensible à ses yeux. Mais le rapport révélait également que plusieurs millions de dollars avaient été détournés pendant la transaction. C'était exactement le genre de choses auxquelles pensait Volokh en lui demandant de « dénicher tout ce qu'il pouvait » sur Khokholkov.

Soutenu par ses supérieurs, les généraux Volokh et Trofimov, Sacha transmit ce qu'il avait appris au nouveau directeur du FSB, Nikolaï Kovalyov. Celui-ci le remercia et lui dit qu'il s'en occupait. Les choses en restèrent là. Khokholkov mettait sur pied l'URPO, sa nouvelle division secrète, et Sacha, une fois de plus, voyait que les choses risquaient fort de pourrir.

Et voilà que Kovalyov lui demandait d'aller travailler sous les ordres de Khokholkov !

— Ne vous en faites pas pour Khokholkov, dit le directeur, manifestement amusé par l'expression ahurie de Sacha. Je veux un homme à moi dans cette division. Venez me prévenir si vous découvrez quelque chose de louche. C'est un ordre.

L'URPO jouissait d'une autonomie considérable au sein du FSB. Elle comprenait une quarantaine d'« agents opérationnels », possédait ses propres moyens de transport, des services de soutien technique, un groupe spécial d'intervention et des agents. Son siège était situé dans un bâtiment anonyme et distinct, à l'écart du QG de la Loubianka. Sacha ne mit pas longtemps à comprendre que l'URPO effectuait des missions opérationnelles.

La plupart des membres de l'URPO avaient fait leurs classes en Tchétchénie. En fait, le concept même de l'URPO était le fruit de l'expérience tchétchène : dans des circonstances extraordinaires, les services chargés de faire respecter la loi doivent pouvoir agir en dehors de la loi. Peut-être, en temps de guerre, aurait-on pu considérer ce genre de dérapage comme un dommage collatéral, mais la Russie n'avait pas décrété l'état de guerre en Tchétchénie. La présence de l'armée était considérée comme une simple opération de maintien de l'ordre. Il n'y avait qu'un pas entre l'autorisation de tuer et de torturer des Tchétchènes donnée aux services chargés de faire respecter la loi et le recours aux mêmes moyens pour lutter contre le crime organisé en Russie.

Comme me l'expliqua Sacha, la méthode de recrutement utilisée par Khokholkov consistait à rechercher des agents opérationnels aux dossiers sanglants. Un de ses officiers, par exemple, fut réintégré dans le service après avoir fait de la prison parce qu'il avait tué un homme suspecté de viol et de meurtre. Sacha découvrit également que son nouveau chef, le général Alexandre Goussak, et son adjoint, le colonel Victor Chebaline, avaient liquidé quatre voyous du Daghestan qui avaient eu le malheur d'essayer de racketter un magasin appartenant au fils d'un ancien patron du KGB.

Quand il me parla de l'URPO, Sacha n'ignorait pas que ses révélations étaient susceptibles de ternir sa propre image. « Je ne prétends pas être un ange, précisa-t-il, mais je n'ai pas de sang sur les mains. Je me suis retrouvé à l'URPO parce que Kovalyov m'y a introduit. Khokholkov ne m'aurait jamais choisi. Une chose est sûre : tôt ou tard, à l'URPO, nous aurions tous été souillés de sang. C'était la politique de Khokholkov. »

Il ne niait pas avoir déjà commis des actes illégaux, mais l'URPO était un monde franchement différent. Les ordres se donnaient oralement, il n'y avait pas de trace écrite, il fallait pouvoir démentir les faits à tout moment.

Dans un premier temps, il fut mal à l'aise, sans plus. Ses premières missions avaient pour cibles le même genre d'« objets » que lorsqu'il travaillait à la CAT : des gangs, des policiers véreux, des ravisseurs. Ce fut l'affaire Trepachkine qui marqua le point de rupture. Un jour, c'était fin octobre, Goussak prit Sacha à part : « Tu as un nouvel objet, Mikhaïl Trepachkine. Va prendre son dossier et potasse-le. »

Sacha examina le dossier. Le lieutenant-colonel Trepachkine avait travaillé dix ans au KGB, avant qu'un différend ne l'oppose à ses patrons, ce qui lui avait valu d'être renvoyé. Il assigna ensuite le FSB en justice pour obtenir une indemnité et publia une lettre ouverte au président Eltsine, accusant les services secrets d'être pourris jusqu'à la moelle. Trepachkine travaillait désormais comme enquêteur chef à la police des douanes.

— Il faut s'occuper de lui, dit Goussak.

— C'est-à-dire ? demanda Sacha, qui avait décidé de jouer les idiots.

— La situation est délicate. Il fait un procès au directeur, il accorde des interviews. Il faut le faire taire. Requête personnelle du directeur.

— Et on est censé faire comment ?

— Il n'y a qu'à planquer une arme sur lui, dit Goussak.

— Impossible. Il est du métier, il connaît toutes les ficelles. Aucun tribunal ne s'y laissera prendre.

— Dans ce cas, il faut le buter, lança Goussak qui commençait à s'impatienter. Tu n'auras qu'à affirmer que nous avons essayé de lui prendre sa carte du FSB, qu'il a résisté et qu'on l'a abattu. Ne me prends pas pour un con, Sacha. Tu sais bien ce qu'on fait ici, non ? Des opérations spéciales, voilà le boulot de notre division. On est là pour résoudre des problèmes, pas pour poser des questions.

— O.K., mais il me faudra un certain temps pour mettre les choses au point et définir nos options, répondit Sacha.

Cette mission le rebutait, et il espérait la saborder discrètement en laissant traîner les choses pendant un mois ou deux.

4 novembre 1997. Anatoli Tchoubaïs et Boris Nemtsov rencontrent le président Eltsine dans sa datcha pendant que le Premier ministre Tchernomyrdine est en vacances. Ils lui présentent un projet de décret de renvoi de Boris Berezovski ; ils accusent le vice-secrétaire du Conseil de sécurité nationale de se présenter comme « l'éminence grise du Kremlin », compromettant ainsi l'autorité du président. Fatigué de cette « guerre des oligarques », Eltsine cède.
Une semaine plus tard, la presse révèle qu'une société appartenant à la banque Unexim a versé à Tchoubaïs et à quatre de ses associés quatre-vingt-dix mille dollars par tête à la veille des enchères de Svyazinvests, en présentant ces sommes comme une « avance de trésorerie ». Fou de rage, Eltsine exclut les jeunes réformateurs, dont Alfred Kokh, du gouvernement et rétrograde Tchoubaïs. La question tchétchène est confiée à une nouvelle équipe de sécurité nationale.

Au cours de ce même automne, Sacha fut invité à une réunion opérationnelle. Ses supérieurs envisageaient d'organiser l'enlèvement d'Oumar Djabraïlov, une importante personnalité tchétchène de Moscou, et de réclamer une rançon à sa famille. Khokholkov utiliserait alors ces fonds pour acheter la liberté de certains de leurs camarades détenus en Tchétchénie. Sacha avait été convoqué à cause de sa grande expérience des enlèvements.

— J'étais assis là, à discuter de la manière de prendre un homme en otage, a raconté Sacha, parce que j'avais participé de près à la libération de détenus. C'était vraiment absurde.

Mais Khokholkov et les autres n'y voyaient rien à redire. C'était comme ça qu'ils faisaient la guerre en Tchétchénie. Enlever des Tchétchènes pour réclamer une rançon : ça ne sortait pas de l'ordinaire pour le FSB.

En décembre, le plan d'enlèvement de Djabraïlov était bien avancé. Les agents opérationnels de l'URPO avaient surveillé tous ses déplacements, mis ses lignes téléphoniques sur écoute, étudié de près ses habitudes et vérifié ses contacts. Le jour, l'heure et le lieu de l'opération étaient fixés : l'enlèvement aurait lieu au moment où Djabraïlov arriverait à un spectacle de Makhmoud Essambaev, le célèbre danseur populaire tchétchène.

Chaque jour qui passait aggravait le malaise de Sacha. Il savait qu'après cette opération, il serait définitivement lié à la bande de Khokholkov. Il alla même demander à ses anciens patrons de la CAT s'ils le reprendraient. Aucun d'eux n'avait envie de se frotter à Khokholkov.

Mais voilà qu'à la dernière réunion logistique avant le coup, l'équipe d'intervention spéciale chargée d'enlever la cible exigea d'être payée à l'avance. Ils avaient déjà réalisé un autre enlèvement comme ça, expliquèrent-ils, et attendaient toujours leur part. On ne les y reprendrait plus. Ils voulaient leur argent tout de suite.

L'opération fut repoussée.

Le 27 décembre, le capitaine Alexandre Kamychnikov, l'adjoint de Khokholkov, convoqua dans son bureau les membres du service de Sacha et leur demanda de régler rapidement l'affaire qui les occupait alors – une enquête sur une infiltration de la pègre dans un poste de police de Moscou.

— Nous ne devrions pas avoir à nous charger de ce genre d'affaires, expliqua-t-il. Nous menons des opérations *spéciales*. Vous avez lu ça ?

Kamychnikov tendit à ses hommes un exemplaire de *Missions spéciales*, les mémoires récemment publiés de Pavel Soudoplatov, le chef des missions spéciales du NKVD sous Staline.

Il avait notamment dirigé l'opération qui avait conduit à l'assassinat de Trotski. « Voilà le modèle que nous devons suivre ! » lança-t-il en agitant le livre. Je veux que tout le monde lise ce bouquin. Une nouvelle série d'objectifs nous attend. Il y a des gens, des criminels, contre lesquels on ne peut pas se battre normalement. Ils sont immensément riches et achèteront toujours leur acquittement. Ces gens font peser une grave menace sur notre pays. Toi, Litvinenko, tu connais Berezovski, non ? Tu te chargeras de lui.

Sacha resta impassible, mais les pensées se bousculaient dans sa tête. Tout récemment encore, Berezovski était un haut fonctionnaire de la Sécurité nationale, et il était toujours conseiller du Kremlin. Envisager l'assassinat d'une personnalité de son envergure était pure folie, et méritait une enquête en vertu des lois contre le terrorisme. Kamychnikov n'en voulait pas personnellement à Boris. Khokholkov non plus. Les ordres devaient venir d'en haut, ou d'un contact extérieur. Et s'il s'agissait d'une provocation, d'une mise à l'épreuve ?

— Tu serais prêt à buter Berezovski, n'est-ce pas ? répéta Kamychnikov.

Sacha secoua la tête et posa son index sur sa tempe en esquissant un mouvement de rotation qui signifiait : « Je n'ai pas l'intention de discuter d'une chose pareille, notre entretien peut très bien être enregistré. »

Kamychnikov changea de sujet et suspendit la séance. L'équipe de Sacha se rassembla ensuite dans son bureau pour discuter de ce qui venait de se passer. Ils décidèrent d'aller voir leur patron, Alexandre Goussak, qui était en congé de maladie.

— Qu'est-ce qui vous étonne ? demanda Goussak après les avoir entendus. Khokholkov m'a déjà dit qu'il avait l'intention de liquider Berezovski.

Vers la même époque, je fus moi aussi averti que quelque chose se tramait contre Berezovski dans les méandres des services russes de sécurité.

J'étais alors plongé dans un nouveau projet humanitaire soutenu par Soros : une campagne de lutte contre l'épidémie de tuberculose qui sévissait dans les prisons russes. Cette entreprise m'offrit un accès sans précédent aux centaines d'établissements pénitentiaires dispersés à travers le pays et qui avaient fait jadis partie du Goulag. Ils abritaient encore plus d'un million de prisonniers. Ces malheureux et, dans une certaine mesure, leurs quatre cent mille gardiens et administrateurs présentaient un taux de tuberculose dix fois supérieur à celui de l'ensemble de la population, et l'on voyait se multiplier des souches du bacille résistantes aux traitements, à la suite de prescriptions abusives d'antibiotiques de la part des médecins des prisons.

Le système pénitentiaire était dirigé par Iouri Ivanovitch Kalinine, le tout-puissant vice-ministre de l'Intérieur, un général trois étoiles. Nous devînmes amis et abordâmes ensemble bien des sujets. Un jour de décembre 1997, entre petits verres de cognac et toasts au caviar à l'arrière de sa suite au ministère, Kalinine m'exposa sa situation politique. Elle était délicate : une proposition actuellement à l'étude visait à faire de l'administration pénitentiaire un service fédéral indépendant. Si elle était acceptée, il deviendrait automatiquement membre du cabinet. Il s'agissait bien sûr d'une décision présidentielle.
Kalinine n'ignorait pas que je connaissais Berezovski, et savait que l'opinion de ce dernier pesait lourd auprès de Valentin Ioumachev, secrétaire général du Kremlin. Il espérait donc, dans l'éventualité où l'affaire serait évoquée, que je pourrais toucher quelques mots à Boris.
Il hésita un instant. Nous prîmes un autre verre. Puis il se pencha vers moi et me chuchota à l'oreille : « Dites-lui de faire attention. Nos types, vous savez, dans les services, ils se battraient pour avoir l'honneur de le buter. Ils en attendent l'ordre avec impatience. C'est une sorte de défi, vous comprenez. »
Je transmis la teneur de cet entretien à Boris. Il sourit et commanda du vin.
— Boris, c'est sérieux. Pour eux, tu es le diable incarné. Ils te descendront aussi facilement que tu descends ce verre

de vin. Pourquoi est-ce que tu fais ça ? Tu n'as pas peur de la mort ?

— Tu ne crois pas en Dieu, n'est-ce pas ? me demanda-t-il. Moi si. Quand cette explosion a tué mon chauffeur, j'aurais dû mourir. Je m'étais installé côté passager pour éviter une flaque, c'est tout. Depuis, c'est comme si on m'avait accordé une seconde vie. Un cadeau. Il n'est pas question de le gaspiller. Alors quoi que je fasse, c'est à fond.

Boris aurait été moins désinvolte s'il avait su ce que l'URPO manigançait.

Pour Sacha, les vacances du début janvier 1998 furent loin d'être joyeuses. Il ne dit pas grand-chose à Marina, mais elle sentit bien que ça n'allait pas. Il fuyait les invitations. Il refusa d'assister à un concert, et elle dut rendre leurs places. Il n'avait vraiment pas envie de faire la fête.

Quand il retourna au travail, ses supérieurs ne parlaient plus de buter Berezovski. Mais ses camarades et lui savaient que tôt ou tard leur division allait être chargée de « missions spéciales » de nature politique. Leur patron, Goussak, que l'idée d'enlever Djabraïlov ou de tuer Trepachkine n'avait guère semblé émouvoir auparavant, semblait lui aussi soucieux, et accepta de mettre ces deux projets en veilleuse.

Au cours de plusieurs discussions animées, les membres de l'équipe de Sacha examinèrent les solutions qui s'offraient à eux : faire ce qu'on leur disait et espérer que tout se passerait bien, ou transmettre toutes les informations à Kovalyov, comme le suggéra d'abord Sacha. Le second de Sacha, le commandant Andreï Ponkine, un grand type toujours souriant, estimait que ce n'était pas une bonne idée : Kovalyov était certainement au courant de ce qui se passait à l'URPO. Il soutiendrait Khokholkov et les rembarrerait.

Ponkine fut le premier à suggérer de s'adresser à Berezovski. Boris avait déjà réussi à se débarrasser de Korjakov et de Barsoukov. S'il acceptait de les soutenir, affirma Ponkine, ils auraient peut-être une chance. Tout le monde l'approuva, et

Sacha fut chargé d'approcher Boris. Ses supérieurs, Goussak et Chebaline, ne demandaient qu'à lui en laisser l'initiative.

Il lui fallut un mois pour obtenir un rendez-vous avec Boris. Après les élections de 1996, ils s'étaient éloignés l'un de l'autre. Sacha téléphona à son bureau à la mi-février, mais on lui apprit que Boris était dans une clinique suisse où il se remettait d'une opération du dos à la suite d'un accident de motoneige. Il n'arriva à le joindre qu'à la mi-mars. Boris était alors plus absorbé que jamais dans les intrigues du Kremlin.

Bien qu'il ne fût plus membre du Conseil de sécurité nationale, il était conseiller spécial de Valentin Ioumachev, le secrétaire général du Kremlin. Cela lui permettait d'exercer une influence considérable sur les choix présidentiels en matière de nominations. Eltsine s'apprêtait à renvoyer tout son cabinet, se débarrassant ainsi du même coup de Tchoubaïs et du ministre de l'Intérieur, Anatoli Koulikov.

Sacha obtint une entrevue avec Boris le 20 mars, en plein chambardement. Il alla droit au but : « Boris Abramovitch, mes supérieurs m'ont demandé de vous tuer. »

Tout d'abord, Boris ne le crut pas. Ce n'était pas la première fois qu'il recevait ce genre d'avertissement. Mais quand Sacha lui parla de Khokholkov, Boris tendit l'oreille. Son esprit ingénieux y percevait à la fois une menace et une occasion de porter un coup fatal à ses ennemis des services secrets.

Il fit savoir à Sacha qu'il aimerait parler aux autres membres de sa division.

Après avoir discuté avec Chebaline et Ponkine, Boris avait de bonnes raisons d'être inquiet. Il alla voir Kovalyov, le directeur du FSB. Et ce fut une pagaille monstre.

Le lendemain, Kovalyov convoqua l'ensemble du département de Sacha dans son bureau. Ils lui répétèrent leurs allégations. Toutes ces histoires à propos de Berezovski n'étaient peut-être qu'une plaisanterie, suggéra Kovalyov. Non, certainement pas, protestèrent-ils, chacun connaissait les manœuvres de l'URPO... Le directeur leur promit d'engager une enquête interne, leur fit jurer à tous de garder le secret sur cette affaire et les renvoya.

Quelques heures plus tard, Goussak entra dans le bureau de Sacha.

— J'ai discuté avec Khokholkov, dit-il. Il tient à régler les choses à l'amiable avec Berezovski. Il veut te parler.

— Mais enfin, pourquoi es-tu allé le voir ? demanda Sacha, furieux. Le directeur nous a dit de la boucler, non ?

— Ne fais pas l'idiot. C'est le directeur lui-même qui lui a tout raconté.

Après son départ, Sacha appela Kovalyov sur une ligne sécurisée.

— Nikolaï Dimitrïevitch, vous nous avez parlé d'une enquête secrète et je viens d'apprendre que Khokholkov est au courant de tout.

Le directeur resta silencieux un moment avant de dire :

— C'est Goussak qui en a parlé à Khokholkov. Mais n'allez pas le voir.

Sacha retourna chez Goussak et lui répéta les propos du directeur. Goussak pâlit.

— Tu comprends ce qu'ils font ? Le directeur m'envoie parler à Khokholkov, et prétend devant toi que j'ai agi de mon propre chef. Si nous ne réglons pas cette affaire, je vais me retrouver dans le rôle du bouc émissaire. Tu sais ce que Khokholkov m'a dit ? « Si les choses tournent mal, vous devrez couvrir le directeur. » Ils ont déjà commencé à enquêter sur moi. Ils fouinent dans toutes les affaires dont je me suis occupé. Vas dire à Boris Berezovski que ce n'était qu'une blague.

Goussak était paniqué.

— Non, il est trop tard, dit Sacha. Ils sont en train de nous coincer.

Il rentra chez lui, et appela Boris.

— Boris Abramovitch, ils cherchent tous à se couvrir. Le directeur a parlé à Khokholkov.

— Je m'en doutais, dit Boris. Demain matin à dix heures,

vous avez rendez-vous au Kremlin avec Evgueni Savostianov, le vice-secrétaire général chargé des services de sécurité. Amenez tout le monde.

Savostianov les écouta, comprit qu'ils étaient sérieux et leur affirma que l'administration prenait les choses en main et qu'ils seraient appelés à déposer devant un procureur fédéral.

8
Les dénonciateurs

Le matin du 19 avril 1998, Marina et Sacha se rendirent chez des amis pour célébrer Pâques, la seule fête traditionnelle qui ait survécu à soixante-dix ans de communisme. La veille, Marina avait passé sa journée à décorer des œufs et à faire un *kulitch* et de la *paskha*, le gâteau rond et le fromage sucré avec des fruits confits. Le temps était splendide, la neige avait enfin disparu, et le soleil était si chaud qu'ils purent retirer leurs manteaux. L'humeur maussade de Sacha semblait s'être dissipée. Il paraissait heureux, confiant, et Marina pensa que les problèmes qui le tourmentaient avaient dû se régler.

À la fin du repas, son téléphone sonna. Quand il raccrocha, il prit l'air soucieux et dit à Marina qu'ils devaient partir.

— Où allons-nous ? demanda-t-elle.

— Tu verras.

Pendant tout le trajet, il resta silencieux, absorbé dans ses pensées. « C'était peut-être le ton de sa voix ou son expression, raconta Marina plus tard, mais j'ai tout de suite compris que j'allais entrer dans ce monde dont il s'était efforcé de me protéger pendant toutes ces années. » Et ce dimanche de Pâques lui apporta effectivement de grosses surprises.

Sacha gara la voiture devant le domicile de son collègue Victor Chebaline. Ils y retrouvèrent un autre homme que Marina ne connaissait pas. Pendant qu'elle bavardait avec la femme de Chebaline, les trois hommes s'enfermèrent. Leur discussion dura une bonne heure. Puis Sacha et Marina s'en allèrent et c'est elle qui prit le volant. Ils se rendirent chez Alexandre Goussak où les attendait un autre collègue de Sacha. C'était la première fois que Marina rencontrait Andreï Ponkine, même si elle avait beaucoup entendu parler de lui. Ils étaient nerveux. Goussak faisait les cent pas, fumant cigarette sur cigarette. Marina voulut s'éclipser, mais Sacha lui fit signe de rester. Puis Chebaline prononça cette phrase, son premier choc de la soirée :

— Ils vont nous arrêter lundi, tous.

L'homme qu'elle avait vu chez Chebaline était un contact à l'Agence fédérale des communications gouvernementales (ou FAPSI, l'équivalent de l'Agence nationale de sécurité aux États-Unis). Il avait surpris une conversation téléphonique privée du FSB indiquant que des suspects allaient être appréhendés au QG de la Loubianka le lendemain.

— Oui, ça colle, dit Sacha. Kovalyov m'a appelé hier pour nous convoquer tous dans son bureau à 10 heures.

Marina me décrivit l'ambiance de la conversation ; le calme de Chebaline faisait monter la pression chez tous les autres. Son contact à la FAPSI était sûr, répétait-il. Et puis, il était logique que Kovalyov les arrête maintenant puisqu'ils devaient faire leur déposition dans le courant de la semaine.

Goussak et Sacha, extrêmement agités, se disputaient. Ponkine tournait sa grosse tête d'un côté à l'autre, prenant alternativement parti pour les deux hommes.

Goussak, blême et paniqué, répétait qu'il n'était pas trop tard pour tout laisser tomber. Il accusa Sacha de les avoir « mis dans la merde ». Il cria qu'aller voir Berezovski était « l'idée la plus stupide qu'il ait jamais eue ». S'il avait su, il s'y serait opposé. Sacha répondit avec la même colère que s'il l'avait laissé faire, ils auraient « passé leur temps à dézinguer tous ceux que Khokholkov leur aurait désignés », ce qui les aurait enfoncés un peu plus dans le pétrin. Les deux hommes en seraient venus aux mains si Chebaline et Ponkine n'étaient pas intervenus pour les séparer.

Marina était complètement effarée. Chaque phrase l'éclairait un peu plus sur la nature du problème, mais elle restait incrédule et se disait pour se rassurer qu'ils ne parlaient peut-être que d'un exercice d'entraînement.

Finalement, Sacha réussit à se faire entendre. Il expliqua qu'en s'adressant directement au Kremlin, ils avaient atteint le point de non-retour. L'affaire impliquait désormais deux partis divergents, l'administration du Kremlin et le FSB. « Si nous faisons machine arrière maintenant, ils nous désavoueront tous les deux et nous serons liquidés », dit-il. Ils n'avaient donc pas le choix, ils devaient continuer avec Berezovski. D'ailleurs, Sacha avait confiance en lui. Après tout, il avait triomphé de Korjakov et de Barzoukov, non ? Il les aiderait encore, Sacha en était certain.

Ses arguments semblaient convaincants. Mais s'ils étaient arrêtés le lundi, ils ne pourraient pas témoigner le mercredi. Avec l'assentiment de tous, Sacha téléphona à Boris.

— Venez immédiatement à la datcha, dit Boris.

Il était minuit moins cinq.

Le temps de se rendre chez lui à quatre (Goussak, Ponkine, Sacha et Marina, mais pas Chebaline), Boris avait déjà convoqué Sergueï Dorenko, le présentateur vedette de l'ORT, et une équipe de tournage.

Neuf ans plus tard, en regardant cette vidéo à New York, je n'ai pas pu m'empêcher de m'imaginer à la place de Marina, seul témoin de ces révélations qui lui ouvraient pour la première fois les yeux sur l'univers de Sacha. Boris s'éclipsa après la première demi-heure d'enregistrement. Il était au courant, de toute façon, et préférait dormir.

Rétrospectivement, Sacha se demanda si Chebaline n'avait pas été une taupe depuis le début. Cette nuit-là, il n'avait pas voulu les accompagner chez Boris, prétextant qu'il avait autre chose à faire. Allait-il chercher conseil auprès des hommes du FSB qui le manipulaient ? En fait, la façon très calme dont il leur avait annoncé une « arrestation imminente » n'était peut-être qu'une ruse pour les contraindre à se rétracter. Si oui, la ruse s'était retournée contre lui puisqu'elle avait abouti à cet enregistrement qui allait peut-être leur sauver la mise.

Et puis, me dit plus tard Sacha, Chebaline ne participait jamais à des actions spontanées contre le FSB, mais uniquement à celles qui étaient planifiées à l'avance. Et il ne prenait jamais la moindre initiative.

Goussak, lui, était sincère. Le fait qu'il n'arrive pas à prendre parti en témoignait. Il essayait désespérément de deviner quel camp l'emporterait, et modifiait ses alliances en conséquence. Il n'était pas parmi les premiers dénonciateurs et ne les avait pas accompagnés au Kremlin. Il servait aussi d'intermédiaire entre Khokholkov et Sacha. Mais cette nuit-là, il participa en toute bonne foi à l'enregistrement et dit la vérité.

Au bout d'une heure d'enregistrement, Marina ne pouvait plus nier l'évidence : Sacha et ses amis, s'adressant l'un après l'autre à un Dorenko médusé, déclaraient la guerre à leur agence. Elle entendit prononcer le nom de Trepachkine, dont il « fallait s'occuper », évoquer l'enlèvement de Djabraïlov, la décision de frapper Boris et bien d'autres choses encore que Sacha qualifiait d'« immorales et criminelles ». Marina connaissait la tendance de Sacha à voir le monde en noir et blanc, et elle supposa que toute sa profession faisait de même. En s'opposant au *Kontora*, il s'exposait – craignait Marina – à des actes de vengeance.

Bien que le projet initial des dénonciateurs eût été de diffuser immédiatement l'enregistrement vidéo à la télévision, au matin ils changèrent d'avis.

Boris approuva leur décision. « Les films comme ça ont plus de force si personne ne les voit jamais », dit-il quand ils prirent congé de lui. « Nous pourrions peut-être faire une exception et projeter celui-ci en exclusivité au Kremlin, mais pour le moment ce n'est pas nécessaire. Quant à vos patrons, je suppose qu'ils savent déjà à quoi vous avez passé la nuit. Faites votre déposition comme prévu, nous verrons ce qui se passera ensuite. »

Boris paraissait très content de lui.

En arrivant à la Loubianka, le lundi matin, toutefois, ils ne furent pas arrêtés. Kovalyov tenta de marchander avec eux, mais les discussions ne menèrent à rien.

Deux jours plus tard, ils faisaient leur déposition. Peu après, Kholkholkov ainsi que Sacha et ses camarades furent suspendus, en attendant l'issue de l'enquête.

Le 25 mai, *Novaya Gazeta*, l'hebdomadaire libéral de Moscou, publiait un article du journaliste Iouri Chekotchihine, également député à la Douma et membre du Comité contre la corruption. Il énumérait les questions qu'il avait posées au directeur du FSB, Kovalyov, au nom de ce comité :

• Est-il vrai que les procureurs militaires enquêtent dans la division du FSB dirigée par le général Khokholkov ?

• Est-il vrai que le général Khokholkov fait directement ses rapports au directeur Kovalyov ?

• Est-il vrai que le directeur du FSB a enterré un rapport sur les liens unissant le général Khokholkov aux patrons du crime organisé en Ouzbékistan ?

• Est-il vrai qu'une partie substantielle des fonds alloués par le Kremlin au général Khokholkov pour l'achat de matériel a disparu ?

• Est-il vrai que le bureau des affaires internes du FSB a fait une enquête sur l'origine des fonds ayant permis au général Khokholkov et à sa femme d'acheter une maison de campagne et des voitures de luxe, le tout pour quelques centaines de milliers de dollars ?

• Est-il vrai que le général Khokholkov est un client régulier du casino Leningradskaïa où il lui est arrivé de perdre cent vingt mille dollars en une soirée ?

• Est-il vrai que le recrutement du personnel de l'URPO oblige les candidats à signer l'engagement écrit d'obéir « à n'importe quel ordre », même illégal, comme un meurtre ?

• Est-il vrai que certains agents de l'URPO ont commis des extorsions de fonds et des tentatives de meurtre, notamment sur la personne de M. Stepanov, propriétaire d'un magasin de meubles, qui a été soumis à une parodie d'exécution dans un coin de forêt isolé, en dehors de Moscou ?

• Est-il vrai que des membres du bureau des affaires

internes du FSB ont dénoncé au Kremlin certains abus de l'URPO et que le général Khokholkov et le directeur Kovalyov, l'ayant appris, ont soumis ces dénonciateurs à des pressions ?

Cet article fit l'effet d'une bombe.

Des années plus tard, à Londres, j'ai interrogé Sacha et Boris pour savoir si l'un ou l'autre, ou leurs associés, avaient fourni des informations à Schekochihin, mais ils ont répondu que non. Le député-journaliste, membre actif du parti social-démocrate Yabloko, était connu pour sa haine des oligarques, et de Berezovski en particulier.

Comme me le firent remarquer Boris et Sacha, les questions posées à Kovalyov impliquaient que Chekotchihine ait eu ses propres informateurs car Sacha n'avait jamais entendu parler de la parodie d'exécution du marchand de meubles, et Chekotchihine n'était visiblement pas au courant du projet d'enlèvement de Djabraïlov ou de l'attaque de Trepachkine, sinon il les aurait mentionnés.

Je n'ai pu, hélas questionner Chekotchihine, car il est mort le 3 juillet 2003, empoisonné semble-t-il, alors qu'il enquêtait sur un autre scandale du FSB.

Tchétchénie, 1er mai 1998. Alors que règne le chaos économique et que des musulmans radicaux affluent en masse de pays étrangers, les organisations criminelles transforment l'enlèvement en une source de profits. Le gouvernement Maskhadov estime que soixante-cinq personnes, dont deux Britanniques, sont toujours retenues en otages. Valentin Vlassov, qui a remplacé Ivan Rybkine comme représentant spécial pour la Tchétchénie, est arrêté par un barrage routier sur la route de Groznyï et enlevé. Maskhadov ordonne la dissolution des milices extrémistes ; cela donne lieu à un affrontement où neuf personnes sont tuées. Le 23 juillet, Maskhadov lui-même échappe de justesse à une tentative d'assassinat par l'explosion d'une voiture piégée à son passage. L'un de ses gardes du corps est tué.

À la mi-juin, Valentin Ioumachev, le secrétaire général du Kremlin, qui discutait souvent des nominations au gouvernement avec Berezovski, demanda à l'oligarque son opinion sur l'un de ses collaborateurs, un certain Vladimir Poutine.

Boris connaissait très bien Poutine. Ils s'étaient rencontrés à l'époque où ce dernier était maire adjoint de Saint-Pétersbourg, la deuxième plus grande ville russe, et où il faisait lui-même le commerce des voitures. Poutine avait alors la réputation d'être incorruptible, phénomène rare chez les fonctionnaires. Plus récemment, il avait dirigé un audit pour les bureaux du Kremlin.

— Pourquoi ? demanda Boris.
— Nous envisageons de le nommer directeur du FSB.

Ioumachev expliqua qu'aux yeux du président la principale qualité du chef du contre-espionnage devait être la loyauté, et il ne faisait plus confiance à aucun général en place. Ils formaient un clan très uni. Or l'une des caractéristiques de Poutine était une loyauté à toute épreuve. Quand son ancien patron, Anatoli Sobtchak, le maire farouchement anticommuniste de Saint-Pétersbourg, avait perdu les élections, Poutine avait préféré se retrouver au chômage plutôt que de le désavouer. Le nouveau maire, sachant que Poutine connaissait les secrets de son prédécesseur, avait proposé de le garder, mais Poutine avait refusé. Il avait quitté Saint-Pétersbourg pour Moscou et trouvé un emploi subalterne au Kremlin.

Le président Eltsine avait été particulièrement impressionné par la conduite de Poutine lorsque, en novembre 1997, celui-ci avait organisé le « sauvetage de Sobtchak » en prenant beaucoup de risques personnels.

À Saint-Pétersbourg, l'ancien maire avait été victime d'une crise cardiaque au cours d'un interrogatoire. Il fut transporté en urgence à l'hôpital. Le jour même, à Moscou, Skouratov signait son acte d'arrestation. Mais deux jours plus tard, Poutine organisait une évasion spectaculaire. Trompant la surveillance policière, quelques fidèles de Sobtchak le mirent sur une civière pour le transporter de l'hôpital à l'aéroport où un jet privé l'attendait. Le lendemain, il réapparaissait dans une clinique parisienne, et sa femme était auprès de lui. Poutine était allé à Saint-Pétersbourg pour surveiller personnellement l'opération.

Poursuivant l'énoncé de la carrière de Poutine, Ioumachev raconta que lorsqu'il était membre du KGB, il avait servi comme officier de renseignements en Allemagne de l'Est. Après la chute du mur, il avait dirigé le bureau du KGB à l'université de Saint-Pétersbourg. Lors de l'effondrement de l'URSS, il avait quitté son poste avec le grade de lieutenant-colonel.

Boris trouva excellente l'idée de mettre des généraux multi-étoilés sous les ordres d'un simple lieutenant-colonel. Le nouveau venu ne ferait pas partie du clan des vieux briscards, il serait snobé par les pontes du service, ce qui ne pouvait que renforcer sa loyauté envers le Kremlin.

— Je le soutiens à cent pour cent, dit Boris.

Et c'est ainsi qu'un procès déclenché par Sacha et les dénonciateurs de l'URPO, discrètement orchestré par Boris, tira de l'ombre leur futur ennemi pour le placer à la tête de l'un des services d'espionnage les plus puissants du monde.

Dans les contes, me raconta un jour Sacha, il y a souvent deux frères, l'un très malin et l'autre un peu bêta. Boris m'a dit, après que je l'ai tiré des pattes de la police, que désormais nous serions comme des frères. De nous deux, c'est moi le bêta, bien sûr. Mais pour une raison ou une autre, c'est celui-là qui a eu raison. Je lui ai dit depuis le début que Poutine était un serpent. Mais il n'a pas voulu me croire. »

Quand le nouveau directeur du FSB entra en fonction le 25 juillet 1998, Boris dit à Sacha :

— Rends-lui visite, fais-toi connaître et tu verras quel type formidable j'ai fait nommer, avec ton aide.

Le courant ne passa pas entre les deux hommes. Poutine se montra froid et formel. Il écouta sans rien dire la description enflammée que lui fit Sacha de la corruption interne à l'agence, mais ne voulut pas recevoir les autres dénonciateurs.

— Je reconnais un homme à sa poignée de main, dit Sacha à Marina après cette entrevue. La sienne était froide, humide et molle. Et j'ai vu dans ses yeux qu'il me haïssait.

Deux ans plus tard, pendant que nous traversions la Turquie, il me donna son opinion sur cet homme, lieutenant-colonel comme lui, qui allait le poursuivre de sa vengeance et l'obliger à fuir. « Poutine, me dit-il, n'avait jamais cessé de servir le

KGB. Il avait momentanément reporté sa loyauté sur Sobtchak ou Eltsine, mais une fois réintégré au sein de l'agence, il avait immédiatement repris ses anciennes habitudes. Je le comprenais très bien. Nos histoires se ressemblaient.

« Quand Poutine prit la tête de l'agence, poursuivit Sacha, les généraux sortirent simplement son dossier de la poussière et le reconnurent comme l'un des leurs, un fils prodigue en quelque sorte, et pour marquer le coup ils organisèrent une petite cérémonie de bienvenue. Quelqu'un me l'a expliqué avant que j'aille le voir. »

Trois semaines avant l'annonce officielle de la nomination de Poutine, alors que des rumeurs circulaient sur le remplacement imminent de Kovalyov, un assassinat fut commis. D'après Sacha, c'était l'œuvre du FSB, un cadeau de bienvenue pour le successeur de Kovalyov. Le 2 juillet aux aurores, le général en retraite Lev Rokhline, député à la Douma, fut tué d'une balle pendant son sommeil, dans sa datcha. La police annonça immédiatement que son épouse Tamara avait avoué le crime.

Rokhline était le fondateur du mouvement de soutien à l'armée et à l'industrie militaire. En 1995, il avait commandé les troupes lancées contre Groznyï et critiquait ouvertement le président Eltsine. C'était l'une des figures majeures de l'opposition communiste au parlement. Il avait même ouvertement appelé au renversement du « régime haï ». Jouissant d'une énorme popularité au sein de l'armée, il aurait pu en prendre le commandement si les gradés avaient décidé d'organiser un coup d'État. Le Kremlin avait de bonnes raisons de vouloir se débarrasser de lui.

Très vite, la presse et les chefs de l'opposition à la Douma supposèrent que sa mort était un assassinat politique et l'attribuèrent au FSB. Le 7 juillet, la fille et le gendre de Rokhline affirmèrent à la télévision que les vrais assassins s'étaient introduits dans la datcha, avaient tué le général et forcé sa femme à s'accuser du crime en la menaçant de pourchasser et de tuer toute sa famille. Plus tard, Tamara Rokhlina confirma cette version.

Les funérailles de Rokhline ayant attiré dix mille personnes, le FSB se sentit obligé de publier une déclaration pour nier toute participation au crime. Quelques jours plus tard, la découverte de trois corps carbonisés à proximité de la datcha de Rokhline vint alimenter la thèse de la conspiration. Les trois hommes de main avaient-ils été promptement éliminés, par prudence ?

Ce jour-là, Sacha croisa par hasard le général Anatoli Trofimov, son ancien mentor. Ils se promenèrent en bavardant dans les rues de Moscou. Sacha lui apprit que les procureurs du Kremlin menaient une enquête rigoureuse. Beaucoup d'agents opérationnels de l'URPO avaient été appelés à témoigner. Khokholkov et Kamichnikov étaient suspendus. Sacha était optimiste, Berezovski lui avait redonné confiance. Trofimov exprima ses doutes.

— J'ai bien peur que les choses se compliquent pour toi, Sacha.

— Pourquoi ?

— Tu ne vois pas ? Ils ont assassiné Rokhline. Le nouveau patron va être obligé de couvrir ses services. Il ne pourra pas se permettre d'éclaircir votre affaire. Pour lui, c'est comme une police d'assurance.

Le lendemain, Trofimov quittait l'agence. Il prit discrètement sa retraite, il resta en contact avec Sacha et travailla comme consultant à la sécurité, avant d'être abattu le 10 avril 2005 en pleine rue, avec sa jeune épouse, sous les yeux de leur fille de quatre ans.

Aucune preuve n'a permis de corroborer l'hypothèse de Trofimov sur l'assassinat de Rokhline. En novembre 2000, Tamara Rokhlina fut condamnée à huit ans de prison pour le meurtre de son mari, mais pendant l'été 2001, la Cour suprême de Russie cassa le verdict et renvoya l'affaire devant les tribunaux. Plus tard, la Cour européenne des droits de l'homme, à Strasbourg, jugea que le gouvernement russe devait à Tamara huit mille euros de dédommagement pour emprisonnement illicite. À Moscou, les tribunaux confirmèrent sa culpabilité, mais suspendirent sa sentence. Elle décida de ne pas faire appel.

Aujourd'hui encore, elle clame son innocence et affirme que trois étrangers masqués ont tué son mari.

Que Trofimov ait eu raison ou pas, il ne faisait aucun doute pour Sacha que le FSB avait trouvé, en la personne de son nouveau directeur, un allié naturel.

— Poutine est l'homme du *Kontora*, son corps et son âme, et il me considère comme un traître, conclut Sacha. Peu importe qu'il soit à ce poste grâce à moi. Au contraire, il se devait de leur montrer qu'il n'avait aucune obligation envers moi, c'est pour cela qu'il m'a fait arrêter. Il s'est conduit de la même manière avec Boris qui l'avait porté à la présidence.

> *28 juillet 1998. Les responsables russes collectivement connus sous le nom de Parti de la paix, parmi lesquels Tchernomyrdine, Lebed et Berezovski, appellent à la réconciliation avec la Tchétchénie, déclarant que « des fautes récentes et le silence nous ont déjà coûté beaucoup trop cher, et la Russie n'a pas besoin de revenir à la violence du milieu des années 1990 ». Sergueï Kirienko, le Premier ministre russe, annonce qu'il va rencontrer le président tchétchène Maskhadov pour discuter d'accords économiques.*

Au mois d'août 1998, de lourds nuages viennent brouiller l'horizon économique de la Russie. Mais personne mieux que George Soros ne voit s'approcher l'orage. Le glissement vers la crise financière commence avec les difficultés en Asie. Les investisseurs étrangers se retirent peu à peu de nombreux marchés émergents, y compris la Russie. Au même moment, le prix du pétrole – principale source de revenus de la Russie – connaît une baisse considérable.

En janvier 1998, il n'était plus que de quinze dollars le baril, son prix le plus bas depuis 1994. En août, il tombait à moins de treize dollars. Le gouvernement russe percevait peu d'impôts – l'essentiel de l'économie étant « souterraine ». En mai, la Douma, à majorité communiste, porta un coup à la confiance des investisseurs en restreignant la participation étrangère au capital d'UES, le principal fournisseur d'électricité. Ensuite, personne ne fit d'offre lors de la vente aux enchères de Rosneft, la dernière société pétrolière encore détenue par l'État. Les salaires impayés mettaient le gouvernement dans l'embarras, les mineurs bloquant les principales voies ferroviaires en signe de protestation.

Pour accroître ses revenus, le gouvernement tablait sur des bons du Trésor à court terme, indexés sur le rouble. Mais à mesure que le risque s'accroissait, les acheteurs réclamaient des intérêts de plus en plus élevés, qui atteignaient parfois 150 %. Pour payer les intérêts, le gouvernement devait émettre de plus en plus de bons, resserrant ainsi le nœud qui l'étranglait.

Les responsables économiques étaient convaincus que si la situation empirait, l'Occident viendrait à leur secours – comme il l'avait fait pour le Mexique en 1994. La Russie était « trop nucléaire pour qu'on la laisse s'enfoncer », estimaient-ils.

Ils continuèrent donc à émettre des obligations, et demandèrent au Fonds monétaire international des prêts supplémentaires. Comme le dit Anatoli Tchoubaïs, qui dans la coulisse était toujours le cerveau de l'équipe économique d'Eltsine : nous avons « escroqué » la communauté internationale de vingt milliards de dollars, car « nous n'avions aucun autre moyen de nous en sortir ».

Mais George Soros savait ce qui se passait car il prêtait lui-même de l'argent à la Russie pour la maintenir à flot entre deux transferts de fonds occidentaux. Début août, lorsque le manque de liquidité paralysa brièvement le marché interbancaire russe, Soros décida qu'il était temps de tirer la sonnette d'alarme.

Le 13 août, il publiait dans le *Financial Times* une lettre qui commençait par cette phrase : « L'écroulement des marchés russes atteint sa phase terminale. » Pour éviter la catastrophe, il incitait le gouvernement à dévaluer le rouble de 15 à 25 % et à faire fonctionner la planche à billets, ce qui impliquait une nouvelle monnaie liée au dollar, soutenue par un apport occidental de cinquante milliards au Trésor russe.

George voulait simplement offrir ses conseils et alerter l'Occident. Mais son article fit l'effet d'une étincelle dans un réservoir de gaz : sur le marché des changes moscovite, les actions plongèrent, le cours du dollar vendu au noir atteignit des sommets, et les banques furent bientôt incapables de se payer mutuellement.

Le 17 août, la banque centrale, ne pouvant plus soutenir le rouble, libéra le taux de change. Les prix montèrent en flèche. Les gens se ruèrent dans les rues en quête de dollars. Les autorités régionales annoncèrent des pénuries de vivres, car toute la population entassait des réserves.

Le 23 août, Eltsine révoqua le gouvernement Kirienko. Les Russes faisaient la queue devant les banques pour récupérer leurs économies. Les banques fermaient, le gouvernement fut dans l'impossibilité de rembourser les obligations à court terme.

Quand la poussière retomba, plusieurs banques importantes avaient disparu, et avec elles les économies de millions d'épargnants. Les investisseurs étrangers avaient subi des pertes s'élevant à trente-trois milliards, dont deux milliards pour George Soros.

Boris Berezovski, lui, ne fut pas affecté sur le plan économique : il ne possédait pas de banque, sa compagnie pétrolière touchait des revenus en dollars et effectuait ses paiements en roubles. La dévaluation lui fut au contraire profitable.

Mais sur le plan politique il subit un revers considérable. Après avoir tenté par deux fois de faire accepter Tchernomyrdine comme Premier ministre par la Douma, Eltsine s'inclina devant la pression communiste et nomma Evgueni Primakov, ministre des Affaires étrangères. Cet ancien chef du SVR, le service de renseignements extérieurs de la fédération de Russie, était l'ennemi juré de Boris.

Pour la première fois depuis la dissolution de l'Union soviétique, le chef du gouvernement n'était ni un démocrate ni un réformateur. Primakov, soixante-huit ans, ancien du KGB, restait indéfectiblement attaché à l'idée de l'Empire russe et considérait l'Occident comme une menace géopolitique à long terme. Son poste au service extérieur du KGB lui avait permis de nouer des liens amicaux avec des dictateurs antiaméricains tels que Saddam Hussein et Slobodan Milošević, dont il restait très proche.

Il penchait pour un modèle économique dominé par l'État.

Dans le domaine des réformes politiques, il préférait la loi et l'ordre aux droits et aux libertés. Et il fit frémir le monde des affaires russe quand, pour justifier l'amnistie de cent mille prisonniers, il annonça : « Nous faisons de la place pour ceux qui vont bientôt être emprisonnés, c'est-à-dire les auteurs de crimes économiques. »

Aux yeux de Primakov, personne n'incarnait le mal capitaliste aussi parfaitement que Boris Berezovski. Ils avaient un vieux compte à régler : la lutte pour la compagnie nationale Aeroflot.

Boris s'était intéressé à Aeroflot début 1995, au moment où il réorganisait l'ORT. Il découvrit rapidement que, de tous les géants de l'ex-économie soviétique, la compagnie aérienne était sans doute la plus infiltrée par les espions du régime. Il comprit que pour mettre la main sur cet atout majeur, il aurait à affronter des intérêts puissants et difficiles à vaincre.

Mais cela ne le découragea pas. Une occasion se présenta pour lui à la fin de l'été 1995, lorsque Eltsine remplaça un communiste à la tête de la compagnie nationale par le maréchal Evgueni Chapochnikov, le ministre de la Défense de Gorbatchev qui avait pris le parti d'Eltsine pendant les derniers jours de l'URSS. Chapochnikov, complètement novice dans la gestion des affaires, demanda à Boris de l'aider à réorganiser la compagnie, largement déficitaire.

Espérant la privatiser un jour, Boris y installa sa meilleure équipe de gestion, dirigée par Nikolaï Glouchkov, physicien de quarante-cinq ans devenu expert financier et son principal associé dans son commerce d'automobiles. Après avoir pris son poste en février 1996, Glouchkov constata que le problème des espions était beaucoup plus grave que prévu.

Les agences d'espionnage avaient été largement livrées à elles-mêmes pendant la « thérapie de choc » de 1991-1993 : peu surveillées, elles recevaient rarement les fonds nécessaires à leur fonctionnement. Et Glouchkov découvrit que les espions avaient transformé la compagnie aérienne en vache à lait pour subventionner leurs opérations et payer les salaires de milliers d'agents à travers le monde.

— Ils avaient monté des combines absolument ahurissantes, me dit Glouchkov dix ans plus tard, à Londres. Les finances d'Aeroflot à l'étranger étaient gérées par de mystérieuses entreprises, il était impossible de savoir qui était derrière.

« Le produit des ventes de billets était réparti entre trois cent cinquante-deux comptes en banque. Tous les directeurs d'agence à l'étranger étaient des membres du SVR ou du GRU ; ils n'avaient pas de comptes à rendre à la direction centrale.

« Et pour compliquer encore les choses, le personnel de la compagnie comptait trois mille agents secrets sur un total de quatorze mille employés ! Le directeur des ressources humaines était un officier du FSB ainsi que le chef de la sécurité. Et ils étaient indélogeables. Alors, tu sais ce que j'ai fait ? me demanda Nicolaï en souriant, je leur ai envoyé la facture. J'ai écrit au directeur du SVR, M. Primakov, et au directeur du FSB, le général Barsoukov, en leur demandant de payer le salaire de leurs hommes.

C'était pendant l'été 1996. La réaction ne se fit pas attendre. Korjakov lui téléphona, ulcéré, glapissant, lui promettant de le détruire s'il continuait à violer les règles du service.

— Mais ce n'était que le début, poursuivit Glouchkov. Le coup de grâce, ils l'ont reçu quand nous avons réorganisé la circulation de l'argent. Après avoir fermé les trois cent cinquante-deux comptes, nous avons redirigé les revenus étrangers vers Andava, un centre financier et comptable unique, contrôlé par nous, en Suisse. C'est ça qui les a rendus fous furieux.

Je ne m'en souvenais que trop bien. En 1996, j'avais personnellement ressenti l'effet Glouchkov à l'autre bout de la chaîne : dans le cadre de mon travail pour George Soros, j'organisais le voyage de centaines d'étudiants et de savants russes désireux de se rendre à des conférences professionnelles dans le monde entier. Nous achetions donc un très grand nombre de billets Aeroflot à un voyagiste américain d'origine russe installé à New York. Il aurait pu vendre des billets de n'importe quelle compagnie, mais il n'en avait pas besoin. C'était un distributeur exclusif de la compagnie russe, et ses affaires prospéraient.

Un jour, deux agents du FBI sont venus me poser des questions à son sujet. Je n'ai pas pu leur dire grand-chose, à part qu'il me vendait des billets à des prix défiant toute concurrence : cent cinquante dollars l'aller et retour pour Moscou, cinq cents dollars en classe affaires. C'était le tiers du prix pratiqué par les principaux concurrents. Mon ami le vendeur préférait être payé en liquide, et le bruit courait que le représentant d'Aeroflot à New York touchait une commission. Sur le plan économique, c'était ahurissant : en pratiquant de tels tarifs comment pouvaient-ils s'offrir des bureaux sur la Cinquième Avenue, sans parler de l'entretien des avions ?

— Ne vous inquiétez pas, m'avait dit le vendeur, c'est le patron de Genève qui paye.

Et puis, du jour au lendemain, le représentant local d'Aeroflot disparut. Le vendeur m'annonça que la fête était finie. Plus de billets à bas prix, plus de paiements en liquide. « Ce type à Moscou, Berezovski, il nous doit sept cent cinquante mille dollars, me dit-il. Voilà ce que nous avons perdu quand ces salopards ont annulé tous les contrats. »

Je reconnus le style de Boris ; il avait procédé de la même façon avec l'ORT. D'un seul coup de balai, il avait détruit le réseau des intermédiaires. Le voyagiste était ruiné.

Il n'était pas le seul à se plaindre. Un transfuge russe, qui vit sous un faux nom dans une ville européenne, m'a raconté qu'à partir de 1995, l'antenne du SVR à Genève s'est intéressée de près à Boris pendant ses visites. Et elle a mis le nez dans ses affaires, notamment celles de la compagnie Andava de Lausanne, chargée depuis peu de gérer les fonds d'Aeroflot récemment centralisés. Les informations ainsi recueillies étaient envoyées aux procureurs de Moscou et servirent plus tard à constituer le dossier de la prétendue affaire Aeroflot.

Le directeur de l'antenne à Genève, selon mon informateur, travaillait comme chef de mission adjoint aux Nations unies, c'était sa couverture. Il avait l'habitude de piocher librement dans les revenus d'Aeroflot – avant l'intervention de Glouchkov, bien entendu. Et puis un jour, le directeur d'Aeroflot à Genève, autre agent du SVR, lui annonça la mort de la vache à lait. L'antenne perdit ainsi plus de 30 % de ses fonds opérationnels – des centaines de milliers de dollars.

Le directeur de l'antenne pestait interminablement contre Boris, et disait que si l'un de ses gars lui faisait sa fête, il rendrait un grand service à la mère patrie. Il ajouta que Korjakov s'était plusieurs fois rendu à Genève parce que sa fille travaillait à la délégation des Nations unies.

« Leurs principaux sujets de conversation, me dit mon informateur, quand ils se retrouvaient pour discuter et boire, c'était le problème d'Aeroflot, et celui de Berezovski. »

Le ménage fait, les performances d'Aeroflot s'améliorèrent progressivement. Glouchkov obtint pour la compagnie un contrat d'assurances occidental, remplaça les vieux avions russes par des Boeing achetés en crédit-bail, recruta des équipages présentables, bilingues, et améliora la qualité de la nourriture à bord. En trois ans, la compagnie devint rentable, et l'action Aeroflot passa de sept dollars à cent cinquante dollars.

Mais, début 1998, le capital de la compagnie appartenait encore pour 51 % à l'État. Le reste se répartissait entre des investisseurs privés, essentiellement des membres du personnel. Anticipant la vente des parts du gouvernement, l'oligarque Roman Abramovitch, le partenaire de Boris, se mit à acheter discrètement des actions à de petits porteurs.

Au printemps 1998, je fus moi-même mêlé à la saga d'Aeroflot. Je présentai à Boris un investisseur stratégique qui finançait de grosses compagnies aériennes américaines et avait l'habitude de prendre des risques. C'était ma deuxième tentative de participation à la ruée vers l'or des privatisations russes. Après avoir examiné de près la compagnie et le marché, mon ami l'investisseur proposa à Boris de s'associer avec lui dans la gestion privée d'Aeroflot, en y injectant beaucoup d'argent et de talent.

Lorsque la crise économique éclata, l'enthousiasme des Américains ne faiblit pas. Ils restaient prêts à aller de l'avant.

Deux semaines plus tard, quand je dus leur expliquer que Boris avait subitement annulé l'affaire, ils furent sidérés. La décision de celui-ci reposait sur une raison simple mais incompréhensible pour mes amis, le « facteur Primakov ». Avec ce nouveau Premier ministre à la Maison Blanche, Boris était convaincu que non seulement Aeroflot ne serait pas privatisée, mais que le maintien de l'équipe Glouchkov à la direction n'était pas garanti, pas plus que son propre avenir.

Les Américains rentrèrent chez eux, dépités. Quant à moi je venais de perdre une nouvelle occasion de me trouver au bon endroit au bon moment.

> *19 août 1998. Des fondamentalistes islamiques armés de la secte radicale des wahhabites s'emparent de plusieurs villages dans le Daghestan, les déclarent « territoire islamique indépendant » et y imposent la charia. Le gouvernement Maskhadov s'attend à ce que la Russie prenne des mesures sévères à l'encontre des insurgés. Mais le ministre de l'Intérieur Sergueï Stepachine négocie au contraire un arrangement qui permet aux wahhabites de s'installer définitivement dans ces villages. Dans le même temps, en Tchétchénie, la situation des otages se détériore. Plus de cent personnes sont retenues prisonnières. Le ministre de l'Intérieur adjoint, Vladimir Rouchaïlo, entame, avec l'aide de Boris Berezovski, des négociations directes avec les preneurs d'otages, court-cicuitant les fonctionnaires de Mashkadov. Il obtient la libération de plus de cinquante captifs. Le 20 septembre, Berezovski libère deux Britanniques, Jon James et Camilla Carr, détenus depuis quatorze mois. Il nie avoir versé une rançon.*

L'essor de Primakov avait nui à Berezovski, et ce bien au-delà de ses vues sur Aeroflot. Ses deux principaux alliés au Kremlin, Tchernomyrdine et Eltsine, perdaient du terrain. Pendant la crise financière, Eltsine avait deux fois proposé de reprendre son ex-Premier ministre, mais deux fois la Douma s'y était opposée. Tchernomyrdine était désormais hors course et ne pouvait plus espérer gagner l'élection présidentielle de 2000. Eltsine lui-même, après avoir nommé un gouvernement qui ne lui plaisait pas, avait apparemment sombré dans la dépression.

Berezovski n'avait plus au Kremlin que deux alliés, Valentin (Valia) Ioumachev, le secrétaire général, et Tatiana, la fille d'Eltsine, très affaiblis, eux aussi. Avant la crise économique, le Kremlin exerçait son contrôle sur le gouvernement en nommant et en révoquant ses ministres. Mais Primakov ne devait pas sa position au président, et Eltsine ne pouvait se permettre de le remplacer, du moins dans l'immédiat. Il devait même subir les pressions du Premier ministre pour les nominations aux postes élevés. Si nous voulons restaurer la stabilité, estimait celui-ci, il vaudrait beaucoup mieux avoir au Kremlin des gens qui soient sur la même longueur d'ondes que la Maison Blanche.

L'influence de Berezovski déclinait donc très nettement. Finis les beaux jours du Club. Le bar, avec son crocodile empaillé, était maintenant déserté. Pis encore, début novembre, Boris se trouva visé par une controverse à propos des juifs et de leur prétendue responsabilité dans les déboires économiques de la Russie. Un membre communiste de la Douma, le général Albert Makachov, lança l'offensive lors d'un rassemblement dans la ville industrielle de Samara. Dans son discours, il affirma que les *zhidy* – terme méprisant désignant les juifs – qui entouraient Eltsine étaient responsables du chaos dans lequel se trouvait la Russie. La foule applaudit à grands cris. « Ils boivent le sang de nos peuples, poursuivit-il. Ils détruisent l'industrie et l'agriculture. » Pour une large partie de la population russe, Berezovski et ses amis du Kremlin incarnaient effectivement une conspiration sioniste.

Fin 1998, lorsque Sacha se décida à rendre publiques ses accusations contre son agence, ce fut, une fois encore, le nom de Berezovski qui retint l'attention.

Après son entrevue avec Poutine en juillet, Sacha était sûr que son groupe de dénonciateurs était sous surveillance et que leurs téléphones étaient sur écoute. Ils avaient dû rendre leurs armes et leurs badges puisqu'ils étaient momentanément suspendus de leurs fonctions. Le bureau des affaires internes épluchait leurs missions passées. Quelqu'un alla raconter à la presse que Sacha et plusieurs officiers de son département étaient soupçonnés d'avoir effectué une perquisition chez un homme d'affaires moscovite et de s'être emparés d'une importante somme d'argent.

L'URPO fut dissous par Poutine sur ordre exprès du Kremlin. Khokholkov fut nommé à un poste tranquille au service des impôts ; et Kamychnikov à l'ATC. Tous les anciens agents opérationnels furent reclassés – sauf les six dénonciateurs. Tout le monde, à l'agence, disait que leurs jours étaient comptés.

Le 30 septembre, les procureurs classèrent le dossier de l'URPO sans avoir pris aucune mesure. Lors de son dernier entretien avec les procureurs, Sacha repéra le colonel Trepachkine dont il avait vu la photographie dans son dossier.

— Salut, Micha, dit-il pour se présenter, c'est moi qui aurais dû t'assassiner.

— Et j'aurais été ta victime. Enchanté de faire votre connaissance.

Une semaine plus tard, Berezovksi recevait une lettre officielle. L'enquête avait porté sur deux incidents, disait le texte. Il avait été établi, premièrement, que « le 27 décembre 1997, le capitaine A. P. Kamychnikov, en présence de Litvinenko, Chebaline, Ponkine et Latychenok, s'était permis quelques affirmations malheureuses vous concernant. Toutefois, ces affirmations, tout en cherchant à vous discréditer, ne constituaient pas un appel au meurtre ». Deuxièmement, les investigations ont montré que lors d'une autre conversation en novembre 1997, le général « Khokholkov s'était demandé si Goussak vous tuerait ». Cependant, « la conversation eut lieu en l'absence de tout autre témoin ». En outre, poursuivait la lettre, quand « Khokholkov avait émis l'hypothèse de votre disparition » c'était « dans le contexte d'un échange qui ne vous concernait pas directement, c'est pourquoi Goussak ne l'avait pas interprété comme l'ordre explicite de commettre un meurtre ».

Les deux autres victimes potentielles, Trepachkine et Djabraïlov, reçurent des lettres similaires. Boris s'y attendait. Il savait que le procureur général Skouratov coopérait secrètement avec Primakov pour lancer plusieurs procédures hautement politiques visant le cercle restreint du Kremlin. L'enquête à l'URPO avait été commanditée par le Kremlin. Rien d'étonnant à ce que Skouratov la torpille.

Lorsque les dénonciateurs se retrouvèrent au Club, à la mi-octobre, pour discuter de ce qu'ils devaient faire, Sacha réaffirma sa détermination : pas question de renoncer. Les procureurs essayaient de se couvrir, dit-il. Tous les faits avaient été confirmés. Ces conversations ; le projet de faire disparaître Boris ; les ordres explicites concernant Trepachkine ; et le projet d'enlèvement de Djabraïlov qui était finalisé dans ses moindres détails. Il fallait qu'ils continuent, qu'ils révèlent toute cette histoire au grand public. L'étau se resserrait ; seule la publicité pouvait les sauver.

Trepachkine, qui les avait rejoints, prit le parti de Sacha. Chebaline, comme d'habitude, garda le silence. Ponkine, Cheglov et Latychenok approuvèrent Sacha. Quant à Goussak, il avait cessé de leur adresser la parole depuis plusieurs semaines. Il savait dans quel sens le vent allait tourner.

La première idée de Berezovski fut d'aller voir Poutine, mais il se ravisa. Poutine était encore une énigme pour lui. Depuis sa nomination au FSB, il se cachait comme un bernard-l'ermite dans sa coquille. Il était peut-être temps de lui forcer la main. S'il avait décidé de réformer le FSB, il fallait qu'il le prouve. Boris se donna une semaine pour réfléchir au meilleur parti à prendre. À la fin octobre, il dit aux dénonciateurs qu'ils devaient effectivement informer le public.

Le 13 novembre, les journaux publièrent une lettre ouverte à Poutine où Boris lui conseillait vivement de se pencher sur l'affaire de l'URPO. Il écrivait que les dénonciateurs, après lui avoir révélé leurs informations, avaient été accusés par leurs supérieurs « d'empêcher des patriotes de tuer un juif coupable d'avoir volé la moitié de la Russie ».

Quatre jours plus tard, Sacha et ses amis passaient à la télévision. Sacha et Trepachkine étaient habillés normalement tandis que les autres portaient une cagoule pour dissimuler leur visage. L'événement fit sensation, mais pas de la manière qu'ils espéraient. La presse ne s'intéressa qu'à une chose : le complot pour assassiner Berezovski. La notoriété de Boris éclipsait complètement le message qu'ils avaient voulu transmettre. Visiblement, personne ne se souciait du pourrissement du FSB.

Et l'objectif de Berezovski concernant Poutine ne fut pas atteint non plus. Le nouveau patron du FSB répondit avec colère mais circonspection. Il ridiculisa les dénonciateurs de ne pas avoir pu fournir de preuves plus convaincantes et laissa entendre qu'ils étaient peut-être eux-mêmes corrompus. Il ne dit pas un mot sur le contenu de leurs allégations.

Boris et Sacha espéraient tous les deux que le Kremlin mettrait de l'ordre dans le FSB après la conférence de presse. Poutine n'avait-il pas été nommé à son poste dans ce but précis ?

Comme l'expliqua le général Trofimov quand ils essayèrent de comprendre ce qui n'avait pas marché, Sacha était tombé au mauvais moment : les dénonciateurs avaient d'une certaine façon été victimes de la crise financière. Boris, leur principal allié, puissance formidable au début de l'année 1998, avait perdu beaucoup de son poids à la fin de l'année. Et avec Primakov à la Maison Blanche, il était lui-même sur la défensive.

Mais le 7 décembre 1998, Eltsine interrompait un séjour à l'hôpital pour limoger son secrétaire général, Valentin Ioumachev, et le remplacer par le général Nikolaï Bordyuzha, secrétaire du Conseil national de sécurité et ex-commandant des gardes-frontières. Apparemment, le président en avait assez des civils et voulait de nouveau s'appuyer sur des généraux.

— Maintenant, ils vont soit me tuer, soit me mettre en prison, dit Sacha à Marina.

Quatrième partie

LA FABRICATION D'UN PRÉSIDENT (À LA RUSSE)

9
Un homme loyal

Tchétchénie, 8 décembre 1998. Les autorités tchétchènes découvrent dans un sac les têtes de quatre otages, trois Britanniques et un Néo-Zélandais, près d'un village situé à une soixantaine de kilomètres de Groznyï. Ils ont apparemment été assassinés à la suite d'une intervention de l'unité antiterroriste du président Maskhadov destinée à les libérer. Les autorités tchétchènes accusent le chef d'un groupe extrémiste wahhabite, Arbi Baraïev, de l'enlèvement et de l'assassinat. Baraïev menace de déclencher une campagne de terreur en Russie si les forces de Maskhadov attaquent son bastion d'Ourous-Martan. Les chefs de l'opposition islamiste, Chamil Bassaïev et Movladi Oudougov, réclament la démission de Maskhadov.

Le différend entre Sacha et le FSB coïncida avec la détérioration des relations russo-tchétchènes l'année précédente. Selon Akhmed Zakaïev, le camp russe était intégralement responsable de cette situation.

« Dès l'instant où Rybkine et Berezovski se sont retirés du jeu, les choses ont commencé à s'envenimer », expliqua-t-il plus tard.

Zakaïev estimait que les services secrets russes avaient entrepris, à partir de l'été 1998, de déstabiliser systématiquement le gouvernement Maskhadov en soutenant discrètement les islamistes radicaux.

« Nous voulions établir un État musulman laïque, démocratique, pro-occidental, un peu comme en Turquie, et adhérer finalement à l'OTAN, raconta Zakaïev. Mais voilà que d'un coup, tous ces wahhabites sont arrivés, bourrés de fric, et ils se sont mis à prêcher un type d'islamisme qui n'avait rien à voir avec le nôtre. Comment crois-tu qu'ils sont arrivés ? En passant par Moscou – ils avaient tous des visas russes ! »

En juillet 1998, au moment de la répression contre les extrémistes, le gouvernement Maskhadov en avait arrêté un certain nombre qu'il avait expulsés vers la Jordanie.

« C'étaient tous des combattants expérimentés, poursuivit Zakaïev, mais ils n'avaient rien à voir avec ces djihadistes entraînés par les Américains qui ont combattu les Soviétiques en Afghanistan. C'étaient des Arabes qui parlaient russe, ils avaient travaillé autrefois pour le KGB au Proche-Orient. Nous savions parfaitement que leur argent ne venait pas d'Arabie Saoudite mais de Moscou. »

Zakaïev fit remarquer que Khalid Cheikh Mohammed, le cerveau de l'attentat du 11 Septembre, avait cherché à pénétrer en Tchétchénie en 1997, avant de travailler avec Oussama ben Laden. Il n'avait pas été autorisé à traverser l'Azerbaïdjan. C'était également le cas de quatre au moins des futurs terroristes du 11 Septembre, dont Mohammed Atta. Avant de se rendre en Afghanistan, ils avaient tous cherché à entrer en Tchétchénie, mais avaient dû y renoncer : la région était strictement interdite d'accès aux étrangers.

« Alors explique-moi comment les hommes que nous avons arrêtés, qui étaient tous en possession de passeports jordaniens, sans parler de leur type arabe, ont pu se rendre dans une ambassade russe, obtenir un visa et prendre l'avion pour Moscou, puis pour le Caucase du Nord, tout ça à l'insu du FSB ? C'est impensable ! Et puis les trois villages du Daghestan dont Stepachine s'est fait le protecteur ? C'était très malin. Nous essayons de chasser les wahhabites de Tchétchénie, et eux, ils leur accordent refuge en territoire russe, sous protection du FSB ! »

L'industrie de la prise d'otages mettait Zakaïev hors de lui. En versant les rançons réclamées, les Russes ne faisaient qu'encourager les commandants militaires renégats. En plus, ils leur fournissaient des fonds substantiels, alors que le gouvernement tchétchène était à court d'argent. Zakaïev prétendait que les Russes avaient payé sept millions de dollars pour la seule libération de Valentin Vlassov, l'envoyé d'Eltsine enlevé en mai 1998 et relâché en novembre. Les services secrets russes avaient leur propre réseau chargé de traiter avec les ravisseurs. Le lieutenant-colonel Daoud Korigov, ministre de l'Intérieur d'Ingouchie, la région voisine, était le principal intermédiaire de la Russie. Les négociations étaient coordonnées au plus haut niveau par le vice-ministre russe adjoint de l'Intérieur, Vladimir Rouchaïlo.

« Nous n'avions aucun moyen de lutter contre cette organisation, se lamentait Zakaïev. Ils avaient mis au point une division du travail très efficace : une bande criminelle se spécialisait dans la prise d'otages, une autre dans leur détention, la troisième négociait avec les Russes. Ils revendaient les gens par l'intermédiaire de ces réseaux, comme ils l'auraient fait avec du bétail – Zakaïev évoquait une vraie conspiration du silence au sommet à propos des nombreuses rançons versées –, les Britanniques ont approuvé ce procédé, les Français aussi, quand leurs ressortissants étaient en jeu, tout le monde le savait. Mais en public, ils ont tous nié farouchement. »

Dans un premier temps, le gouvernement tchétchène demanda discrètement aux Russes de cesser ce petit jeu. Puis Maskhadov s'adressa à l'opinion publique, reprochant au gouvernement russe de soutenir les ravisseurs. Il accusa même les services secrets russes d'être complices des preneurs d'otages. Mais les enlèvements continuèrent.

Boris, quant à lui, expliqua qu'à l'époque où il était vice-secrétaire du Comité de salut national, la politique consistait à engager des extrémistes – à la demande instante de Maskhadov lui-même. En 1997, il avait personnellement remis à Bassaïev, alors vice-Premier ministre tchétchène chargé de la reconstruction, deux millions de dollars de la part du gouvernement. Le tout en liquide – il ne restait pas une banque en Tchétchénie.

« Par la suite, quand j'ai quitté le Comité de salut national, le vice-ministre adjoint de l'Intérieur Rouchaïlo m'a demandé de continuer à travailler avec lui sur le problème des otages. J'avais la réputation d'inspirer confiance aux Tchétchènes. Je n'ai aucun regret, nous avons sauvé au moins cinquante personnes, qui auraient été tuées si nous n'avions rien fait. La plupart étaient de simples soldats. Et crois-moi, tout cela était parfaitement officiel, cela se faisait au su et au vu du Kremlin. »

Boris refusa de confirmer qu'il avait payé pour la libération des deux Britanniques – Jon James et Camilla Carr – en septembre 1998. Il se borna à dire que sir Andrew Wood, l'ambassadeur de Grande-Bretagne, lui avait demandé son aide. Il en avait avisé Boris Eltsine qui lui avait répondu : « Faites ce qu'il faut pour les sortir de là. » Il avait obéi.

Berezovski et Zakaïev étaient d'accord sur un point : les premiers contacts entre le FSB, les preneurs d'otages et les extrémistes wahhabites se développèrent et se renforcèrent par la suite. Ils considéraient que les services secrets russes avaient fini par « diriger » les extrémistes. Ainsi, quand le FSB voulut déclencher la seconde guerre de Tchétchénie, il savait à qui s'adresser. Mais pour trouver exactement le moyen de le faire, il faudrait une intervention magistrale de l'ex-directeur du FSB, le nouveau Premier ministre, Vladimir Poutine.

La guerre entre Boris et Primakov battait son plein et les experts prenaient des paris, prévoyant que cette fois l'oligarque ne l'emporterait peut-être pas. Lena et Boris avaient donc décidé, pour la première fois depuis des années, de renoncer à organiser une grande fête, afin de n'embarrasser personne – pour l'élite moscovite, fréquenter Berezovski était devenu risqué.

Ils avaient assisté deux jours plus tôt à la création mondiale du *Barbier de Sibérie*, le premier grand succès russe de style hollywoodien, au palais des Congrès du Kremlin. Cinq mille membres de l'élite se bousculaient dans le bâtiment. Quand Boris et Lena entrèrent dans la salle, un vide se forma autour d'eux, les gens s'écartant instinctivement.

Cette prudence était fondée. Cela faisait des semaines que toute la ville ne parlait que de la purge de l'empire de Boris engagée par le procureur général Iouri Skouratov.

Skouratov était un ancien représentant de la justice soviétique, l'arme secrète de Primakov. Il était proche des communistes à la Douma. C'était lui qui avait inculpé Anatoli Sobtchak, le maire de Saint-Pétersbourg, lequel n'avait été sauvé que par l'intervention de Poutine. Encouragé par le Premier ministre, il passa à l'attaque.

Les autorités fiscales commencèrent par réclamer des arriérés d'impôts à l'ORT. *Tout le monde* en Russie devait de l'argent au fisc, mais ce fut sur l'ORT que le couperet s'abattit. Puis les procureurs, accompagnés d'équipes de télévision et de Spetsnaz encagoulés, menèrent des perquisitions dans vingt-quatre bureaux et logements de Moscou, tous liés à Boris, et notamment au siège de la Sibneft, la compagnie pétrolière. Ils cherchaient manifestement à prouver que les agents de sécurité privés de Boris s'étaient livrés à des écoutes téléphoniques illégales.

Si Boris était la cible essentielle de Skouratov, il n'était pas la seule. Deux autres enquêtes visaient le cœur même du régime d'Eltsine : l'administration du Kremlin et le groupe d'économistes pro-occidentaux mis en place par Tchoubaïs au gouvernement et dans les grandes banques.

Le 23 janvier, à la demande de Skouratov, des procureurs suisses ordonnèrent une perquisition dans les bureaux d'une compagnie helvétique de construction, Mabetex, à Lugano, dans le Tessin. Elle avait obtenu des contrats de plusieurs centaines de millions de dollars pour rénover des bâtiments publics à Moscou. Mabetex était soupçonnée d'avoir versé des pots-de-vin à des membres de l'administration du Kremlin – le cercle immédiat d'Eltsine et ses deux filles étaient impliqués dans l'affaire.

À partir de la fin de 1998, Eltsine, rongé par la maladie et la dépression, se montra apathique et indécis. Il reprochait amèrement à ses anciens alliés, les « jeunes réformateurs » et leurs amis banquiers, de l'avoir laissé tomber en cherchant à s'enrichir au moment même de la lutte capitale contre les communistes. Il était las de s'appuyer sur les services secrets.

Comme il l'a écrit dans ses *Mémoires*, il voyait en Primakov une âme sœur, un ancien patron soviétique à l'esprit réformateur, qui avait été touché par la lumière de la démocratie. Son accord initial avec Primakov prévoyait qu'ils se retireraient tous les deux en l'an 2000, après avoir transféré le pouvoir à une nouvelle génération d'hommes politiques réformateurs.

Boris, en revanche, avait vu clair en Primakov avant beaucoup d'autres, peut-être à cause des querelles qui l'avaient déjà opposé à lui au sujet d'Aeroflot.

Les membres de l'entourage de Boris Berezovski qui voulaient stopper Primakov et qui avaient conservé une certaine combativité n'étaient plus qu'une poignée : l'ancien secrétaire général du Kremlin, Valentin (Valia) Ioumachev ; Tania, la fille d'Eltsine ; Roman Abramovitch, le courtier oligarque ; et Alexandre Volochine, le conseiller économique du président. On les surnommait la « famille ». Boris avait dix ans de plus qu'eux, il était pour eux une sorte de gourou.

L'influence de la famille sur le président russe ne fut jamais aussi forte que l'estimaient les experts. Eltsine n'était pas homme à se laisser manipuler, et il pesait toujours soigneusement le pour et le contre. Pour compliquer les choses, Eltsine n'aimait pas Berezovski, qui était la force motrice du groupe, et préférait faire passer tous ses conseils à travers le filtre Tania-Valia.

Roman Abramovitch était le plus jeune de la famille, son plus récent membre aussi. À la fin de 1997, il avait demandé à Boris de lui présenter Tania et Valia, avec qui il s'était tout de suite très bien entendu. Il était de toutes leurs sorties, ce qui faisait l'affaire de Boris. Celui-ci confia un jour à Roman : « Je peux travailler avec eux, mais je suis incapable de vivre avec eux, de les inviter pour le week-end, par exemple, ou de faire une sortie en bateau. C'est important que tu le fasses. »

À cette époque, Boris et Roman avaient acheté des yachts et des propriétés sur la Côte d'Azur où ils allaient se réfugier afin d'échapper aux pressions de Moscou.

« Si c'est bon pour les affaires, je ne demande qu'à vivre avec eux », répondit Roman en souriant.

Boris savait que sous ses dehors timides et sympathiques Roman dissimulait une âme de solitaire calculateur et habile, il était doté d'une intelligence aiguë des faiblesses humaines et d'un grand talent pour établir des réseaux. Ils savaient fort bien l'un comme l'autre que dans la dynamique interne de la famille il y avait ceux qui exerçaient de l'influence et ceux qui avaient de l'argent. Il fallait bien que quelqu'un paie les sorties en bateau. Or si tous deux étaient riches, Roman était meilleur en mondanités. Bientôt, les détails financiers et bien d'autres éléments de la vie de la famille lui furent révélés. Abramovitch était quelqu'un qui faisait avancer les choses.

Il y avait aussi un sixième membre – potentiel – de la famille : le directeur du FSB, Vladimir Poutine. Boris l'avait rencontré plusieurs fois depuis sa nomination, Tania et Valia le soutenaient énergiquement. Après leur prise de bec initiale à propos des allégations de Litvinenko, les relations entre Boris et Poutine s'étaient améliorées, essentiellement parce qu'ils avaient des ennemis communs. Le Premier ministre Primakov détestait Poutine et voulait un homme à lui à la tête du *Kontora*, un ancien cadre du KGB. Chaque fois que Primakov venait voir Eltsine, c'était pour lui réclamer deux têtes : celle de Berezovski et celle de Poutine.

Vladimir Poutine manifesta son intérêt politique en assistant à la réception d'anniversaire de Lena Berezovskaïa, le 22 février 1999. Boris avait prévu d'organiser une petite fête privée pour la famille et les amis les plus proches. Poutine arriva sans être invité, à la grande surprise de Lena, de Boris, mais aussi des quelques politiques présents ce jour-là.

Le service de sécurité de Poutine avait averti Boris vingt minutes avant que le directeur du FSB prenne la route pour sa datcha. Tout le monde crut d'abord qu'il s'était passé quelque chose de grave, mais quand Boris sortit pour accueillir le nouvel arrivant, il vit un énorme bouquet de roses jaillir de la portière de la voiture, cachant le jeune et frêle chef des services secrets, tandis que son détachement de sécurité se plaçait en demi-cercle.

Boris fut très étonné.

— Volodia, je suis profondément touché, mais est-il bien raisonnable de compromettre ainsi vos relations avec Primakov ?

— Ça m'est bien égal, répliqua Poutine. Je suis votre ami et je tiens à le montrer. Aux autres, notamment. Ils veulent faire de vous un paria, mais je sais que vous êtes honnête.

Bien des années plus tard, à Londres, Boris restait convaincu de la sincérité de Poutine ce jour-là. « Il n'avait aucune arrière-pensée. À l'époque, je ne faisais pas partie des favoris d'Eltsine. Poutine n'avait aucun intérêt à donner à Primakov des raisons de prétendre que nous complotions ensemble. »

Les propos de Boris quant à la sincérité de Poutine me paraissaient incroyables. Quelque chose ne collait pas : Poutine, l'ami désintéressé capable d'un geste de solidarité avec Boris lorsque celui-ci était dans le besoin, et Poutine, l'instigateur insensible de l'assassinat de Sacha. L'un des deux personnages devait être faux.

— C'est bien la question ! s'exclama Boris avec un plaisir de mathématicien devant une équation à résoudre. J'y ai beaucoup réfléchi. Est-ce qu'on t'a déjà trahi ?

— Ça m'est arrivé.

— Est-ce que tu as voulu la mort des responsables ? Voulu, à proprement parler, qu'on les tue ?

— Bien sûr que non !

— Voilà toute la différence ! Poutine est un joueur d'équipe exemplaire, on peut toujours compter sur lui. Comment pourrait-il être un meurtrier ? J'ai quand même fini par comprendre. Ces gens ont un code moral, mais c'est un code bien à eux. Ils ont été formés à être loyaux jusqu'à la mort, et en même temps, ils ont appris que la déloyauté mérite la mort. Sacha était un traître à ses yeux.

À partir de l'anniversaire de Lena, Poutine devint un membre à part entière de la famille et il se montra vite indispensable pour régler les problèmes urgents : parer l'attaque de Skouratov et convaincre le président que son Premier ministre complotait pour s'emparer du pouvoir et reconduire le pays vers le passé soviétique.

Personne ne sait avec certitude d'où venait cette fameuse vidéo. Boris prétendit avoir appris son existence alors que c'était déjà un secret de Polichinelle au Kremlin. Dans ses *Mémoires*, Eltsine raconte qu'une cassette pornographique où l'on voyait son procureur général Iouri Skouratov était « tombée entre les mains » du général Bordyuzha, à la fin du mois de janvier. Eltsine écrit que les amis de Skouratov, « dans le milieu des banquiers et des hommes d'affaires, exploitèrent le point faible du procureur ». Qui pouvait être le responsable ? Roman, lui qui savait faire avancer les choses ? Poutine, qui avait démontré ses talents d'agent opérationnel en faisant sortir discrètement Sobtchak de sa chambre d'hôpital ? Personne n'en savait rien.

Dans un éditorial, le tabloïd moscovite *Argumenty I Facty* avança l'hypothèse selon laquelle la médiocre qualité de cette vidéo en noir et blanc trahissait l'œuvre des services secrets, car « ils étaient les seuls à ne pas avoir de budget suffisant pour un équipement moderne ». Le même article prétend que dans l'après-midi du 16 mars « un homme ressemblant au directeur du FSB, Vladimir Poutine », avait remis au président de la deuxième chaîne de télévision une vidéo sur laquelle on voyait « un homme ressemblant au procureur Skouratov en train de se faire faire par une dame ce que Monica Lewinsky avait fait à Bill Clinton dans le bureau ovale ».

Iouri Chekotchihine, parlementaire et journaliste perspicace, affirma dans un article publié dans *Novaya Gazeta* que l'homme qui avait attiré Skouratov dans un appartement du cinquième étage de la rue Bolchaïa Polianka pour le filmer discrètement en compagnie de deux prostituées était Nazir Khapsirokov, dit

Khaps, le chargé d'affaires du procureur général. Khaps réapparut plus tard parmi les plus proches conseillers de Poutine. (En 2001, Chekotchihine envoya une lettre au président Poutine pour protester contre la nomination de Khaps au poste de vice-chef du personnel du Kremlin. Il relevait que toutes ses questions à la Douma sur les antécédents de Khaps lui avaient été retournées avec la mention « classé secret pour raisons de sécurité nationale »).

Quoi qu'il en soit, celui qui livra la bande au Kremlin déclencha une série d'événements que l'on peut qualifier de Monicagate russe.

Le 1ᵉʳ février 1999, le secrétaire général d'Eltsine, le général Bordyuzha, demanda à Skouratov des explications sur la vidéo et lui soutira une lettre de démission. Tard dans la nuit du 16 mars, la vidéo fut diffusée sur la deuxième chaîne publique, assortie d'un avertissement déconseillant l'émission aux moins de dix-huit ans. Le lendemain matin, le Conseil de la fédération, la chambre haute du parlement russe, se réunit comme l'exigeait la Constitution pour se prononcer sur la démission de Skouratov. Or le vote du Conseil de la fédération infligea une défaite humiliante à Eltsine. Skouratov affirma avoir démissionné sous la pression du secrétaire général du président. Une majorité de cent quarante-deux voix contre six rejeta la proposition de départ du procureur général.

Furieux, Eltsine renvoya son secrétaire général. Il convoqua Skouratov, Primakov et Poutine à l'hôpital où il se faisait soigner pour un ulcère hémorragique. Il ignorait tout de la vidéo, dit-il, mais les circonstances étaient telles qu'il souhaitait que Skouratov quitte ses fonctions.

Skouratov répondit que la vidéo était un faux. Eltsine donna instruction à Poutine de faire expertiser la cassette par le FSB afin d'en établir l'authenticité.

C'est alors que Skouratov commit une erreur fatale. Il essaya de faire chanter le président. Il déclara à Eltsine que si le président le maintenait à son poste, on veillerait à ce que l'enquête sur la société Mabetex et le Kremlin soit bien menée.

Eltsine affirme dans ses *Mémoires* qu'il ne comprit pas tout de suite de quoi il s'agissait.

— Un nouveau procureur aurait du mal à régler cette affaire complexe, insista Skouratov. – Et puis, en quête de soutien, il se tourna vers Primakov : – Expliquez-lui, Evgueni Maximovitch.

Selon Eltsine, Primakov resta longtemps silencieux avant de dire :

— Si Boris Nikolaïevitch me le demandait, je partirais immédiatement. Vous devriez partir, Iouri Ilitch.

— Vous m'avez trahi, Evgueni Maximovitch, répliqua Skouratov en colère.

Apparemment, les deux hommes avaient conclu un accord préalable. Cet incident marqua le début de la fin pour Primakov – et non, curieusement, pour Skouratov, qui refusa de démissionner.

Ce jour-là, grâce à une fuite, la presse révéla que Tatiana, la fille d'Eltsine, faisait partie des bénéficiaires des largesses de Mabetex liées au scandale du contrat de rénovation du Kremlin. Elle aurait reçu, tout comme sa sœur, des cartes de crédit en provenance de Suisse.

Une guerre totale commença. Huit mois durant, le Kremlin batailla contre le Parlement à propos de la démission de Skouratov. Eltsine nomma pour diriger les hostilités un nouveau secrétaire général. Il s'agissait d'Alexandre Volochine, le protégé de Boris. Pendant ce temps, Skouratov s'entêta et poursuivit ses investigations à grand renfort de publicité, réduisant à néant le peu de crédibilité que conservait Eltsine. La cote de popularité du président n'atteignait même plus dix pour cent. La Russie s'enfonçait dans le chaos politique.

Le monde extérieur ne prêta guère attention au feuilleton du Kremlin. Dans le sillage de l'affaire Lewinsky, un scandale sexuel impliquant un simple procureur d'État ne passionnait pas les foules. Le seul responsable russe à faire la une de la presse occidentale fut Primakov : le 23 mars, en route pour Washington, il fit faire demi-tour à son avion pour protester contre le déclenchement des bombardements américains sur la Serbie. Il devint instantanément un héros aux yeux des nationalistes et des communistes.

Le 25 mars, des procureurs militaires arrêtèrent Sacha Litvinenko dans la rue, en plein Moscou.

> *Groznyï, le 21 mars. Le président Aslan Maskhadov échappe à une nouvelle tentative d'assassinat. L'attentat a lieu deux jours après l'explosion dévastatrice d'une bombe en plein marché, à Vladikavkaz, à une cinquantaine de kilomètres de la Tchétchénie. Cet acte de terrorisme a fait cinquante morts. À Moscou, le chef du FSB, Vladimir Poutine, réfute les allégations de Maskhadov, attribuant ces attentats à la conspiration de « certaines forces » à Moscou. Le 29 mars, Poutine est nommé à la tête du Conseil de sécurité de la Russie ; il devient ainsi responsable de l'ensemble de la politique en Tchétchénie, tout en conservant la direction du FSB. Le 15 avril, la Russie déploie des milliers de renforts policiers et militaires le long de la frontière tchétchène. S'exprimant à la télévision russe, le commandant des troupes intérieures affirme que l'objectif des séparatistes tchétchènes est de créer un unique État musulman regroupant la Tchétchénie, l'Ingouchie et le Daghestan. Cela donnerait à la Tchétchénie un accès direct à la Turquie, membre de l'OTAN.*

Aujourd'hui encore, on ne sait pas très bien qui a ordonné l'arrestation de Sacha. À cette date, les deux services qui s'occupaient de lui se trouvaient de part et d'autre d'une grande ligne de fracture politique : le ministère public de Skouratov et le FSB de Poutine.

Sacha était convaincu que c'étaient les agents opérationnels de Poutine qui l'avaient livré aux hommes de Skouratov, en dépit de toute considération politique. Il affirma que le procureur militaire Youri Bagraev, bras droit de Skouratov, avait été sincèrement surpris de le voir en détention. Juste après son arrestation, il avait été confié à des enquêteurs subalternes. Et voilà que Bagraev en uniforme de général était entré dans la salle d'interrogatoire. Il avait consulté le répertoire téléphonique de Sacha sans dissimuler son étonnement.

— Oh, mais je vois là Berezovski, et puis Ioumachev. Vous

les connaissez vraiment ? C'est vous qu'on a vu à la télé ? Eh bien, eh bien, nous avons la visite d'un VIP.

« Poutine avait le pouvoir de transmettre mon dossier aux procureurs ou de ne pas le faire, m'expliqua Sacha. Il m'a toujours détesté. Et puis ça l'arrangeait bien : en me jetant ainsi en pâture, il prenait ses distances avec Boris aux yeux des généraux du FSB. »

Sacha pensait que Poutine avait mis la machine en route immédiatement après leur conférence de presse.

Poutine n'avait jamais dissimulé ce qu'il pensait de Sacha. En décembre 1998, il déclara à Elena Tregoubova, la correspondante de *Kommersant* auprès du Kremlin : « Personnellement, je ne peux pas exclure le fait que ces agents aient réellement effrayé Boris Abramovitch. Berezovski avait déjà été la cible d'une tentative d'assassinat. On peut imaginer qu'il ait cru qu'un autre coup se préparait. En fait, je pense que ces officiers ont simplement fait un scandale pour en tirer profit... J'ai viré Litvinenko et j'ai dissous son unité... Des officiers du FSB n'ont pas à organiser de conférences de presse. Ce n'est pas leur boulot. Et ils n'ont pas à divulguer des scandales internes. »

Des années plus tard, le 5 février 2007, prenant la parole au Kremlin, Poutine donna une version légèrement différente de cette affaire : Sacha avait été renvoyé du FSB pour abus de pouvoir, et plus précisément pour avoir exercé des violences contre des citoyens lors d'arrestations et volé des explosifs. Telles furent les accusations portées contre Sacha.

Mais sur le moment, tout le monde pensait que Poutine n'y était pour rien. L'arrestation de Sacha était apparemment un simple épisode de l'attaque tous azimuts de Skouratov contre Boris.

Ce dernier apprit l'arrestation de Sacha alors qu'il se trouvait à Paris et que sa lutte contre Skouratov entrait dans sa dernière phase.

Le 2 avril, Poutine donna une conférence de presse dans laquelle il annonça deux choses : *primo*, le FSB avait conclu à l'authenticité de la cassette pornographique ; *secundo*, il « avait de bonnes raisons de penser » que des criminels avaient fourni des femmes à Skouratov pour l'encourager à abandonner les enquêtes dont ils faisaient l'objet.

Cette émission était destinée à ternir l'image de Skouratov, mais elle eut l'effet inverse. Peut-être à cause de l'expression excessivement vertueuse de Poutine ; comme le fit remarquer un de mes amis policiers : « Ce type-là n'a jamais mis les pieds dans un hôtel avec deux filles ; même pas avec une. »

Skouratov lança immédiatement des mandats d'arrêt contre Berezovski et Glouchkov, les accusant d'avoir détourné deux cent cinquante millions de dollars d'Aeroflot par l'intermédiaire d'Andava. Berezovski répliqua que ces accusations étaient sans fondement et répondaient à des motifs politiques. « Le temps où notre pays était dirigé par des gens au cul nul est révolu », déclara-t-il à la presse. Pour le moment, il était coincé en France avec sa femme Lena.

Quant à Glouchkov, il se trouvait en Israël et envisageait de demander l'asile politique et de divulguer l'histoire des trois mille espions travaillant pour l'Aeroflot.

Le 21 avril, Boris regagna Moscou pour répondre aux accusations et « laver son nom ». Il accepta de coopérer avec les enquêteurs en échange de la levée du mandat d'arrêt. Ce jour-là, Eltsine essuya un nouveau revers : le Conseil de la fédération rejeta sa seconde tentative de renvoyer Skouratov, avec des chiffres tout de même un peu moins humiliants : soixante-dix-neuf voix contre soixante et une. Le Premier ministre Primakov jura d'être loyal envers le président.

À son arrivée à Moscou, Boris apprit que Eltsine continuait à se tracasser à l'idée que Primakov, Skouratov et les communistes aient pu conspirer dans son dos pour provoquer la chute de son administration. Le nœud de l'enquête sur Mabetex se resserrait atour du cou de Tatiana. La famille avait de toute urgence besoin des conseils de Boris.

Le 26 avril, le bureau du procureur fit subir à Berezovski un interrogatoire de quatre heures ; on l'accusa officiellement d'« initiatives économiques illégales » et de blanchiment d'argent avant de le laisser repartir – provisoirement. Des équipes de télévision l'attendaient sur le trottoir, avides d'informations de première main.

« Les poursuites dont je fais l'objet ont été engagées par le Premier ministre en violation de la loi, déclara-t-il devant les caméras. Primakov est de mèche avec Skouratov pour compromettre le président. »

Sa voiture démarrait quand son téléphone portable sonna. C'était Tchernomyrdine, mandaté par le président pour servir de médiateur. Primakov avait vu les informations. Il attendait Boris à la Maison Blanche. Il tenait à s'expliquer.

Quand Boris ressortit de son entrevue d'une heure et demie avec le Premier ministre, il desserra à peine les lèvres. « Nous ne nous sommes pas fait de déclaration d'amour, dit-il aux journalistes qui l'attendaient. Nous avons discuté de l'importance de ne pas confondre politique et justice. »

Des années plus tard, Boris me raconta ce qui s'était passé dans le bureau du Premier ministre.

— Je vous donne ma parole d'honneur que je n'ai rien à voir avec l'affaire d'Aeroflot, commença Primakov. Regardez, voici une copie du dossier officiel d'accusation. Aucune communication émanant de mon bureau n'y apparaît. Demandons à Viktor Stepanovitch d'être témoin.

Il appuya sur un bouton. Tchernomyrdine entra.

Boris sortit de sa poche une copie d'une lettre que Skouratov avait adressée à Primakov, dans laquelle il détaillait les allégations à propos d'Aeroflot et évoquait d'autres enquêtes pour corruption, politiquement explosives. En travers de la page s'étalait une inscription de la main du Premier ministre : « Ouvrir une enquête criminelle et engager des poursuites. Primakov. »

— C'est vraiment moi qui ai écrit ça ? s'étonna Primakov. J'ai du mal à le croire.

— Puis-je m'en aller, Evgueni Maximovitch ? demanda Tchernomyrdine.

Lorsqu'ils furent seuls, Primakov intervint :

— Boris Abramovitch, dites-moi ce que vous voulez. Il paraît que la Caisse d'épargne vous intéresse ?

— Cela fait des années que je ne suis plus dans les affaires, Evgueni Maximovitch, répondit Boris. Mais il y a une chose que j'aimerais, c'est être votre adjoint.

Le Premier ministre eut l'air perplexe, il n'avait pas le sens de l'humour.

— Et que diraient les communistes ?

— Ne vous en faites pas, Evgueni Maximovitch, je plaisantais, lança Berezovski, et il sortit.

Le lendemain, Boris rendit visite à Poutine au FSB. Il frissonna malgré lui lorsque les lourdes grilles de fer se refermèrent derrière sa Mercedes. La voiture se glissa dans la cour intérieure du bâtiment à quatre côtés connu sous le nom de Loubianka. Des milliers d'individus avaient jadis franchi cette grille pour ne plus jamais ressortir. Un type insignifiant le conduisit vers l'ascenseur de la direction et le fit monter au troisième étage où se trouvait le bureau flambant neuf du directeur, rénové pour répondre aux goûts de Poutine : un mobilier de bois clair, rigoureusement fonctionnel, qui évoquait l'influence manifeste des années qu'il avait passées en Allemagne de l'Est. L'ancien bureau de la direction, d'où les maîtres du KGB tels que Beria et Andropov avaient jadis présidé aux intrigues de la Guerre froide, avait été transformé en sanctuaire des services secrets, sur ordre du nouveau directeur.

La frêle silhouette de Poutine paraissait encore plus menue derrière son immense bureau, sur lequel se dressait une statuette de bronze représentant Felix Dzerjinski, le fondateur de la première police secrète soviétique. Il posa un doigt sur ses lèvres pour intimer le silence à Boris et lui fit signe de le suivre par la porte de derrière. Ils traversèrent une salle à manger privée et sortirent par un autre couloir exigu.

Boris regarda autour de lui. Ils se trouvaient dans un petit vestibule sans fenêtre qui donnait sur une porte d'ascenseur – une seconde issue, de toute évidence.

— Ici au moins, nous pouvons parler en toute sûreté, expliqua Poutine.

Ils avaient deux sujets à l'ordre du jour : Primakov et Litvinenko.

La politique russe a ceci de particulier que le maître du Kremlin, qu'il s'agisse d'un tsar, d'un secrétaire général ou d'un président, est paré d'une qualité mystique de *vlast*, de « pouvoir », qui inspire à la population une humilité et un respect instinctifs. Cette qualité d'autorité souveraine relie tous les dirigeants historiques de la Russie en une dynastie virtuelle unique, qui va des Romanov à Gorbatchev et à Eltsine, en passant par Lénine, Staline, Khrouchtchev et Brejnev. C'est de là que découle la notion d'héritier présomptif. Dans la pratique, comme Poutine et Berezovski – et tout le monde d'ailleurs – le comprenaient fort bien, celui qu'Eltsine désignerait comme héritier disposerait automatiquement d'un bonus électoral acquis d'avance – entre 20 et 40 % des voix.

Peu importait que la cote d'Eltsine fût au plus bas dans les sondages ; la mystique de l'héritier du *vlast* agissait indépendamment de la personnalité du président en exercice.

On n'était plus qu'à huit mois de l'an 2000, année électorale. Primakov, vestige soviétique de soixante-dix ans soutenu par une clique de communistes, d'anciens apparatchiks et d'espions, n'était de toute évidence pas ce dont le pays avait besoin pour affronter le XXIe siècle. Son départ ne faisait pas de doute ; il avait été décidé par le président et lui-même dès le premier jour. La question était de savoir qui le remplacerait – qui serait l'héritier présomptif, le prochain président de la fédération de Russie.

Enfermés dans l'antichambre de l'ascenseur du vieux bâtiment du KGB, Boris et Poutine n'ignoraient pas la responsabilité que l'Histoire plaçait entre leurs mains. Leur avis commun emporterait certainement la décision de la « famille », laquelle pèserait à son tour sur le président.

Malgré l'avantage électoral que représentait l'appui présidentiel, le candidat devait posséder une qualité indispensable – être capable de battre le candidat communiste, qui serait peut-être Primakov dont la popularité s'était accrue au cours des semaines précédentes. Passant en revue la liste des candidats possibles, Boris et Poutine durent se rendre à l'évidence : le paysage était désert. À la suite des scandales et des crises de l'année écoulée, les réformateurs de l'école de Tchoubaïs, comme Boris Nemtsov et Sergueï Kirienko, n'avaient pas l'ombre d'une chance. On pouvait en dire autant de Tchernomyrdine. Lebed était susceptible de plaire aux électeurs, mais ils craignaient qu'il ne tourne au dictateur militaire. Restaient deux hommes dotés d'une stature nationale qui paraissaient plus ou moins acceptables : Sergueï Stepachine, ministre de la Justice, et Nikolaï Aksionenko, ministre des Transports. Chacun avait ses atouts et ses points faibles. En tout état de cause, leur élection ne serait pas du billard.

— Volodia, pourquoi pas vous ? demanda soudain Boris.
— Comment ça, moi ? – Poutine ne comprenait pas.
— Pourquoi ne deviendriez-vous pas président ?
— Moi ? Oh non, ce n'est pas mon genre. Ce n'est pas du tout ce que je veux dans la vie.
— Eh bien quoi alors ? Vous avez l'intention de rester ici éternellement ?
— Ce que je veux..., poursuivit-il en hésitant. Ce que je veux, c'est être Berezovski.
— Quelle blague ! répondit Boris en riant.

Ils changèrent de sujet.

Boris Berezovski aborda le problème de Sacha.

— Écoutez, dit Poutine, je vais être franc avec vous. Vous savez ce que je pense de Litvinenko. C'est un traître. Mais si vous me le demandez, j'essaierai de l'aider. Malheureusement, son affaire n'est pas du tout de mon ressort. Elle est entre les mains de la division des procureurs militaires de Skouratov. Débarrassons-nous d'abord de Skouratov, et puis nous sortirons Litvinenko de prison.

Boris jugea que cela se tenait. Mais il y avait quelque chose dans l'expression de Poutine qui ne lui plaisait pas.

— De toute façon, Boris, poursuivit Poutine, quoi que vous puissiez en penser, ce n'est pas un type propre. Il a fait un certain nombre de choses franchement moches.

— Je ne vous crois pas. Je le connais.

— J'ai des preuves.

Il y eut un silence pénible.

— C'est un traître, répéta Poutine. Mais je vais faire ce que je peux.

Il se faisait tard. Boris pensa à cette ironie du sort : Sacha et Vladimir, les deux seuls hommes intègres au FSB, et qui pourtant se vouent une telle haine réciproque...

Poutine posa la main sur la poignée de la porte, elle tourna dans le vide sans enclencher le mécanisme d'ouverture.

— Merde, lança-t-il. Ils ne sont même pas fichus de fabriquer des serrures qui marchent et vous voudriez que je gouverne ce pays ? Il faut une clé pour appeler l'ascenseur. On est coincés. Holà, il y a quelqu'un ? hurla-t-il en tambourinant sur le mur qui séparait le vestibule du couloir principal. C'est moi, Poutine. Nous sommes enfermés !

Ils frappèrent pendant dix bonnes minutes avant que quelqu'un les entende et vienne les délivrer.

Pendant ce temps, dans la solitude de sa cellule de Lefortovo, Sacha essayait de comprendre ce qui lui arrivait.

« J'ai d'abord été en état de choc, écrivit-il plus tard. La première nuit, je n'ai pas dormi ; j'ai regardé le plafond. Le jour de mon arrestation, il faisait un temps de cochon, de la neige fondue, de la boue partout. J'ai horreur de cette période de l'année et dès la fin mars, j'attends le soleil. Le lendemain, ils m'ont fait sortir dans une cour minuscule, cinq ou six pas de large. J'ai levé les yeux, le ciel était bleu, le soleil brillait partout dehors. Je faisais les cent pas comme un fauve entre ces murs. Au-dessus de moi, un grillage métallique hérissé de barbelés et un ciel bleu, bleu. J'étais dans une situation épouvantable : le printemps était là et je ne pouvais pas en profiter. J'étais enfermé dans cette boîte humide et froide. Ça m'a tellement démoralisé que j'ai demandé qu'on me reconduise dans ma cellule. »

Des années plus tard, en se promenant dans Londres, Sacha s'arrêta devant l'inscription qui figure sur la statue d'Oscar

Wilde : « Nous sommes tous dans le ruisseau, mais certains d'entre nous regardent les étoiles. »

Tous ses souvenirs de prison lui revinrent instantanément. « C'était exactement ça. C'est ce que j'avais éprouvé. Dans le ruisseau, à regarder les étoiles. »

À son troisième jour d'isolement cellulaire, il entama une grève de la faim. Il demanda à voir un représentant d'une association de défense des droits de l'homme. Il était au bord de l'hystérie. On lui fit une piqûre pour le calmer. Puis le gardien, un vieil homme qui connaissait bien Sacha du temps où il visitait les locaux comme agent opérationnel, vint le voir.

— Écoute, fiston, lui dit-il. Ne te détruis pas comme ça, ce n'est pas la fin du monde. Tu auras besoin de toute ta force. Arrête ça.

Ce fut au cours de ces premières semaines à Lefortovo que Sacha comprit qu'il existait un lien entre la révolte qu'il ressentait et sa relation avec Marina. Avant de la rencontrer, il était attaché corps et âme à son service et adhérait sans réserve à son code de loyauté. Il n'imaginait pas pire chose que d'être désapprouvé par ses chefs ou désavoué par le *Kontora*. Maintenant, c'était différent. Perdre Marina, voilà ce qui pouvait lui arriver de pire.

« Tu sais, Marina a changé ma logique, m'expliqua-t-il plus tard. Elle est arrivée et a pris possession de moi. Si les services de renseignements m'avaient soumis à un détecteur de mensonges avant que je rencontre Marina, et qu'il m'avaient demandé ce qu'évoquait pour moi le mot *amour*, j'aurais répondu *Patrie*. Pour le mot *fidélité*, j'aurais répondu *mon serment*. *Obéir – aux ordres*. Je n'aurais même pas imaginé qu'on puisse penser autre chose. Parce que je leur appartenais. Comme un enfant à ses parents, aux parents que je n'avais jamais vraiment eus. »

Mais Marina changea tout cela en un clin d'œil. Dès l'instant où il la vit, il lui appartint. Il ne pouvait plus être à quelqu'un d'autre. Il n'avait pas éprouvé cela avec Natalia, sa première femme. Mais Marina avait trouvé la clé d'un verrou dont il ignorait jusqu'à l'existence. « Si j'étais entré à l'URPO avant de la connaître, j'aurais fait ce que Goussak me disait de faire, comme un robot. Mais elle a brisé cette emprise et m'a permis de réfléchir. Et puis ensuite, Boris est arrivé et il a fini le boulot. Parce qu'il m'expliquait les choses. Pas comme mes patrons qui ne savaient qu'aboyer : "C'est comme ça et pas autrement." »

Couché sur le dos, réduit à contempler le plafond de sa cellule de Lefortovo, Sacha était rongé de culpabilité en pensant à ses deux familles. Il n'avait pas d'économies. Il espérait que Marina aurait le bon sens d'aller demander de l'aide à Boris. Mais certains trouveraient certainement le moyen d'exploiter cette démarche pour lui nuire.

Les officiers ne reculaient devant aucun coup tordu, comme l'avait montré ce qui était arrivé à Natalia, sa première épouse. Ils l'avaient convoquée aux Affaires intérieures, lui avaient confisqué tous ses documents de pension alimentaire et lui avaient fait signer une déposition affirmant que Sacha la menaçait. En novembre, alors que le scandale battait son plein, Poutine lui-même avait déclaré à la télévision que Sacha ne versait pas la pension alimentaire qu'il devait à son ex-épouse. « La femme de l'un de ceux qui ont participé à la conférence de presse a fait appel à moi », déclara-t-il.

— Pourquoi as-tu fait ça ? avait crié Sacha à Natalia à l'époque. Tu ne comprends pas que tu te mets toi-même en danger. Ils vont te buter et me coller ça sur le dos.

— Je ne savais pas, avait-elle sangloté. Je suis sotte. Ils m'ont fait peur.

Venant d'un agent opérationnel, une combine aussi sordide n'aurait rien eu d'étonnant. Mais que le directeur du FSB s'abaisse à cela ! Kovalev ou Barsoukov n'auraient jamais fait une chose pareille.

Alors que Sacha avait désormais tout le temps de ruminer, Marina se retrouva, elle, avec mille choses sur les bras. Elle reçut un appel du bureau de Berezovski lui apprenant que Boris était à l'étranger, mais qu'il lui avait trouvé un avocat. Un enquêteur du parquet voulait la voir. Il fallait prendre des dispositions pour que le petit Tolik passe quelques jours chez ses grands-parents.

Elle alla voir l'avocat. C'était un homme de quarante ans, un ancien de la justice militaire, qui reconnut d'emblée n'avoir aucune expérience des affaires politiques. « Mais cet aspect-là ne sera certainement pas abordé au tribunal. Ce que je peux faire, c'est m'occuper du fond de l'affaire de mon mieux, comme si elle n'était pas politique. »

Boris avait également veillé à faire verser à Marina une allocation de mille dollars par mois, à peu près l'équivalent du salaire de Sacha.

« Ne t'en fais pas, nous allons le sortir de là », lui dit-il au téléphone depuis Paris.

Que pouvait-il dire d'autre ?

Elle se rendit ensuite à Lefortovo.

« Quand pourrai-je le voir ? » fut la première question qu'elle posa à l'enquêteur, Sergueï Barsoukov.

Barsoukov se montra distant et formel. Il lui exposa les règles : Sacha avait droit à deux visites par mois, à la discrétion de l'enquêteur. Le mois de mars était presque fini, elle pouvait donc espérer le voir deux fois en avril, à moins que ses visites ne soient refusées pour une raison ou pour une autre. Mais d'abord, Barsoukov voulait perquisitionner chez elle. Il lui présenta un mandat.

Pourquoi une perquisition ? se demanda-t-elle en songeant aux accusations portées contre Sacha. En fait, ils cherchaient simplement à en savoir plus long. Ils mirent son appartement sens dessus dessous mais ne trouvèrent rien d'intéressant. Bien sûr, Sacha possédait des dossiers secrets ; il les cachait ailleurs.

Quant aux accusations, Marina les trouvait risibles. Un seul épisode leur avait fourni deux chefs d'accusation : abus de pouvoir et coups et blessures. Dix-huit mois plus tôt, au cours de la détention d'un groupe de criminels, Sacha avait frappé

Vladimir Kartchenko, le chauffeur de son suspect. Les « coups et blessures » se limitaient à une ecchymose « de la taille d'une pièce de cinq kopeks ». L'avocat lui dit de ne pas s'inquiéter, que politique à part, le fond de l'affaire ne tiendrait pas la route au tribunal.

Début avril, une première visite fut accordée à Marina. Elle se réveilla à six heures du matin et alla faire la queue pour s'inscrire à huit heures. En écoutant parler les autres femmes venues attendre, elle fut assaillie par la peur : elle avait apporté des cadeaux pour Sacha et se demanda soudain s'ils n'excédaient pas les limites des colis autorisés – le poids de savon et le nombre de paquets de thé par exemple. Et si on lui refusait le tout ?

Après s'être inscrite, Marina eut encore trois heures à attendre avant d'être introduite au parloir, dans un petit box où Sacha était séparé d'elle par une épaisse paroi de verre. Ils étaient obligés de se parler par téléphone pendant qu'un gardien au visage impassible écoutait. Il leur était impossible de discuter de l'affaire ou d'échanger le moindre propos susceptible d'être pris pour un message codé. Ils parlèrent donc de la famille, du temps, de leur santé, et d'autres sujets sans conséquence. Au cours des huit mois que Sacha passa à Lefortovo, Marina lui rendit seize visites de ce genre.

Lefortovo n'est pas une prison comme les autres. Elle dispose d'un budget correct, elle est propre, administrée avec efficacité – et terriblement déprimante. Le pire, selon Sacha, était le silence. De toute sa vie, il n'avait jamais ressenti une absence de bruit aussi implacable.

« Lefortovo vous broie spirituellement, écrivit-il plus tard. Une énergie négative transpire de ces murs. On dit que les oiseaux évitent de survoler la prison. C'est peut-être l'héritage du temps où Lefortovo était un lieu de tortures et d'exécutions massives. »

En tant que prison du FSB, Lefortovo était réservée à une « clientèle » importante : espions, patrons de la pègre, gros délinquants économiques, etc. Sacha se distinguait des autres détenus par l'insignifiance de son cas : il avait cassé la figure à quelqu'un. On ne lui en accorda pas moins le traitement complet réservé aux détenus de choix et il subit toute la gamme des techniques de pression psychologique.

Dès le départ, ses enquêteurs lui firent comprendre que l'issue de son affaire ne faisait aucun doute. Il n'était même pas utile d'en parler, lui dirent-ils. Attendez le procès et on vous expédiera quelque part dans l'Oural. Là, on vous descendra. Personne ne le remarquera, personne ne s'en souciera.

Ce qu'ils cherchaient à lui faire comprendre, c'est qu'il était encore possible de faire marche arrière. C'était sa faute s'il se retrouvait dans ce guêpier. Il devait admettre qu'il avait eu tort de faire cause commune avec Boris. S'il acceptait de voir la vérité en face et reconnaissait que Boris ne valait pas qu'il lui sacrifie sa propre vie, ils réfléchiraient ensemble à la manière dont Barsoukov pourrait tirer Sacha de cette mauvaise passe.

Après trente-six jours d'isolement cellulaire interrompus par des sermons de ce genre, Sacha était au bord de la folie. Et voilà qu'un beau jour, on lui attribua un compagnon de cellule. Il savait que c'était un mouton, mais il était heureux d'avoir quelqu'un à qui parler, même si leurs conversations étaient probablement enregistrées.

Au cours des huit mois qu'il passa à Lefortovo, Sacha changea cinq ou six fois de compagnon de cellule. Il voyait clair dans leur jeu. Ils avaient tous été condamnés à de lourdes peines, et au lieu de pourrir dans un des trous infects du Goulag, ils avaient gagné leur transfert à Lefortovo en dénonçant leurs codétenus. La méthode était toujours plus ou moins identique : instaurer un climat de confiance en parlant de leur famille et en se trouvant des intérêts communs ; raconter des anecdotes sur leur vie, et puis, peu à peu, amener l'« objet » à prendre conscience de son impuissance, de la vanité qu'il y avait à résister au système, etc. Ou, dans d'autres cas, inciter l'« objet » à aborder des sujets précis, qui intéressaient particulièrement l'enquêteur. Sacha connaissait la routine ; l'« exploitation intracellulaire » avait été un de ses sujets de prédilection à l'école de contre-espionnage.

Il s'amusait à jouer avec l'agent opérationnel invisible qui dirigeait ses codétenus. Une fois, il coupa l'herbe sous le pied de son compagnon en lui disant franchement qu'il savait qu'il était un informateur ; une fois dehors, le menaça Sacha, il irait voir son dossier au FSB – il connaissait quelqu'un dans le service qui le laisserait jeter un coup d'œil contre quelques centaines de dollars.

Le lendemain, l'agent opérationnel de Lefortovo le fit venir :

— Pourquoi faites-vous cela ? Pourquoi tyrannisez-vous mon agent ?

— Il ne me plaît pas, répondit Sacha. Il ronfle. Envoyez-moi quelqu'un d'autre.

Sacha était intrigué par la direction que prenaient les questions de ses enquêteurs et des mouchards qui partageaient sa cellule : ils s'intéressaient tous à la « famille » – Ioumachev, Volochine, Tatiana, Roman et Pavel Borodine, le directeur du Patrimoine au Kremlin. Quelles étaient leurs habitudes, leurs relations mutuelles, quelles étaient les personnes qu'ils fréquentaient, leurs dépenses habituelles ? De toute évidence, les enquêteurs se méprenaient entièrement sur la place qu'occupait Sacha dans le cercle de Boris. Bien sûr, il avait rencontré tous ces gens – à part Borodine –, mais il ne les connaissait pas assez bien pour fournir des réponses, même s'il l'avait voulu.

À l'époque, Sacha ignorait les dessous politiques de toute cette affaire ; il n'avait encore jamais entendu parler de la famille. Plus tard, à Londres, nous avons essayé d'analyser ce qui lui était arrivé. Était-il le prisonnier de Skouratov, après tout ? Ou celui de Poutine ?

Nous en avons discuté pendant des heures. Aucune théorie ne tenait la route.

Poutine n'avait absolument pas besoin de fourrer son nez dans des questions comme les relations Tatiana-Ioumachev ; il en était informé de première main. Il n'avait pas à fouiner dans les secrets de Borodine ; il avait travaillé pour lui pendant deux ans. Et pourtant, Sacha croupissait dans la prison de Poutine, sous un chef d'accusation forgé de toutes pièces par les hommes de Poutine. Dans ce cas, pourquoi était-il interrogé dans le cadre d'une enquête fondamentalement anti-Poutine ?

Nous comprîmes alors que les deux théories n'étaient peut-être pas incompatibles. Poutine, qui avait ses propres raisons de souhaiter le voir en prison, se servait de Skouratov ; il savait que Sacha n'aurait pas grand-chose à dire, alors il l'avait lancé à Skouratov pour qu'il ait un os à ronger. Le procureur lui en voulait parce qu'il était l'ami de Boris ; Poutine parce qu'il avait trahi le *Kontora*.

Pendant que Berezovski et Poutine discutaient dans l'antichambre de l'ascenseur à la Loubianka, au Kremlin, le président se débattait avec le même problème : qui serait l'héritier de son trône ? Comme il l'écrivit dans ses *Mémoires*, le sort de Primakov fut scellé fin avril. Il le regrettait profondément, mais Evgueni Maximovitch utilisait « trop de rouge » dans sa palette politique.

À cette date, sans en avoir encore parlé à personne, pas même au principal intéressé, Eltsine avait déjà choisi son dauphin. C'était Poutine, un homme intègre, sur qui on pouvait compter. Malheureusement, il était trop tôt pour l'annoncer. Il ne voulait pas « que la société s'habitue à Poutine pendant les mois nonchalants de l'été. » Il ne fallait pas gâcher le mystère, l'effet de surprise. Celui-ci serait primordial dans les élections à venir.

Primakov devait pourtant partir, ce qui imposait de lui trouver un intérimaire. Son choix se porta sur Stepachine, la chiffe molle, qui avait le plus de chances d'obtenir l'approbation de la Douma. La perspective de l'avoir pour concurrent électoral enchanterait les communistes. C'était une ruse : il laisserait Stepachine en place quelques mois seulement et sortirait Poutine de son chapeau le moment venu, histoire de déstabiliser ses adversaires.

Primakov fut révoqué le 12 mai. La Douma confirma sans aucune difficulté la nomination de Serguéï Stepachine au poste de Premier ministre. L'ami de Boris, Vladimir Rouchaïlo, s'installa au ministère de l'Intérieur. Evgueni Primakov partit prendre des vacances bien méritées. C'était l'homme politique le plus apprécié des Russes. Sa cote de popularité était de 60 %, contre 2 % pour Eltsine.

L'été 1999 fut exceptionnellement chaud, et le cercle politique de la Russie se déplaça vers la ceinture verte de datchas entourant la capitale. Par une nuit torride de début juin, Igor Malachenko, le président de NTV, accueillit un couple d'invités à sa datcha : le duo Tania-Valia. Ils arrivèrent avec une tarte aux pommes maison et une mission : sonder Malachenko à propos de Poutine. NTV le soutiendrait-il comme héritier présomptif ?

« J'ai été horrifié, a confié Malachenko des années plus tard. C'était un type du KGB. Comment pouvait-on ne fût-ce qu'envisager de choisir un type du KGB ? C'était une organisation criminelle.

« Mais vous ne l'avez même pas rencontré, protestèrent Tania-Valia. Il est différent. C'est un vrai libéral. Et il est loyal. Il n'a pas trahi Sobtchak, et il ne nous trahirait pas. Papa l'aime beaucoup. »

Igor accepta de voir Poutine avant de porter un jugement. Le dimanche 6 juin, un dîner fut organisé à la datcha de Peter Aven, un des premiers oligarques du pacte de Davos, le fondateur d'Alfa Bank. Poutine vint avec ses deux filles.

La maison d'Aven, avec son opulence outrancière, dut faire sensation sur les adolescentes, filles d'un fonctionnaire incorruptible.

Le dîner fut sinistre. La conversation tournait mollement autour de la pénurie d'eau dans le centre de Moscou. Poutine ne desserrait pas les dents, se comportant « comme un héros capturé par l'ennemi ». L'arrivée de la femme de Malachenko apporta enfin un peu d'animation. Elle venait tout droit de l'aéroport où elle avait conduit leur fille qui partait pour un internat en Angleterre.

Ils avaient enfin un sujet de discussion intéressant : les écoles privées en Grande-Bretagne. Poutine était toujours silencieux. Ses filles aussi.

Un peu plus tard, la fille d'Igor appela d'Heathrow : personne n'était venu la chercher. Maman pouvait-elle prendre contact avec l'école ? Les enfants n'étaient pas autorisés à voyager seuls.

— Voyons, c'est dimanche soir, il n'y aura personne à l'école, objecta la femme d'Igor. Tu es une grande fille, prends un taxi, donne l'adresse au chauffeur et il t'y conduira.

Elle raccrocha. C'est alors que Poutine prit la parole pour la première fois depuis le début de la soirée.

— Vous n'auriez pas dû faire cela, vous savez. N'importe qui peut se faire passer pour un chauffeur de taxi.

Igor en resta bouche bée. Plaisantait-il ?

Mais Poutine était parfaitement sérieux. Igor était un représentant des médias, un homme en vue, et donc une cible de choix pour les services secrets occidentaux, expliqua-t-il. Un homme comme lui ferait mieux de faire un peu plus attention à la sécurité de sa famille.

Il n'y avait pas trace d'ironie ni d'agressivité dans sa remarque. Poutine s'inquiétait sincèrement pour la sécurité de la jeune fille.

« C'était ça, la mentalité KGB, m'a expliqué Malachenko. Dès que je l'ai entendu, les choses ont été parfaitement claires dans mon esprit. Comment pouvions-nous accorder notre soutien à la candidature d'un homme pareil ? »

Cette réflexion désinvolte au dîner marqua le début d'une succession d'événements dont l'aboutissement fut l'assaut donné aux studios de NTV par la police de Poutine, un an plus tard exactement.

Le 11 juillet, Eltsine et sa famille partirent pour Zavidovo, une résidence de campagne à cent vingt kilomètres de Moscou. Valentin Ioumachev revint quatre jours après pour s'entretenir avec Berezovski.

— Boris Nikolaïevitch a pris sa décision, lui annonça-t-il. C'est Poutine. Penses-tu qu'il acceptera ?

Boris répondit qu'il avait déjà posé la question à Poutine et qu'il avait rejeté cette idée.

Alexandre (Sacha) Litvinenko avec sa mère, à Naltchik, 1966.

Le mariage de Sacha et Marina Litvinenko, 14 octobre 1994.

Sacha, Marina et Tolik célèbrent leur premier Nouvel An à Londres.

Sacha à l'école de contre-espionnage.

Sacha (à droite) avec Alexandre Goussak pendant le siège de Pervomaïsk, lors de la première guerre en Tchétchénie, 1996.

Négociations en Tchétchénie, mettant face à face la Confédération russe (Eltsine, Rybkine, Berezovski) et les séparatistes tchétchènes (Oudougov, Maskhadov, Zakaïev).

Vladimir Goussinski, surnommé « Goose », l'« oie » en anglais. Il fut un temps considéré comme l'homme le plus riche de Russie. En 1996, avec Boris Berezovski, autrefois l'un des plus puissants oligarques russes, qui vit aujourd'hui en exil.

George Soros à Davos. L'homme d'affaires et philanthrope s'est intéressé de très près à la Russie, où il a créé diverses fondations.

Vladimir Poutine au Kremlin. Cet « ancien espion sans envergure, parachuté par l'administration du Kremlin », est aujourd'hui le président de la Russie.

Sacha Litvinenko lors de la conférence de presse de 1998, où il dénonça la corruption régnant au FSB. Avec Victor Chebaline.

Boris Berezovski en 2002, alors qu'il dénonce le gouvernement russe et accuse le FSB d'avoir commis les attentats de 1999 contre des immeubles moscovites.

Le deuxième institut de recherche scientifique (NII-2) du FSB à Moscou, où serait entreposé du polonium.

La maison des Litvinenko, au nord de Londres.

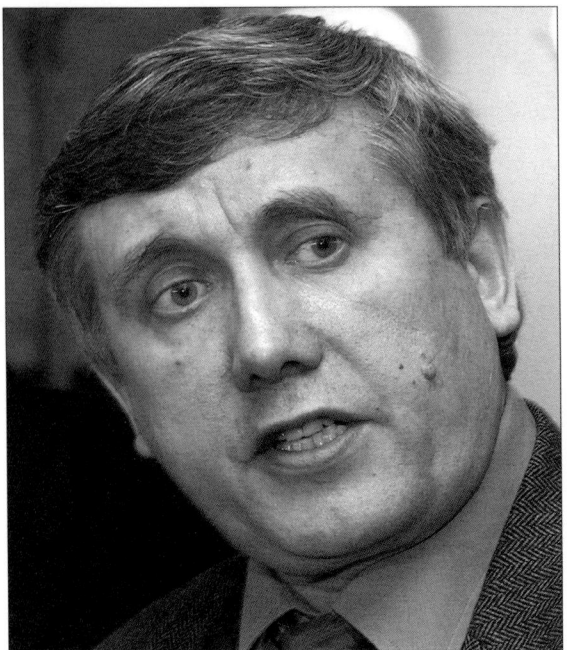

Sergueï Iouchenkov, membre de la Douma qui participa à l'enquête sur les attentats moscovites de 1999. Il fut tué devant chez lui, à Moscou, par un tireur non identifié, le 17 avril 2003.

Anna Politovskaïa, journaliste militante assassinée à Moscou en octobre 2006.

Mikhaïl Trepachkine, ancien collègue de Sacha qui fut emprisonné après avoir dénoncé le FSB.

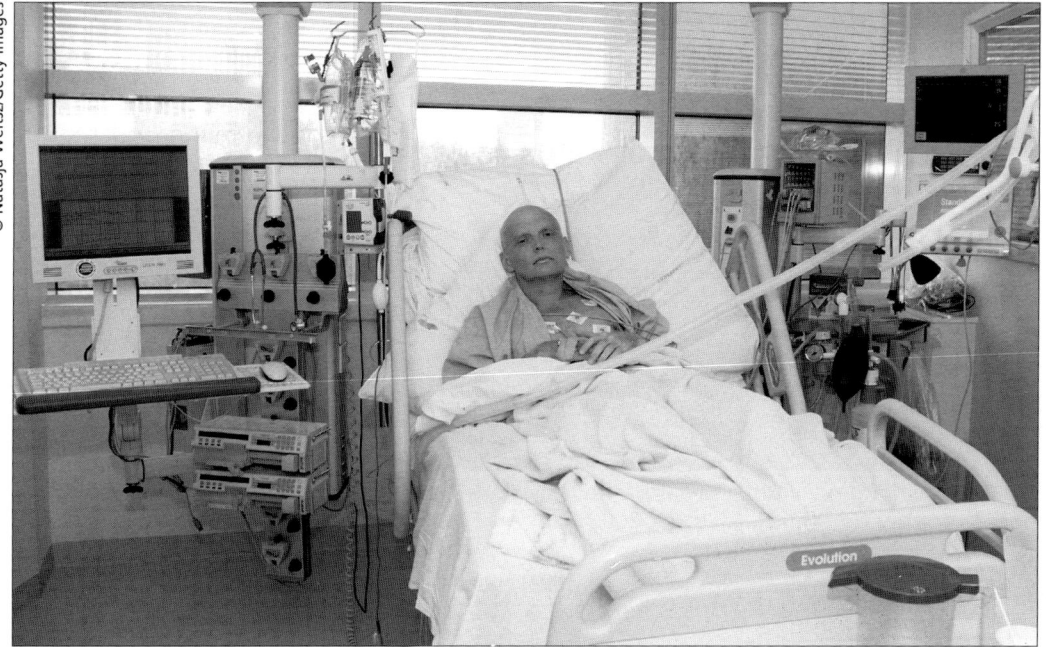

Sacha Litvinenko sur son lit de mort.

Dimitri Kovtoun et Andreï Lougovoï. Ces deux anciens du GRU, les services secrets de l'armée, ont été contrôlés positifs au polonium.

Mario Scaramella. Cet expert mondial en matière de sécurité nucléaire fut l'un des derniers interlocuteurs de Sacha, le jour de son empoisonnement. Il a depuis été testé positif au polonium.

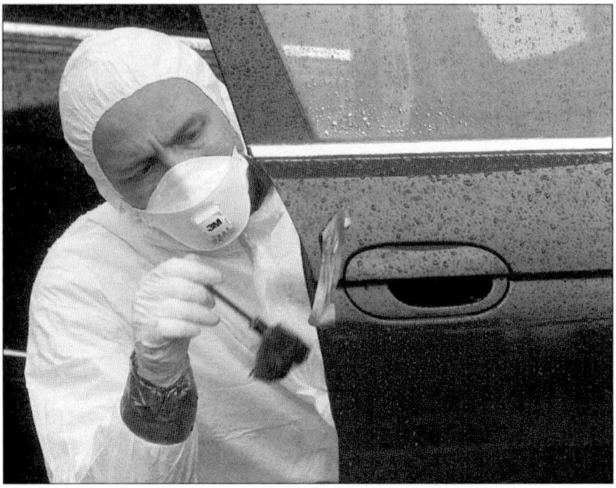

Policier allemand relevant la présence de radiations dans la voiture de Dimitri Kovtoun, 2006.

Alex Goldfarb avec le toxicologue John Henry.

Marina Litvinenko à l'enterrement de Sacha.

— Eh bien, tu es le seul capable de le faire changer d'avis, dit Valentin.

Le 16 juillet, le *Gulfstream* de Boris se posait à Biarritz. Il y trouva Poutine, sa femme et leurs filles dans un modeste hôtel donnant sur la baie. Ils sortirent déjeuner.
— C'est Boris Nikolaïevitch Eltsine qui m'envoie. Il veut que vous deveniez Premier ministre.
Aucune explication n'était nécessaire. Cela voulait dire que selon toute vraisemblance, Poutine serait le prochain président de la fédération de Russie, dernier membre en date de la dynastie royale des maîtres du Kremlin.
— Je ne suis pas sûr d'être prêt, répondit immédiatement Poutine – Boris nota qu'il y avait réfléchi.
— Oui, je sais, vous préféreriez être moi...
— Je ne plaisantais pas, l'interrompit Poutine. Pourquoi vos amis et vous-même ne me confieriez-vous pas la direction de Gazprom ? Voilà qui serait à ma portée.
Boris comprit alors un élément du caractère de Poutine. C'est un officier, incapable de jouer un rôle à l'extérieur de la chaîne de commandement. Une fois qu'il serait au sommet, il n'y aurait personne pour lui donner des ordres. Mais Boris savait aussi que Poutine était loyal, que c'était un homme qui jouait en équipe ; c'était une qualité sur laquelle il pouvait s'appuyer.
— Volodia, je comprends. Personne n'a envie de s'y coller. Mais réfléchissez : vous êtes le seul. Primakov serait capable de battre n'importe qui, sauf vous. Et nous serons toujours là pour vous donner un coup de main. Vous ne pouvez pas nous laisser en plan.
Il y eut un silence. Puis Poutine répondit, avec un soupir de résignation :
— Oui, vous avez raison. Mais je veux l'entendre de la bouche de Boris Nikolaïevitch.
— Bien sûr, c'est pour cela qu'ils m'ont envoyé, pour vous sonder. C'est comme ça quand on est président : on n'a pas envie de s'entendre répondre non.

Poutine accepta.

Makhatchkala, Daghestan, le 7 août 1999. Les forces russes emploient l'artillerie et l'aviation pour attaquer des extrémistes wahhabites qui tiennent plusieurs villages près de la frontière tchétchène. Des témoins parmi les deux mille réfugiés qui campent sur la place centrale de la capitale du Daghestan affirment que deux hélicoptères russes ont été abattus. Les troupes wahhabites, fortes de deux mille hommes, sont conduites par Chamil Bassaïev qui cherche à élargir la zone que ses hommes administrent depuis près d'un an. Le 8 août, regagnant Moscou après une tournée dans la région, le Premier ministre russe Stepachine apprend que l'ensemble de son cabinet et lui-même ont été renvoyés par le président Eltsine. C'est le troisième changement de gouvernement de l'année.
Le Premier ministre désigné, Vladimir Poutine, s'engage à rétablir l'ordre dans le Sud.

10

Les vainqueurs

Buinaksk, Daghestan, le 4 septembre 1999. L'explosion d'une voiture piégée détruit une caserne, tuant soixante-quatre personnes et en blessant cent trente-trois. Le lendemain, des centaines de terroristes armés, sous le commandement de l'extrémiste Chamil Bassaïev, pénètrent au Daghestan pour reconquérir plusieurs villages frontaliers investis par les forces russes deux semaines auparavant. Des milliers de réfugiés affluent dans la capitale provinciale de Makhatchkala. Le gouvernement d'Aslan Maskhadov nie toute implication dans cette incursion et désavoue leurs auteurs. À Moscou, le Premier ministre Vladimir Poutine convoque une réunion du Conseil national de sécurité.

L'avènement de Vladimir Poutine en surprit plus d'un. Un jour de septembre 1999, la fondation Soros fit venir à Washington le gouverneur de la Sibérie, Viktor Kress. Je l'accompagnai à un déjeuner donné au Département d'État et réunissant divers spécialistes de la Russie, observateurs et analystes politiques.

— Monsieur Kress, qui sera le prochain président de la fédération de Russie ? demanda l'un d'eux.

— D'après vous ? répondit Kress.

— Primakov ? Loujkov ? Iavlinski ? Nemtsov ? Lebed ? Ziouganov ?

— Vladimir Poutine, dit Kress.

Un murmure se propagea autour de la table. Poutine était le

nouveau Premier ministre – le sixième de la présidence Eltsine – mais sa cote de popularité n'était que de deux pour cent, et celle de Primakov de vingt-deux pour cent. Deux mois plus tôt, personne n'avait encore entendu parler de Poutine. Qui était cet homme ?

Celui que Sacha Litvinenko a accusé de l'avoir empoisonné est né le 7 octobre 1952 à Leningrad (redevenue Saint-Pétersbourg). Son père était ouvrier dans l'industrie ferroviaire, et d'après *Première Personne* – une compilation d'interviews de et sur Poutine rapidement élaborée et mise en vente le matin de l'élection présidentielle –, sa mère était « gentille... mais assez peu instruite ». Elle avait occupé divers emplois modestes – manutentionnaire dans une épicerie, femme de service dans un laboratoire, veilleuse de nuit dans une boutique de vêtements d'occasion. Pendant la Seconde Guerre mondiale, elle avait vécu la famine consécutive au siège et au blocus de Leningrad par les armées allemande et finlandaise. Elle avait quarante-deux ans à la naissance de Vladimir, un enfant malingre.

L'institutrice du jeune garçon, venue voir la famille pour discuter des résultats insuffisants et de la conduite dissipée de son élève, décrit le père, un vétéran du NKVD (nom du KGB en temps de guerre) grièvement blessé à une jambe, comme un homme sérieux, solide et coléreux. Elle note également l'absence de toute manifestation de tendresse dans cette famille ; « son père avait le caractère dur », mais l'« âme tendre ». Lorsque l'enfant faisait de graves bêtises, il le corrigeait à coups de ceinture.

La famille habitait une pièce de vingt mètres carrés dans un appartement communautaire, au cinquième étage d'un banal immeuble sans ascenseur situé au 15 de la rue Baskov, à vingt minutes à pied de la perspective Nevski, artère principale de Leningrad. D'après l'institutrice, l'appartement « n'avait aucune commodité. Ni eau chaude ni baignoire. Les toilettes, affreuses, glaciales, déprimantes, étaient sur le palier... Il n'y avait pratiquement pas de cuisine, juste un bout de couloir carré, sombre, sans fenêtre, avec un réchaud à gaz d'un côté, une bassine de l'autre et à peine la place de se glisser entre les deux. Derrière cette caricature de cuisine vivait une autre famille... ».

L'une des expériences marquantes pour le petit Volodia fut sa rencontre avec les hordes de rats qui vivaient dans l'entrée de l'immeuble. Il les chassait à coups de bâton. « Une fois, j'en ai vu un énorme et je lui ai couru après. Je l'ai acculé dans un coin, tout à coup il s'est retourné et précipité sur moi. Je ne m'y attendais pas et j'ai eu très peur. Ce rat m'a poursuivi... mais j'ai couru plus vite que lui et je lui ai claqué la porte au nez ». C'est comme ça qu'il apprit « une fois pour toutes le sens du mot "acculé". »

De son propre aveu, le jeune Poutine était un *chpana*, terme argotique désignant les jeunes délinquants. Il en a gardé certaines expressions dans ses discours. Sa petite taille ne l'empêchait pas de se battre avec férocité. L'un de ses anciens camarades d'école primaire raconte que, pendant les récréations, « c'était un petit tigre. Il sautait sur son ennemi, le griffait, le mordait, lui tirait les cheveux ». Malgré les efforts concertés de son institutrice et de son père, Volodia finit par avoir des fréquentations douteuses : deux frères qui régnaient sur les toits, les garages et les entrepôts du quartier. Il leur vouait une loyauté à toute épreuve.

Poutine reconnaît que les choses auraient pu « aller trop loin » si, à l'âge de onze ans, il n'avait pas découvert les arts martiaux. Son professeur de judo, Vera Gourevitch, « joua un rôle décisif » dans son enfance en le « sortant de la rue ». Il décida de se mettre à ce sport pour « pouvoir [se] défendre tout seul dans la rue comme à l'école ». Il y apprit la discipline, la concentration et l'adresse tactique. Le judo devint sa passion. Selon son professeur, il se battait « comme un léopard des neiges, déterminé à vaincre, à n'importe quel prix ».

Son professeur l'encouragea, car cette obsession lui évitait bien des ennuis. Mais elle remarqua qu'il préférait le sport à la compagnie de ses camarades de classe. Il devint ceinture noire et gagna plusieurs compétitions locales.

Plus tard, à l'université de droit, il remporta le titre de champion de Leningrad et continua à s'entraîner tout en apprenant son métier d'espion. L'un de ses collègues de l'École 101 de la Première direction générale du KGB (aussi connue sous le nom d'académie du Drapeau rouge de Iouri Andropov), qui vit aujourd'hui à Washington, se souvient qu'en passant devant le gymnase, quand il entendait « des cris perçants », il savait « sans avoir besoin de vérifier que c'était Poutine qui s'entraînait ».

Toujours dans le magazine *Première Personne*, Poutine ne cache pas que la rue et les cours de récréation lui ont donné des leçons de darwinisme social, et les descriptions qu'il fait de ses combats de judo montrent bien son attitude offensive. Des années plus tard, ces caractéristiques ressortiraient, dans les paroles comme dans les actes du président, sous la forme d'une violence contenue. Par exemple avec cet aphorisme très souvent cité : « Nous avons fait preuve de faiblesse, et les faibles sont toujours battus. »

Comme Berezovski me l'expliqua bien des années plus tard, l'image belliqueuse de Poutine fut habilement exploitée par ses directeurs de campagne, en 1999. Elle faisait écho à l'état d'esprit de la majorité des Russes. L'orgueil national blessé à la suite de la guerre froide, le désir d'un retour à l'ordre et à la stabilité, l'indignation provoquée par la disparité de fortune entre quelques milliardaires et les masses misérables, tout cela incitait le peuple à acclamer un petit bonhomme ascétique, introverti et dur, le « minus » qui se bagarre et qui gagne, contre toute attente. Poutine devint le porte-parole des frustrations nationales.

Contrairement aux experts américains, la classe politique moscovite savait bien que Poutine succéderait à Eltsine. Je me souviens de l'inquiétude exprimée par Macha Slonim, une ancienne amie du temps où j'étais un dissident, devenue doyenne des journalistes politiques de Moscou.

— Préviens Boris, me dit-elle à l'époque, qu'il fait une grosse erreur. Poutine appartient au KGB, et on ne danse pas avec le KGB, il vous marche sur les pieds. Primakov aussi appartient au KGB, bien sûr, mais au moins il est vieux. Il ne durera pas longtemps, alors que celui-là, on n'est pas près de s'en débarrasser.

Macha et moi appartenons à une catégorie d'individus qui se méfie systématiquement du KGB. Nous ne leur accordons jamais le bénéfice du doute.

Quand je rapportai cette mise en garde à Boris, il me dit qu'il faisait confiance à Poutine. Même en désaccord avec lui, Poutine avait toujours été franc et direct, par exemple quand il avait traité Sacha de traître. Et puis Poutine était sur la même ligne politique que lui. Mais surtout, Poutine lui manifestait une loyauté à toute épreuve. Boris m'en donna un exemple.

— Je lui ai dit, Volodia, il y a un moyen sûr pour toi de gagner les élections. Mets-moi en prison pendant toute la campagne. Ça va couper l'herbe sous le pied à Primakov. Ensuite, tu pourras me libérer.

— Et qu'a-t-il répondu ?

— Que l'idée était bonne, mais que je pouvais sûrement trouver un meilleur moyen de le faire élire.

Un an après que Poutine l'avait chassé de Russie, je lui rappelai cette conversation.

— Je pense qu'il m'a donné la réponse que j'avais envie d'entendre, me dit-il.

— Et tu n'as-tu rien remarqué, tu n'as jamais soupçonné qu'il allait te doubler ?

— Si, à un certain moment je me suis posé des questions.

C'était à la fin d'août 1999. Boris rentrait à sa datcha quand Poutine lui téléphona, lui demandant de venir immédiatement le voir. Boris fit demi-tour et se dirigea vers la Maison Blanche. Poutine le reçut dans l'ancien bureau de Primakov. La pièce n'avait pas beaucoup changé, sauf que la statuette en bronze de Felix Dzerjinski, fondateur de la Tchéka, que Boris avait vue sur son bureau du FSB, trônait maintenant sur son bureau de Premier ministre.

Poutine était blême de rage.

— Ton ami, Goose, est venu ici. Il m'a menacé.

— De quoi ?

— Il a dit que lorsque Primakov serait élu, ce qui est inévitable, vous iriez tous en prison, Tania, Valia, toi – et moi aussi pour vous avoir couverts.

— Volodia, en ce qui concerne Tania et Valia, je ne sais pas. Mais je peux t'assurer que l'histoire d'Aeroflot n'est rien d'autre qu'une obsession de Primakov...

— Je sais, je sais, interrompit Poutine. Nos services n'en ont pas moins souffert à cause de vous. Mais ce n'est pas la question. Il m'a menacé.

— Goose est une ordure. Il a voulu t'éprouver, c'est bien dans son style.

— On ne menace pas Poutine. Il va le regretter toute sa vie. Je voulais juste que tu le saches.

Boris le quitta sans avoir vraiment compris pourquoi Poutine l'avait fait venir.

« C'était la deuxième fois que je le voyais exprimer une émotion ; la même émotion que lorsqu'il parlait de la trahison de Sacha. C'est cela, et le buste de Dzerjinski, qui m'ont fait réfléchir. »

Boris hésita pendant presque un mois. Devait-il soutenir le successeur désigné par Eltsine ? Celui-ci partait du principe que Poutine avait définitivement quitté le KGB pour rejoindre le clan des réformistes. Mais était-il un vrai réformateur ? Ou bien restait-il fondamentalement attaché au KGB ? Il n'était peut-être pas trop tard pour démêler tout cela.

Boris s'ouvrit de ses doutes à Roman Abramovitch et lui demanda de se rendre à Saint-Pétersbourg le 7 octobre pour assister à la fête d'anniversaire de Poutine. Si le *Kontora* maintenait son emprise sur lui, l'ambiance de la soirée s'en ressentirait forcément.

À son retour, Roman le rassura.

— Tu m'as envoyé espionner des espions, dit-il, mais je n'en ai pas vu. Rien que des invités banals, de son âge, portant des jeans, certains jouaient même de la guitare. Pas le moindre gorille du KGB à l'horizon.

— Et sa femme ? demanda Boris

Ludmilla Poutina avait failli mourir dans un accident de

voiture à Saint-Pétersbourg en 1993. La colonne vertébrale gravement atteinte, elle avait dû subir de multiples opérations et passer plusieurs années en rééducation.

— Je l'ai trouvée un peu raide, mais c'est sans doute à cause de son accident.

— Y a-t-il une autre femme ?

— J'ai vérifié, dit Roman avec un sourire malicieux. Rien à signaler depuis les cinq dernières années.

Elena Tregoubova était l'une des attractions du Kremlin dans les années 1990. Jeune, grande, jolie et libre d'allure, elle savait se faire remarquer et n'avait aucun scrupule à user de ses charmes pour obtenir des informations. Elle était correspondante au Kremlin du journal *Kommersant*, l'équivalent russe du *Financial Times*. Elle affichait un certain dédain pour les ambitieux, férus de politique politicienne, qu'elle qualifiait de « mutants » dans son ouvrage intitulé *Les Contes d'une exploratrice du Kremlin* qui remporta un grand succès dès sa parution, en novembre 2003. C'était peut-être son aura de supériorité ambiguë qui déliait les langues de ses interlocuteurs haut placés. Ils réclamaient sans cesse d'être interviewés par elle, même si elle les traitait sans ménagements.

Trebougova revendique l'honneur d'avoir présenté Poutine au monde. Elle l'a en effet interviewé pour la première fois en mai 1997 quand il venait de quitter les services du Patrimoine pour la direction du contrôle financier du Kremlin. À l'époque elle le décrivait comme « un petit homme gris, ennuyeux, sans rien de remarquable... dont les yeux n'étaient pas seulement dénués de couleur ou d'expression, mais carrément absents... ; [il] semblait disparaître, se fondre artistiquement dans le décor de son bureau ».

Elle lui a sans doute caché ces réactions, à l'époque, puisque Poutine lui a accordé une interview exclusive sur le rôle des services secrets dans la lutte contre la corruption.

— Le FSB, ou plutôt son ancêtre le KGB, n'a jamais été directement mêlé à l'univers du crime, déclara-t-il. Centré sur le renseignement... il est resté relativement propre.

Il affirma que les services secrets représentaient le dernier espoir de mettre fin aux agissements des fonctionnaires corrompus. « S'il le faut, nous les mettrons en prison. » Tregoubova a noté que « les mots les plus belliqueux, il les prononçait avec un mouvement particulier de sa lèvre inférieure, ce demi-sourire insolent et satisfait des délinquants juvéniles. Visiblement, il s'imaginait capable d'éliminer d'un claquement de doigts et sans même quitter son bureau tous les politiciens véreux et quiconque oserait faire obstacle à ses chers "services" ».

Dix-sept mois plus tard, en décembre 1998, elle l'interviewait de nouveau dans son bureau de la Loubianka, quand, soudain, il l'invita à déjeuner.

« J'ai réussi à sourire, tout en m'efforçant de deviner s'il voulait me recruter comme agent ou s'il me proposait "la botte" », écrit-elle dans ses *Contes*. Finalement, la journaliste en elle prit le pas sur la femme que « cette seule idée horrifiait ». Elle accepta.

Ils allèrent déjeuner dans un restaurant japonais chic, vidé de ses clients par le détachement de sécurité de Poutine, et elle s'efforça de se comporter en journaliste tandis qu'il lui faisait des avances « absurdes ».

— Lenochka, lui dit-il à un moment, pourquoi tenez-vous tant à parler de politique ? Vous n'aimeriez pas mieux boire un verre ?

Remarquant que le restaurant était désert et qu'aucun agent ne le surveillait de l'extérieur, elle lui demanda s'il avait fait évacuer tout l'immeuble.

— Allons donc, protesta Poutine, je me suis contenté de réserver une table pour deux. Tout en étant directeur du FSB, j'ai bien le droit, comme n'importe quel homme, de déjeuner avec une jeune femme charmante doublée d'une journaliste de talent. Croyez-vous que cela ne m'arrive jamais ?

— Cela vous arrive-t-il souvent ? demanda-t-elle pour le taquiner, regrettant immédiatement d'avoir posé cette question trop personnelle.

— Euh, pas très souvent... en fait.

Sentant qu'elle était allée trop loin, et après avoir décliné une invitation à peine voilée de l'accompagner à Saint-Pétersbourg pour les fêtes du nouvel an, elle reprit ses distances.

Elle avoue dans *Contes* avoir été impressionnée par la facilité avec laquelle Poutine se mettait sur la même longueur d'ondes que ses interlocuteurs.

« C'est un extraordinaire "réflecteur" ; il vous copie à la perfection, comme un miroir, vous faisant croire qu'il est exactement comme vous, votre alter ego. Par la suite, je l'ai vu user de ce don exceptionnel au cours de sommets avec des chefs d'État étrangers qu'il voulait séduire. » Il imitait leur langage corporel. Même sur les photos officielles, « on a l'impression qu'il n'y a pas un président russe et un président américain, par exemple, mais deux Bush assis côte à côte, l'un souriant à l'autre... Et il le fait avec une telle habileté que son homologue ne remarque rien... ».

La scène savoureuse du restaurant japonais assura le succès du livre de Tregoubova, qui arriva dans les meilleures ventes de 2003.

Il lui valut aussi des ennemis. Le 1er février 2004, une bombe de faible puissance explosa sur son palier, juste à côté de son appartement, détruisant sa porte, manquant de la blesser. Aujourd'hui, Tregoubova vit essentiellement à l'étranger, loin des regards.

Au début du mois de septembre, le procès de Sacha avait enfin franchi toutes les étapes de l'instruction et devait avoir lieu. Marina et son avocat demandèrent une audience au président du tribunal militaire du district de Moscou, un général.

— Soyez sans crainte, leur dit-il. Je suis vieux et je vous promets que le procès sera équitable.

Il en fixa la date au début du mois d'octobre et nomma le juge chargé de l'affaire.

La défense s'empressa de demander la levée de l'« ordonnance restrictive », terme légal russe désignant l'*habeas corpus*. L'avocat de Sacha fit valoir que son client n'avait jamais été condamné, que sa mise en liberté ne constituerait pas un danger pour l'ordre public, et qu'il n'avait aucune raison de fuir.

Le 15 septembre, le juge Vladimir Karnaukh examina la requête, d'un air blasé. Il feuilleta brièvement l'épais dossier, fit des grimaces en prenant connaissance de quelques pages choisies au hasard – et ordonna la levée de l'ordonnance. Marina n'en croyait pas ses yeux.

— J'étais doublement choquée, raconta-t-elle. Toutes ces épreuves m'avaient mise dans un état proche du désespoir, et je découvrais subitement que dans ce système monstrueux, on pouvait rencontrer des gens normaux, raisonnables ; que la justice, finalement, était possible. Mais en même temps, j'étais furieuse. Quelques minutes d'attention distraite avaient suffi à cet homme pour rayer d'un trait de plume nos huit mois de souffrances en agissant comme si rien ne s'était passé ! Il aurait pu prendre la décision inverse, ou quelqu'un d'autre aurait pu libérer Sacha huit mois plus tôt. Je me suis dit qu'un monde où l'on pouvait mettre les gens en prison et les libérer avec une telle désinvolture ne tournait vraiment pas rond.

L'avocat interrompit ses réflexions : « Venez, ne perdons pas de temps. » Il paraissait inquiet.

Ils se rendirent à la prison de Lefortovo.

L'officier de garde prit l'ordre du tribunal, vérifia quelque chose dans ses dossiers, quitta la pièce comme pour téléphoner et revint en disant :

— Désolé, ce document n'est pas valable. Il ne porte pas le cachet du tribunal.

Ils y retournèrent.

— Étrange, dit le juge Karnaukh. Ils connaissent ma signature. Pourquoi ne m'ont-ils pas passé un coup de fil ?

Il les quitta pour aller faire cosigner le document par le président du tribunal, le tamponna et le leur rendit en leur disant : Bonne chance.

Ils retournèrent à Lefortovo.

L'officier prit le papier et s'en alla. Il revint une demi-heure plus tard.

— L'ordre de libération ne nous pas été officiellement

délivré. Il aurait dû nous être remis par le messager du tribunal ou envoyé en recommandé ou par une voie officielle quelconque. Nous ne pouvons pas l'enregistrer.

— Il va falloir au moins deux jours pour arranger ça, dit sombrement l'avocat.

Marina téléphona à Boris qui leur dit de passer chez lui.

Après les avoir entendus, il téléphona à ses amis du Kremlin. Un quart d'heure plus tard, une voiture, gyrophare allumé, sirène hurlante, arriva. Un officier du Bureau fédéral de la sécurité prit le document et le remit au garde de Lefortovo, dans une énorme enveloppe frappée du sceau fédéral, aussi officielle que possible. Marina arriva une demi-heure plus tard ; elle n'avait pu rivaliser de vitesse avec la voiture du FSB.

— Bien, dit l'officier, tout est en ordre maintenant. Nous pouvons dire que nous avons officiellement reçu le pli, mais la journée se termine, et il faut au moins deux heures pour procéder à la relaxe, revenez demain matin.

L'avocat vint annoncer la mauvaise nouvelle à Sacha qui attendait depuis le matin dans une cellule provisoire. Sacha l'accueillit avec un sourire résigné.

— Je ne m'attendais pas à ce qu'ils me relâchent.

Le lendemain, les procureurs contestèrent sa mise en liberté et réclamèrent une audience. Le juge Karnaukh fut remplacé. L'avocat passa une demi-heure avec le président et dit ensuite à Marina :

— Le nouveau juge, Evgueni Kravchenko, est un homme juste. Je le connais. Mais il ne faut pas insister pour la mise en liberté provisoire. Il n'y a que deux juges corrects dans ce tribunal et nous en avons déjà coulé un. Je ne veux pas couler l'autre pour quelques semaines de rétention supplémentaires. S'il libère Sacha, ils le remplaceront. Je préfère qu'il juge l'affaire. Laissons Sacha où il est ; cela ne durera guère plus d'un mois.

Tandis que la date du procès de Sacha approchait, une nouvelle guerre menaçait d'éclater en Tchétchénie. Depuis plus d'un an, Boris avait cessé de s'occuper de la Tchétchénie. Entre les intrigues au Kremlin, les maladies du président et ses démêlés avec Primakov et Skouratov, il n'en avait tout simplement pas eu le temps. Mais il avait suivi de près les événements et maintenu des contacts avec des personnages clés.

Au printemps, il s'était plusieurs fois entretenu au téléphone avec l'ex-ministre tchétchène des Affaires étrangères, Movladi Oudougov, chef de l'aile islamique chassé du gouvernement par Maskhadov en octobre 1998. Début juin, Oudougov avait rencontré Berezovski à Moscou, donnant à Boris l'impression que les Tchétchènes le considéraient toujours – à tort – comme le principal artisan de la politique russe en Tchétchénie. Oudougov lui avait exposé son projet d'évincer Maskhadov en instaurant un régime musulman, plan qui, selon lui, servirait les intérêts de la Russie.

Le raisonnement d'Oudougov était géopolitique. L'objectif à long terme de Maskhadov, disait-il, était d'amener son pays à l'indépendance complète et de l'intégrer à l'Occident en rejoignant l'OTAN et l'Union européenne. Il considérait la Géorgie et la Turquie comme ses principaux alliés dans la région. Au bout du compte, Maskhadov pourrait ouvrir le Caucase du Nord aux Américains qui rêvaient depuis longtemps d'y installer un oléoduc jusqu'aux champs pétrolifères de la mer Caspienne. Cela serait, bien évidemment, préjudiciable à la Russie.

Mais aussi à l'islam, poursuivit Oudougov, puisque l'Amérique est le Grand Satan et l'ennemi ultime de tous les musulmans. De ce point de vue, les vrais musulmans et l'État russe avaient un intérêt commun : bloquer l'accès du Caucase à l'Occident. Un gouvernement islamique à Grozny̆ serait automatiquement antiaméricain, c'est-à-dire prorusse.

Le plan d'Oudougov consistait à agiter les islamistes wahhabites de Bassaïev pour qu'ils déclenchent des troubles au Daghestan, ce qui inciterait les Russes à riposter et provoquerait la chute de Maskhadov. Un gouvernement Bassaïev-Oudougov installé à Grozny̆ entreprendrait immédiatement des négociations d'indépendance. Oudougov pourrait alors offrir de restituer à la Russie les territoires tchétchènes situés au nord du fleuve Térek et essentiellement peuplés de Russes de souche. Oudougov n'avait pas l'intention de les convertir à l'islam.

Boris n'aimait pas ce projet. Rien ne prouvait qu'Oudougov puisse tenir aucune de ses promesses. L'existence d'un État islamique jouxtant la Russie pouvait avoir des conséquences imprévisibles. Boris rétorqua à Oudougov qu'il s'était trompé d'interlocuteur. Il n'avait plus d'influence sur la politique tchétchène. Mais il transmettrait ses propositions à qui de droit.

Il alla voir le ministre de la Justice de l'époque, Sergueï Stepachine, qui le remercia pour cette proposition et promit d'en tenir compte.

Boris donna les mêmes informations à Poutine. Les rebelles de Bassaïev se battaient au Daghestan. L'armée russe était mobilisée. Poutine voulait-il vraiment mettre à exécution le plan imaginé par Oudougov ?

— Volodia, dit-il, que se passe-t-il ? Sois prudent. Ne te lance pas dans la guerre avec ce plan insensé. Les guerres ont une fâcheuse tendance à se passer autrement que prévu.

— Boris, répondit Poutine, mettons-nous bien d'accord : toi, tu t'occupes des élections et moi, de la Tchétchénie. Fais-moi confiance, je sais ce que je fais.

— D'accord, mais laisse-moi au moins te donner mon avis. Après tu feras comme tu l'entendras.

— Vas-y.

— Maskhadov est malheureusement en train de perdre le contrôle de la situation. Et c'est notre faute ; nous n'avons pas tenu une seule des promesses que nous lui avons faites. Il n'est peut-être pas exact qu'il vendrait son pays aux Américains, d'ailleurs, ça n'a plus d'importance maintenant. Bassaïev et Oudougov sont puissants, et ce sont des voyous. Si on les laisse faire, ils vont continuer à mettre la pagaille dans tout le Caucase du Nord. Nous ne pouvons nous permettre ni de leur laisser la bride sur le cou ni de faire comme s'ils n'existaient pas. Politiquement, notre intérêt est de les obliger à refaire un gouvernement de coalition avec Maskhadov. Ils se neutraliseront mutuellement.

— Je refuse de négocier avec des bandits, dit Poutine.

— Alors, aide Maskhadov.
— Tu l'as dit toi-même, il a perdu le contrôle de la situation.
— Alors il faut traiter avec Bassaïev et Oudougov.
— On tourne en rond.
— Volodia, ne déclenche pas la guerre. C'est une guerre impossible à gagner. Tu n'arriveras jamais à t'en dépêtrer.

Poutine resta un moment silencieux.

— Boris, je t'ai écouté. Nous n'avons pas encore pris de décision. Je te promets de tenir compte de ce que tu m'as dit. Et puis, peux-tu me rendre un service ?
— Oui ?
— Cesse toute relation avec les Tchétchènes. Plus de coups de fil, plus de messages, plus de services rendus. Tu n'imagines pas ce que mes hommes racontent à ton sujet. Des tonnes de trucs. Si j'en croyais le centième, je ne t'adresserais même plus la parole. Mais ça commence à me poser des problèmes.
— D'accord, dit Boris. C'est promis.

Moscou, le 9 septembre 1999. À l'aube, une explosion souffle un immeuble d'habitation de la rue Gourayanova, tuant 94 personnes et en blessant 249. Quatre jours plus tard, une nouvelle explosion fait 119 victimes dans un autre immeuble moscovite. Ces attentats ne sont pas revendiqués. Les soupçons se portent sur les extrémistes tchétchènes. Le Premier ministre Poutine ordonne à l'aviation de bombarder les « places fortes des extrémistes ». Les autorités tchétchènes affirment que des villages et des quartiers résidentiels ont délibérément été pris pour cibles, et que plusieurs centaines de personnes ont été tuées. Poutine nie avoir visé les civils, mais promet dans un discours télévisé de « buter les terroristes jusque dans les chiottes ». Dans un ultime effort pour empêcher la guerre, Maskhadov cherche à joindre Eltsine. Des troupes russes se massent à la frontière tchétchène.

Les explosions de Moscou anéantirent tout espoir d'éviter une nouvelle guerre. Boris, comme d'autres observateurs, fut stupéfait. Ces attentats n'avaient aucun sens. Bassaïev et Oudougov étaient féroces mais pas fous. Ils voulaient le pouvoir et ils voulaient négocier avec le Kremlin. Commettre ces attentats équivalait pour eux à un suicide.

Poutine allait bien sûr recueillir les fruits politiques de ces explosions, mais comment croire qu'il les ait autorisées ? Restaient deux possibilités : soit des éléments incontrôlés des services secrets, soit des forces étrangères tentaient d'entraîner la Russie dans la guerre.

Le 10 septembre, le blanc de ses yeux ayant viré au jaune, Boris fut hospitalisé pour une hépatite. Et il dut répondre à une nouvelle attaque : le tabloïd *Moscovski Komsomolets* publia la transcription d'une conversation téléphonique entre Berezovski et Oudougov – en partie authentique, en partie falsifiée – laissant entendre qu'il avait conspiré pour provoquer l'agitation au Daghestan. Poutine avait prévenu Boris que de vilaines rumeurs circulaient sur son compte, mais ce coup-là était particulièrement bas. Les médias de Goose s'emparèrent immédiatement de l'affaire, allant jusqu'à insinuer que les attentats de Moscou faisaient partie d'une conspiration du Kremlin en vue des élections, et que Boris en était l'instigateur.

Boris décida alors de convoquer une conférence de presse pour mettre les choses au point. Lorsque sa voiture s'arrêta devant l'agence de presse Interfax, sur la place Maïakovski, et que les photographes se précipitèrent pour le prendre en photo, son visage et ses yeux étaient encore jaunes, la couleur idéale pour un traître.

Devant les caméras, il commença par accuser Loujkov et Goussinski d'avoir falsifié la transcription et d'exploiter la tragédie des attentats à des fins politiques. Puis il accusa le FSB d'aggraver la situation au Daghestan en coopérant avec les wahhabites. Ils « n'étaient pas sans savoir » que les wahhabites asseyaient leur position depuis deux ans et demi au Daghestan. Il rappela ensuite sa propre action en tant que négociateur de la paix en Tchétchénie. Enfin, il demanda que des négociations soient entreprises avec tout Tchétchène disposé à discuter, y compris les terroristes. « Je n'ai pas peur des accusations qui vont pleuvoir sur moi après cette déclaration. Je ne cherche pas... à améliorer ma position politique, je cherche à sauver des vies », ajouta-t-il. Et il conclut par ces mots : « Déclarer l'état d'urgence n'aurait aucun sens, car cela ne résoudrait aucun problème... si nous ne pouvons pas les tuer tous, il faut discuter avec eux. »

Il ne fut pas entendu. Ces attentats, quels qu'en soient les auteurs, avaient atteint un but : dans tout le spectre politique, on criait vengeance. Même une supercolombe comme Grigori Iavlinski réclamait « une action d'envergure... sans précipitation ».

Le lendemain de la conférence de presse, une autre explosion se produisit dans un immeuble, à Volgondosk, cette fois, au sud de la Russie, tuant dix-sept personnes. Deux jours plus tard, le 19 septembre, Poutine parla. Les accords de paix de 1996-1997 étaient « une erreur » déclara-t-il. « Ces gens doivent être détruits. Il n'y a pas d'autre réponse possible. »

23 septembre 1999. La police déjoue une tentative d'attentat à la bombe dans un immeuble de Riazan, à deux cents kilomètres au sud-est de Moscou. Poutine ordonne le bombardement aérien de Groznyï. Deux jours plus tard, un communiqué du gouvernement affirme que l'affaire de la bombe à Riazan était un exercice d'entraînement pour les hommes du FSB.

Au moment où l'armée russe s'avançait en territoire tchétchène, Boris avait cru que celle-ci ne dépasserait pas le fleuve Térek. Il n'était pas d'accord avec Poutine, mais comme il avait promis de ne plus s'occuper de la Tchétchénie, il décida de laisser cette question de côté pendant un moment. Poutine et lui faisaient toujours partie de la même équipe. Ils devaient gagner une élection, et Boris se consacra à la politique des partis. Il fit la promotion d'« Unité », le parti des régions russes, sa nouvelle création, symbolisée par un ours énorme dont il avait rêvé sur son lit d'hôpital.

Une bataille essentielle allait se tenir avant l'échéance présidentielle : il s'agissait des élections à la Douma d'État (la chambre basse du parlement) fixées à la mi-décembre. Le principal souci de Boris était d'arriver à battre une puissante coalition dirigée par Primakov. Le parti de Iouri Loujkov, maire de Moscou, s'était allié au parti « Toute la Russie » des gouverneurs régionaux de tout le pays. Le Kremlin se sentait plus menacé par ce nouvel adversaire que par les communistes.

Depuis qu'en 1993 la constitution avait donné aux provinces le droit d'élire des gouvernements locaux, les dirigeants provinciaux regardaient le Kremlin avec suspicion : ils avaient peur que le gouvernement central n'empiète sur leur autonomie. Les quatre-vingt-neuf gouverneurs siégeaient tous au Conseil fédéral (la chambre haute du parlement), et s'opposaient souvent à la politique du Kremlin.

Ces mêmes gouverneurs ne parvenaient pas à s'entendre sur la désignation d'un chef. Ils estimaient que toutes les provinces de la fédération devaient être traitées sur un pied d'égalité. S'allier au puissant maire de Moscou aurait renforcé leur groupe, mais ils hésitaient à placer Loujkov à leur tête. Il semblait donc tout naturel d'inviter Evgueni Primakov, le Premier ministre révoqué, à diriger la coalition « Patrie-Toute la Russie ». Primakov n'avait pas d'assise régionale, mais c'était l'homme politique le plus populaire de la nation. Il apportait au parti le soutien des vieux apparatchiks soviétiques et une bonne partie des services de la sécurité nationale et du renseignement. Il était soutenu par la chaîne NTV de Goussinski. Et les gouverneurs contrôlaient leurs propres médias et appareils politiques. Ensemble, ils constituaient une force politique considérable.

L'élection à la Douma devint l'obsession de Boris. Il se présentait lui-même comme représentant de la république de Karatchaïevo-Tcherkessie, une province pauvre du Caucase du Nord. À bord de son avion, avec ses émissaires, il passait d'un district à un autre pour s'entretenir avec les dirigeants locaux inquiets et leurs clans, les mini-oligarques régionaux.

Dans chaque capitale de province, il répétait le même discours : « Vous avez comploté contre Eltsine parce qu'il vous marchait sur les pieds ? Mais n'est-ce pas lui qui vous a accordé vos droits en 1993 ? Attendez que Primakov s'installe au Kremlin ! Il ramènera avec lui tous les vieux apparatchiks, les vétérans de la planification centrale, les bureaucrates. Il supprimera vos élections locales, vos droits et vos privilèges. Et il lancera à vos trousses les flics et les procureurs fédéraux, des centaines de petits Skouratov. L'ère Eltsine vous apparaîtra comme un paradis par comparaison. Regardez-le, ce Primakov, ce cheval de retour du Politburo. C'est lui que vous voulez ? »

C'était un coup de génie. Boris détournait sur Primakov la peur qu'inspirait le Kremlin aux gouverneurs. Et ça marchait. Les gouverneurs se grattaient la tête, soudain inquiets à l'idée que Primakov prenne le pouvoir. Ils ne voulaient pas revenir au temps de l'URSS.

Le 22 septembre, trente-neuf gouverneurs publièrent, sous l'impulsion de Boris, un document annonçant la création d'un nouveau parti pro-Eltsine, « Unité ». Ils ne se présenteraient pas eux-mêmes aux élections législatives, mais promettaient d'appuyer de tout leur poids la liste électorale d'Unité.

L'un après l'autre, de nouveaux gouverneurs rejoignirent le mouvement, y compris plusieurs transfuges de « Patrie-Toute la Russie ». Dans tout le pays, des candidats à la Douma appartenant au nouveau parti furent nommés, avec le soutien des patrons régionaux.

Le procès de Sacha commença début octobre, à huis clos. Marina attendait dans le hall du tribunal. Elle n'avait qu'une idée : apercevoir son mari quand il entrerait dans la salle d'audience et quand il en sortirait.

L'accusation affirmait qu'en 1997, dans un mouvement de rage inexplicable, le lieutenant-colonel Litvinenko avait frappé le chauffeur d'une des cibles des services secrets.

Quand la victime fut appelée à la barre, elle accusa tout le groupe de l'avoir frappée « d'abord à coups de poing et de crosse de revolver, ensuite à coups de pied, l'un après l'autre ».

— Attendez une minute, dit le juge, dans votre déposition, vous affirmiez que seul Litvinenko vous avait frappé. Était-ce la vérité ou non ?

— Non.

— Alors pourquoi avoir menti ?

— Parce que l'homme qui m'interrogeait m'a dit qu'il avait l'ordre de mettre Litvinenko en prison. Il m'a demandé de le charger.

L'accusation demanda l'ajournement de l'audience. Le procès fut plusieurs fois reporté. Le bruit courait que le juge Kavchenko était soumis à de très fortes pressions. Le FSB voulait que Sacha soit reconnu coupable et condamné à la peine maximale, huit ans de réclusion.

Le procès reprit le 26 novembre. Une foule compacte de journalistes, de photographes et de cameramen de la télévision envahit le tribunal. La défense prononça sa dernière demande d'acquittement. Le juge quitta la salle d'audience.

Il lui fallut quatre heures pour décider de son verdict. Marina patientait dans le hall « absolument transie, avec une impression de complète irréalité ».

Le juge finit par revenir et annonça sa décision : « Non coupable. Vous pouvez partir. »

Au moment où les gardes ouvraient la porte de son box pour le laisser sortir, un vacarme se produisit à la porte. Une escouade d'hommes armés, masqués, en tenue de camouflage, bouscula les gardes postés à l'entrée et fit irruption dans la salle d'audience en hurlant :

— Écartez-vous ! FSB !

Puis, s'adressant à Sacha :

— Vous êtes en état d'arrestation !

Ils produisirent un mandat d'arrêt, passèrent les menottes à Sacha et l'emmenèrent.

Comme ils passaient devant Marina, elle tendit le bras vers lui. L'un des hommes du FSB la repoussa.

— Ne la touchez pas ! hurla Sacha.

L'homme lui donna un coup de crosse. Un reporter de la télévision filmait la scène. Les agents masqués emmenèrent Sacha dans une pièce. Barsoukov entra, avec une nouvelle question :

— Où étais-tu le 30 mai 1996 ?

— Je ne m'en souviens pas, répondit Sacha.

Mikhaïl Barsoukov lui fit lecture de charges concernant le même type d'incident : ce 30 mai, au cours d'une opération contre un cercle de racketteurs dans un marché de Moscou, il était accusé d'avoir frappé un suspect et « extorqué » une boîte de conserve à l'un des vendeurs.

Sacha refusa de répondre aux questions.

Ils l'enfermèrent cette fois à la prison criminelle de Boutirka, la plus vaste de Moscou.

Le lendemain matin, Boris alla voir Poutine à la Maison Blanche, fou de rage. La scène de l'arrestation de Sacha diffusée à la télévision était grotesque, lui dit-il. Il n'aurait jamais dû permettre une chose pareille. Cela affaiblissait l'image de leur équipe. Pourquoi le FSB avait-il sorti ces nouvelles accusations, inventées de toutes pièces, au dernier moment ?

Poutine fit ses excuses. Il n'avait tout simplement pas eu le temps de s'en occuper ; après tout, il avait une guerre sur les bras. Cette arrestation était une initiative prise aux niveaux inférieurs du FSB par les nombreux ennemis de Sacha. Il lui faudrait quelques jours pour rétablir la situation.

Le 16 décembre, le tribunal militaire de Moscou ordonna la libération conditionnelle de Sacha avec interdiction de quitter Moscou. Son passeport lui fut confisqué.

Trois jours plus tard, le dimanche 19 décembre, les Russes se rendirent aux urnes pour élire les députés à la Douma. Le tout jeune parti Unité, création de Boris, remporta la deuxième place avec soixante-douze sièges, contre cent treize pour le Parti communiste. Venait ensuite le parti de Primakov, Patrie-Toute la Russie avec soixante-six sièges. L'Union conservatrice de Tchoubaïs et Nemtsov, les sociaux-démocrates de Iavlinski et les nationalistes de Jirinovski remportèrent respectivement vingt-neuf, vingt et un et dix-sept sièges. Tout bien considéré, c'était un triomphe pour Boris. Il devenait membre indépendant de la Douma pour la Karatchaïevo-Tcherkessie. Les chances de Primakov d'être élu président s'amenuisaient. Ces résultats, ajoutés à la guerre, raffermissaient la position de Poutine comme favori de la course à la présidence. Sa cote de popularité était montée à 45 %, tandis que celle de Primakov tombait à 11 %.

Le jour de la proclamation des résultats, Poutine fit venir Boris à la Maison-Blanche. Boris arriva peu avant minuit. Poutine avait l'air solennel. Il commençait peut-être à croire qu'ils serait le prochain président de la fédération de Russie.

— Je voulais te dire que tu as accompli quelque chose de phénoménal, commença-t-il de sa voix monocorde. Personne n'y croyait, et je sais que tu étais malade et que tu as travaillé depuis l'hôpital. Je ne suis pas porté sur le mélodrame, alors mesure bien l'importance de ce que je vais te dire. Je n'ai pas de frère, et toi non plus. Sache que tu as trouvé en moi un frère, Boris. Venant de moi, ces mots ne sont pas vides de sens.

Boris resta sans voix. Il ne s'attendait pas à un accès de sentimentalisme de la part de Poutine, l'homme le plus coincé qu'il ait jamais rencontré. Jusqu'ici, il ne l'avait jamais vu exprimer d'autres émotions que de brèves (et rares) explosions de rage. Et voilà que Poutine parlait avec son cœur ! Il était pâle, et sa voix tremblait légèrement. Les deux hommes se regardèrent et, pendant une fraction de seconde, Boris vit une âme vulnérable, un être troublé, doutant de sa réussite.

— Merci, Volodia, dit Boris. Sache que je ne l'ai pas fait pour toi mais pour nous tous et, si tu me permets de donner dans le mélo, moi aussi, pour la Russie. Maintenant, tous les yeux sont fixés sur toi. Tu vas battre Primakov et Loujkov et poursuivre le travail entrepris par Boris Nicolaïevitch. Buvons à ton avenir !

Le 31 décembre 1999, Boris Eltsine annonça, dans son allocution traditionnelle à la nation, qu'il renonçait à la présidence et transférait ses pouvoirs à Vladimir Poutine en attendant les élections du mois de mars. Il demanda pardon pour une faute qu'il avait commise, la guerre en Tchétchénie.

Groznyï, 24 janvier 2000. Dans toute la ville, les combattants tchétchènes, luttant au corps à corps, résistent à l'armée russe. Akhmed Zakaïev, qui défend le district du sud-ouest à la tête d'une force de mille hommes, est grièvement blessé par une balle de shrapnel. Pendant les dix jours suivants, ses hommes le transportent sur une civière de village en village, passant entre les mailles du filet tendu par l'armée russe. Finalement, il entre en Géorgie grâce au pot-de-vin de cinq mille dollars donné par sa femme aux gardes-frontière russes.

L'histoire de la tentative d'attentat à la bombe de Riazan ne fut connue qu'après le nouvel an. Les journalistes Will Englund, du *Baltimore Sun*, et Maura Reynolds, du *Los Angeles Times*, furent parmi les premiers à l'évoquer. Ils avaient interrogé des résidents de l'immeuble de la rue Novoselova, et leurs articles furent publiés les 14 et 15 janvier, respectivement, à la une de leurs journaux. Tous deux concluaient que la bombe était bien réelle, contrairement aux assertions du FSB.

Mais en Russie, il fallut attendre un mois de plus pour que l'affaire paraisse, dans l'édition du 14 février de *Novaya Gazeta*. Pavel Volochine, le jeune disciple du journaliste d'investigation Iouri Chekotchihine, expliquait en détail ce qui s'était passé.

Le 22 septembre, à 21 h 15, Alexeï Kartofelnikov, locataire de l'immeuble de douze étages, téléphona à la police pour signaler qu'une Jigouli blanche aux plaques minéralogiques illisibles était garée devant l'entrée et que deux hommes à l'allure louche transportaient des sacs dans la cave. Mais, le temps que la police arrive, la Jigouli était partie. Les flics découvrirent trois sacs contenant cinquante kilos de poudre blanche, équipés d'un détonateur et d'une minuterie. Une équipe d'experts en explosifs appelée sur les lieux détecta des vapeurs d'hexogène, un explosif utilisé dans la fabrication des obus d'artillerie. La minuterie était réglée sur 5 h 30 du matin.

L'immeuble fut évacué pour la nuit, et la bombe désamorcée. Le FSB emporta les sacs. La police locale fut mise en état d'alerte. Les portraits-robots des terroristes – deux hommes et une femme – furent distribués à deux mille policiers et montrés à la télévision. Le matin, les agences de presse annoncèrent qu'une attaque terroriste avait été déjouée à Riazan. Aux informations du soir, le 23 septembre, le Premier ministre Primakov salua la vigilance des habitants de Riazan et promit une victoire complète en Tchétchénie.

Le lendemain, revirement complet, le chef du FSB, Nikolaï Patrouchev, annonçait à l'antenne que l'incident de Riazan n'était qu'un exercice organisé par son agence.

— Ce n'était pas une bombe, déclara-t-il. L'exercice ne s'est peut-être pas déroulé comme prévu, mais ce n'était qu'un essai, et les sacs ne contenaient pas d'explosif mais du sucre.

Pourtant, dans leurs articles publiés en janvier et en février, Englund, Reynolds et Volochine citaient des locataires, la police locale et un expert en explosifs qui contredisaient la thèse de Patrouchev. Toutes les personnes interrogées estimaient qu'il s'agissait d'un véritable attentat : la substance jaunâtre contenue dans les sacs n'était pas du sucre mais du RDX/TNT ; le gaz détecté était bien de l'hexogène, et le détonateur de la minuterie était une cartouche de fusil bien réelle.

Dans son article, Volochine mettait le FSB au défi de fournir des preuves à l'appui de sa thèse : rapport officiel, participants à l'exercice, sacs de sucre.

Par la suite, d'autres versions de l'incident circulèrent, qui tentaient d'expliquer pourquoi le FSB avait fait cette étrange déclaration. Certains rapports affirmaient que les poseurs de bombe, tous agents du FSB, étant sur le point d'être arrêtés, l'agence avait eu besoin de se couvrir. D'autres prétendaient qu'ils avaient été arrêtés, puis relâchés après avoir produit leur badge du FSB. Ce qui fut établi avec certitude fut que le soir de l'incident, Nadeja Iouhanova, une opératrice de téléphone, avait surpris une étrange conversation : « Il y a des postes de contrôle partout ; séparez-vous et quittez la ville un par un. » Elle prévint la police qui localisa l'appel : il provenait de la Loubianka, le siège du FSB à Moscou.

Le 13 mars, *Novaya Gazeta* publiait un nouvel article de Volochine, à propos d'un incident qui s'était produit à la base du 137e régiment de troupes aéroportées, près de Riazan. Une nuit de septembre, le soldat Alexeï Pinaeïev et deux de ses camarades étaient de garde devant le dépôt de munitions. Par curiosité, peut-être, ou pour échapper au froid glacial, ils entrèrent dans le dépôt où ils trouvèrent une pile de sacs ordinaires étiquetés « sucre ». Après avoir percé l'un des sacs, ils prirent un peu de poudre blanche pour sucrer leur thé. Or, le thé n'était pas sucré mais amer, imbuvable. Ils appelèrent leur officier.

Celui-ci, qui avait une formation de démineur, identifia le RDX/TNT. De gros bonnets du FSB arrivèrent de Moscou. Après avoir interrogé toutes les personnes possédant des informations, ils leur ordonnèrent de se taire. Pinaïev et ses copains furent menacés de la cour martiale pour avoir fourré leur nez dans quelque chose qui ne les regardait pas. À la fin, ils furent tous envoyés en Tchétchénie – mais ils avaient déjà raconté leur histoire à Volochine.

Le 20 mars, la Douma rejeta, à une faible majorité, une motion de Iouri Chekotchihine demandant au bureau du procureur général d'étudier le dossier de l'affaire Riazan pour y rechercher d'éventuelles violations de la loi. L'émission vedette de NTV « Enquêtes indépendantes » avait filmé une discussion d'une heure sur l'incident à laquelle participaient des locataires de l'immeuble rue Novoselova, des policiers, des experts en explosifs et trois représentants du FSB. Le verdict de tous les participants, sauf les trois agents du FSB, était unanime : il s'agissait d'une vraie bombe. L'émission devait être diffusée le 24 mars, veille de l'élection présidentielle.

Bien des années plus tard, à New York, Igor Malachenko, ex-président de NTV en exil, évoqua devant moi la douloureuse décision que son patron Goussinski et lui avaient dû prendre. Le 23 mars, ils reçurent la visite d'un messager du Kremlin – qui n'était autre que Valia, Valentin Ioumachev. Il leur délivra un message extrêmement clair de la part de « qui vous savez » : s'ils osaient diffuser « Le sucre de Riazan », ils pouvaient se considérer comme finis. L'élection de Poutine, le 26, ne faisait aucun doute. S'opposer à lui c'était s'exposer à des représailles sévères.

— C'était un signe du changement de régime. Eltsine n'aurait jamais recouru à de telles pressions, dit Malachenko.

Ils décidèrent de diffuser l'émission comme prévu.

Moscou, printemps 2000. Certains détails des événements ayant conduit à la guerre en Tchétchénie sont divulgués au cours de la campagne présidentielle. L'ancien ministre de la Justice Sergueï Stepachine révèle que le Kremlin a commencé à organiser l'invasion de la Tchétchénie six mois avant l'assaut. La presse libérale laisse entendre que le FSB ou le GRU pourraient être impliqués dans les explosions d'immeubles à Moscou. Poutine, dans une interview, qualifie ces allégations de « folie furieuse », ajoutant : « Il est même immoral d'envisager une telle possibilité. »

Le 26 mars, Vladimir Poutine est élu président de la fédération de Russie à une écrasante majorité.

11
Les fugitifs

Genève, Suisse, 17 mars 2000. L'ONG américaine Human Rights Watch et Amnesty International insistent auprès des Nations unies pour qu'on ouvre une enquête sur les crimes de guerre perpétrés, affirme-t-on, à grande échelle en Tchétchénie. Des récits en provenance de la zone de guerre font état d'atrocités commises par les forces russes. On parle de plus de cent vingt exécutions sommaires et de plusieurs centaines de cas de détention arbitraire, de passages à tabac et de torture. L'armée a fait des centaines d'otages parmi la population civile et réclame des rançons. D'après les réfugiés, les soldats russes violent systématiquement les femmes tchétchènes. Les sources d'approvisionnement et d'eau sont coupées et les villageois sont victimes de malnutrition et d'épidémies. La région est fermée aux journalistes et aux observateurs extérieurs.

Plus tard, à Londres, deux théories se sont affrontées pour tenter d'expliquer pourquoi Poutine, selon les propos de Boris, décida d'« abandonner sa mission » qui était de préserver et de promouvoir la politique démocratique d'Eltsine.

Avec un peu de recul, Boris pense que Poutine n'avait pas conçu sa mission sous un angle politique. Aussi « loyal et sincère » fût-il, Poutine n'a jamais eu de vision politique au sens philosophique ; Boris lui attribue une « personnalité sous-développée ». Son identité a toujours été définie par les groupes auxquels il appartenait – son équipe de judo, le FSB, les libéraux de Saint-Pétersbourg ou la « famille ». Sa mentalité avait été façonnée par la bande de garçons des rues de son enfance : l'appartenance au groupe comptait davantage que l'affirmation de soi. C'était « nous » contre « eux », même si ces derniers représentaient le reste du monde.

Arrivé soudain au sommet du pouvoir – et après la dispersion de la famille –, Poutine dut se réinventer et se trouver une nouvelle bande. Il commença alors à se considérer comme partie intégrante de l'État. Celui-ci devint sa bande, tandis que lui-même s'affirmait comme son gardien et son protecteur – l'État, c'est moi, aurait-il pu dire. Cette évolution fut accompagnée et soutenue par deux confidents habiles – Volochine et Abramovitch. Poutine visait un nouveau but : écraser les ennemis de l'État par la force, et cela accompagné d'une totale absence de pitié et un contrôle de soi absolu – les mêmes qualités qu'au judo. Ceux qui complotaient contre lui devinrent des ennemis de l'État. Qui pouvait dire que Poutine n'œuvrait pas en faveur des intérêts nationaux ? Ses détracteurs n'avaient qu'à disparaître.

L'autre théorie était celle de Sacha : Poutine n'avait jamais été son propre maître ; agent dormant du *Kontora*, il avait repris du service dès qu'il avait regagné le giron du FSB en 1998. Peut-être même ne l'avait-il jamais quitté. Il n'avait été ni loyal ni sincère, et avait dupé tout le monde, y compris Boris. En l'aidant à accéder au pouvoir, l'oligarque n'avait fait qu'affermir son ennemi naturel, un pion des pontes du KGB. Ces gens-là, qui formaient une sorte d'ordre secret médiéval, avaient mis au point une stratégie à deux volets pour s'emparer du pouvoir – ouvertement, par l'intermédiaire de Primakov et, clandestinement, par le biais de Poutine.

Sacha ne manquait pas d'arguments pour soutenir sa thèse ; il y avait eu la renaissance du culte du KGB à la Loubianka le jour même de l'arrivée de Poutine, et la boutade que celui-ci lança aux anciens du KGB le 18 décembre 1999 en déclarant « Mission accomplie » – une allusion à sa « pénétration clandestine du gouvernement ».

Sacha découvrit qu'en février 1998, trois jours après son apparition inattendue à l'anniversaire de Lena Berezovskaïa,

Poutine s'était présenté avec un bouquet du même genre à la porte du colonel général Vladimir Krioutchkov, le dernier chef du KGB soviétique, pour *son* anniversaire.

Selon Sacha, le changement que Boris avait cru déceler chez le nouveau président en avril 2000 n'en était pas un. Boris ne faisait que découvrir la réalité de l'homme.

Quelle que soit l'hypothèse exacte, la « transformation de Poutine » prit Boris par surprise.

À la mi-avril, peu après la victoire de Poutine, je m'arrêtai à Paris avant de me rendre à Moscou. Boris était en France pour de longues vacances et nous nous retrouvâmes pour dîner.

Je ne l'avais pas beaucoup vu l'année précédente. Il était plongé jusqu'au cou dans ses batailles politiques, tandis que je passais une grande partie de mon temps à parcourir le Goulag sibérien dans le cadre de mon projet de lutte contre la tuberculose. Mais j'avais appris ses succès spectaculaires par la presse. On s'accordait à lui attribuer la paternité de la victoire de Poutine. On le présentait comme l'homme le plus riche de Russie et comme le plus influent politiquement parmi les conseillers de Poutine, surpassant même le secrétaire général du Kremlin, Volochine. J'étais loin de penser qu'il serait bientôt un exilé, un dissident, et que Sacha Litvinenko lui emboîterait le pas. Le calme qui suivit les élections était trompeur : l'année 2000 allait être un tournant pour nous tous, comme pour la Russie.

Boris m'invita à faire un tour dans sa circonscription électorale de Karatchaïevo-Tcherkessie où il avait l'intention d'aménager une immense station de sports d'hiver sur les pentes du Dombaï, dans la partie sud de la chaîne du Caucase.

— Nous allons construire une route depuis l'aéroport de Sotchi et en faire le plus grand domaine skiable d'Europe, déclara-t-il.

— Et tu crois que les gens vont s'y précipiter alors que la guerre fait rage à cent cinquante kilomètres ? objectai-je.

— Évidemment, c'est un problème, approuva-t-il. Il faut

que Volodia mette fin à cette affaire. La Tchétchénie est le seul point sur lequel nous ne soyons pas d'accord.

— Comment veux-tu qu'il fasse ? Ce type est un criminel de guerre. Dès que le conflit sera terminé, les contrôleurs des droits de l'homme vont se bousculer en Tchétchénie pour déterrer les cadavres. Il va passer un sale quart d'heure. À l'heure qu'il est, il a déjà sûrement fait pire que Milošević.

— Vous autres, les dissidents, vous ne connaissez rien à la politique, répliqua Boris. La Russie n'est pas la Serbie. Il paraît que Tony Blair va prendre le thé avec Volodia chez la reine cette semaine, tu ne sais pas ça ? Si les choses tournent mal, il fera porter la casquette à une poignée de généraux.

— Et vous autres, les oligarques, vous ne connaissez rien à l'Histoire, rétorquai-je. Quand Volodia s'en prendra à toi, tu courras chercher de l'aide auprès des dissidents.

— Ça n'arrivera jamais, dit-il. C'est un type qui bosse en équipe. Et je fais partie de la même équipe que lui, nous avons la même mission. S'en prendre à moi, ce serait comme s'en prendre à lui-même.

Pendant que Berezovski se reposait, la configuration du pouvoir au Kremlin était en train de changer du tout au tout. Avec le départ d'Eltsine, l'équipe Tania-Valia ne tarda pas à perdre de son influence. Alexandre Volochine, qui avait pris ses distances avec Boris depuis un certain temps déjà, était désormais aux commandes. Volochine était un type encore plus secret que Poutine. Le Kremlin devint un fief d'introvertis. Une clique de mystérieux types du KGB, que Poutine avait fait venir de Saint-Pétersbourg, entra en scène. Boris se trouva écarté sans ménagement du cœur du pouvoir.

Une après-midi de la mi-mai, je partis faire un jogging dans une forêt de bouleaux autour de l'Holiday Inn dans une banlieue verdoyante de Moscou. Mon portable était attaché à ma ceinture. Soudain il sonna ; Boris m'appelait de France.

— Dis-moi, est-ce qu'en Amérique le président peut révoquer un gouverneur ?

— Non, répondis-je. C'est tout l'intérêt du système fédéral.

— Tu es au courant au moins de ce qu'ils sont en train de faire ? Ils veulent officiellement renvoyer des gouverneurs !

Il faisait allusion à un train de réformes régionales proposé par Poutine. C'était sa première mesure législative d'importance. Il appelait cela renforcer l'« axe vertical du pouvoir ». C'était un virage à cent quatre-vingts degrés par rapport à la révolution d'Eltsine qui, pour la première fois de l'histoire russe, avait accordé l'autonomie à quatre-vingt-neuf provinces.

— Je rentre à Moscou demain, m'annonça Boris. Peux-tu me trouver quelques infos de fond sur le fédéralisme ? Il faut que je leur fournisse de la matière.

Grâce à Internet, je constituai un petit dossier sur l'histoire de la démocratie et du fédéralisme, de la *Magna Carta* aux batailles antiségrégationnistes de John F. Kennedy, en passant par le Fédéraliste (les articles à l'origine de la nouvelle constitution américaine). Je le remis à Boris à son arrivée à Moscou.

Pendant les quelques jours qui suivirent, une équipe composée à la hâte se rassembla dans l'arrière-salle du Club pour rédiger une note à l'adresse de Poutine. L'appel passionné de Boris en faveur de la liberté s'étoffa peu à peu d'éléments de théorie politique et d'arguments légalistes. Il en résulta un document de six pages qui attaquait à boulets rouges la réforme régionale de Poutine pour des raisons historiques, spirituelles, économiques, juridiques et politiques.

La lettre portait aux nues le rôle du fédéralisme, rempart de la démocratie. Elle affirmait que la législation en projet « renforcerait les pouvoirs du gouvernement central, mais affaiblirait les réactions » d'en bas, parce que les autorités locales ne seraient plus responsables devant le peuple. Cela diminuerait l'efficacité du gouvernement au lieu de la renforcer. Ces mesures marqueraient un retour au vieux modèle soviétique.

La note commençait par « Cher Volodia ». Soucieux de donner le ton d'emblée, Boris ajouta deux épigraphes. L'une était d'Aristote – *Amicus Plato, sed amica veritas* (Platon m'est cher, mais la vérité m'est plus chère encore) –, l'autre du poète soviétique Ossip Mandelstam, mort dans les goulags de Staline :

« Je suis légalement marié à la Liberté et ne renoncerai jamais à cette couronne. »

Alors que nous mettions au point la version définitive de la lettre, les informations du soir annoncèrent qu'une nouvelle affaire se tramait dans l'ombre du Kremlin. Le 11 mai, un groupe de policiers masqués armés de fusils-mitrailleurs avait fait irruption dans les bureaux de Goussinski. Des procureurs fédéraux s'intéressaient aux finances de la société Media-MOST et de sa filiale NTV. Manifestement, la menace du Kremlin de détruire NTV pour avoir diffusé les informations sur le « sucre » de Riazan n'avait pas été vaine.

— Boris, et si on ajoutait un paragraphe sur la liberté d'expression ? proposai-je.

— Non, non, pour l'amour du Ciel, ne mélangeons pas les torchons et les serviettes. Cela ne ferait que monter Volodia contre nous. Tu sais, pour lui, je suis dans son camp. Laissons tomber Goose.

Boris m'appela quelques jours plus tard :
— On va la publier.

Un peu plus tôt dans la journée, il avait eu un entretien avec Poutine. Le président avait lu la lettre, et ses conseillers voyaient les choses d'un mauvais œil.

— Volodia, l'intimidation n'est pas un argument, lui avait fait remarquer Boris. Ton projet impose une révision majeure de la constitution. S'il y a un débat à mener et des explications à donner, ce n'est pas à moi qu'il faut s'adresser, mais à toute la population. Or tout ce que nous entendons, ce sont des phrases creuses sur l'axe vertical du pouvoir. Ce ne sont pas des explications. Il faudrait organiser un débat national et un référendum, comme celui que nous avons eu en 1993, au moment où nous avons adopté la constitution.

— Les propositions seront soumises au vote de la Douma.

— Allons, Volodia, je sais comment les choses se passent à la Douma : cinq mille dollars par voix, c'est le tarif. Je peux très bien proposer de payer sept mille, mais il n'y aura toujours pas de débat de fond.

— Boris, je ne te comprends pas. Nous sommes le *vlast*, nous représentons le pouvoir légitime.

Il y eut un instant de silence, puis Boris dit :

— Bien, je crois que tu fais une erreur de jugement. Il ne me reste qu'à m'adresser à l'opinion publique, nous verrons bien ce que les autres pensent.

— C'est ton droit le plus strict, répondit froidement Poutine.

En me répétant cette conversation, Boris était très agité. Il fourbissait ses armes pour une nouvelle campagne.

— Une fois que nous aurons publié cette lettre, nous lancerons un grand débat, m'annonça-t-il. Une conférence avec tous les gouverneurs. À la télévision, à une heure de grande écoute. On va frapper un grand coup. Tu veux bien m'aider ?

— Boris, si tu t'engages sur cette voie, je te prédis que d'ici à un an tu seras exilé dans ton château de France, à moins que tu ne croupisses en prison. Il ne s'agit plus de politique, c'est une guerre de mafias, une lutte des classes, tout ce que tu voudras. Pour Poutine, le fond n'a aucune importance – du moment qu'il te considère comme un membre de sa bande. Mais si tu le critiques publiquement, tu t'exclus toi-même. Ensuite, tu pourras faire tout ce que tu voudras, tu seras son ennemi, comme Goose. Je serais enchanté de t'aider bien sûr, ça a même un air de déjà vu pour moi, mais la partie est perdue d'avance.

— C'est à voir.

— Franchement pourquoi as-tu besoin de ça ? J'ai du mal à comprendre. Tu fais une crise d'altruisme ?

— Pas du tout. Pur instinct de conservation. Mais tu as raison à propos de Poutine. Il s'en prend aux gouverneurs parce qu'à ses yeux ils incarnent l'ennemi. Et tout ça parce qu'ils ont soutenu Primakov. Volochine et Poutine poursuivent tout bonnement la lutte qu'ils ont commencée, ils les liquident. Le problème est que Poutine ne se rend peut-être pas compte qu'en même temps il détruit toute la structure en place. S'il réussit, mon tour viendra, tôt ou tard, parce qu'il n'est pas question que je sois son serviteur. J'ai mes propres intérêts à défendre. Mais pour le moment, j'ai encore une chance de le convaincre parce que Volodia me considère comme un membre de sa bande. Je ne cherche pas l'affrontement. Voilà pourquoi je ne fais équipe avec personne – j'agis seul. S'il voit que je suis sérieux, il comprendra qu'il commet une erreur et il fera demi-tour.

La publication de la lettre ouverte de Boris à Poutine le 30 mai 2000 désorienta tout le monde, à commencer par les observateurs américains qui arrivèrent à Moscou pour préparer un sommet bilatéral prévu en juin – le premier de Poutine et le dernier de Clinton. Berezovski n'était-il pas censé être le principal bailleur de fonds de Poutine ? Cela voulait-il dire que Poutine était aussi en bisbille avec Volochine, son secrétaire général, un homme de Berezovski ? Poutine était-il de connivence avec l'armée ? Que signifiaient les attaques contre Goussinski ?

« Nous autres, les Américains, nous sommes des gens simples et nous aimons savoir quelle équipe encourager dans n'importe quelle compétition, qu'elle soit politique ou athlétique, » écrivit David Ignatius dans un article du *Washington Post* du 4 juin intitulé « Une fiche de score compliquée au Kremlin ». « Poutine contre Berezovski », cela a tout d'« une lutte politique passionnante. Mais qui devons-nous encourager ? »

Bill Clinton était, lui aussi, incapable de trancher. Avant de repartir de Moscou pour les États-Unis, il alla saluer son vieil ami Boris Eltsine et lui faire part de ses réserves à propos du « nouveau type » qu'il venait de rencontrer.

Strobe Talbott, ancien conseiller de Clinton, a reproduit cet entretien dans *Russia Hand*. Eltsine déclara à son « ami Bill » que Poutine avait deux qualités essentielles pour ce poste. C'était « un homme jeune et un homme fort ». La fille d'Eltsine, Tatiana, « hocha la tête solennellement : « Il a été vraiment très très dur de faire accéder Poutine à cette fonction – une des choses les plus difficiles que nous ayons jamais réalisées. »

« Boris, vous êtes vraiment attaché à la démocratie, dit Clinton à Eltsine. Vous avez les tripes d'un vrai démocrate, d'un vrai réformateur. Je ne suis pas sûr que ce soit le cas de Poutine. Oh, et puis peut-être que si ! Après tout, je n'en sais rien. »

L'étape suivante fut l'arrestation de Goose lui-même. Il passa trois jours à la prison de Boutirka à la mi-juin, et fut libéré avec interdiction de quitter la ville – exactement comme Sacha. Cette mesure ébranla Berezovski plus directement encore que la lutte de Poutine contre le fédéralisme. Dans ce dernier cas, il pouvait s'agir d'une erreur commise en toute honnêteté par un président soucieux d'efficacité gouvernementale. Dans le cas de Goussinski, c'était de toute évidence un acte de vengeance.

Cette arrestation eut lieu alors que Poutine était en Espagne pour une visite officielle. Boris lui rendit visite dès son retour. Il tenait à faire une ultime tentative : après tout, Volodia n'était peut-être pas définitivement perdu.

— Volodia, pourquoi as-tu fait mettre Goose en prison ? C'était complètement inutile et cela t'a fait du tort sur la scène internationale.

— Mais enfin Boris ! Il était en tête de ta liste d'ennemis, non ? Il avait menacé de *nous* faire jeter en prison, tu as oublié ?

— Non, bien sûr, mais nous avons gagné. C'est une vengeance absurde.

— Il aurait mieux fait de ne pas *me* menacer. De toute façon, il est libre, qu'est-ce que tu veux de plus ? Et puis, tu n'as qu'à en parler à Volochine, c'était son idée.

— Goose est un traître, déclara Volochine à Boris. Il nous a poignardés dans le dos, et il recommencera. Il a raconté que c'est nous qui avons fait sauter ces immeubles.

— Mais ce n'est pas vrai, si ?

— Non, et il n'a pas le droit de dire des trucs pareils. Personne ne lui fera le moindre mal de toute façon, mais il faut qu'il lâche NTV et il le fera. Il n'a pas d'issue. Il est coincé.

Boris accorda une série d'interviews dans lesquelles il comparait la politique de Poutine à celle de Pinochet au Chili :

une économie libérale associée à l'absence de liberté politique. « Cela ne marchera pas en Russie, prédisait-il. La Russie est un pays maximaliste. Si on s'engage sur cette voie, on aboutit à la terreur stalinienne. »

Après cela, le Kremlin cessa de lui téléphoner.

Le 18 juin, la Douma approuva à une majorité écrasante les propositions de Poutine concernant le fédéralisme. Berezovski démissionna de son siège de député, pour protester contre « l'imposition d'un régime autoritaire ».

Le 20 juillet, menacé d'une nouvelle arrestation, Goose signa un accord de cession de ses participations dans les médias à Gazprom, toujours sous contrôle gouvernemental. Il partit immédiatement pour sa villa de San Roque, en Espagne. Plus tard, il fit savoir qu'il considérait la vente de NTV comme nulle et non avenue, car il l'avait signée sous la contrainte.

Puis vinrent la tragédie du *Koursk*, l'exil de Boris et sa traversée du désert politique.

Le *Koursk* faisait partie de la flotte russe du Nord. C'était un sous-marin nucléaire équipé de missiles de croisière, il portait le nom de la ville de Koursk, en Russie centrale. Le 12 août, alors qu'il réalisait des exercices de tir, une énorme explosion se produisit, apparemment à la suite du lancement défectueux d'une torpille. Le *Koursk* sombra à cent trente kilomètres au large de Severomosk, dans la mer de Barents, à cent huit mètres de profondeur. Cent dix-huit marins étaient à bord. Quand il toucha le fond, il se produisit une nouvelle explosion. À l'intérieur, il restait au moins vingt-trois hommes en vie. Ce fut pour eux le début de plusieurs jours d'agonie au fond de l'océan, tandis que le monde assistait à un fiasco monumental.

Pour Poutine, la catastrophe du *Koursk* fut un véritable désastre en matière de relations publiques. Après le naufrage, ORT et NTV diffusèrent pendant vingt-quatre heures des images d'eau glacée et de familles éplorées sur le quai, en alternance avec des plans montrant Poutine en train de faire du ski nautique et de préparer un barbecue dans sa datcha de Sotchi.

Les médias insistèrent beaucoup sur l'incurie du gouvernement russe qui non seulement était incapable d'organiser lui-même une opération de sauvetage, mais avait traîné les pieds pendant quatre jours, malgré les offres d'assistance de la Grande-Bretagne et de la Norvège. Après avoir finalement accepté cette aide, il lui fallut encore trois jours pour faire arriver sur site les navires de sauvetage. Quand les plongeurs britanniques atteignirent le sas de secours du *Koursk* il était trop tard.

Lorsque Boris eu vent de l'affaire du *Koursk*, il était en France, dans son château de Cap-d'Antibes. Il essaya immédiatement d'appeler Poutine, mais ne réussit à le joindre que le 16 août, le cinquième jour de la tragédie.

— Volodia, que fais-tu à Sotchi ? Il faut que tu interrompes tes vacances pour te rendre à la base de sous-marins ou au moins à Moscou. Tu ne te rends pas compte de ce qui se passe, et cela te fera du tort.

— Et toi, que fais-tu en France ? Tu prends des vacances bien méritées, non ?

La voix de Poutine était sarcastique.

— Pour commencer, je ne suis pas le père de la nation, et tout le monde se fout pas mal de savoir où je suis. Ensuite, je prends l'avion pour Moscou ce matin.

— D'accord, Boris, merci du conseil.

Quand Boris atterrit à Moscou le 17, Poutine était encore en vacances. Il arriva à Moscou le samedi 19 août de bonne heure. À ce moment-là, les maîtres de la propagande de Volochine avaient enfin pris la mesure du désastre. Le service de presse de Poutine fit savoir qu'il avait immédiatement pris part à une série de réunions d'urgence avec des ministres de haut rang à propos du *Koursk*.

Boris passa tout le samedi matin à téléphoner au Kremlin pour essayer d'obtenir un rendez-vous avec le président. Il pensait que c'était le moment de s'adresser à Volodia, de lui faire tirer les leçons de la semaine précédente, de lui expliquer pourquoi son attitude le dérangeait. Il finit par pouvoir obtenir une entrevue.

Volochine l'attendait. Celui-ci alla droit au but.

— Nous avons la très nette impression qu'ORT travaille contre le président. Je ne te demande qu'une chose : cède le contrôle et nous nous séparerons à l'amiable.

— Tu peux répéter ?

— Cède tes actions à quelqu'un de notre bord. Sinon, tu suivras Goose à la prison de la Boutirka.

Boris essaya de trouver les mots justes pour lui répondre. Volochine était son ancien gestionnaire de patrimoine. Il l'avait lui-même placé au Kremlin du temps d'Eltsine, trois ans plus tôt, pensant qu'il était le plus à même de soutenir sa cause. Et voilà qu'il lui tombait dessus.

— Va te faire foutre. Je veux parler à Poutine.

— D'accord, dit Volochine, toujours imperturbable. Reviens demain.

Le lendemain matin, ils se retrouvèrent tous les trois dans le bureau de Volochine. Poutine arriva, un classeur sous le bras. Il prit la parole d'un ton hyperprofessionnel, comme s'il remplissait une fonction officielle :

— L'ORT est la plus importante des chaînes. Elle est trop importante pour échapper à l'influence du gouvernement. Nous avons pris une décision.

Et ainsi de suite, jusqu'au moment où il s'interrompit, levant des yeux humides vers Boris, avant de poursuivre :

— Écoute, Boris, je ne comprends pas, pourquoi fais-tu ça ? Pourquoi m'attaques-tu ? J'ai fait quelque chose qui t'a déplu ? Franchement, j'ai été plus que tolérant pour toutes tes incartades.

— Volodia, tu as commis une grave erreur en restant à Sotchi. Toutes les chaînes du monde...

— Je me fous pas mal de toutes les chaînes du monde, coupa Poutine. Pourquoi as-tu fait ça, *toi* ? Tu te prétends mon ami. C'est toi qui m'as convaincu de prendre ce boulot. Et maintenant, tu me poignardes dans le dos. Qu'est-ce que j'ai fait pour mériter ça ?

— Mériter quoi ?

— J'ai reçu un rapport. Des hommes à toi ont engagé des putes qui se sont fait passer pour les femmes et les sœurs de marins, juste pour m'enfoncer.

— Ce ne sont pas des putes, ce sont vraiment des épouses et des sœurs. Tes crétins du KGB te racontent des conneries et si tu les crois c'est que tu es aussi crétin qu'eux.

Volochine se pétrifia, visiblement horrifié.

— Tu as oublié notre conversation d'après les élections, Volodia, poursuivit Boris. Je t'ai dit que je ne t'avais jamais juré personnellement allégeance. Tu as promis de continuer sur la voie tracée par Eltsine. Il n'aurait jamais eu l'idée de mettre en prison un journaliste qui l'attaquait. Tu es en train de détruire la Russie.

— Arrête, je ne peux pas te prendre au sérieux quand tu parles de la Russie, l'interrompit Poutine. Et dans ce cas, ce sera tout.

— Dis-moi une chose, Volodia, cette idée de m'envoyer rejoindre Goose en prison, elle est de toi ou de Volochine ?

— Ça n'a plus aucune importance maintenant.

Poutine s'était refermé comme une huître.

— Au revoir, Volodia.

— Au revoir, Boris Abramovitch.

Ils savaient l'un comme l'autre qu'ils ne se reverraient plus.

Plus tard dans la journée, Boris annonça publiquement qu'il faisait un don de un million de dollars au profit des familles des victimes du *Koursk*, tandis qu'ORT et NTV continuaient à diffuser des interviews de mères et de veuves de marins du *Koursk* reprochant son inaction au gouvernement. Le Kremlin fit des pieds et des mains pour reprendre le contrôle des médias, ce qui n'empêcha pas les deux chaînes rebelles de dénoncer en boucle la désorganisation de la marine, l'indifférence du pouvoir et la tragédie humaine qui s'était déroulée à la base du sous-marin, tandis qu'un Poutine distant et glacial présidait à cette pagaille.

Quand Poutine arriva enfin à Severomorsk, dix jours après la tragédie, il dut affronter la foule hostile des familles de marins. Près de cinq cents personnes attendaient sous la pluie pendant des heures l'arrivée du président avant d'être autorisées à entrer dans le hall d'un cercle d'officiers. Le public posa des questions agressives, tous cherchaient à comprendre qui était responsable de la dramatique absence de réaction du gouvernement.

Dans sa réponse, Poutine se répandit en invectives contre les médias. Sans aller tout à fait jusqu'à nommer les deux oligarques, Boris et Goose, il dit : « Ce sont des menteurs. Il y a à la télévision des gens qui depuis dix ans passent leur temps à essayer de détruire l'État. Ils ont volé de l'argent, ils ont tout raflé. Et maintenant, ils cherchent à discréditer notre pays parce qu'ils veulent encore aggraver la situation de notre armée. – Dans une allusion limpide à Boris, il ajouta : – Certains ont le culot d'offrir un million de dollars... Ils feraient mieux de vendre leurs villas sur la Côte d'Azur ou en Espagne. Cela leur permettrait d'expliquer pourquoi ces propriétés ont été enregistrées sous de faux noms et sous le couvert de sociétés légales. Et nous ne manquerions pas de leur demander : d'où vient cet argent ? »

Nous regardions les informations à la Roubliovka, dans la datcha de Boris. Celui-ci pointa le doigt vers l'écran.

— Cette expression, dit-il. Regarde bien cette expression. Il est comme ça quand il pète les plombs. On dirait un animal acculé, qui aboie, qui cherche à mordre. Ça ne lui arrive pas souvent.

Iouri Felchtinski, journaliste et historien spécialiste des services secrets russes, faisait partie de mon groupe d'expatriés russo-américains. Il vivait à Boston depuis la fin des années 1970, et n'était revenu dans son pays de naissance qu'après la chute du communisme. Comme moi, il devint, à la fin des années 1990, un satellite du système Berezovski, il se mettait ponctuellement sur orbite et conseillait Boris à propos de différents sujets.

Felchtinski s'était lié d'amitié avec Sacha Litvinenko après sa conférence de presse de 1998. Ils se rapprochèrent encore après la libération de Sacha en décembre 1999. Beaucoup d'histoires que Sacha racontait sur le FSB étaient évidemment d'un grand intérêt pour Felchtinski ; il profitait de toutes les occasions qui se présentaient pour discuter avec lui.

Les relations entre Berezovski et Poutine inspiraient à Felchtinski une méfiance égale à mon scepticisme, et il ne fut que trop heureux d'apprendre qu'il y avait de la brouille dans l'air. En mai 2000, Felchtinski se rendit à Moscou pour rejoindre le groupe qui aidait Boris à rédiger la lettre fédéraliste. Comme il me le raconta plus tard, il interrompit son travail une journée pour aller voir Sacha.

Il le trouva de mauvaise humeur.

Cela se passait deux semaines avant que le conflit entre Boris et Poutine ne fasse la une des journaux, mais la télévision s'était déjà fait l'écho, à une heure de grande écoute, de l'opération des brutes masquées contre Media-MOST. Sacha était convaincu que le *Kontora* s'était emparé du Kremlin en la personne de Poutine et n'allait pas tarder à s'en prendre à tous ceux qui figuraient sur sa liste noire. Il s'agissait en général de journalistes, de tchétchénophiles, de juifs et d'oligarques ; et plus précisément de Berezovski et de Goose, qui réunissaient tous ces défauts.

Quant à Sacha, l'enquête kafkaïenne dont il faisait l'objet se poursuivait, sans solution en vue. Il devait désormais faire face à une troisième série d'accusations, les deux précédentes ayant été rejetées par les tribunaux.

Après sa libération conditionnelle de la Boutirka en décembre précédent, l'accusation prétendant qu'il avait frappé un suspect et extorqué une boîte de conserves sur un marché de Moscou le 30 mai 1996 s'effondra. Il se révéla en effet que ce jour-là, le FSB avait bien passé des gens à tabac sur ce marché, mais que Sacha se trouvait alors à des milliers de kilomètres de là, en Arménie. Le ministre arménien de la Sécurité en fournit la preuve. Les plaintes furent abandonnées et les deux « témoins » renvoyés.

Mais le jour même où il fut blanchi, de nouvelles accusations furent portées contre lui. On prétendit que quelques années plus tôt, alors qu'il menait une opération dans la ville de Kostroma, à huit cents kilomètres au nord-est de Moscou, Sacha avait volé des explosifs dans un dépôt du FSB et les avait dissimulés sur un suspect – un membre de la pègre locale – pour le faire tomber. Une nouvelle procédure fut ouverte, et l'assignation de Sacha à résidence fut prolongée. Mais cette fois, l'affaire prenait un tour menaçant : si un procès devait avoir lieu il ne se tiendrait pas à Moscou. Or, il paraissait peu probable qu'un juge provincial ait suffisamment de tripes pour tenir tête aux pressions du FSB, comme l'avaient fait les deux juges moscovites.

Après avoir passé la soirée avec un Sacha mélancolique et une Marina toujours loyale, Felchtinski eut une idée – s'adresser à la source même des ennuis de Sacha, le *Kontora*, et essayer de savoir ce qu'ils demanderaient pour laisser Sacha tranquille. Boris et Poutine n'avaient pas encore officiellement rompu. Felchtinski espérait arriver à débloquer un peu la situation en exploitant le prestige de Boris, tant qu'il valait encore quelque chose.

Quelques jours plus tard, il était assis à table avec le général à la retraite Evgueni Khokholkov en personne, dans son restaurant chic de la perspective Koutouzovski.

Khokholkov ne se contenta pas d'accepter la proposition de Felchtinski à venir bavarder avec lui ; il alla jusqu'à fermer son établissement aux autres clients pour la soirée. Il considérait manifestement son invité comme l'émissaire de Berezovski, à deux échelons seulement de Poutine, donc.

Des années plus tard, Felchtinski me fit le compte rendu de cette conversation avec toute la méticulosité de l'historien. L'entrevue eut lieu le 22 mai 2000 de 19 h 30 à minuit et demi. Khokholkov se montra aimable et plein d'assurance. Il ne fit pas mystère de ses relations étroites avec le *Kontora*. De toute évidence, il avait de surcroît pris la précaution d'obtenir le feu vert de ses contacts ; il ne cessait de dire « nous » pour exposer ses positions.

« Oui, *nous* savons parfaitement que Boris est un homme important et plein de ressources, nous admettons qu'il n'y a aucune raison pour que les hostilités se poursuivent entre le FSB et Boris. Oublier le passé peut être une bonne chose, bien qu'il soit encore possible de réparer certaines injustices d'autrefois. Ainsi, Boris pourrait peut-être faire réintégrer collectivement les trois cents officiers mis en congé sans solde à la suite du scandale de l'URPO.

« Malheureusement, pour ce qui est de Litvinenko, désolé, Iouri Fedorovitch, ce n'est pas négociable. Il est à nous, pas à vous. Il a trahi le système, il faut qu'il paye. Il n'y a pas de prescription. Personnellement, je lui briserais la nuque si je le croisais dans une ruelle obscure, comme le ferait n'importe lequel d'entre nous, au sens figuré, bien sûr. J'espère que vous vous plaisez à Moscou, après toutes ces années en Amérique. Quel plaisir cela doit être de respirer à nouveau l'air de sa patrie ! »

Felchtinski retourna voir Sacha quelques jours plus tard. Il ne lui parla pas de la rupture entre Boris et Poutine, mais lui résuma sa conversation avec Khokholkov.

— Je ne crois pas que Boris pourra te protéger bien longtemps, Sacha, observa-t-il. Tu dis toi-même qu'il ne faut pas se fier à Poutine. Tu devrais songer à quitter le pays. Penses-y sérieusement. L'émigration n'est pas une partie de plaisir, mais c'est quand même mieux que de croupir en prison, ou d'être retrouvé mort au fond d'un fossé.

— Que veux-tu que je fasse à l'étranger ? Je ne parle que le russe.

— Avec tes talents... tu pourrais au moins être chauffeur de taxi. Ou alors, nous pourrions écrire un livre ensemble. Toutes tes histoires, ce serait dommage de ne pas les raconter.

Sacha hésitait, mais ils décidèrent que, le jour où il se résoudrait à émigrer, si ce jour venait, il le ferait savoir à Felchtinski. Ce dernier viendrait immédiatement l'aider à prendre le large.

> *Moscou, 7 septembre. Lors d'une conférence de presse donnée à l'occasion du premier anniversaire des attentats de Moscou, le chef des services antiterroristes du FSB affirme que les enquêteurs privilégient la « piste tchétchène ». Il donne le nom des principaux suspects : Atchemez Gotchiyaïev, Youssouf Krimchamkhalov, Timour Batchaïev et Adam Dekkouchef. On suppose qu'ils se cachent tous les quatre en Tchétchénie. Ils sont « membres d'une secte islamiste radicale ». Leur chef, Gotchiyaïev, est accusé d'avoir loué les appartements en sous-sol des immeubles où les bombes ont été déposées. Il aurait touché cinq cent mille dollars pour superviser ces attentats, somme versée par un chef militaire wahhabite nommé Amir Khattab.*

En septembre 2000, Felchtinski était plongé dans un nouveau projet – un livre, espérait-il – sur le rôle joué par le FSB dans le déclenchement de la deuxième guerre de Tchétchénie. Il rassemblait toute la documentation déjà publiée à ce sujet, en anglais ou en russe. La version couramment admise était que la guerre avait été provoquée à la suite de l'invasion du Daghestan par des chefs militaires wahhabites en août, l'événement ayant été suivi par les attentats contre les immeubles en septembre 1999. Felchtinski était quasiment convaincu que les explosions étaient l'œuvre du FSB, mais il restait quelques questions sans réponse.

Premièrement, le Premier ministre Stepachine avait déclaré que les préparatifs de la guerre avaient commencé en mars. Deuxièmement, il y avait la « transcription » de la conversation de Berezovski avec Oudougov, en mai, à propos de projets wahhabites d'invasion du Daghestan. Troisièmement, certains se demandaient si Boris lui-même n'était pas mêlé à ces attentats.

La plupart de ces interrogations, publiées dans les tabloïds russes, ne tenaient pas la route. Mais une de ces déclarations fut le fait de George Soros lui-même, qui, dans un article de la *New York Review of Books*, avait écrit : « Je ne pouvais pas vraiment croire » que Boris ait été mêlé à ces attentats, mais enfin, « c'était une possibilité que je ne pouvais exclure. »

Soros faisait allusion à une conversation qu'il avait eue avec Boris à propos de terroristes tchétchènes et qui lui avait inspiré quelques doutes. Felchtinski m'appela, espérant que je pourrais l'éclairer sur Soros.

Son appel n'était pas vraiment inattendu ; tôt ou tard, je m'en doutais, je me trouverais pris dans les querelles entre George et Boris. Je travaillais pour George et j'étais l'ami de Boris. Cela me plaçait dans une position inconfortable, mais pour le moment j'avais su éviter les conflits de loyauté. Je n'aurais peut-être pas dû les présenter l'un à l'autre, me dis-je, mais il était trop tard. Je serais bientôt obligé de choisir entre eux deux.

— Cela n'a aucun sens, dis-je à Felchtinski, quand il m'interrogea sur l'hypothèse de Soros. La conversation avec Boris s'était déroulée en ma présence. Boris avait simplement raconté comment il avait obtenu de Radouïev la libération de quelques otages en échange de sa montre, sa Patek Philippe. À l'époque, il était au gouvernement. Et pourquoi ne poses-tu pas la question à Boris lui-même ? Il est à New York.

Felchtinski prit donc l'avion de Boston pour New York. Boris donnait une conférence au Conseil des relations étrangères, mais il fallut à Felchtinski deux jours de course poursuite entre New York et Washington pour parvenir à le coincer et à lui parler. C'est en se rendant à l'aéroport avant de rentrer chez lui que Felchtinski trouva enfin le temps de l'interroger sur les événements de septembre.

Il était vrai, reconnut Boris, que, en dépit de ses objections, on avait déjà prévu de faire la guerre six mois avant les conflits du Daghestan. Il était faux qu'il eût conspiré avec Oudougov. Il était vrai qu'Oudougov l'avait appelé. Il était également vrai qu'Oudougov et Bassaïev s'étaient entendus avec Stepachine et Poutine pour provoquer une guerre qui renverserait Maskhakov et établirait un gouvernement islamique, mais il avait été convenu que l'armée russe s'arrêterait sur les rives du Térek. Or Poutine avait doublé les Tchétchènes et déclenché une guerre totale.

— Pour ce qui est des explosions d'immeubles, dit Boris, je ne peux pas croire que Poutine en soit responsable. Quant à imaginer que des éléments agissant isolément aient monté un coup aussi tordu pour aider Poutine à son insu, ce serait franchement tiré par les cheveux. Il serait absurde de suggérer que Bassaïev, Oudougov, Khattab ou n'importe quel Tchétchène sain d'esprit ait pu faire un truc pareil. Je sais bien que certains Tchétchènes sont cinglés, Radouïev par exemple, ou le wahhabite Arbi Baraïev. Des types comme ça sont capables de tout, mais je serais bien en peine d'expliquer un tel comportement. En un mot, il te faut des preuves concrètes.

— Et Riazan ? demanda Felchtinski.

— Quoi, Riazan ?

— Les « exercices » du FSB à Riazan, qu'en penses-tu ?

— Il est tout à fait plausible que le FSB ait organisé des exercices au milieu de la population civile sans prévenir, déclara Boris. C'est parfaitement son style.

— Sauf que c'était une vraie bombe.

— Comment ça, une vraie bombe ?

Comme me le raconta plus tard Felchtinski, Boris, à l'instar de la plupart des Russes, avait manqué les articles de *Novaïa Gazeta* et le compte rendu de NTV le 24 mars. Il n'avait jamais entendu parler du soldat Piniaïev et de son thé amer.

Boris n'avait jamais pris conscience que précisément le 23 septembre, le matin qui avait suivi l'affaire de Riazan, le bombardement massif de Groznyï avait commencé. Et il n'avait jamais réfléchi non plus au fait qu'après l'affaire de Riazan, les attaques terroristes, qui s'étaient produites approximativement au rythme d'une par semaine, avaient brusquement cessé.

Et surtout, jusqu'à cet instant précis, Boris avait eu tendance à écarter toutes les rumeurs de complot à propos des bombes, dont certaines d'ailleurs le prenaient pour cible. Voilà qu'un simple exposé des faits de la part d'un compagnon de voyage retenait son attention et qu'enfin la lumière se fit.

— Mais quel imbécile je suis ! s'exclama-t-il soudain. Ce sont eux ! Lena, tu entends, je suis un imbécile ! cria-t-il à sa femme, assise sur la banquette avant, à côté du chauffeur. Ce sont eux ! Ça explique tout, franchement, quel imbécile j'ai été !

Boris avait eu le temps de se calmer avant d'arriver à l'aéroport. Il écouta attentivement la proposition de Felchtinski sur l'enquête qu'il projetait de mener pour dévoiler le complot. Le problème était que Iouri était un universitaire, pas un policier. C'était un amateur. Ils ne connaissaient qu'un homme, un professionnel, assez compétent pour se charger d'une affaire aussi délicate.

Ils échangèrent un regard et lancèrent en chœur : « Sacha ! »

Quand Felchtinski avait pris la navette Boston-New York pour aller voir Boris, il avait prévu de s'absenter un jour ou deux. Cela faisait déjà quatre jours qu'il était parti. Il appela sa femme pour lui demander d'aller chercher sa voiture au Logan Airport et lui expliquer qu'il était obligé de prolonger un peu son voyage, il accompagnait Boris à Nice, d'où il prendrait une correspondance pour Moscou.

L'après-midi suivant, il se promenait avec Sacha dans les allées désertes de Neskoutchni Sad (littéralement les Jardins Sans Ennui), un parc qui longe la berge du fleuve, au centre de Moscou. Sacha parla le premier. Il était prêt à quitter le pays. Il avait pris cette décision un mois auparavant, juste après que Poutine eut critiqué Boris à la télévision à la suite de l'épisode du *Koursk*. Il avait tout préparé. C'était le 23 septembre, un an jour pour jour après l'affaire de Riazan.

Tandis que les feuilles mortes crissaient sous leurs pas, Sacha confia à Iouri sa version des attentats contre les appartements. Pour lui, c'était sans l'ombre d'un doute l'œuvre du *Kontora*.

— C'est sa signature, lui expliqua-t-il. Tout crime possède une signature. J'ai travaillé assez longtemps à la CAT pour pouvoir te dire tout de suite qu'il ne s'agissait pas d'un groupe incontrôlé de Tchétchènes. La sophistication, la coordination, les compétences techniques nécessaires pour placer la bombe – tout trahit le travail de professionnels. Tu as entendu parler de l'affaire Max Lazovski ?

Iouri n'était pas au courant.

— C'est le genre de type au FSB qui serait capable de

réussir un truc pareil. Si j'étais toi, je commencerais l'enquête par lui.

Le lendemain matin, Felchtinski prit un avion pour Londres où il devait rencontrer Boris.

Quant à l'évasion de Sacha, il n'y avait rien d'autre à faire qu'à attendre que celui-ci appelle. De Londres, Iouri regagna Boston, tandis que Boris prenait l'avion pour Málaga en Espagne, pour une entrevue de réconciliation avec Goose.

Sacha avait commencé à faire des préparatifs de fuite avant même la visite de Felchtinski. Se sachant surveillé de près, il passa près de trois mois à essayer d'endormir la méfiance des hommes chargés de le filer pour qu'ils relâchent leur vigilance. Ce genre d'activités n'avait pas de secret pour lui, et il trouvait assez drôle de jouer le rôle de l'« objet » d'un « agent opérationnel ». Il avait une idée relativement précise de l'identité de celui-ci aux Affaires intérieures ; il les connaissait tous. Parmi ses amis, il n'y en avait qu'un qui s'obstinait à vouloir le protéger, qui lui faisait la leçon pour l'inciter à la prudence, qui s'inquiétait beaucoup quand il rentrait tard ou n'appelait pas. Marina se plaignait de ce « trio » logistique, mais Sacha entra dans leur jeu. L'informateur supposé n'était autre que son vieil ami Ponkine, son loyal subalterne qui l'avait soutenu lors de son premier procès. Sacha ne lui en tenait pas rigueur. En un sens, il était content pour Ponkine, car cela signifiait sans doute qu'il avait trouvé ce moyen-là pour s'en sortir.

Sacha faisait tout son possible pour faciliter la vie de Ponkine. Il lui livrait des informations exactes sur ses faits et gestes. Il veillait aussi à ce que les données recueillies par les moyens de surveillance électronique – écoutes téléphoniques, micros – concordent avec les rapports de Ponkine.

Sacha était presque sûr de ne pas être constamment suivi ; il n'avait pas de mal à repérer une surveillance extérieure. Il ne constatait de filatures que lorsque Boris était en ville, ce qui était rare. Sacha espérait bien que son agent opérationnel à la Loubianka s'ennuyait à périr.

À la fin du mois d'août, Sacha organisa une petite répétition ; son avocat obtint du tribunal une permission l'autorisant à quitter la ville pendant une semaine. Sacha informa soigneusement Ponkine et les destinataires des écoutes de ses projets de vacances, pour laisser à son agent opérationnel le temps d'y mettre le holà, mais personne n'éleva la moindre objection. Quand il partit avec Marina passer une semaine sur la plage de Sotchi, il constata que personne ne les suivait. C'était tout ce qu'il voulait savoir.

Les derniers jours de septembre arrivèrent. Il était fin prêt. Marina ne se doutait de rien. Le 30 septembre au matin, elle fut très étonnée de l'entendre lui annoncer qu'il partait – pour quelques jours seulement. Il allait à Naltchik aider son père à vendre leur maison pour qu'il puisse se rapprocher de Moscou. Il avait harcelé son père au téléphone tout l'été pour le pousser à prendre cette décision ; il en avait également discuté avec Ponkine, qui l'avait aidé à se renseigner sur la situation du marché immobilier.

— Je croyais te l'avoir dit. C'est l'affaire de quelques jours, pour la maison de papa.

— Non, tu ne me l'as pas dit, mais ça ne fait rien.

Ils partirent pour l'aéroport. Il s'éclipsa une dizaine de minutes, prétendant avoir quelqu'un à voir, puis il revint.

— Allons faire un tour, dit-il. Écoute-moi bien, c'est très important. Un de mes amis viendra te voir dans quelques jours. Il te dira quoi faire. Ne pose pas de questions. Fais exactement ce qu'il te dit. Tiens, voilà de l'argent, garde-le pour moi.

Marina le regarda avec de grands yeux. C'était l'autre face de Sacha, celle qu'elle n'avait plus vue depuis son départ du FSB. Cet homme carré, fort comme un roc, d'une assurance inébranlable, celui qui avait terrorisé l'inspecteur quand elle avait passé son permis de conduire. Celui qui lui donnait des ordres sans lui demander les choses gentiment, comme si elle était un soldat de son armée et n'avait pas à poser de questions.

— Bon, d'accord, dit-elle. Et où vas-tu ?

— À Naltchik, voir papa. Ne t'en fais pas, ce n'est que pour quelques jours.

Il partit avec un petit sac en bandoulière, contenant le strict nécessaire. Mais au lieu de prendre l'avion pour Naltchik, il atterrit au sud de la Russie, d'où il prit l'autocar pour une petite ville du bord de mer. De là, il devait rejoindre en bateau à vapeur une ville encore plus modeste située dans l'ancienne république soviétique voisine. Il avait l'intention d'embarquer le lendemain. Les citoyens des deux pays pouvaient en effet franchir la frontière avec une simple carte d'identité intérieure. Les passeports internationaux n'étaient pas nécessaires.

Il passa la nuit dans un hôtel du coin, paya en liquide. Le lendemain, il se présenta à l'embarquement vingt minutes avant le départ.

— Vous êtes en retard, jeune homme, lui fit remarquer la dame du guichet. Vous voyez ce panneau ? L'enregistrement se termine trois heures avant le départ, parce que nous devons soumettre les listes de passagers au contrôle. Le prochain bateau est à trois heures.

Sacha connaissait le système. Mais il ne pouvait pas courir le risque que son nom soit transmis aux contrôleurs frontaliers, qui disposaient d'une liste de personnes à surveiller.

— Je sais, je sais, je suis en retard, répondit-il. Mais voyez-vous, il faut absolument que je sois là-bas à midi. J'ai un rendez-vous, elle n'attendra pas. Comment faire ? Aidez-moi, je vous en prie.

— Il faut que vous alliez parler à l'équipage.

Le commandant en second lui jeta un regard sévère :

— Vous ne savez donc pas qu'il y a une frontière ici ? Et que ça fait dix ans que l'URSS n'existe plus ? Eh bien, ça vous coûtera dix dollars. Vous ferez partie de mon équipage pendant la traversée. Et mettez-en dix de plus pour le garde-frontière. Glissez les billets dans votre carte d'identité.

Il fit un signe de tête au garde-frontière, dans la guérite voisine.

Le garde posa un regard somnolent sur la carte d'identité, prit le billet et fit signe à Sacha de passer.

— J'ai longé l'embarcadère. J'avais sur le dos la veste

légère de mon mariage, celle qui m'avait porté bonheur. Ça a été la plus longue marche de ma vie, confia Sacha plus tard.

Le 2 octobre, l'ami de Sacha passa chez Marina lui transmettre ses instructions. Elle ne l'avait encore jamais rencontré, mais fut bien obligée de l'écouter. Il lui dit d'aller s'acheter un nouveau téléphone portable – de le brancher, de composer un numéro qu'il lui indiqua, puis de raccrocher.

— Quand vous aurez fait cela, poursuivit-il, gardez le téléphone allumé tout le temps, mais n'appelez plus personne avec. Quand Sacha appellera, ne prononcez aucun nom de famille, uniquement des prénoms. Ne vous servez jamais du téléphone chez vous ni en voiture.

Elle fit ce qu'il lui avait dit. Le lendemain matin, Sacha appela.

— Bonjour, ma chérie. Où es-tu ? Au volant ? Tu es seule ? Peux-tu te garer et aller te promener ? Je te rappelle dans trois minutes.

Pendant qu'elle se rangeait, elle l'imagina en train de compter les secondes, comme elle. Le téléphone sonna de nouveau.

— Comment vas-tu ? Et Tolik ? Personne n'est venu me chercher ? Je suis à Naltchik, bien sûr. Écoute, voilà ce que tu vas faire. Prends l'argent que je t'ai laissé. Passe dans une agence de voyages. Pas celle de la dernière fois. N'importe laquelle, mais pas celle-là. Tu réserveras pour Tolik et toi un voyage organisé de deux semaines dans n'importe quel pays d'Europe de l'Ouest, l'Espagne de préférence ; tu as toujours eu envie d'y aller. Ou bien la France, ou encore l'Italie. Le plus tôt sera le mieux. C'est une surprise, mon cadeau d'anniversaire de mariage. Malheureusement, je ne peux pas vous accompagner, j'ai à faire ici, mais je serai à la maison à votre retour.

— Mais Sacha, qu'est-ce que je vais dire au travail ? Et à l'école de Tolik ?

— Ne dis rien du tout, ça vaudra mieux. Tu n'as qu'à les appeler après ton départ et dire que tu es malade. Personne ne doit savoir où tu vas, c'est très important. Pas même ta maman. Tu lui raconteras plus tard.

Elle n'avait pas besoin de poser la question pour comprendre qu'il ne s'agissait pas de vacances.

Le 8 octobre, à Boston, Iouri Felchtinski reçut un appel de Sacha.
« J'ai pris contact avec les amis dont je t'ai parlé, annonça Sacha. – Il s'agissait de personnes d'un pays tiers qui pouvaient lui procurer un faux passeport. – Viens dès que tu pourras. Et apporte de l'argent. Dix mille dollars. Ou plutôt quinze mille. »

Le 14 octobre, Marina et Tolik partirent pour l'Espagne. C'était l'anniversaire de mariage de Sacha et Marina. Il l'appela toutes les demi-heures jusqu'à ce que l'avion soit prêt à décoller et qu'elle doive couper son portable. Quand ils se posèrent à Málaga, elle aperçut Iouri Felchtinski qui agitait le bras derrière une barrière.

— Où est Sacha ? – Ce fut sa première question. – Il n'est pas à Naltchik, n'est-ce pas ?

Iouri lui donna le nom du pays où il se trouvait.

— Il va appeler d'une minute à l'autre et tout vous expliquer.

Ils s'engouffrèrent dans la voiture de location de Felchtinski et suivirent un car de voyagiste. Elle avait réservé un séjour de deux semaines à Marbella, une station de la côte andalouse.

— Évidemment, j'avais compris qu'il se tramait quelque chose, que Naltchik était une couverture. J'ai pensé qu'il voulait nous faire quitter Moscou à cause d'un danger quelconque, vous savez. Ce sont des choses qui arrivent dans son métier, me raconta plus tard Marina. Mais quand il a appelé, il m'a annoncé que peut-être nous ne retournerions pas en Russie, jamais. J'étais complètement assommée. J'étais sous le choc, comme quand on vous apprend que vous êtes atteint d'un cancer ou qu'un de vos proches vient d'être victime d'un accident de la route.

— Comment ça, nous ne rentrerons peut-être pas ? hurla-t-elle dans le téléphone. Et maman, et nos amis, et notre maison ? Où allons-nous vivre ? Ici, en Espagne ? Sans toi ?

Comment vas-tu nous rejoindre ? Tu n'as même pas de passeport.

— Maroussia, s'il te plaît, dit-il en utilisant son petit nom, calme-toi, discute avec Iouri, je te rappelle dans cinq minutes.

Felchtinski lui expliqua que Sacha attendait que des amis lui procurent de faux papiers. Dès qu'il les aurait, il irait se mettre en lieu sûr, dans un endroit où Marina et Tolik pourraient le rejoindre. C'était le scénario le plus optimiste. Dans le scénario le plus pessimiste, les papiers n'arrivaient pas, Sacha serait contraint de reprendre le ferry pour la Russie et devrait alors s'attendre à être incarcéré. Inutile de songer à un troisième acquittement. Le pays où il attendait n'était pas très sûr, si bien que les entretiens téléphoniques devaient s'en tenir au strict minimum. Il ne fallait surtout pas parler de passeport. Pour le moment, il ne leur restait qu'à attendre.

Elle comprit enfin. Elle accepta de ne pas porter de jugement tant que la situation ne serait pas clarifiée. Ils rejoignirent leur location et, pendant les dix jours suivants, essayèrent de profiter de leurs vacances, échangeant avec Sacha des propos neutres, inoffensifs, « comme à Lefortovo », commenta-t-elle plus tard en riant.

Le 23 octobre, Sacha appela. Ses amis avaient tenu parole. Il était en possession de tout ce dont il avait besoin pour poursuivre son voyage. Felchtinski fit ses bagages et partit le rejoindre. Marina et Tolik restèrent à Marbella.

Le 25 au matin, il rappela. Il était en Turquie, relativement en sécurité. Je venais de l'appeler de New York. Il était temps que Marina se décide. Voulait-elle le rejoindre en exil ? Rentrer en Russie ? Il la laissait libre de choisir. Cette fois, il ne déciderait pas pour eux deux. La balle était dans son camp.

Marina n'avait jamais eu de décision plus difficile à prendre. Elle aimait Sacha de tout son cœur, mais elle ne faisait pas partie de son univers violent et dangereux ; elle avait toujours essayé de ne pas poser de questions pendant qu'il descendait dans l'arène. Si elle le rejoignait en Turquie, elle deviendrait pour lui une sorte de compagnon d'armes. Peut-être ferait-elle mieux de rentrer en Russie et de le laisser prendre la fuite seul. Elle l'attendrait. Après tout, elle l'avait bien attendu pendant qu'il était en prison. Pourquoi ne pas le laisser régler sans elle ses problèmes de frontières et de faux passeports ? Elle avait un enfant de six ans sur les bras, et une mère cardiaque à Moscou.

Finalement, comme elle me le raconta plus tard, ce fut l'appel de Berezovski qui fit pencher la balance. Elle était couchée sur son lit en train de contempler le plafond pendant que Tolik jouait dehors avec un enfant russe qui faisait partie du même voyage organisé. Au loin, on entendait les échos d'un rythme andalou. C'était la fin de l'après-midi. Le téléphone sonna.

— Marina, dit Berezovski. Je viens de parler à Sacha et je lui ai promis que quoi qu'il lui arrive, je ne vous abandonnerai jamais, Tolik et toi. C'est une des choses que je tenais à ce que tu saches. Voici la seconde. Je crois savoir ce que tu penses. En fait, je suis pris dans le même dilemme en ce moment précis. Le monde extérieur, tu sais, la Turquie et au-delà, doit te paraître terrifiant, glacé et imprévisible. Le monde de Moscou est chaud et familier, parce que c'est chez toi. Mais c'est exactement ce qui le rend trompeur. Ces gens sont des tueurs, Marina. Cela ne fait pas longtemps que j'ai commencé à le comprendre, un mois pour être exact. C'est pour ça que j'ai envoyé Felchtinski à Moscou, je voulais qu'il conseille à Sacha de filer. Les nouvelles ne sont pas bonnes, Marina. Si Sacha rentre, ils le tueront. Et j'ai bien peur que si tu rentres, il ne te suive. Peut-être pas tout de suite, peut-être dans trois semaines, ou trois mois, mais il le fera. Ce n'est pas un solitaire. C'est toi qui lui donnes la force de lutter contre le *Kontora*, et maintenant, il a plus que jamais besoin de cette force. C'est tout ce que j'avais à te dire.

Elle resta encore allongée quelques minutes. Puis elle appela Sacha pour lui dire qu'elle allait le rejoindre en Turquie.

Elle mentit au responsable du voyage, prétendant qu'il fallait qu'elle rentre à Moscou de toute urgence. À une heure tardive de la nuit, son taxi s'arrêta devant l'aéroport de Málaga. Elle traîna le petit Tolik tout endormi à l'intérieur du terminal.

Le hall des départs était désert. Tous les vols étaient partis. Personne ne les attendait. Soudain, Felchtinski surgit.

— Nous partons d'un autre terminal, dit-il. Il n'y a pas de vols commerciaux pour la Turquie. Boris nous a envoyé son avion.

Cinq jours plus tard, Sacha était à mes côtés, Marina et Tolik assis sur la banquette arrière, sur la route d'Ankara à Istanbul, à l'endroit même où cette histoire et notre amitié ont commencé. Le brouillard était épais – aussi épais, songea Marina, que l'incertitude de l'exil dont Boris avait parlé.

Sacha venait de finir de me raconter tout son parcours, jusqu'à mon arrivée de la veille et à notre visite à l'ambassade des États-Unis.

— Mais alors, qu'est-ce que les Américains voulaient de toi ? demandai-je.

— Ah, sourit-il. Tout le monde a ses problèmes. Ils voulaient savoir comment nous avions mis la main sur le missile qui a tué Doudaïev. Ce système de guidage était un joujou américain, tu sais. Ça fait quatre ans qu'ils se demandent comment on se l'est procuré.

— Et tu le sais, toi ?

— Bien sûr.

Il me parla de la visite de Khokholkov en Allemagne et de son contact américain.

— Tu connais l'identité de ce contact ?

— Je l'ai découvert par hasard un jour, à Moscou.

— Alors tu leur as donné son nom ?

— Ouais. Le FSB a passé trois ans à me traiter de traître, maintenant j'en suis un. Leur prédiction se réalise.

— Tu n'es pas un traître, Sacha, protesta Marina. C'est de la légitime défense.

— Je vais vous raconter une histoire, intervins-je. Autrefois en Allemagne, il y avait un type, un fonctionnaire aux Affaires étrangères, un antinazi. Il s'est porté volontaire pour faire du renseignement au profit des Américains et a été leur principal espion pendant la Seconde Guerre mondiale. Il les a prévenus que les Allemands avaient l'intention de tuer tous les juifs d'Italie. Maintenant, dis-moi, ce type-là était-il un traître ou un héros ?

— À tes yeux, un héros peut-être, et pour les Allemands, un traître.

— Exactement, dis-je. Ça, c'était autrefois. Et maintenant ? Si tu vas en Allemagne aujourd'hui, que crois-tu que les Allemands te diront ?

— Ils ne veulent même pas savoir qui il était, et de toute façon, je suppose que ça leur est bien égal. En plus, la Russie, ce n'est pas l'Allemagne. Tu ne peux pas comparer.

— C'est vrai, admis-je. Mais est-ce que les types du *Kontora* n'ont pas fait sauter ces immeubles ? Est-ce que ça ne te suffit pas pour que tu cesses de te ronger les sangs à l'idée d'être un traître ?

— Si, sans doute, soupira-t-il, pas tout à fait convaincu par ma logique. Reste à prouver que ce sont bien eux qui l'ont fait.

Un beau jour de septembre 2004 à Londres, après avoir passé presque quatre années à enquêter sur les attentats des appartements, Sacha vint me trouver. Il était radieux.

— Tu as vu ça ? – Il brandissait un numéro de *The Independant*. – Tu te souviens de l'Allemand dont tu m'as parlé en Turquie ? Voilà son portrait. Il s'appelle Fritz Kolbe. Il y a un article sur lui. Les Allemands en ont fait un héros national. Il a sa plaque sur un mur. Tu avais peut-être raison après tout. Peut-être que notre heure viendra, à nous aussi.

Cinquième partie

LE RETOUR DU KGB

12
Les exilés

En pénétrant dans les bureaux new-yorkais de George Soros, je m'attendais à avoir avec lui une conversation déplaisante. George avait appris par les journaux les péripéties de mon voyage en Turquie. L'histoire de l'agent du FSB venu chercher asile en Grande-Bretagne avait mystérieusement fait l'objet d'un article dans le *Sun*, le soir même de notre arrivée à Heathrow. Le lendemain matin, mon nom était associé à celui de Sacha dans la presse russe : « Le responsable du programme de Soros fait passer clandestinement l'officier du FSB en Grande-Bretagne. »

Je travaillais avec George depuis presque dix ans, j'avais investi pour lui quelque cent trente millions de dollars dans des programmes de réforme, et j'étais sans doute le membre le plus ancien de son équipe intervenant en Russie. Mais notre relation s'était nettement refroidie depuis quelque temps, à cause d'un différend sur la question de savoir qui avait « perdu » la Russie. George affirmait que les réformes souffraient du capitalisme effréné, que les oligarques avaient corrompu un État déjà faible et entravé l'action des « nouveaux réformateurs ». Pour moi, au contraire, la question essentielle était la restauration d'un État bureaucratique et policier tout-puissant auquel seuls les oligarques étaient en mesure de résister efficacement.

Et la figure de Boris Berezovski incarnait parfaitement notre désaccord. La rupture intervenue entre George et lui à propos de la privation de Svyazinvests ressemblait à une déception amoureuse. Ils s'accusaient mutuellement des pires horreurs.

— Ton ami est un mauvais génie, disait George. Il a détruit la Russie à lui tout seul.

— Soros a perdu de l'argent, il s'est fait avoir par les « jeunes réformateurs », disait Boris. Et ensuite – par dépit – il a essayé de convaincre l'Occident que les oligarques avaient de mauvaises intentions et qu'il ne fallait pas les laisser contrôler la bête.

J'écoutais, sans rien dire – ils se trompaient tous les deux, mais il était inutile de discuter. George, vexé que j'entretienne des relations avec Boris, avait déjà cessé de m'inviter dans sa maison de vacances à Southampton. L'affaire Litvinenko allait confirmer ma disgrâce, me dis-je en sortant de l'ascenseur.

Lorsque vous arrivez au trente-troisième étage de l'immeuble situé à l'angle de la 57e Rue et de la 7e Avenue, vous comprenez tout de suite que vous êtes chez des privilégiés. Au nord, vous découvrez un splendide panorama sur Central Park, et, à l'ouest, le miroitement de l'Hudson derrière la ligne irrégulière des gratte-ciels. Le bureau de George se trouve dans l'angle nord-ouest. Tournant le dos à l'Hudson, le maître des lieux peut contempler le parc en détournant les yeux de son écran d'ordinateur où défilent en permanence les cours des marchés mondiaux.

Je n'étais pas entré dans ce bureau depuis six mois, mais rien n'avait changé. Les mêmes photographies officielles s'alignaient sur les murs : George à la Maison-Blanche avec deux présidents différents, George avec le pape, George avec Eltsine, au Kremlin. Mon cadeau, un buste de Lénine que j'avais acheté sur un marché de Moscou, trônait toujours sur son bureau, à côté de l'ordinateur.

— Alors, raconte, que s'est-il passé en Turquie ? demanda George.

Il a toujours un demi-sourire sur les lèvres et une étincelle de curiosité dans le regard. Impossible de deviner son état d'esprit d'après l'expression de son visage. Mais notre longue fréquentation m'avait appris à me fier au ton de sa voix. Ce jour-là, il était résolument calme. Sa décision était prise.

Il voulait savoir jusqu'où, dans l'administration américaine, mon rôle dans l'exil de Sacha était connu. Je lui parlai des différentes personnes que j'avais contactées. Toute cette histoire lui déplaisait souverainement. Depuis deux ans, il répétait à qui voulait l'entendre que les oligarques étaient responsables de l'échec des réformes en Russie, et que le plus scélérat de tous était Berezovski. Et voilà que l'un de ses hommes volait au secours d'un fidèle de Boris.

— J'ai compris pourquoi ton ami t'a demandé ça. – George ne prononce jamais le nom de Boris quand il me parle de lui : – Ce type, en Turquie, n'était qu'un ballon d'essai. Ton ami va bientôt être obligé de s'expatrier, lui aussi, et il devait créer un précédent. Mais toi, quel besoin avais-tu de t'en mêler ? Je ne comprends vraiment pas.

— À vrai dire, je ne m'attendais pas à ce que les événements prennent cette tournure. J'avais simplement prévu de les accompagner à l'ambassade. Mais étant donné les circonstances, je ne pouvais pas agir autrement. Désolé que la presse nous ait fait une telle publicité.

— Eh bien, voilà qui va avoir de fâcheuses conséquences, s'emporta George. Je t'avais pourtant prévenu, mais tu t'en es mêlé, et publiquement encore. Cela veut dire que tu ne peux plus travailler pour moi. Sans compter que tu vas probablement être persona non grata à Moscou, maintenant. Que comptes-tu faire ?

— Je pense reprendre mes activités scientifiques.

— Parfait. En plus, cette histoire m'arrange. Je cherchais un moyen de réduire notre présence en Russie. Tu me fournis une excellente excuse pour interrompre le projet.

Quelle ironie ! pensai-je. Soros quitte la Russie et accuse Berezovski, pendant que Berezovski quitte la Russie et accuse Soros. Et ni l'un ni l'autre n'a compris que la plupart des Russes ne voient aucune différence entre eux. La Russie les rejette tous les deux et pour les mêmes raisons : ils sont riches, ils sont juifs, ils sont indépendants et sûrs que leur mission est de réorganiser le monde. Face à la triste médiocrité qu'incarne Poutine, ces deux hommes représentent une menace et un défi.

Après avoir quitté George, je déambulai parmi la foule en réfléchissant à une proposition que m'avait faite Boris. Il voulait que j'organise une fondation qui reprendrait le projet – financer un mouvement d'opposition démocratique au régime de Poutine – là où Soros l'avait laissé.

Je me trouvais devant un choix difficile. Je dirigeais toujours un laboratoire de recherche à l'Institut de la santé publique de New York. À cinquante-quatre ans, j'avais réussi une assez belle carrière scientifique, mais le temps que je consacrais à Soros la mettait en péril. La proposition de Boris m'offrait la possibilité de quitter mon fauteuil d'orchestre pour jouer un rôle sur scène au moment où le drame arrivait à son point culminant. Pouvais-je laisser passer une offre aussi alléchante ?

Restait le problème de la réputation de Boris. Je connaissais suffisamment les dessous de l'affaire pour ne tenir aucun compte des terribles allégations portées contre lui, mais le fait était là : à tort ou à raison, Boris personnifiait, aux yeux du public, la face obscure du capitalisme russe. Pourtant, avec tous ses défauts, il était le seul acteur politique important (avec Goose, peut-être) à s'engager contre Poutine, l'anti-héros. Et le fait qu'il le fasse contre ses intérêts immédiats parlait aussi en sa faveur.

D'ailleurs, si je voulais descendre dans l'arène, je n'avais le choix qu'entre deux positions. Il n'y avait évidemment pas à hésiter. J'appelai Boris à Cap-d'Antibes.

— Si ton projet de fondation tient toujours, je suis prêt, lui dis-je.

— Très bien. Saute dans un avion et arrive. On va mettre les détails au point.

J'atterris à Nice le 12 novembre 2000, onze jours après avoir accompagné Sacha à Londres. Un chauffeur m'attendait dans une Land-Rover pour m'emmener au château de la

Garoupe, la villa de style italien de Boris qui surplombait le cap, avec une vue magnifique sur la baie de Nice. Il l'avait achetée deux ans auparavant, mais n'avait pas encore eu le temps de la rénover. La décoration intérieure de la maison de deux étages bâtie au tournant du siècle était encore imprégnée de l'atmosphère édouardienne de ses précédents occupants.

Nous avons passé la soirée à discuter de la future fondation en dînant aux chandelles dans une salle à manger tapissée de sombres miroirs anciens. Le lendemain matin, au petit déjeuner, Boris nous causa un choc, à sa femme Lena et à moi, en annonçant qu'il se rendait à Moscou « pour quelques heures » afin d'être entendu « comme témoin » dans le procès d'Aeroflot dont les audiences avaient repris.

J'étais sûr que si Boris partait pour Moscou, il y serait arrêté. Les convocations avaient été envoyées dix jours plus tôt, y compris à Goose qui était accusé d'avoir escroqué Gazprom de trois cents millions de dollars sous couvert d'un prêt à NTV. Quelques jours plus tôt, Poutine avait déclaré au *Figaro* qu'il avait un « gourdin » dont il allait se servir pour frapper deux magnats des médias, « une seule fois, mais sur la tête ». Goose annonça qu'il ne se rendrait pas à la convocation et qu'il resterait en Espagne. Mais Boris, apparemment frappé de folie, tenait à y aller. Son avion l'attendait à l'aéroport. Je dus littéralement l'extraire de sa voiture.

— Boris, tu es tombé sur la tête ? Ils t'ont pourtant prévenu qu'ils te mettraient en prison si tu ne renonçais pas à l'ORT, non ? Alors pourquoi aller là-bas ? Tu n'as rien à prouver.

— Ils n'oseront pas. Ce serait trop flagrant. Si je n'y vais pas, ils prendront ça comme un aveu de culpabilité dans l'affaire Aeroflot.

La logique de son raisonnement m'échappait. Il y avait à peine une semaine que Sacha s'était réfugié à l'étranger par peur d'être liquidé.

— Boris, n'est-ce pas toi qui as prévenu Marina qu'ils allaient tuer Sacha ?

— Ce n'est pas la même chose. Poutine considère Sacha comme un traître.

— Mais toi, tu es pire qu'un traître pour lui. Tu as été son frère. Il est bien décidé à te détruire, Boris, crois-moi. Poutine est ta création et il existe un lien étrange entre vous. Si tu ne sectionnes pas ce lien, tu es fichu. Lena, dites-le lui, je vous en prie.

Je me tournai vers sa femme qui se tenait au pied de l'escalier, impuissante.

— S'il se rend à Moscou, insistai-je, vous passerez le reste de votre vie à Tobolsk, en Sibérie, et vous pourrez le voir une fois par mois.

Lena secoua la tête :

— Je ne veux pas aller à Tobolsk.

Je téléphonai à Elena Bonner, la veuve de l'ancien dissident Andreï Sakharov, et lui passai l'appareil.

— Boris, intervint-elle, Andreï Dimitrievitch (Sakharov) disait toujours que si l'on a une possibilité de ne pas aller en prison, il est prudent de la saisir.

Nous avons fini par le convaincre. Il a dicté une déclaration : « Ils m'obligent à choisir entre devenir un prisonnier politique ou un émigré politique, je préfère cette dernière solution ».

Le lendemain, Boris parut profondément déprimé. C'était la première fois que je le voyais dans un état pareil, lui qui savait si bien rebondir. Sur le moment, j'ai cru qu'il prenait conscience de sa réalité d'exilé, situation que je vivais moi-même depuis vingt-cinq ans. Mais, comme je l'appris plus tard, il avait une raison particulière d'être abattu : il laissait un otage en Russie, son loyal Kolia, Nikolaï Glouchkov, administrateur de l'ORT et d'Aeroflot.

Boris était rongé par la culpabilité. Kolia refusait obstinément de quitter la Russie, répétant qu'il n'avait rien à se reprocher et qu'il était impatient de se disculper devant la cour quand l'affaire Aeroflot passerait en justice. En refusant de se rendre à la convocation, Boris allait peut-être accentuer la sévérité des procureurs envers Kolia. Effectivement, trois semaines plus tard, il était arrêté. Le Kremlin fit ensuite savoir à Boris que le prix de sa liberté correspondait aux 49 % de parts que détenait Boris dans l'ORT.

À l'époque, la bataille pour le contrôle de l'ORT faisait rage. Légalement, les décisions importantes de la société – l'engagement et le licenciement des rédacteurs en chef par exemple – devaient être votées par 75 % des voix du conseil d'administration. Au moment de l'incident du *Koursk*, les fidèles de Boris, et notamment Constantin Ernst, producteur exécutif, Sergueï Dorenko, présentateur vedette, et Badri Patarkatsichvili, associé de longue date et directeur général de la chaîne, contrôlaient l'ORT. Tous trois siégeaient au conseil d'administration. Pour prendre le contrôle de la rédaction, la règle du quorum de 75 % impliquait de remplacer soit Dorenko soit Ernst.

S'il y avait un journaliste à qui Poutine était redevable, c'était bien Dorenko. Pendant la campagne législative de 1999, son émission du samedi soir tournait régulièrement en dérision Primakov et Loujkov de la manière la plus grossière, ce qui lui valut le mépris de beaucoup de journalistes. Mais ses émissions étaient populaires et elles servirent la cause de Poutine en accentuant le contraste entre lui et ses opposants ridiculisés. Persuadé que Dorenko le suivrait, Poutine commença donc par lui.

« Il m'a convoqué dans son bureau. Derrière lui s'étalait le symbole de la Russie, un énorme aigle à deux têtes, raconta Dorenko quelques années plus tard. Il voulait me faire une offre que je ne pourrais pas refuser : "Intégrez notre équipe, et vous serez bien payé. Si vous êtes contre nous, vous pouvez partir. C'est aussi simple que ça". »

Dorenko m'avoua qu'il avait ressenti un choc. Question de style. Quand Boris voulait quelque chose, il en discutait toujours et sollicitait ses objections. Quand ils n'arrivaient pas à se mettre d'accord, l'avis de Boris prévalait, mais de façon civilisée. Quand il fallait faire des compromis, Boris affirmait que c'était un mal nécessaire dans le contexte d'une stratégie plus large. Dorenko n'était pas bégueule, mais il y avait des limites à tout. Et cette situation-là dépassait les bornes.

« C'était l'aigle, m'expliqua-t-il. Il était assis sous l'aigle, ce putain de chef de la nation. Je ne l'ai pas supporté. Mon père était officier, j'ai grandi dans des garnisons militaires, et j'ai pensé à tous ces pauvres mecs pour qui l'aigle signifie quelque chose. N'importe qui aurait pu me parler comme ça, mais pas le président. »

Dorenko déclina l'offre. Quelques jours plus tard, Ernst, l'intellectuel moscovite aux cheveux longs dont Boris avait fait, cinq ans auparavant, le directeur de chaîne le plus influent du pays, téléphona au directeur, Badri Patarkatsichvili.

« Je suis un salaud, je le sais, mais je me range du côté des vainqueurs, dit-il. Il n'y a rien d'autre à faire. Désolé. » Et il raccrocha.

Peu après, il supprima l'émission de Dorenko et limogea les rédacteurs en chef de l'ORT. Dorenko était le visage de la télévision russe, le « PPDA » national. Il se savait fini, mais il voulut avoir le dernier mot. Dans un incroyable geste de défi, qui colla des millions de téléspectateurs à leur écran, il fit une déclaration sur une chaîne rivale, la NTV de Goose, qui était encore, à l'époque, contrôlée par Igor Malachenko. Il raconta son entrevue avec Poutine, l'aigle, et la proposition qu'il avait refusée. Ce fut sa dernière apparition à l'antenne. Quelques mois plus tard, un capitaine de la marine affirma que Dorenko l'avait délibérément heurté avec sa moto lors d'une dispute dans un parc de Moscou. Dorenko fut accusé de « hooliganisme » et condamné à quatre ans de prison avec sursis. Il anime maintenant des débats radiophoniques sur Radio Echo Moscou, ultime avant-poste de l'empire médiatique de Goose.

Une fois Dorenko parti et l'équipe rédactionnelle mise au pas, le Kremlin s'intéressa au conseil d'administration de l'ORT. Boris annonça alors qu'il confierait ses 49 % en fidéicommis à un groupe d'éminents journalistes, tous sérieux et parfaitement intègres. Mais, le 7 décembre 2000, Glouchkov fut arrêté. Boris comprit qu'avec cet otage à Lefortovo, il serait obligé de faire des compromis.

À la mi-décembre, le Kremlin lui envoya un messager qui n'était autre que Roman Abramovitch. Il venait passer un week-end sur la Côte d'Azur, et sa villa n'était qu'à dix minutes en voiture du château de la Garoupe. Quand il s'y rendit pour discuter avec Boris et Badri Patarkatsichvili, il se comporta en « honnête courtier cherchant à concilier au mieux les intérêts des uns et des autres », selon les termes de Boris.

— Je vous apporte un message que Volodia (Poutine) et Sacha (Volochine) m'ont chargé de vous transmettre, dit Roman de sa voix douce. Vous n'ignorez pas bien sûr qu'ils pourraient, s'ils le voulaient, prendre vos parts de l'ORT sans rien offrir en échange. Mais pour faciliter les choses à tout le monde, nous avons décidé que je te rachèterai vos parts, en leur nom. Je propose cent soixante-quinze millions de dollars. C'est un bon prix.

Boris regarda Badri Patarkatsichvili avec stupeur ; on estimait l'ORT à au moins un milliard, ce qui mettait leurs parts à presque cinq cents millions.

— On ne marche pas, dirent-il.

— Volodia et Sacha ont aussi dit qu'ils libéreraient Glouchkov si vous acceptiez leur offre.

— Peux-tu le garantir ?

— Eh bien, Volodia et Sacha l'ont dit.

Et ils m'accusent de rançonner les otages ! pensa Boris. L'accord fut conclu pour cent soixante-quinze millions de dollars, et la transaction eut lieu à la mi-janvier 2001. Roman laissa le Kremlin nommer cinq nouveaux membres au conseil d'administration, mais Nikolaï resta en prison.

24 février 2001, Groznyï, Tchétchénie. Un charnier contenant environ deux cents corps est découvert près de la base russe de Khankala. D'après le reportage diffusé par NTV, beaucoup de ces cadavres présentent des signes de torture. Certains sont identifiés comme des civils ayant disparu de diverses régions de la Tchétchénie. À Moscou, la journaliste Anna Politovskaïa affirme que les soldats russes mettent des civils arrêtés au hasard dans une fosse et demandent cinq cents dollars de rançon pour les libérer. Pendant qu'elle enquête sur les lieux, Anna Politovskaïa est arrêtée par des soldats russes, ce qui déclenche une tempête de protestations dans les médias de Moscou. Elle est ensuite relâchée.

Il existe des versions contradictoires de ce qui s'est réellement passé au centre hématologique de Moscou le 11 avril 2001. Nikolaï Glouchkov, officiellement placé en garde à vue, y était hospitalisé pour le traitement d'une maladie du sang. Il était sous la surveillance d'un détachement du FSB, mais ses gardes l'autorisaient parfois à rentrer chez lui pour la nuit – moyennant une petite récompense.

D'après les procureurs, Glouchkov quitta l'hôpital en début de soirée, en pyjama et en pantoufles, et se dirigea vers la sortie où l'attendait son ancien associé d'Aeroflot, Vladimir Skoropoupov. Au moment où Glouchkov allait monter dans la voiture de celui-ci, des hommes du FSB en civil, apparus comme par magie, arrêtèrent les deux hommes. Le lendemain, Andreï Lougovoï, l'ancien chef de la sécurité de l'ORT, était lui aussi arrêté pour complicité dans la tentative de fuite. Deux mois plus tard, Badri Patarkatsichvili, l'ex-directeur général de l'ORT, quittait la Russie pour se réfugier en Ukraine. Tout le groupe était accusé d'avoir organisé la tentative d'évasion.

Mais la version des événements que m'exposa Glouchkov plusieurs années après, à Londres, était différente. Selon lui, il avait été piégé, car il n'avait absolument pas l'intention de s'enfuir. Il tenait à ce que l'affaire d'Aeroflot passe en jugement, parce qu'il se savait innocent. En fait, il croyait qu'on allait le relâcher jusqu'au procès, « grâce à un accord secret conclu en haut lieu », comme le laissaient entendre ses avocats. Ce soir-là, il allait simplement passer la nuit chez lui, avec l'assentiment de ses gardes, comme il l'avait déjà fait quelques jours auparavant.

Finalement, Glouchkov déposa devant la cour. En mars 2004, il fut disculpé des accusations de fraude et de blanchiment d'argent, mais déclaré coupable d'avoir voulu se soustraire à sa garde à vue et d'un délit mineur d' « abus d'autorité ». Il quitta Lefortovo. Quand je lui demandai plus tard si son entêtement valait trois ans de prison, il répondit que oui, puisqu'il avait prouvé son innocence.

Lougovoï fut condamné pour la tentative d'enlèvement à

quatorze mois de prison. Une fois sa peine purgée, il monta sa propre agence de sécurité.

En 2006, il devient l'un des principaux suspects dans l'assassinat de Sacha Litvinenko.

Le 14 avril, les membres de la nouvelle direction de NTV acquise au Kremlin, escortés par des policiers armés, firent leur entrée dans les studios de la chaîne pour en prendre le contrôle. Les journalistes de Goose subirent un interrogatoire qui se terminait par un pacte d'allégeance aux rédacteurs en chef nommés par le Kremlin. Certains se soumirent, mais la plupart refusèrent. Boris proposa immédiatement à l'équipe révoquée de se joindre au staff de son seul média restant, TV6. Jusque-là, TV6 ne diffusait que des émissions de sport et de musique, des films et des spectacles de divertissement. Du jour au lendemain, elle se spécialisa dans l'information et devint la dernière voix indépendante de Russie. Personne ne s'attendait à ce qu'elle conserve longtemps son indépendance.

> *Tchétchénie et Moscou, mai 2001. En une semaine, la guérilla réussit plus de cent quarante attaques-éclairs, et les démineurs russes désamorcent cent soixante engins explosifs. Le ministre russe de la Défense, Sergueï Ivanov, annonce aux reporters que deux mille six cent quatre-vingt-deux soldats russes ont trouvé la mort en Tchétchénie depuis la reprise des hostilités en 1999. Sa déclaration est immédiatement contredite par une ONG influente, l'Union des comités de mères de soldats, laquelle affirme que le total des pertes se monte en réalité à près de dix mille hommes.*

Le nouveau rôle de Boris en tant que mécène de la démocratie en Russie fut annoncé au monde par Elena Bonner le 30 novembre 2000, lors d'une conférence de presse. La veuve du prix Nobel de la paix, qui avait dénoncé le système soviétique, déclara qu'elle avait accepté un don de trois millions de dollars offert par la fondation Berezovski siégeant à New York (devenue ensuite Fondation internationale pour les libertés civiles, l'IFCL) pour financer le musée et centre civique Sakharov de Moscou.

Pour Boris et pour moi, attribuer cette première subvention

à Sakharov était un geste chargé de symboles. Elena Bonner avait été la première militante des droits de l'homme à affirmer que Poutine incarnait un « stalinisme modernisé », à l'époque où Boris était encore le « frère » de Poutine. Trente ans plus tôt, Sakharov était l'emblème de la dissidence, le symbole de la résistance morale à la tyrannie. Cette donation au centre Sakharov mettait en évidence la continuité de l'oppression soviétique sous le règne de Poutine et la permanence de la Résistance. D'emblée, elle hissait les couleurs de notre nouvelle fondation.

Six mois plus tard, l'IFCL avait distribué des donations à cent soixante ONG réparties dans tout le pays et considérées par Boris comme les « foyers de cristallisation » des mouvements contestataires : groupes militant contre la guerre, défenseurs des droits des prisonniers et des minorités ethniques, observateurs des droits de l'homme, et les écologistes. Nous avions aussi annoncé la création du programme Berezovski d'aide légale qui fournissait gratuitement des conseils juridiques aux jeunes en difficulté et aux conscrits en litige avec l'armée, ce qui, à l'échelon national, représentait des milliers d'affaires.

Les experts occidentaux commirent l'erreur de voir dans l'IFCL une entreprise de réhabilitation d'un oligarque rusé. Mais le Kremlin ne s'y trompa pas. Quelques jours après l'arrivée de nos virements sur le compte des ONG du pays, les conseillers de Poutine sonnèrent l'alarme. Les subventions de l'IFCL soutenaient de toute évidence des groupes contestataires, notamment les minorités ethniques, trente millions de personnes traitées comme des citoyens de seconde zone dans une Russie de plus en plus xénophobe, les vingt millions environ de citoyens qui avaient été frappés par la police au moins une fois, les douze millions d'ex-prisonniers, les millions de familles de futurs conscrits, etc. L'ensemble de ces groupes pouvait constituer une force électorale d'opposition. Les hommes du Kremlin avaient deviné notre projet : créer un vaste réseau populaire susceptible de se transformer en un parti politique. Ils ne tardèrent pas à lancer une contre-offensive.

Le 12 juin 2001, Poutine rencontra les « représentants de la société civile », un groupe soigneusement sélectionné de fonctionnaires de la culture qui, dans la meilleure tradition soviétique, comprenait un cosmonaute, un acteur, un joueur de hockey... Le président se dit inquiet que des ONG nationales soient subventionnées par des dons venant de l'étranger. L'État, poursuivit-il, devait assumer sa responsabilité vis-à-vis de la société civile, comme cela se faisait du temps de l'URSS. Un congrès des ONG serait organisé au Kremlin à l'automne, et le président s'adresserait directement à leurs représentants, sans passer par la bureaucratie.

Mais c'était trop tard. Les graines de la révolte avaient été semées. Beaucoup d'ONG promirent de boycotter l'initiative du Kremlin. Et bientôt un groupe de politiciens démocrates demanda à nous rencontrer pour discuter de la création d'un nouveau parti politique.

Sergueï Iouchenkov était un vétéran de la politique démocratique russe. Ancien officier de l'armée, il avait organisé en 1991 une « chaîne humaine » autour du parlement pour protéger Eltsine de l'assaut imprévu du KGB. Membre du parlement depuis 1989, il était le principal instigateur d'un mouvement d'abolition du service militaire et critiquait ouvertement la guerre en Tchétchénie.

Avec un autre membre dissident de la Douma, il rendit visite à Boris au château de la Garoupe à la mi-mai. La réunion évoquait irrésistiblement un épisode de l'histoire russe du XIXe siècle : des camarades venant de Moscou pour rencontrer en Europe de l'Ouest un personnage important contraint à l'exil. À son retour, Iouchenkov annonça la formation d'un nouveau parti, Russie libérale, dirigé par Boris et par lui-même. Leur objectif était de se présenter aux élections législatives de 2003 sur une plateforme anti-Poutine.

Leur stratégie reposait sur l'électorat contestataire que constituait le réseau populaire de groupes civiques soutenus par le IFCL. Iouchenkov partageait les doutes de Boris sur les explosions qui avaient détruit des immeubles en 1999. Ils voulaient que l'enquête soit poursuivie et envisageaient d'en faire un argument de leur campagne électorale.

> *Sleptsovskaïa, à la frontière tchétchène, 4 juillet 2001. Des centaines de civils fuient vers les camps de réfugiés d'Ingouchie, tandis que se multiplient les annonces d'exécutions sommaires dans les villages tchétchènes. L'un des réfugiés raconte que dans le village d'Assinovskaïa, « ils ont rassemblé tous les hommes de quinze à cinquante ans, plus de cinq cents en tout, et nous ont fait nous agenouiller dans une fosse d'ensilage en bordure du village... Ils nous ont gardés comme ça toute la journée. Ils nous interdisaient de bouger, ils en ont frappé certains à coups de crosse, les ont pourchassés avec des chiens et torturés à l'électricité. À la fin, ils en ont sélectionné cinquante et les ont emmenés, laissant partir les autres ».*

Le ralliement de Iouchenkov et la création d'un parti d'opposition, s'ajoutant à l'enthousiasme exprimé par les groupes que nous financions, finirent par avoir raison de mon pessimisme. Je considérais en effet, depuis le début, que notre combat, pour être noble n'en était pas moins impossible à gagner. Mais les communistes, qui disposaient d'un contrôle total sur les médias et le gouvernement, avaient bien perdu le pouvoir en 1991. Boris avait peut-être raison, après tout : le régime de Poutine, intrinsèquement instable, pouvait s'écrouler dès la première sommation.

Peu après la visite de Iouchenkov au château, j'eus la chance d'échanger mes impressions avec l'ancien directeur de TV6, Igor Malachenko, qui se trouvait par hasard à New York. Nous avons déjeuné ensemble à son hôtel, en admirant Central Park. Igor se montra sceptique.

— Les régimes de ce genre ne tombent pas tout seuls, dit-il. Si le communisme s'est effondré, ce n'est pas à cause des dissidents, mais parce que le gouvernement perdait du terrain dans la course aux armements. L'Occident formait un front d'opposition et disposait notamment d'un formidable service d'information financé par les gouvernements. Soljenitsyne écrivait un livre, et l'Occident lui faisait immédiatement une publicité mondiale. De nos jours, essaye donc de publier un livre sur la Tchétchénie ! Nous sommes complètement livrés à nous-mêmes. La meilleure stratégie, c'est d'attendre que l'Ouest se réveille et mesure le danger. Là, nous aurons une chance. Quant à Iouchenkov, dès l'instant où il deviendra gênant, ils lui flanqueront une bonne dérouillée, tu verras.

Malheureusement, si nous devions attendre l'aide de l'Occident, il faudrait nous armer de patience. Le 16 juin, George Bush rencontrait Poutine à Ljubljana, en Slovénie. Il le « regarda dans les yeux... et put se faire une idée de son âme ». Le président américain, content de ce qu'il avait vu, annonça au monde que Poutine était « très franc et digne de confiance ».

« Malheureusement cela en dit plus long sur Bush que sur Poutine », commenta Boris.

Gênes, Italie, 21 juillet. Les défenseurs russes des droits de l'homme en appellent aux dirigeants des démocraties industrielles présents au sommet du G7 pour qu'ils demandent des comptes au Kremlin sur la Tchétchénie. Cette guerre « est notre disgrâce nationale, mais aussi une disgrâce pour la communauté internationale dans son ensemble », dit Sergueï Adamovitch Kovalev au nom d'un « Comité pour mettre fin à la guerre en Tchéchénie ».

Pendant qu'à Cap-d'Antibes, Boris s'inventait un nouveau personnage, celui du chef de l'opposition en exil, Sacha et Marina, à Londres, s'habituaient lentement à leur nouvelle vie. Grâce à l'allocation accordée par l'IFCL, ils avaient pu louer un deux pièces à Kensington. Tolik allait à l'École internationale ; Marina noua ses premières relations sociales avec les parents de camarades de son fils. Elle suivait des cours d'anglais. Cela lui permit de trouver quelques élèves pour ses cours de danse. Sacha passait le plus clair de son temps avec ses avocats à préparer son dossier de demande d'asile. Il travaillait aussi pendant des heures, au téléphone, avec Felchtinski, à la rédaction de son livre sur les attentats de septembre 1999, *Le FSB fait exploser la Russie*.

Il se lia aussi avec deux vieux messieurs qui, à l'époque

de son recrutement, étaient des figures légendaires du KGB. Légendaires au mauvais sens du terme. Vladimir Boukovski et Oleg Gordievski incarnaient deux archétypes des adversaires du *Kontora*, et Sacha avait découvert leur existence en étudiant les *Visages de l'ennemi*.

Boukovski, dissident par excellence, était peut-être l'activiste antisoviétique le plus célèbre après Sakharov. Anticommuniste clandestin pendant les années 1970, il avait passé plusieurs années au Goulag avant d'être échangé contre le chef des communistes chiliens emprisonné par le gouvernement Pinochet.

Quant à Gordievski, c'était un agent double. Pendant des années, alors qu'il dirigeait l'antenne londonienne du KGB, il avait travaillé pour les Britanniques. Trahi en 1985 par Aldrich Ames, une taupe de la CIA, il fut rappelé à Moscou. Il aurait certainement été exécuté, avec les autres victimes d'Ames, si les Britanniques ne l'avaient pas récupéré au dernier moment. Son enlèvement, avec déguisement, souricière et passage de la frontière finlandaise dans le faux plancher d'une voiture de tourisme, fut digne d'un roman de John Le Carré.

Le fait que ces deux hommes courageux, icônes de la Résistance antisoviétique, l'acceptent comme un des leurs remonta le moral de Sacha. Il appelait Boukovski presque tous les jours pour le consulter à propos de son livre, des interviews qu'il avait accordées. Chaque fois que je lui téléphonais de New York, il se référait aux commentaires de Boukovski et de Gordievski. Il en avait fait ses maîtres à penser. Un jour, en parlant de nos aventures en Turquie, il me dit :

— Tu sais, même si je n'ai pas été enlevé par la CIA ou par le MI 6, ma fuite leur a fichu un coup, au *Kontora*. Oleg Gordievski a dit qu'elle les a ridiculisés dans la profession. À la Loubianka, ils doivent me haïr autant que je les hais.

Au ton de sa voix, je compris qu'il s'en réjouissait.

Le 14 mai 2001, George Menzies, son avocat, annonça à Sacha la bonne nouvelle par téléphone : le ministère de l'Intérieur lui accordait l'asile politique. Il n'avait plus qu'à passer à son bureau pour signer quelques papiers. Pouvait-il transmettre ses félicitations à Marina et à Tolik ?

Le cabinet d'avocats Seymour Menzies est situé au troisième étage d'un immeuble banal de Carter Lane, petite rue sinueuse proche de la cathédrale Saint-Paul.

Avec sa peau claire, sa carrure athlétique et sa bonne humeur, George Menzies ressemblait à ces Britanniques qui régnèrent autrefois sur le monde. Il ouvrit une bouteille de champagne. Pour lui aussi, c'était la fête. Il avait passé tellement de journées à traduire dans un anglais cohérent les histoires incroyables que lui racontait Sacha – sur Khokholkov et Goussak, Kovalev et Skouratov, Berezovski et le Parti de la guerre, entre autres –, afin de convaincre un inspecteur de l'immigration anonyme que Sacha et sa famille craignaient « avec raison d'être persécutés » par Poutine, l'homme que Tony Blair appelait son ami. Six mois durant, ce fonctionnaire sans nom, investi des attributs d'une divinité, invisibilité et pouvoir de vie et de mort sur eux, s'était immiscé dans leur vie quotidienne. Enfin, le dieu de l'immigration avait parlé, l'incroyable avait été jugé crédible. Leur demande était acceptée.

— Il nous reste à vous trouver un nom, dit George Menzies.

Le ministère de l'Intérieur britannique donne en effet, avec le droit d'asile, la possibilité légale d'adopter un nouveau nom. Pour ceux qui sont encore recherchés par les autorités de leur pays d'origine, cela constitue une protection supplémentaire, surtout quand ils se déplacent avec un passeport britannique.

— Choisissez-le vous-même, répondit Sacha. C'est en grande partie grâce à vous que je deviens citoyen britannique, alors vous avez le droit de me baptiser.

— D'accord. Je vous nomme Edwin, comme le premier réfugié politique de l'Histoire.

George Menzies lui expliqua qu'après le départ des Romains la Grande-Bretagne fut conquise par les Saxons. Vers l'an 615 de notre ère, Edwin, prince saxon de Northumbrie, fut chassé par un usurpateur nommé Ethelfrith et trouva refuge à la cour du roi Redwald d'East Anglia (Est Anglie). Mais il n'y était pas en sécurité. Ethelfrith réussit presque, grâce à un habile mélange de menaces et de corruption, à persuader Redwald de livrer Edwin.

Il y serait sans doute parvenu si la reine, mise au courant, n'avait pas vertement reproché à Redwald de trahir sa parole. Elle fit valoir que s'il rendait son protégé, culpabilité et infamie seraient sa punition. Redwald changea d'avis et décida même d'engager une bataille pour remettre Edwin sur son trône. Il battit et tua Ethelfrith à Nottinghamshire, sur les bords de la rivière Trent, mais perdit son fils pendant le combat. Ainsi naquit la tradition dont Sacha était bénéficiaire.

— Edwin Redwald, voilà votre nom, dit George Menzies. Pauline, veuillez l'inscrire sur l'imprimé.

— Voyons, George, vous ne pouvez pas lui donner un nom pareil. Il est imprononçable, objecta Pauline, sa secrétaire.

— C'est vrai, soupira George. Choisissons quelque chose de moins connoté. Que diriez-vous de Carter, puisque nous sommes ici, sur Carter Lane ?

C'est ainsi que Sacha devint officiellement Edwin Carter, nom qui resta secret jusqu'à sa mort.

Un peu plus tard, Sacha reçut du ministère de l'Intérieur les papiers qui lui permettaient de voyager, et George Menzies lui assura qu'il pouvait désormais se déplacer en toute sécurité, au moins dans les pays occidentaux.

Civis britannicus sum, expliqua-t-il. Je suis citoyen britannique. C'est ce que Lord Palmerston, Premier ministre, avait déclaré au Parlement en 1849 pour justifier l'envoi d'un navire pour sauver un de ses concitoyens, dénommé Don Pacifico, marchand juif né à Gibraltar, retenu à l'autre bout du monde. Le nouveau statut de Sacha lui assurait les protections dues à tout *civis britannicus*.

Entre-temps, le procureur général de Moscou avait lancé un avis de recherche contre Alexandre Litvinenko pour s'être soustrait à une ordonnance restrictive. Sitôt localisé, il devait être arrêté et incarcéré jusqu'à son jugement.

En décembre 2001, ses poursuivants marquèrent un point. La mère de Marina, soixante-cinq ans, rentrait chez elle après être allée à Londres pour la première fois. À l'aéroport Cheremitievo de Moscou, elle fut soumise à une fouille corporelle dans les locaux de la douane. Elle crut d'abord qu'il s'agissait d'une forme de harcèlement, mais comprit bien vite que les douaniers cherchaient quelque chose. Et ils trouvèrent : un bout de papier portant l'adresse de sa fille à Londres. Marina la lui avait dictée avant son départ pour qu'elle puisse remplir la carte de débarquement en Grande-Bretagne.

Trois mois plus tard, deux hommes se présentaient au domicile des Litvinenko. Marina était seule ; au coup de sonnette, elle décrocha l'interphone.
— Nous sommes de l'ambassade de Russie pour voir M. Litvinenko, dit l'un des visiteurs dans un anglais hésitant.
— Allez-vous-en ! Il n'y a pas de Litvinenko ici, cria-t-elle en russe. Partez ou j'appelle la police !

Elle était terrifiée. Personne n'était censé connaître leur adresse. Les visiteurs glissèrent une enveloppe sous la porte et s'éloignèrent.

C'était une citation à comparaître devant la cour pour son troisième procès – celui qui concernait le vol d'explosifs. Il était signé par Sergueï Barzoukov, le même procureur que pour ses autres affaires. Mais cette fois, *civis britannicus sum*, Sacha allait y échapper.

Le livre *Le FSB fait exploser la Russie* fut terminé vers la fin de l'été. Pendant qu'une petite imprimerie de New York le mettait sous presse, Felchtinski joignit le député journaliste Iouri Chekotchihine, pour qu'il en organise la publication dans *Novaya Gazeta*. Les extraits, publiés le 27 août, remplirent vingt-deux pages du journal.

Le livre, hélas, n'établissait pas la preuve définitive de l'origine des explosions de 1999. Il contenait néanmoins beaucoup d'éléments nouveaux. Il décrivait en détail diverses opérations terroristes accomplies par des groupes émanant du FSB, dont le déroulement correspondait à celui de la destruction des immeubles.

Il y avait d'abord l'affaire Lakovski. À l'automne 1994,

juste avant le déclenchement de la guerre de Tchétchénie, Sacha partageait un bureau avec un agent du FSB nommé Evgueni Makaïev. Celui-ci enquêtait sur une explosion qui s'était produite le 18 novembre 1994 sur un pont de la rivière Yauza, au centre de Moscou. Si la bombe avait explosé au passage d'un train, l'attentat eût été sanglant. Mais il y eut un contretemps et la bombe ne fit qu'une seule victime : l'homme qui la manipulait. Quelques jours plus tard, nouvelle explosion à Moscou dans un autobus. Mais les terroristes avaient apparemment mal calculé leur coup car aucun passager ne se trouvait à proximité, et seul le chauffeur fut blessé. À l'époque, on avait attribué ces attentats à des Tchétchènes non identifiés. La première guerre en Tchétchénie commença quelques jours plus tard.

Les deux affaires furent rapidement élucidées par un policier moscovite nommé Vladimir Tchaï. L'homme tué sur le pont était le capitaine en retraite Andreï Schelenkov, employé dans une compagnie pétrolière nommée Lanaco. Le propriétaire de Lanaco, Maxim Lakovski, appartenait depuis longtemps au FSB. Le poseur de bombe dans l'autobus, Vladimir Akimov, fut appréhendé et avoua. C'était le chauffeur de Lakovski.

Tchaï arrêta Lakovski et le lieutenant-colonel retraité Vorobiev, qui s'avéra être lui aussi un agent du FSB.

Les preuves d'un complot étaient évidentes. En plus des deux bombes, le groupe avait perpétré plusieurs assassinats, apparemment en relation avec le FSB. Lakovski et Vorobiev furent déclarés coupables de terrorisme, et leurs connexions avec le FSB, portées dans le rapport. Ils ne donnèrent jamais les noms de leurs commanditaires ni les raisons de leurs actes, qui ne correspondaient apparemment à aucune motivation personnelle. Dans sa dernière déposition à la cour, Vorobiev qualifia toute l'affaire de parodie. Lakovski passa trois ans et demi en prison. Il fut tué peu après sa libération, d'une balle, devant chez lui. Tchaï, l'homme qui l'avait confondu, mourut en avril 1997, à trente-neuf ans, de façon soudaine et inexpliquée. C'était le meilleur détective de Moscou. Selon certaines rumeurs, il aurait été empoisonné par le FSB, en représailles de l'affaire Lakovski.

Ensuite, vint l'affaire concernant un officier russe qui, en 1996, ordonna un massacre dans le village tchétchène de Svobodni et fut arrêté comme criminel de guerre. Dans son livre, Sacha raconte que le FSB lui avait mis le marché en main : soit il prenait la tête d'une unité secrète d'intervention, soit il allait en prison. L'officier constitua son groupe, douze hommes suspectés d'avoir commis des atrocités en Tchétchénie. À partir de 1998, toujours d'après le livre, ils multiplièrent les « liquidations » en Ukraine, en Irak, en Yougoslavie et en Moldavie. Le gang commença à se disperser en 2000, mais avant de quitter la scène l'officier se confessa devant une caméra vidéo, et Sacha obtint la cassette.

Ce genre d'histoires, nombreuses dans le livre, et le résumé de l'incident de Riazan firent de sa publication un petit événement à Moscou, cet été-là. Sans apporter de conclusion définitive, *Le FSB fait exploser la Russie* rendait plausible une théorie extravagante. Les agents des services secrets étaient-ils capables d'attenter à la vie de concitoyens pendant leur sommeil ?

L'excitation de Sacha et de Boris était à son comble. Je la sentais vibrer dans leur voix quand je leur parlais au téléphone. Et je ne la partageais ni ne la comprenais, d'ailleurs, puisque le livre ne prouvait rien.

— Imagine leur tête quand ils vont lire ça au *Kontora* ! dit Sacha.

— Je donnerais cher pour voir la tête de Volodia quand il va découvrir le livre, déclara Boris de son côté.

Dans leur esprit, l'ouvrage n'était pas destiné au grand public, il n'était pas censé prouver quoi que ce soit, il visait personnellement leurs adversaires respectifs, c'était leur déclaration de guerre. Et peu importe, me dis-je, que le livre ne soit pas un best-seller ; si le FSB avait effectivement fait sauter ces immeubles, cela ferait du bruit au Kremlin.

C'est devenu un lieu commun de dire que le 11 Septembre a tout changé, mais pour la Russie c'était à divers égards une réalité, sans aucun rapport avec Oussama Ben Laden. En échange du soutien à la guerre américaine contre le terrorisme, Poutine obtint ce qui lui a probablement sauvé la mise et permis de rester au pouvoir : le fait que les États-Unis consentent à sa guerre en Tchétchénie. Après les attentats, Boris et moi nous nous sommes aussitôt rendus à Washington. La nouvelle de l'alliance entre Poutine et les États-Unis nous a été annoncée par Tom Graham, le principal spécialiste de la Russie dans l'administration Bush, qui faisait alors partie de la cellule du Département d'État chargée d'élaborer la politique étrangère. J'en ai déduit que nous serions dès lors considérés à Washington comme les ennemis d'un ami.

— Volodia a vraiment une chance de cocu, dit Boris en quittant le siège du Département d'État. Si Ben Laden n'existait pas, il l'aurait inventé. Je me demande si les Américains comprennent qu'il n'est absolument pas leur ami. Il va les monter contre les musulmans en exploitant chacune de leurs faiblesses à son avantage.

Après avoir plaidé ma cause pendant presque un an pour que les Britanniques me pardonnent d'avoir fait entrer Sacha en Grande-Bretagne illégalement, j'obtins satisfaction. J'arrivai donc à Londres juste à temps pour lancer la campagne que j'avais préparée depuis mon exil new-yorkais afin de rappeler à l'Occident les explosions d'immeubles de 1999.

Le 14 décembre 2001, l'Union des comités de mères de soldats, la plus importante ONG de Russie, tenait une conférence à Moscou sur la guerre en Tchétchénie, avec le soutien du IFCL. Les mères de soldats étaient venues en grand nombre de toute la Russie, et la salle était pleine de journalistes de tous les pays. Boris allait s'adresser à l'assistance par téléconférence depuis Londres où je l'avais rejoint. Ce serait sa première apparition depuis plus d'un an, virtuelle toutefois, à Moscou.
Il profita de l'occasion pour affirmer qu'après avoir lu le livre de Sacha il était persuadé de la responsabilité du FSB dans

les explosions de 1999. La presse étrangère s'empara de l'affaire pour la première fois. Peut-être à cause de la réaction des mères de soldats – leurs enfants se faisaient tuer en Tchétchénie, et elles trouvèrent cette accusation parfaitement plausible. Personne dans la salle ne souleva la moindre objection. Peut-être aussi parce que, rétrospectivement, ces explosions apparaissaient comme l'équivalent russe du 11 Septembre. Le directeur du *New York Times* se déplaça de Moscou à Londres pour interroger Boris, puis se rendit à Riazan pour enquêter avant de publier deux articles à la une du journal en une semaine. Le magazine *Time* compara l'affrontement Berezovski-Poutine à celui entre Staline et Trotski. Le 5 mars, dans un cinéma de Londres bondé, Boris présida la première mondiale du documentaire *Assassinat en Russie*. Le film était produit par deux Français ayant déjà collaboré avec NTV à la promotion de l'émission « Le sucre de Riazan ». Quand la chaîne avait été reprise par Gazprom, les journalistes engagés par TV6 avaient emporté le projet avec eux. Mais en janvier 2002, les autorités avaient fermé TV6, dernier accès de Boris aux ondes russes, et le montage du film, terminé à 70 %, était resté en suspens. Les producteurs se tournèrent alors vers Boris pour qu'il en finance l'achèvement.

Sacha et Felchtinski devinrent les principaux conseillers au montage. Les chefs de Russie libérale, Sergueï Iouchenkov et Iouli Ribakov, se déplacèrent spécialement pour assister à la première du film. Ils affirmèrent leur intention de le diffuser dans le monde entier afin de « dénoncer la dissimulation par le gouvernement de ce crime horrible qui avait entraîné la guerre ». Pas plus que le livre, le film ne présentait d'éléments nouveaux, mais, comme l'écrivit *Kommersant*, « les réalisateurs ont rassemblé tous les faits, tous les détails, même mineurs, de l'affaire Riazan et les ont présentés, pour la première fois, dans l'ordre chronologique », en les replaçant dans le contexte « des témoignages et des déclarations controversées émanant des plus hauts responsables de la nation, y compris le Premier ministre de l'époque, Vladimir Poutine ».

La projection à Londres n'était que le coup d'envoi d'une campagne lancée par Sergueï Iouchenkov pour faire connaître le thème principal du nouveau parti.

« Les éléments de preuve présentés dans ce film sont assez convaincants, dit Iouchenkov en distribuant les cassettes aux journalistes qui l'attendaient à l'aéroport Cheremetyevo à son retour de Londres. Ils démontrent de quelle façon les services secrets ont trompé le peuple russe. » Iouchenkov annonça que Russie libérale ferait circuler des cassettes du film dans tout le pays et organiserait des projections dans des cinémas. Et, s'adressant à *Echo Moskvy*, il exprima son espoir qu'il se trouve « une chaîne de télévision assez courageuse pour diffuser le film ».

Le FSB s'organisa immédiatement pour en empêcher la diffusion. Iouli Ribakov se vit confisquer à Saint-Pétersbourg la centaine de cassettes qu'il rapportait de Londres, en violation de son immunité parlementaire. Il reçut par la suite des menaces de mort. Les membres de son équipe, qui organisaient des projections dans tout Saint-Pétersbourg, furent harcelés et frappés par des inconnus. Alexandre Kostarev, membre du conseil exécutif de Russie libérale, fut sauvagement tabassé en pleine rue après avoir projeté le film à Perm. Aucune chaîne de télévision russe ne prit le risque de diffuser le film. Mais dans les trois anciennes républiques baltes de l'URSS, Estonie, Lettonie, Lituanie, les principales chaînes le programmèrent, avec l'aide de l'IFCL.

Entre-temps, les vidéo-pirates russes avaient flairé la bonne affaire, car la demande populaire était forte. Ils acceptèrent volontiers les copies du master discrètement fournies par l'IFCL, et firent circuler dix mille cassettes de *Assassinat en Russie* sur les marchés en plein air et dans les kiosques des gares, faisant du film un best-seller clandestin. Début avril, les députés de Russie libérale distribuèrent des copies du film à la Douma. Tout le monde voulut avoir la sienne, bien que la majorité des députés se soit empressée de rejeter une motion réclamant une enquête parlementaire sur les explosions de 1999.

Le 4 avril, l'agence France-Presse annonça les résultats d'un sondage réalisé par un institut de recherche russe : 6 % des sondés se disaient persuadés que les explosions étaient l'œuvre du FSB ; 37 % refusaient de rejeter cette possibilité ; 38 % la rejetaient, mais seuls 16 % affirmaient que les bombes avaient été posées par des rebelles tchétchènes ; 39 % des sondés réclamaient un supplément d'enquête, et plus de 50 % voulaient que le film de Berezovski soit diffusé par la télévision russe.

Ces résultats dépassaient toutes nos espérances. Nous n'avions pas fait la moindre publicité. Les réactions des médias contrôlés par l'État étaient ouvertement hostiles au film. Pourtant les témoignages attribuaient la responsabilité de ces crimes monstrueux au gouvernement qui, d'après le même sondage, bénéficiait d'une extraordinaire popularité. La plupart des personnes interrogées n'avaient ni lu le livre ni vu le film. Pourtant, tout le monde avait entendu parler des accusations, et la moitié de la population considérait les accusations de Sacha et de Boris comme plausibles.

Il existe au sein de la conscience nationale russe un profond conflit. Une nuance de masochisme médiéval colore l'attitude des Russes envers leur seigneur et maître, leur *vlast*, perçu comme divin et effrayant, qu'illustre bien l'admiration béate qu'ils peuvent avoir pour un personnage historique comme Ivan le Terrible.

Dans un article du magazine *Time* sur le film, le correspondant à Moscou, Iouri Zarakovitch, comparait les explosions d'immeubles à ce fameux épisode de l'histoire russe où Boris Godounov, chef de la police secrète du Kremlin, fut élu tsar par les boyards en 1580 pour succéder au tsar Fédor Ier Ivanovitch, le second fils d'Ivan le Terrible, resté sans descendance. La victoire de Boris Godounov fut ternie par la rumeur qui l'accusait d'avoir assassiné l'héritier en titre, le tsarévitch Dimitri V, dernier fils d'Ivan le Terrible, afin d'accéder lui-même au trône. Cette accusation hanta Boris Godounov pendant tout son règne, en dépit des efforts qu'il fit pour consolider son pouvoir : il « força les Russes à lui dédier quotidiennement une prière, tandis que la police secrète surveillait en permanence toute tentative de sédition et encourageait les dénonciations ». Finalement, la situation économique du pays s'étant dégradée, la légende de l'enfant assassiné entraîna le peuple vers la révolte.

« Contrairement aux allégations de complicité dans l'assassinat d'un enfant innocent au XVIe siècle, le soupçon d'une responsabilité dans la mort de deux cent quarante-sept innocents ne risque pas, aujourd'hui, de faire tomber le régime, puisque des milliers de morts semblables ont ensanglanté l'histoire récente de la Russie, écrivait Zarakovitch. Néanmoins, plus la situation va se dégrader, plus le peuple va se mettre à murmurer. Et ces murmures pourront bien, comme autrefois, se transformer en un énorme grondement. »

Le film déclencha la fureur du Kremlin. Le jour de la première mondiale à Londres, le FSB réagit en annonçant que Berezovski « finançait des activités terroristes » en Tchétchénie et l'accusa d'avoir participé à l'enlèvement et à l'assassinat d'un général appartenant au ministère de l'Intérieur en 1999. Nikolaï Patrouchev, le directeur de l'agence, déclara solennellement à la télévision que le FSB « rassemblerait tous les éléments » sur les activités terroristes de Boris, les transmettrait « à nos partenaires étrangers et attendrait qu'ils prennent les décisions qui s'imposent ». Le bureau du procureur général précisa : « Pour garantir la sécurité des enquêteurs, des témoins, et la préservation des preuves, nous ne pouvons pour le moment rendre publics les documents en notre possession sur l'implication de Berezovski dans les événements de Tchétchénie. » Mais cette déclaration ne laissait aucun doute sur le fait que le Kremlin s'apprêtait à riposter.

13
Les limiers

Le livre de Sacha et le film de Boris provoquèrent un véritable examen de conscience chez les intellectuels russes. Se pouvait-il que leur *vlast* ne fût pas simplement le régime autoritaire dont la Russie avait besoin pour s'extraire du chaos oligarchique, mais l'incarnation même du mal qui trouvait sa racine avec l'assassinat dans leur sommeil de trois cents innocents ?

Cette angoisse existentielle a été magnifiquement illustrée par un article de Dimitri Fourman, un sociologue membre de l'Académie des sciences, qui expliquait pourquoi un nombre aussi élevé de Russes étaient prêts à admettre cette effroyable allégation. L'idée que le FSB puisse être derrière les attentats, affirmait-il, répondait à une logique interne : il s'agissait de faire sauter les immeubles pour provoquer la guerre et accroître ainsi la popularité de Poutine à la veille des élections. Le scénario semblait rationnel et avait d'ailleurs été efficace, abstraction faite de la mésaventure de Riazan. « Dans cette thèse, les méchants sont malins, pleins de ressources et démoniaques. »

En revanche, la version officielle accusant les terroristes wahhabites « ne repose pas sur un modèle de comportement rationnel mettant en scène des méchants astucieux, mais évoque un comportement d'imbéciles, aux motifs incompréhensibles... On relève une contradiction frappante entre l'exécution méticuleuse du plan et l'inintelligibilité de son objectif. » L'analogie avec le 11 Septembre n'avait pas de sens, affirmait Fourman, car le projet d'Oussama ben Laden était parfaitement rationnel : porter atteinte aux États-Unis et provoquer une réaction anti-islamique brutale. Pourquoi des wahhabites feraient-ils sauter des immeubles populaires : pour arrêter la guerre ou pour la provoquer ? Pour porter atteinte à la Russie ? Cela n'avait aucun sens. « La seconde stupidité suggérée par la version officielle est celle du FSB. L'opération de Riazan (si opération il y a eu, et s'il ne s'agit pas d'un acte terroriste que l'on est parvenu à déjouer) est tellement ridicule que toutes les tentatives d'explication sont vaines.

« Que la première version sous-entende un comportement rationnel et la seconde un comportement stupide ne signifie pas que la première soit exacte et la seconde erronée. Mais quand on se trouve devant un événement dont l'horreur vous dépasse, on a moins de mal à y voir l'œuvre d'un démon que l'agissement d'imbéciles ou une absurdité pure et simple. Il est plus facile de croire que le prince Dimitri V a été tué par Boris Godounov que d'adhérer à la version officielle selon laquelle il s'est tué en se poignardant avec un petit couteau. »

Les Russes, concluait Fourman, avaient donc le choix entre deux solutions : ils pouvaient juger leur *vlast* criminel ou imbécile. En tout état de cause, Berezovski avait déjà gagné.

Mais cela ne me suffisait pas. Je voulais connaître la vérité. Bien sûr, Poutine était l'homme du KGB par excellence, un homme qui n'hésitait pas à tuer. Mais ce n'est pas parce qu'on est un assassin qu'on est forcément responsable de tous les assassinats. J'étais fondamentalement un scientifique, un chercheur formé à soumettre au doute la moindre donnée. En cela, je me distinguais de Boris, un mathématicien pour qui la logique passait avant les preuves. L'affaire de Riazan était suffisamment convaincante à ses yeux. Pour moi, elle était saisissante, mais ne reposait que sur des présomptions. Je n'avais aucun scrupule à propager la théorie de la culpabilité du FSB dans tous les médias, car il était évident que les autorités cherchaient à étouffer l'affaire. Mais cela ne m'empêchait pas de vouloir aller au fond des choses.

Je n'étais pas le seul. Une personne était passée presque inaperçue parmi les invités de la première projection londonienne du film. Tania Morozova était une femme discrète de trente et un ans, aux grands yeux bruns et aux pommettes slaves. Sa mère avait trouvé la mort dans l'attentat de la rue Gourianova, le 9 septembre. Lorsqu'on les présenta à Tania, les personnes qui assistaient à la soirée londonienne restèrent généralement pensives, se rappelant, ne fût-ce qu'un instant, l'enjeu humain que l'on avait parfois tendance à oublier au milieu des luttes de pouvoir du Kremlin.

Iouri Felchtinski avait rencontré Tania à Milwaukee, dans le Wisconsin, où elle vivait avec son mari américain et leur fils de quatre ans. Deux théories s'opposaient touchant l'identité des responsables de la mort de sa mère. Si quelqu'un devait vouloir faire la lumière sur cette affaire, c'était certainement elle. Nous aurions aimé qu'elle vienne à Londres, qu'elle nous écoute et prenne sa décision ensuite.

Tania accepta. À Londres, elle ne nous révéla pas grand-chose ; elle était venue pour écouter. Mais après avoir vu le film, elle appela sa sœur cadette Aliona à Denver pour lui dire que la rumeur qu'elles avaient écartée comme pure folie était peut-être tout de même vraie. On avait de bonnes raisons de penser que le gouvernement russe avait posé la bombe qui avait tué leur mère et quatre-vingt-treize de leurs voisins. Aliona accepterait-elle de faire partie d'un comité chargé d'enquêter sur ces allégations ?

Aliona était une rescapée de l'attentat de la rue Gourianova. Après le mariage de Tania et son départ pour Milwaukee, Aliona, qui avait alors vingt-trois ans, était restée avec leur mère dans le deux pièces où elle avait grandi. Le soir du 8 septembre, elle était sortie avec son petit ami, Sergueï, qui vivait dans une autre partie de leur immense immeuble. En rentrant chez eux, ils s'étaient arrêtés pour bavarder avec des amis sous les arbres de la cour luxuriante où l'on avait installé des bancs et une aire de jeux, juste devant le bâtiment.

— Et si on allait dîner chez moi et regarder la télé ? proposa Sergueï.

Aliona accepta. Peu après minuit, Sergueï se leva. Il allait chercher une cigarette à la cuisine, lui dit-il. Ce furent ses dernières paroles.

Aliona crut d'abord à un tremblement de terre. Silencieux. En état de choc, elle ne percevait aucun bruit, comme si elle était au cinéma et que le son avait été coupé. Le mur situé en face d'elle, avec la bibliothèque de Sergueï et son téléviseur, se détacha soudain du reste de la pièce et s'effondra doucement, la laissant assise sur le canapé, au bord d'un gouffre. Elle ne perdit pas conscience et recouvra l'ouïe au bout de quelques secondes. En percevant le bruit de la rue, elle se rendit compte que son regard portait de l'autre côté de la brèche qui s'était ouverte au milieu du bâtiment. Quelque part dans ce trou, il y avait son petit ami, sa cuisine, sa mère et tout leur appartement, qui s'était écroulé avec les neuf étages effondrés autour des deux entrées principales.

Ce furent les pompiers qui vinrent la chercher. Alors qu'elle errait, égarée, à travers les décombres et la fumée, au milieu des policiers, des camions de pompiers et des secouristes, une équipe de CNN l'aperçut.

— Vous étiez à l'intérieur ? Vous voulez passer un coup de fil ? Vous pouvez vous servir de mon téléphone, lui cria un cameraman, cherchant à couvrir le bruit des sirènes.

— Je n'ai personne à appeler, ma sœur est en Amérique, répondit-elle. Je ne me souviens plus de son numéro.

Néanmoins, grâce à CNN, elle put joindre Tania. Le lendemain matin, celle-ci prenait l'avion pour Moscou.

Elles ne retrouvèrent jamais le corps de leur mère et furent exaspérées par l'inhumanité des innombrables services auxquels elles durent s'adresser parce que leur mère était morte et qu'il n'y avait ni corps ni certificat de décès, et que tous leurs papiers avaient disparu. Un jour, elles se retrouvèrent devant leur immeuble et son trou béant – quatre entrées sur six étaient encore intactes – au milieu de la foule de rescapés et de journalistes, séparées de leur ancienne cour par un cordon de police. Les autorités avaient décidé de raser ce qui restait du bloc. Lorsque les charges de dynamite explosèrent, elles ne purent s'empêcher de frissonner et d'éclater en sanglots, cramponnées l'une à l'autre. Quelque part, sous cet amas de poussière et de béton que les bulldozers étaient sur le point de niveler, gisait le corps de leur mère.

Un an plus tard, après la tragédie du 11 Septembre, elles furent frappées par le contraste.

— Les Américains ont passé les décombres du World Trade Center au peigne fin, à la recherche du moindre indice, me confia Tania. Pourquoi le FSB n'en a-t-il pas fait autant ? Pourquoi les services secrets ont-ils rasé tout l'immeuble ? Auraient-ils eu quelque chose à cacher ?

Il fallut trois mois à Aliona pour obtenir de nouveaux papiers. Dès qu'elle le put, elle prit un avion pour Chicago. Elle logea un moment chez Tania et, à l'automne suivant, s'inscrivit à l'université de Denver pour passer un diplôme d'infographie. Elle n'avait pas la moindre intention de revenir un jour en Russie.

« Quant à savoir qui avait fait le coup, au début, ça m'était bien égal, raconta Aliona. Ils nous ont affirmé que c'étaient les Tchétchènes, mais je ne savais pas grand-chose d'eux. Je ne m'étais jamais intéressée à la politique. Ils auraient aussi bien pu accuser les Martiens. Par la suite, j'ai compris les enjeux politiques de cette affaire ; quelqu'un jouait avec nous comme avec des soldats de plomb. Mais il m'a fallu du temps. »

Avant de rentrer chez elle à la suite de la première londonienne du film, Tania assista à une séance de brainstorming dans le bureau de Boris pour définir la suite des opérations. Le groupe comprenait deux membres de la Douma : Iouchenkov et Ribakov ; Boris, Sacha, Felchtinski et moi.

Il était possible que Iouchenkov crée en Russie une commission chargée d'enquêter sur les attentats. Il lui faudrait pour cela obtenir le soutien officiel de membres de la Douma. D'un commun accord, il fut décidé que Boris n'en ferait pas partie, car il était trop controversé. Tania et sa sœur Aliona représentèrent les victimes. Felchtinski et Sacha menèrent leurs propres investigations, et moi je me chargeai de la campagne de communication à l'étranger.

Sacha connaissait quelqu'un à Moscou qui pourrait, affirmat-il, être utile à Iouchenkov. Il s'appelait Mikhaïl Trepachkine. C'était un ancien enquêteur du FSB qui avait ouvert un cabinet d'avocat. Il leur serait certainement d'un grand secours dans leur enquête. D'ailleurs Sacha s'en portait garant. Il proposa d'appeler Trepachkine pour lui demander de rencontrer Iouchenkov le plus rapidement possible. De plus, releva Sacha, Aliona et Tania étaient officiellement considérées comme victimes d'un crime, ce qui était une bonne chose. En effet, en vertu de la loi russe, elles pouvaient ainsi avoir accès au dossier d'instruction et participer aux procédures judiciaires, en admettant que quelqu'un soit un jour traduit en justice pour cet attentat. Sacha suggéra que les deux sœurs demandent à Trepachkine de les représenter et Tania signa une procuration en bonne et due forme pour l'avocat.

Au moment de prendre congé, je ne pus m'empêcher de me demander sous quelle rubrique notre nouveau groupe figurerait dans le « rapport opérationnel » que le FSB ne manquerait pas de remettre sous peu à Poutine. J'essayais de me mettre à la place des services secrets, comme Sacha m'avait appris à le faire en Turquie. Tous nos mouvements et toutes nos communications faisaient certainement l'objet d'une surveillance attentive. Nous rangerait-on dans la catégorie des « organisations subversives d'émigrés » dans le plus style soviétique ou dans celle, plus moderne, des « cellules de sympathisants terroristes » ? Combien d'espions seraient-ils chargés de nous garder à l'œil ?

Le 23 avril, Sergueï Iouchenkov arriva à Washington avec un gros carton de cassettes vidéo d'*Assassinat en Russie*. Son emploi du temps, organisé par l'IFCL, suivait le circuit habituel proposé aux visiteurs étrangers soucieux de s'adresser aux décideurs de la politique étrangère américaine : le Département d'État, le Congrès, un certain nombre de journalistes clés et d'experts. Sergueï ne prenait pas en considération l'absence de preuves, c'était un homme politique, il voyait cette affaire d'attentat sous un angle bien particulier.

« Je n'ai pas à apporter de preuves, expliqua-t-il. Le gouvernement a été accusé d'assassinat collectif contre ses propres citoyens, et la moitié des gens le croient ; cela me suffit. La présomption d'innocence ne s'applique pas aux gouvernements ; c'est un outil fait pour protéger la population du pouvoir. Poutine a l'obligation de dissiper les soupçons. Au lieu de quoi, il étouffe l'affaire. Avons-nous besoin d'autres preuves ? »

Les entrevues de Washington ne furent pas une partie de plaisir. Tom Graham, du Département d'État, m'avait prévenu que faute de preuve concrète d'une complicité des autorités dans les attentats, le film et ceux qui le présentaient ne seraient pas pris au sérieux.

Nous avions fait venir Aliona de Denver. Sergueï Iouchenkov et elle s'entendirent immédiatement. C'étaient des âmes sœurs – deux Russes en mission dans la ville impériale indifférente.

— Les attentats de Moscou ? C'est la même chose qu'avec notre 11 Septembre, n'est-ce pas ? demanda un membre du Congrès qui écouta poliment Iouchenkov. – Son expression d'attention soutenue dissimulait mal un profond scepticisme : – ces types prétendent que leurs services secrets sont responsables. Eh bien, chez nous aussi, il y a des gens – les cinglés habituels – qui imputent à la CIA les attentats contre les Tours jumelles.

Notre visite au Département d'État ne fut pas plus fructueuse. Nous fûmes reçus par un subalterne du bureau de la Russie, qui prit poliment la cassette en proférant quelques banalités. Tom Graham avait raison : on ne nous prenait pas au sérieux.

— Il fallait s'y attendre, dit Iouchenkov en essayant de remonter le moral à Aliona pendant que nous déjeunions à la cafétéria du Congrès. Imaginez que nous ayons débarqué à Washington, mettons en 1944, pour nous plaindre de Staline.

Vous croyez qu'on nous aurait prêté une oreille bienveillante ? L'oncle Jo était l'allié préféré de Roosevelt, ce qui lui permettait d'agir en toute impunité. Il a fallu aux Américains un bon moment pour comprendre qu'il était encore plus dangereux qu'Hitler. La situation actuelle est très comparable. Il n'empêche que nous devons dire ce que nous avons à dire. Dans quelques années, le jour où ils comprendront qui est vraiment Poutine, ils se souviendront de notre visite.

Certains, tout de même, nous firent confiance. À la suite d'une projection destinée au personnel de la commission des relations étrangères du Sénat, nos cassettes s'arrachèrent comme des petits pains.

— Ne vous découragez pas, nous dit l'assistant d'un des hommes les plus puissants du Capitole. Nous ne pouvons tout de même pas descendre dans la rue et crier que le président de la Russie est un assassin. Mais il est important que nous le sachions. Votre truc tient la route. Je vais me débrouiller pour que le sénateur le voie.

Nos auditeurs les plus favorables furent les spécialistes qui se bousculaient dans la salle de conférences du Kennan Institute au Woodrow Wilson Center. Blair Ruble, le directeur de l'institut Kennan, fit montre d'un remarquable courage en nous autorisant à projeter le film dans son établissement : d'autres grandes institutions de Washington refusèrent catégoriquement.

— Comprenez-nous, il faut que nous protégions nos activités à Moscou, nous avons une antenne là-bas, m'avait expliqué un autre membre d'une cellule de réflexion quand j'avais téléphoné pour me renseigner. Ce qui compte le plus pour nous, c'est l'accès. Nous ne voulons pas courir le risque d'une brouille avec les Russes. Et ils sont aux aguets.

En effet. La projection de l'institut Kennan fut annoncée dans toute la ville et ouverte au public. Je consultai le registre des entrées : deux membres de l'ambassade de Russie y figuraient. Je n'eus aucun mal à les repérer – le style du KGB sautait aux yeux – au deuxième rang, assez près de l'estrade pour obtenir une bonne qualité de son sur les magnétophones qu'ils avaient sans doute dissimulés sur eux.

— Chacun sait que je ne suis pas un admirateur de Berezovski, déclara le doyen de la kremlinologie, Peter Reddaway, après la projection. Mais le film est convaincant et Poutine doit réagir à ces allégations pour nous rassurer et nous prouver qu'il n'est pas ce qu'il paraît être.

Les deux types de l'ambassade restèrent de marbre.

La tournée de Iouchenkov dura une semaine et comprit des projections à New York et à Boston, dans des lieux comme les universités Columbia et Harvard. Iouchenkov fit invariablement forte impression. C'était un bon orateur, qui savait transmettre sa passion et sa conviction. Aliona en était manifestement amoureuse – elle l'écoutait, visage levé vers lui, ne le quittant pas du regard, comme s'il était un grand sage, et ils passaient des heures à bavarder quand elle l'emmenait faire du tourisme.

Un an plus tard, Iouchenkov fut assassiné à Moscou par un tireur anonyme. Aliona m'appela de Denver.

— Tu sais de quoi nous avons parlé pendant toutes les heures que nous avons passées ensemble ? me demanda-t-elle. De la Russie. Il adorait la Russie. Il m'a récité des poèmes que je ne connaissais pas – d'Essenine, de Lermontov. En fait, il m'a transformée. Après avoir compris que c'était le FSB qui avait fait sauter notre immeuble, j'avais eu tendance à rejeter la Russie. Il a dû le deviner. Il m'a dit : « Tu n'y retourneras peut-être jamais, mais il faut que tu saches que le salaud qui a tué votre mère, ce n'est pas la Russie. La Russie, c'est vous, ta sœur et toi. » Il m'a promis d'aller jusqu'au fond des choses. Et il savait à quoi il s'attaquait. C'était l'homme le plus grand, le plus merveilleux que j'aie jamais connu.

Tbilissi, 1ᵉʳ février 2002. Le secrétaire du Conseil de sécurité russe, Vladimir Rouchaïlo, arrive dans l'ancienne république soviétique de Géorgie pour discuter de la situation dans les gorges de Pankisi, la région frontalière avec la Tchétchénie. Les Russes prétendent que l'endroit sert de terrain d'entraînement et de base de ravitaillement à la guérilla tchétchène. Rouchaïlo exige que les Tchétchènes soient expulsés de Géorgie, et brandit la menace d'une opération militaire. Akhmed Zakaïev, vice-Premier ministre du gouvernement Maskhadov, affirme qu'il n'existe aucune base tchétchène en Géorgie, mais seulement onze à douze mille réfugiés. La Géorgie réclame l'assistance militaire américaine. Le 28 février, le Pentagone révèle qu'il s'apprête à envoyer deux cents conseillers militaires dans le pays. Zakaïev salue l'arrivée des Américains : « Le camp tchétchène ne demande qu'à coopérer avec toutes les forces qui font la guerre au terrorisme. »

Le jour où Iouchenkov arriva à Washington, Iouri Felchtinski et Sacha Litvinenko débarquaient à Tbilissi. Sacha, les yeux dissimulés derrière des lunettes noires, présenta un passeport au nom d'Edwin Redwald Carter, citoyen britannique. Iouri passa séparément, et ils se retrouvèrent dans une chambre du Sheraton, le Palais Métékhi, où les rejoignit le responsable d'une société locale de sécurité – « la plus sûre et celle qui jouit des meilleures relations », selon les conseillers londoniens de Boris en matière de sécurité. Ils étaient venus pour une mission secrète et dangereuse – rencontrer l'homme qui prétendait être Atchimez Gotchiaïev, le principal suspect des attentats aux dires du FSB.

« Dans notre métier, il y a un effet de signal lumineux, m'avait expliqué Sacha. Après le pavé dans la mare qu'ont représenté le livre et le film, nous nous sommes mis à clignoter. Tôt ou tard, quelqu'un allait prendre contact avec nous, c'était certain. »

Effectivement, quelques jours après la projection, un des collaborateurs de Boris avait reçu un appel de Géorgie. Felchtinski avait été chargé de mener les négociations en utilisant un téléphone mobile « propre », sans abonnement. Oui, bien sûr, il serait heureux de parler à Atchimez Gotchiaïev. Il accepta de se trouver à une date précise, à un coin de rue bien particulier de Tbilissi. Felchtinski tiendrait en main un exemplaire de l'*International Herald Tribune*. L'homme qu'il devait rencontrer porterait une casquette de base-ball verte. Il le conduirait jusqu'à Atchimez.

— Nous pouvons garantir votre sécurité dans le périmètre de la capitale, expliqua l'homme. Mais si vous sortez de la ville, nous ne pouvons plus nous engager à rien. Alors évitez soigneusement de le faire. Si nous voulions assurer votre protection hors de la ville, il faudrait envoyer tout un peloton dans un véhicule de transport de troupes. En tant qu'Américain, vous êtes une cible de choix pour des ravisseurs.

Muni d'un numéro du *Herald Tribune*, Felchtinski partit rencontrer son contact. Sacha le couvrait à une certaine distance.

— Si vous êtes prêt, nous pouvons y aller. J'ai une voiture, dit l'homme à la casquette verte, un Tchétchène d'âge moyen, après qu'ils eurent échangé leurs mots de passe.

— Aller où ? demanda Felchtinski.

— Dans les gorges de Pankisi.

— Non, je ne peux pas. Pourquoi ne l'amenez-vous pas ici ?

— Impossible, ça grouille d'hommes du FSB. Les gorges sont le seul endroit où ils ne vont pas. Allez, venez.

Au bout de vingt minutes de discussion, il fallut se rendre à l'évidence : tout tête-à-tête avec Atchimez Gotchiaïev était exclu. Felchtinski conduisit l'homme dans un hôtel – un autre que celui où ils étaient descendus –, où Sacha avait réservé une chambre, payant d'avance en liquide, dans l'éventualité d'un imprévu de dernière minute. Sacha frappa à la porte presque aussitôt.

— Combien de voitures avez-vous ? demanda-t-il au Tchétchène.

— Une.

— Nous en avons une aussi, dit Sacha. Or j'en ai compté cinq qui rôdent dans le coin. Ce qui veut dire qu'il y en a au moins trois du *Kontora*.

— Vous voyez bien, approuva le Tchétchène. Je vous ai prévenus, les gorges sont le seul lieu sûr.

Ils remirent au Tchétchène un magnétophone, un magnétoscope et un questionnaire que Sacha avait préparé pour Gotchiaïev. Ils se donnèrent rendez-vous pour le lendemain. Le Tchétchène leur rapporterait la déclaration de Gotchiaïev.

Trois heures plus tard, le Tchétchène appela Felchtinski sur son portable.

— Je suis rentré, annonça-t-il, mais j'ai eu de la compagnie – ils m'ont suivi aussi loin qu'ils le pouvaient. Soyez prudents. À demain.

L'entrevue n'eut jamais lieu. À six heures du matin, l'agent de sécurité apparut.

— Vous rentrez chez vous, déclara-t-il. Par le premier avion. Il décolle dans deux heures. Vu la tournure que prennent les choses, nous ne pouvons plus rien garantir.

Une escorte de jeeps les accompagna en trombe à l'aéroport. Ils entrèrent dans le terminal, entourés par une dizaine de gardes du corps.

— Mes hommes seront dans l'avion jusqu'à ce que vous débarquiez à Francfort, leur dit l'agent de sécurité. Après vous vous débrouillerez seuls.

Felchtinski et Sacha apprirent par la suite que, durant la nuit qu'ils avaient passée à Tbilissi, la voiture qui leur avait été affectée avait été prise en embuscade. Le chauffeur avait été tué.

L'intermédiaire tchétchène refit surface quinze jours plus tard par courrier électronique. La bande et le questionnaire étaient prêts. Quant au matériel, il souhaitait le conserver pour s'en servir ultérieurement. Il leur expliqua comment joindre un contact à Paris qui leur remettrait les documents.

> *Tbilissi, Géorgie, 16 juillet. Adam Dekkouchev, un autre homme appréhendé par les autorités géorgiennes et soupçonné d'avoir participé aux attentats de 1999, est extradé vers la Russie. À son arrivée à Moscou, il est transféré à la prison de Lefortovo.*

Le 25 juillet, Felchtinski et Litvinenko transmirent leurs découvertes à la Commission publique – un organe officieux créé par Iouchenkov après rejet par la Douma de sa motion réclamant une enquête officielle. Il s'agissait en fait d'une vidéoconférence : la commission était réunie à Moscou en présence de la presse, et les deux limiers étaient restés à Londres. À cette date, la commission s'était dotée d'un nouveau président, Sergueï Kovalev, un homme très respecté, député à la Douma et défenseur des droits de l'homme. Iouchenkov était vice-président. Ce cénacle de vingt membres comprenait cinq députés de la Douma, parmi lesquels le journaliste Iouri Chekotchihine. C'était le seul soutien parlementaire qu'Iouchenkov avait pu mobiliser à la suite de deux années au cours desquelles le Kremlin avait soufflé le chaud et le froid sur le corps législatif. Mikhaïl Trepachkine assistait à cette réunion comme conseiller. Le simple fait que Felchtinski et Litvinenko aient pu mettre la main sur le numéro un de la liste des personnes les plus recherchées par le FSB infligeait un camouflet au *Kontora*. La teneur du témoignage de Gotchiaïev transmis par Sacha tint tout l'auditoire moscovite en haleine pendant près de deux heures.

D'abord, déclara Sacha, il ne faisait aucun doute que l'auteur de ce témoignage était bien Gotchiaïev. Ils en avaient eu confirmation de la part d'un expert britannique de tout premier plan, qui avait comparé les photographies du témoin avec celle qui figurait sur le site Internet du FSB. Si elles le souhaitaient, les autorités pourraient vérifier son identité de plus près grâce aux nombreuses informations personnelles contenues dans sa déposition, telles que des détails sur sa résidence et son service militaire, ainsi que par l'analyse de sa déclaration manuscrite de six pages.

Dans son message, Gotchiaïev admettait que les entrepôts situés au sous-sol des bâtiments détruits avaient été loués par sa société de bâtiment, en utilisant sa carte d'identité. Mais il ne l'avait pas fait lui-même. Il prétendait s'être fait rouler par son associé, un Russe qui, pensait-il maintenant, travaillait certainement pour le FSB.

« Il disait avoir trouvé un bon filon pour écouler des produits alimentaires et m'a proposé une coentreprise. D'abord, j'ai commandé pour lui un stock d'eau minérale... il l'a vendu et m'a payé dans les délais prévus. Ensuite, il m'a annoncé qu'il aurait besoin d'entrepôts au sud-est de Moscou, où il avait de nombreux clients. Je l'ai aidé à trouver des locaux dans la rue Gourianova, l'avenue Kachirskoïe, aux étangs de Borisov et dans le district de Kapotnia, » écrivait Gotchiaïev.

La nuit de la première explosion rue Gourianova, Gotchiaïev n'était pas chez lui. Cela l'avait probablement sauvé, pensait-il, parce que la police ne put l'appréhender. Son associé l'appela à 5 heures du matin pour le prévenir qu'un petit incendie s'était déclaré dans le local de la rue Gourianova ; il fallait qu'il s'y rende sur-le-champ. Heureusement, avant de partir, il écouta les informations et apprit qu'il y avait eu une explosion. Il se cacha immédiatement.

Pour des raisons que Sacha et Felchtinski ne pouvaient expliquer, Gotchiaïev ne livra pas le nom de son associé. Mais il fournit une autre information capitale. C'était lui, et personne d'autre, qui avait indiqué aux autorités les deux autres locaux de Moscou que louait sa société. Après la deuxième explosion le 13 septembre et la publication de sa photo dans la presse, il comprit qu'il était victime d'un coup monté. Avant de quitter la ville, il utilisa son téléphone portable pour appeler la police, les pompiers, le service des urgences, et leur donner les deux autres adresses qui, pensait-il, confirmeraient bien le complot de son associé.

C'était un élément capital, souligna Sacha. Les informations de Gotchiaïev correspondaient aux rapports qui avaient été publiés. Une bombe avait effectivement été désamorcée le 13 septembre dans le secteur de Kapotnia. En outre, on avait découvert aux étangs de Borisov un entrepôt contenant plusieurs tonnes d'explosifs et six systèmes d'allumage tout neufs. Personne n'avait jamais révélé comment la police avait été informée. Gotchiaïev fournissait une explication. Il était facile de vérifier si c'était bien lui qui l'avait renseignée ; en effet, tous les appels en urgence sont enregistrés, et les compagnies de téléphone conservent la trace de ceux passés sur des portables.

Les membres de la vidéoconférence savaient qu'il était inutile de demander aux autorités de coopérer avec la commission. Ce que Sergueï Iouchenkov voulait, c'était que l'opinion publique fasse suffisamment pression sur les responsables de l'enquête officielle pour qu'ils ne puissent pas ignorer les découvertes de la commission.

— Sergueï Nikolaïevitch, dit Sacha à Iouchenkov, je vois Mikhaïl Trepachkine dans la salle. Je propose que vous le chargiez de vérifier les allégations de Gotchiaïev. Si quelqu'un est capable de découvrir le fin mot de l'affaire, c'est lui.

Au cours de l'été 2002, je consacrai presque cinq semaines à travailler avec Sacha sur son livre.

Il avait apporté en Espagne une nouvelle pièce à conviction : une cassette vidéo et une transcription qui décrivaient un curieux épisode, ajoutant un élément pour le moins bizarre à la saga des attentats.

Ce document avait été fourni par Iouri Rybakov, député de Saint-Pétersbourg à la Douma et membre de la Commission publique. Il avait extrait un passage du procès-verbal officiel de la Douma : une remarque du président communiste de la Chambre, Guennadi Seleznev, le matin du 13 septembre 1999, quelques heures seulement après la deuxième explosion de Moscou.

Selon cette transcription, Seleznev interrompit la séance pour faire une annonce surprenante.

— Je viens de recevoir un rapport. Des informations nous sont parvenues en provenance de Rostov-sur-le-Don. Un immeuble d'habitation de la ville de Volgodonsk a sauté la nuit dernière.

Le nationaliste Vladimir Jirinovski intervint :

— Et il y a une centrale nucléaire à Volgodonsk.

En fait, il ne s'était pas produit la moindre explosion à Volgodonsk ce jour-là. Une bombe détruisit effectivement un immeuble d'habitation dans cette ville du sud, mais trois jours plus tard, tuant dix-neuf personnes.

Quand la nouvelle de la véritable explosion fut transmise à la Douma, le 16 septembre, Jirinovski se leva à nouveau :

— Monsieur le Président, pourriez-vous nous expliquer comment vous avez pu nous annoncer lundi une explosion qui a eu lieu le jeudi suivant ?

— Je vous remercie de votre intervention, j'en ai pris bonne note, répondit Seleznev, et il coupa immédiatement le micro de

Jirinovski. Sur la vidéo de la séance parlementaire, on peut voir ce dernier gesticuler comme un fou.

Iouli Ribakov adressa une requête officielle au bureau du procureur général, demandant que Seleznev soit interrogé sur cette affaire. En vain.

— Qu'en penses-tu ? demandai-je à Sacha alors qu'il s'apprêtait à aller faire du jogging sur la plage espagnole.

— Quelqu'un a dû mélanger l'ordre des explosions, le genre de bordel habituel au *Kontora*. Moscou-2 devait avoir lieu le 13 et Volgodonsk le 16, mais ils ont transmis les infos à l'envers au président de la Douma. Il faut que je parle à Trepachkine, peut-être qu'il pourra dénicher quelque chose.

Il partit courir, coiffé de sa casquette de base-ball qui le faisait un peu ressembler à Forrest Gump.

Deux semaines plus tard, quand je retrouvai Sacha à l'aéroport de Milan pour notre dernière réunion de travail sur *Association de malfaiteurs à la Loubianka*, il m'apporta le rapport de Trepachkine.

— Le type qui a remis à Seleznev la note sur Volgodonsk était du FSB, m'annonça-t-il. C'est bien ce que je pensais.

Ce n'était pas la première fois que Mikhaïl Trepachkine prouvait ses compétences. Son nom résonnait à mon oreille depuis des mois, Sacha ne cessant de faire son éloge et de le présenter comme « son homme » à Moscou. À l'époque, Trepachkine était consultant auprès d'Iouchenkov tout en étant l'avocat de Tania et Aliona. Selon Sacha, il était le plus qualifié pour organiser la diffusion d'*Association de malfaiteurs à la Loubianka* que j'avais l'intention de faire imprimer à Riga puis d'introduire en Russie en passant par la frontière lettone.

En janvier 2002, peu après que Sacha eut commencé à l'appeler de Londres, Trepachkine fut perquisitionné par le FSB. Plus tard, ses avocats eurent accès à son dossier d'instruction. Un document avait apparemment été à l'origine de l'enquête. Dans une lettre adressée au bureau du procureur, le FSB prétendait que Trepachkine était de mèche avec Litvinenko et Berezovski et qu'ils travaillaient tous pour le MI 5, une branche des services secrets britanniques. L'objet de leur complot serait « de discréditer le FSB en prétendant qu'il avait organisé les attentats moscovites de 1999. » Bien sûr, il était parfaitement exact que les trois hommes enquêtaient sur le rôle du FSB dans cette affaire, mais suggérer que Trepachkine pouvait être coupable de trahison en affirmant qu'il agissait ainsi sur ordre des Britanniques était une manœuvre typique des services secrets.

La perquisition de janvier 2002 au domicile de Trepachkine ne produisit qu'un dossier du KGB vieux de dix ans et annoté ultrasecret, qui n'avait rien à voir avec les attentats et avait apparemment été oublié sur son bureau, ainsi que quelques cartouches de pistolet déposées là, selon lui, au cours de la perquisition. Trepachkine fut immédiatement accusé d'avoir divulgué des secrets d'État, outrepassé ses pouvoirs officiels et de posséder des armes prohibées. Pourtant, il ne fut pas arrêté, ni même convoqué pour interrogatoire. On lui ordonna simplement de ne pas quitter la ville sans autorisation des procureurs.

« Ils veulent le garder sous la main, commenta Sacha. Ils ont mis son téléphone sur écoute ce qui leur permet de savoir ce que nous mijotons. Ils vont le laisser tranquille un moment – Sacha était du même avis que moi : tôt ou tard, le *Kontora* durcirait le ton avec Trepachkine –, mais ne t'en fais pas, me rassura-t-il. Il est solide comme un roc. Ce n'est pas le genre à flancher. Tu peux compter sur lui »

Je ne savais que penser. Il fallait que je rencontre cet homme personnellement, que je le regarde droit dans les yeux, comme aurait dit George Bush.

Je ne pouvais pas retourner en Russie, et Trepachkine ne pouvait pas officiellement se rendre dans un pays occidental. Néanmoins, en utilisant le téléphone d'un ami, il réussit à me faire savoir qu'il pourrait s'éclipser à Kiev pour une journée.

Contrairement à Sacha, qui avait rejoint le KGB alors qu'il était déjà sur le déclin, Trepachkine avait à son actif quinze ans de bons et loyaux services comme enquêteur à la Loubianka de l'ère soviétique. Il s'était spécialisé dans les affaires de commerce clandestin d'œuvres d'art et d'antiquités volées. Après l'effondrement de l'Union soviétique, il passa aux Affaires intérieures et travailla directement pour Nikolaï Patrouchev qui succéda à Poutine à la tête du FSB. Il enquêta sur la corruption au *Kontora*, et sur les liens qu'entretenaient certains de ses officiers avec des groupes criminels tchétchènes établis à Moscou. Un jour, Trepachkine intercepta toute une cargaison d'armes que des officiers du FSB s'apprêtaient à vendre aux rebelles, ce qui lui valut une médaille. Mais il rompit avec le Bureau en 1996, lorsqu'il lança publiquement des accusations de corruption. Voilà comment il se retrouva sur la liste noire de l'URPO. Il avait une femme, deux enfants en bas âge et un fils adolescent de son premier mariage.

Je l'attendais à l'hôtel Président de Kiev, et le reconnus immédiatement – un petit homme de quarante-cinq ans, aux cheveux bruns, au regard perspicace et au sourire réservé. Il était aux antipodes de Sacha : pas spontané pour un sou, flegmatique, introverti. Malgré plusieurs heures de conversation, à l'hôtel puis dans un restaurant géorgien, je fus incapable de mettre son cœur à nu, alors que j'y étais parvenu immédiatement avec Sacha en Turquie. Il éludait tout débat de fond et ignorait obstinément mes efforts pour l'entraîner dans une discussion sur les motifs supérieurs de la mission qu'il s'était fixée. Il refusait de s'étendre sur la politique et ne voulait pas généraliser. On aurait dit que les attentats étaient un crime comme un autre, sur lequel il était chargé d'enquêter.

Je renonçai à percer ses motivations profondes, mais je voulais qu'il comprenne parfaitement les limites de ce que nous pourrions faire pour lui s'il s'attirait des ennuis.

— Micha, pardonnez-moi, mais comprenez-vous bien qu'ils vous mettront en prison si vous poursuivez sur cette voie ? lui demandai-je.

— Je n'ai pas l'intention d'enfreindre la loi, Alexandre Davidovitch. Dans ces conditions, il serait illégal de m'incarcérer.

— J'entends bien, Mikhaïl Ivanovitch, repris-je. Je serais enchanté que vous puissiez continuer, mais je crains que les choses ne tournent mal. Le cas échéant, nous ne pourrons pas faire grand-chose pour vous aider.

— Je ne fais pas cela pour vous, dit-il. Je travaille pour mes clientes, Tatiana Alexandrovna et Aliona Alexandrovna Morozova. Et aussi pour Sergueï Nikolaïevitch Iouchenkov, le député.

Plus mes commentaires se faisaient informels, plus il réagissait avec raideur. Il refusait toute familiarité. Bon, très bien, me dis-je. Il nie l'évidence et ne veut pas admettre qu'il combat le système. Il préférait faire comme s'il se contentait de résoudre une énigme criminelle. Peut-être était-ce sa façon de ne pas s'avouer que toute sa vie durant, il avait servi le mauvais maître. Une chose était sûre cependant : je lui faisais confiance. Il cherchait des preuves. Par acquit de conscience, je le mis en garde une dernière fois, lui rappelant qu'il courait tout droit vers la prison s'il ne renonçait pas. Puis nous abordâmes le sujet suivant : comment faire parvenir le livre de Sacha à Moscou.

Trepachkine affirmait avec insistance que même si l'opération devait rester secrète, elle devait être strictement légale. Les bordereaux d'expédition devaient être en ordre, les colis devaient être enregistrés en douane, etc. J'étais d'accord, bien entendu, et me gardai de lui faire remarquer qu'aucune de ces précautions ne suffirait à le protéger. Quand nous nous sommes quittés, je ne m'attendais pas à le revoir un jour.

Par un après-midi pluvieux d'août 2002, Trepachkine se porta à la rencontre d'un camion en provenance de Riga, qui transportait dix mille exemplaires d'*Association de malfaiteurs à la Loubianka*. Il passa la douane à un poste frontière situé sur une grande route, en indiquant qu'il s'agissait d'« imprimés ». Il dirigea le chauffeur vers un entrepôt secret qu'il avait loué. La semaine suivante, le livre était sur les étalages des kiosques du centre de Moscou. Le succès fut immédiat. L'ancien ministre de l'Intérieur, Anatoli Koulikov annonça qu'il avait l'intention de porter plainte pour diffamation contre Sacha, à cause du portrait qu'il traçait de lui dans ce livre. Plus tard dans l'année, deux nouvelles cargaisons suivirent le même chemin.

> *Septembre 2002, Moscou. S'exprimant à l'occasion du troisième anniversaire des attentats, le vice-procureur général Sergueï Fridinski affirme que le prétendu coupable, Atchimez Gotchiaïev, se cache en Géorgie, dans les gorges de Pankisi. Il exige son arrestation et son extradition. Le ministre géorgien des Affaires étrangères, Iraklii Menagarichvili, nie la présence de Gotchiaïev dans le pays. Le responsable de la Commission publique sur les attentats, Sergueï Kovalev, déclare que si Gotchiaïev est appréhendé, il ne faut pas le livrer au FSB.*

À la suite du voyage avorté de Sacha et de Felchtinski en Géorgie, une bataille rangée entre le FSB et la commission fit rage pendant presque un an sur les pages internationales des journaux occidentaux, et dans les quelques imprimés et sites Internet d'opposition soutenus par Boris et Goose. Pour les connaisseurs – quelque huit mille visiteurs par jour –, le IFCL avait ouvert un site web, www.terror99.ru, consacré à cette affaire. Mais évidemment, la plupart des Russes n'avaient pas accès à Internet, et le sujet était complètement tabou à la télévision russe. Il en fallait davantage pour décourager Boris. Il était sûr que l'intérêt de cette histoire viendrait à bout des difficultés de diffusion. L'opinion publique avait envie de connaître la vérité sur les attentats. Les gens en parlaient, et le bouche à oreille allait bon train. Il savait également par d'innombrables rapports des cercles extérieurs du Kremlin que Poutine était très soucieux de ses faits et gestes.

Peu après la prise de contact avec Gotchiaïev, un autre intermédiaire s'adressa à Sacha et à Felchtinski pour leur transmettre une déclaration de deux autres prétendus auteurs des attentats de Moscou, Timour Batchaïev et Youssouf Krymchamkhalov. Ils reconnurent avoir transporté un chargement d'hexogène à Moscou depuis une usine située au sud de la Russie, avec un troisième homme, Adam Dekkouchev, déjà en détention provisoire en Russie. Cependant, affirmèrent-ils, ils n'avaient jamais été en relation avec les chefs de guerre tchétchènes, et ne connaissaient pas Gotchiaïev. À l'époque, ils pensaient faire partie d'un mouvement djihadiste clandestin de Moscou. Un homme qui se faisait passer pour un chef du djihad les avait persuadés de se lancer dans cette opération. Par la suite, ils en étaient venus à penser qu'il travaillait pour le FSB. Il avait prétendu que la bombe devait servir contre « une cible militaire ou gouvernementale », pas contre un immeuble d'habitation. Quelle que fût la valeur de ce nouveau témoignage, il contenait suffisamment de détails pour établir la bonne foi de ses auteurs. Ils faisaient, dirent-ils, l'objet d'une chasse à l'homme en Géorgie, et le FSB avait mis leurs têtes à prix. Ils n'allaient certainement pas tarder à se faire prendre ou liquider. Sacha et Iouri communiquèrent immédiatement ces informations à la commission Kovalev et les transmirent pour publication à la *Novaya Gazeta* ; une nouvelle preuve humiliante de l'incompétence du FSB.

« Nous n'avons pas l'intention de prendre part à la campagne de relations publiques de quelques personnalités douteuses et moins encore de nous engager dans une polémique avec ces gens-là, fit savoir un porte-parole du FSB. Ce Litvinenko a terni le titre d'officier des services secrets et a lui-même commis un crime. »

Moscou, 23 octobre 2002. Un groupe d'une cinquantaine de terroristes prend huit cents personnes en otages dans un théâtre de Moscou, exigeant le retrait des forces russes de Tchétchénie. L'opération est dirigée par Movsan Baraïev, neveu d'Arbi Baraïev, le chef de guerre accusé d'avoir décapité quatre Britanniques en 1998. Au terme de trois jours infructueux, des commandos russes prennent d'assaut le bâtiment en utilisant des gaz toxiques pour mettre les terroristes hors d'état de nuire. Cent trente-sept otages meurent après avoir inhalé ces gaz. Tous les preneurs d'otages sont exécutés, même ceux qui n'offrent aucune résistance.

Tbilissi, Géorgie, 8 décembre 2002. Un des suspects dans l'affaire des attentats de Moscou de 1999, Youssouf Krymchamkhalov, est appréhendé par les forces de sécurité géorgiennes après une fusillade avec un groupe de rebelles. Il est extradé à Moscou et transféré à la prison de Lefortovo. Son associé, Timour Batchaïev, est tué au cours de l'opération. Le président Poutine remercie son homologue géorgien, Edouard Chevardnadzé, pour l'aide que son pays a apportée à la Russie en arrêtant Krymchamkhalov.

Le 30 janvier 2003, je pris l'avion pour Strasbourg où je devais rencontrer Sergueï Kovalev, président de la Commission publique. Cela faisait plus de trente ans que je le connaissais, depuis l'époque où nous étions tous les deux membres du petit groupe de dissidents qui gravitaient autour d'Andreï Sakharov. Biologiste comme moi, Kovalev avait fondé le premier Comité soviétique de défense des droits de l'homme en 1969. Quand il fut arrêté par le KGB en décembre 1974, je transmis les comptes rendus de son procès aux correspondants de presse occidentaux à Moscou. Peu après, je pris la route de l'émigration, tandis que Kovalev passait dix ans en prison et en exil intérieur pour « agitation et propagande antisoviétiques ». Âgé désormais de soixante-seize ans, il représentait l'une des rares voix indépendantes encore présentes à la Douma. C'était également un ancien médiateur de l'administration Eltsine et un candidat bien placé pour le prix Nobel de la paix en tant que fondateur de « Mémorial », l'association de défense des droits de l'homme qui témoignait des abus commis en Tchétchénie. Kovalev était venu à Strasbourg assister à l'Assemblée parlementaire du Conseil de l'Europe, où il critiquait régulièrement la guerre que menait le gouvernement russe.

Nous nous retrouvâmes dans un restaurant désert non loin du siège du Conseil de l'Europe, pour un dîner tardif copieusement arrosé. Il était mon aîné de vingt ans, et le respect qu'il m'inspirait était sans faille. L'antipathie de Kovalev pour Boris était de notoriété publique. Je voulais vérifier s'il nous était encore possible de coopérer, et dans quelle mesure.

— Je n'ai strictement rien à redire au Berezovski cru 2000, me lança-t-il en sirotant son côtes-du-rhône. Je ne saurais en dire autant des cuvées plus anciennes.

C'était surtout le rôle de Boris au début de la seconde guerre de Tchétchénie qui lui inspirait des soupçons ; Boris ayant été membre de la « famille » du Kremlin, il se demandait s'il n'aurait pas été mêlé à un accord secret avec Bassaïev pour envahir le Daghestan en septembre 1999, dans le cadre d'un complot destiné à favoriser l'élection de Poutine.

— Ce n'est qu'une théorie, Sergueï Adamovitch, lui fis-je remarquer. Il y en a une autre qui prétend que c'est le FSB qui a fait sauter les immeubles.

Je lui expliquai comment, selon moi, les choses avaient dû se passer : les wahhabites étaient effectivement complices du FSB, mais l'accord avait été conclu bien avant Poutine. Plus tard, il avait peut-être évolué et donné naissance à un complot à visée électorale, conduisant ainsi aux attentats de Moscou. Mais Boris, j'en étais convaincu, n'avait rien à avoir dans tout cela.

— Vous n'avez qu'à le cuisiner vous-même, proposai-je. Vous présidez la commission sur les attentats. Ce serait parfaitement cohérent. Pourquoi n'iriez-vous pas à Londres interroger Boris ? Notre fondation prendra les frais à sa charge. Contrairement à Poutine, Boris a droit au bénéfice du doute.

— Poutine aussi, objecta Kovalev.

— Ce n'est pas l'avis d'Iouchenkov.

— Si nous ne faisons pas preuve d'impartialité, personne ne nous croira, fit observer Kovalev.

— On nage en plein paradoxe. S'il n'a pas fait sauter ces immeubles, il mérite effectivement l'impartialité. Dans le cas contraire, il nous livrera une guerre sans merci. Et comme on dit en anglais, en amour comme à la guerre, tous les coups sont permis.

C'était le genre de dialogue que nous avions déjà eu d'innombrables fois, trente ans plus tôt, alors que nous cherchions à résoudre les dilemmes de la vie sous le régime soviétique. Et le résultat fut le même. Kovalev n'acceptait jamais et en aucune circonstance la moindre entorse à ses principes. En revanche, j'étais prêt à modifier les règles du combat en fonction de l'attitude de mon adversaire.

En plus d'une visite de la commission à Londres pour interroger Boris, mais également Sacha et Felchtinski, Kovalev accepta de venir à Washington, comme je le lui proposais, pour parler aux responsables de la politique américaine. Il promit aussi de veiller sur Trepachkine. Je ne pouvais rien demander de plus.

Le séjour de Kovalev à Washington eut lieu du 10 au 14 février. Comme cela s'était déjà produit avec Iouchenkov, ce fut l'exemple type de l'entreprise insatisfaisante. Me rappelant la douche froide qu'avait subie Iouchenkov, je conseillai à Kovalev de ne pas insister sur les attentats, mais plutôt sur la Tchétchénie. En l'occurrence, il disposait de preuves flagrantes d'atrocités – escadrons de la mort, exécutions sommaires, enlèvements et tortures –, plusieurs centaines de cas répertoriés. La Russie s'apprêtait à organiser un référendum « sous la menace du fusil », afin de déclarer illégitime le gouvernement Maskhadov démocratiquement élu et de le remplacer par une administration fantoche dirigée par Akhmed Kadyrov et soutenue par le FSB. Comment George Bush pouvait-il accorder sa caution à une telle mascarade en qualifiant Poutine de démocrate et d'ami ?

J'accompagnai Kovalev à la Maison-Blanche pour rencontrer Tom Graham, qui était devenu le principal conseiller de Bush sur la Russie au Conseil national de sécurité.

— Sergueï Adamovitch, cela fait des années que je vous connais, et je m'abstiendrai de toute diplomatie. Je préfère être franc avec vous, lui dit Tom. Ne perdez pas votre temps à nous parler de Poutine. Nous ne nous faisons aucune illusion. Nous savons tout ce que vous avez à nous dire, et peut-être plus encore. Mais nous ne pouvons pas vous aider. Pour le meilleur ou pour le pire, nos priorités politiques sont ailleurs.

Trois jours durant et au cours d'une bonne dizaine d'entretiens, Kovalev s'obstina tout de même, répétant son accusation morale : « Les calculs politiques de l'Amérique sacrifient la vie d'autrui, plusieurs dizaines de milliers de vies – son public était toujours poli, et indifférent –, cette politique manque de prévoyance, elle reviendra hanter l'Amérique », avertissait Kovalev.

Dans un éditorial du *Washington Post*, Fred Hiatt le décrivait comme « un vieux Russe frêle, qui se déplace comme un fantôme que tout le monde préférerait oublier... dans un Washington obnubilé par les votes au Conseil de sécurité, d'alliances européennes et de coopération entre services secrets ».

Le 25 février, Kovalev et deux membres de la commission arrivèrent à Londres pour interroger Boris et ses associés. Je n'étais pas là, mais l'entrevue se passa apparemment fort bien. Boris et Sacha n'avaient pas grand-chose à ajouter à ce qui avait déjà été dit sur les attentats. Mais ils en profitèrent pour lancer une nouvelle attaque publique contre le FSB, évoquant cette fois le siège du théâtre de Moscou au mois d'octobre précédent. Boris publia une déclaration dans laquelle il conseillait vivement à Kovalev de vérifier si le FSB ne pouvait pas avoir également joué un rôle dans cet attentat-là, posant cinq questions éminemment provocatrices :

• Cela fait des années que l'on suggère l'existence de relations entre le FSB et le clan Baraïev. Le FSB aurait-il pu être informé du projet de prise d'otages ?

• Comment est-il possible que la police n'ait pas repéré l'infiltration en plein cœur de Moscou d'une cinquantaine de terroristes, pourvus de tonnes d'armes, de munitions et d'explosifs ?

• Pourquoi tous les terroristes intoxiqués, qui n'opposaient aucune résistance et auraient pu livrer de précieuses informations, ont-ils été abattus, on pourrait même dire exécutés ?

• Pourquoi les femmes terroristes n'ont-elles pas déclenché leurs ceintures d'explosifs, alors que le gaz a mis dix minutes à faire de l'effet ? Y avait-il vraiment des explosifs dans le bâtiment ?

• Pourquoi le gaz a-t-il été employé sans qu'on ait préparé d'antidote, provoquant la mort de cent trente-sept otages ?

À son retour de Moscou, Kovalev annonça que la commission élargirait les termes de son mandat pour s'intéresser aux obscurités du siège du théâtre. « Nous examinerons soigneusement les questions de Berezovski et nous les compléterons peut-être », déclara-t-il.

En attendant, le IFCL ajouta une autre ONG à la liste des entreprises qu'elle soutenait : l'Association des parents des victimes du siège du théâtre, qui exigeait que le gouvernement réponde aux mêmes questions et était prête à aller devant les tribunaux.

Durant les premiers jours d'avril, Iouchenkov se rendit à Londres. Il rencontra Boris pour discuter de « Russie libérale ». Il vit également Sacha Litvinenko, qui lui confia un autre ensemble de pièces explosives : le dossier Terkibaïev.

Ces informations lui avaient été livrées par Akhmed Zakaïev, qui vivait alors à Londres où il se battait pour échapper à une demande d'extradition des autorités russes. Il se trouvait qu'un des terroristes du théâtre de Moscou avait survécu. Il s'appelait Khanpach Terkibaïev ; son nom figurait sur la liste des terroristes publiée dans les médias le 25 octobre, la veille de la prise d'assaut par les commandos du FSB. Terkibaïev était une personnalité connue en Tchétchénie, où on le soupçonnait d'être un agent du FSB. Il avait travaillé au service de presse de Maskhadov en l'an 2000. En 2001, il partit combattre aux côtés des rebelles. En avril 2001 et en mars 2002, Terkibaïev s'était fait prendre par les forces fédérales, qui l'avaient miraculeusement relâché. L'annonce de sa présence parmi les terroristes du théâtre avait surpris Zakaïev, celui-ci était persuadé que cela faisait longtemps qu'il était parti travailler pour les Russes. Des enquêtes ultérieures établirent que peu après le siège, en novembre, Terkibaïev refit surface à Bakou, en Azerbaïdjan, où il cherchait à infiltrer les groupes d'émigrés tchétchènes. Il fut dénoncé comme agent provocateur et renvoyé à Moscou. Ensuite, fin mars, on le repéra à Strasbourg au milieu d'un groupe de Tchétchènes prorusses conduits au Conseil de l'Europe pour soutenir le référendum controversé du 23 mars.

À son retour de Londres, Iouchenkov transmit le dossier

Terkibaïev à Anna Politovskaïa, la correspondante en Tchétchénie de la *Novaya Gazeta,* la personne aussi qui connaissait le mieux l'univers complexe des clans tchétchènes. Au moment de la prise d'otages, elle s'était rendue au théâtre et avait interviewé le chef des terroristes. Tout au long de la crise, elle transmit leurs messages aux autorités et consacra ensuite de longues pages à cette affaire. Elle était la plus qualifiée pour enquêter sur l'affaire Terkibaïev.

Iouchenkov fut abattu le 17 avril. Politovskaïa publia son article dix jours plus tard. Elle avait réussi à trouver Terkibaïev et à l'interviewer. Quelques mois plus tard, quand je demandai à Politovskaïa pourquoi, selon elle, il avait accepté de parler, elle me répondit que c'était sans doute par vanité – après tout, parmi les Tchétchènes, il était prestigieux de se faire interviewer par elle.

Terkibaïev confirmait sa présence dans le théâtre. Il déclarait avoir guidé le groupe de terroristes dans les rues de Moscou, être entré dans le bâtiment avec eux et être reparti juste avant l'assaut. Il se flattait d'être un agent des services secrets et un consultant auprès de l'administration du Kremlin. Son rôle, affirma-t-il, était de l'informer sur les activités du groupe terroriste. Dans son article, Anna Politovskaïa prétendait clairement qu'à un niveau quelconque les autorités avaient dû être informées de la prise d'otages avant qu'elle ne se produise.

Cet article fit l'effet d'une bombe. Bien qu'ignorée et ostracisée en Russie, Anna Politovskaïa jouissait d'un grand respect à l'Ouest. Elle me raconta plus tard que l'ambassadeur des États-Unis à Moscou l'avait invitée à parler de son article. Il s'était « risqué à avancer » que des allégations de ce genre étaient tellement invraisemblables qu'elles devaient être étayées par des preuves irréfutables pour pouvoir être prises au sérieux. Cela me fit penser à Tom Graham. Après l'interview de Politovskaïa, Terkibaïev disparut et tous les efforts des journalistes moscovites pour le retrouver furent vains. Huit mois plus tard, on annonça sa mort dans un accident de voiture en Tchétchénie.

Trepachkine remit son rapport au début de mars 2003. Nul ne savait comment il avait obtenu cette information, mais un beau jour il confia à Iouchenkov et à Kovalev le nom, le numéro de la carte d'identité, l'adresse et les numéros de téléphone de l'associé de Gotchiaïev. Chose remarquable, le FSB ne l'avait jamais évoqué comme suspect dans cette affaire. S'agissait-il de l'homme qui avait incité Gotchiaïev à louer les locaux où les bombes avaient été déposées ? Gotchiaïev avait prétendu que son associé l'avait appelé à cinq heures le matin du premier attentat, juste avant que la première bombe n'explose. C'était désormais facile à vérifier.

Trepachkine avait également déniché le numéro du portable de Gotchiaïev, à partir duquel il avait probablement indiqué aux autorités les deux autres sites où l'on avait effectivement trouvé des explosifs. C'était un autre élément à confirmer. Iouchenkov transmit immédiatement l'information à l'équipe du FSB qui enquêtait sur l'attentat. Il n'y eut pas de réaction – sinon que Trepachkine fut convoqué au bureau du procureur qui lui apprit qu'il était mis en examen pour trois infractions à la suite de la perquisition opérée à son domicile quinze mois plus tôt. Pendant que les journalistes attendaient sur le trottoir pour se rendre compte si Trepachkine sortirait du bâtiment, Iouchenkov fit une déclaration énergique, établissant un lien entre les pressions dont Trepachkine faisait l'objet et son travail pour la Commission publique. Trepachkine fut libéré – pour le moment.

Le 11 mars, Felchtinski et Sacha firent savoir qu'ils avaient renoué avec Gotchiaïev. Il avait apparemment quitté la Géorgie et se trouvait sans doute en Turquie. Son intermédiaire suggéra une rencontre « dans un pays tiers » et promit de reprendre contact pour mettre la logistique au point.

Personne ne pouvait ignorer que la situation prendrait un tour critique quand les deux suspects détenus à Lefortovo passeraient en jugement. Trepachkine, qui représentait Tania et Aliona, pourrait poser des questions au tribunal, tandis que Iouchenkov battrait le rappel dans les milieux politiques pour relayer toutes les controverses qui surgiraient à la barre. Sacha et Felchtinski essayèrent donc de prendre de vitesse le FSB pour obtenir une déclaration complète de Gotchiaïev avant qu'il ne soit tué ou appréhendé. J'avais l'impression que nous gagnions du terrain. Et ce fut le drame.

> *17 avril 2003. Un tireur anonyme abat Sergueï Iouchenkov devant son domicile moscovite. Les membres de la Douma, bouleversés, admettent la nature « politique » de cet assassinat. La plupart des observateurs établissent un lien entre ce crime et le rôle d'Iouchenkov comme vice-président de la Commission publique. À Denver, Aliona Morozova déclare : « Je crains qu'un retour en Russie ne mette ma vie en danger et je demande aux autorités américaines de m'accorder le droit d'asile. » Dans un message lu aux obsèques du député assassiné, le président Vladimir Poutine fait l'éloge d'« un brillant homme politique qui a défendu la démocratie et la liberté en Russie. »*

Je me suis longtemps interrogé sur l'identité et les motifs des assassins d'Iouchenkov. Sa mort correspondait au schéma de plus en plus en vogue des théories du complot, depuis les attentats contre les immeubles jusqu'aux révélations de Khanpach Terkibaïev. Mais il n'y avait toujours aucune preuve, et en bon scientifique je ne pouvais exclure des coïncidences, aussi improbables fussent-elles. Intuitivement, il semblait logique que le FSB se soit débarrassé d'Iouchenko, le plus bruyant interprète des théories hostiles aux services secrets russes. Mais on découvrit alors une autre piste ; Alexandre Vinnik, un membre permanent de Russie libérale originaire de la petite ville de Syktyvkar, reconnut les faits et affirma avoir agi au nom de Mikhaïl Kodanev, le rival d'Iouchenkov à la direction de Russie libérale. Quand les quatre hommes furent jugés, Kodanev fut le seul à plaider non coupable. Vinnik mentait, affirma-t-il.

Mais il apparut que Kodanev avait un mobile. En juin 2002, quelques mois après la fondation de Russie libérale, Iouchenkov avait eu un entretien avec un haut fonctionnaire du ministère de la Justice. Celui-ci lui annonça catégoriquement que le parti ne serait jamais enregistré pour les élections de 2003 si Boris figurait toujours sur la liste de ses candidats. Les ordres du président étaient on ne peut plus clairs. Iouchenkov n'avait pas le choix ; il accepta de lâcher Boris. Le parti se scinda en deux ailes, l'une favorable à Iouchenkov, l'autre à Berezovski. Mais ensuite Iouchenkov vint à Londres, discuta avec Boris et ils se réconcilièrent ; l'aile de Boris regagnerait le giron d'Iouchenkov. Or Kodanev, qui avait été le numéro deux de l'aile de Boris, se trouva alors rétrogradé au sein du parti réunifié. Selon l'accusation, il avait engagé des tueurs en apprenant la réconciliation d'Iouchenkov avec Boris.

À la suite du témoignage de Vinnik, Kodanev fut jugé coupable et condamné à vingt ans. Je l'avais rencontré deux ou trois fois à Londres, et il ne me plaisait pas.

Mais Sacha était certain qu'il s'agissait d'un coup monté. Les deux tueurs avaient probablement été recrutés par le FSB pendant qu'ils étaient en prison, dit-il. On leur avait promis quelques mois de liberté et une réduction de peine s'ils acceptaient de faire le coup et de dénoncer Vinnik comme commanditaire. Quant à Vinnik, il reçut instruction de livrer le nom de Kodanev, faute de quoi il serait condamné à perpétuité. Sacha n'éprouvait pas le moindre doute à ce sujet, il avait vu des dizaines de cas de ce genre. En s'engageant à placer les attentats au cœur du débat électoral, Iouchenkov avait signé son arrêt de mort. Il aurait dû savoir que le *Kontora* ne reculerait devant rien pour se débarrasser de lui. Comment pouvais-je ne pas comprendre ?

Iouchenkov n'était pas le premier, et il ne serait pas le dernier, prédisait-il. « Il y aurait toujours une "légende" plausible. Ça fait partie du métier. »

Effectivement, sept mois avant la mort d'Iouchenkov, son associé, Vladimir Golovlev, un membre de la Douma responsable des finances de Russie libérale, fut abattu pendant qu'il promenait son chien. Ses assassins n'ont jamais été retrouvés. On parla de règlement de comptes dans les milieux d'affaires ; Golovlev avait été mêlé à de nombreuses privatisations.

Trois mois après Iouchenkov, Iouri Chekotchihine, journaliste engagé de *Novaya Gazeta* et membre de la Commission publique, mourut brutalement d'une « réaction allergique » inexpliquée. Ses collègues et sa famille soupçonnèrent un empoisonnement lié à ses nombreuses enquêtes sur le FSB.

« Tu vois, lança Sacha quand nous apprîmes la mort mystérieuse de Chekotchihine. Je te l'avais bien dit, non ? »

Sacha était un agent opérationnel, pas un scientifique. Il ne croyait pas aux coïncidences. Rétrospectivement, je dois avouer qu'il n'avait pas tort.

> *30 avril 2003, Moscou. L'enquête sur les attentats des immeubles est close et le parquet annonce des mises en examen. Selon les actes d'accusation, les auteurs de ces attentats sont neuf combattants islamistes. Cinq d'entre eux sont déjà morts, dont un chef militaire d'origine jordanienne, Amir Khattab, empoisonné par une lettre remise par un agent double du FSB. Deux autres courent toujours, parmi lesquels Atchimez Gotchiaïev, le cerveau des attentats. Deux hommes sont en prison, Youssouf Krymchamkhalov et Adam Dekkouchev, ils vont être jugés pour actes de terrorisme. Boris Berezovski rejette les conclusions des procureurs. C'est un « tissu de conneries », dit-il.*

Le 15 mai, je débarquai à Istanbul dans une tentative de dernière minute pour prendre contact avec Gotchiaïev. Depuis quelques semaines, l'homme qui se présentait comme son représentant négociait avec Felchtinski. Cette fois, il réclamait de l'argent pour la totalité des informations qu'il était prêt à livrer, dont une interview personnelle de Gotchiaïev. Il demanda d'abord trois millions de dollars avant de réduire rapidement ses exigences à cinq cent mille dollars. Quelques jours plus tard, il était prêt à se contenter de cent mille, annonçant que c'était son dernier prix. Feltchinski fut incapable de le convaincre au téléphone que s'il disait non, c'était parce qu'il pensait non, et non parce qu'il cherchait à faire baisser le prix.

Nous étions presque sûrs que Gotchiaïev n'était plus son maître, qu'il était manipulé sous une forme ou une autre. D'abord, il n'avait pas pu se rendre en Turquie tout seul ; il fallait bien que quelqu'un lui ait fourni de l'argent et de faux papiers, car il figurait forcément sur la liste noire d'Interpol.

Ensuite, le négociateur qui appelait Felchtinski faisait preuve d'un degré de complexité tel que, de toute évidence, une organisation se dissimulait derrière tout cela. Quand Boris me demanda mon avis, je répondis que j'étais catégoriquement hostile à tout versement d'argent, car il pouvait s'agir d'un piège qui aurait des conséquences catastrophiques. En revanche, j'étais prêt à me rendre en Turquie pour une seconde mission si cela pouvait nous permettre d'y voir plus clair.

Akhmed Zakaïev, avec qui je discutai de ce voyage, me fournit un garde du corps, un Tchétchène établi à Istanbul, qui m'attendait devant l'hôtel Hilton. Nous montâmes dans un taxi turc jaune. Lorsque nous approchâmes de l'entrée de l'hôtel Kempinski sur les rives du Bosphore, là où je devais retrouver mon contact, j'éprouvai une bouffée de nostalgie en pensant à mes aventures avec Sacha trois ans plus tôt.

— Je ne peux pas entrer ici, m'annonça mon garde. J'attendrai dehors. Vous voyez, j'ai une arme sur moi, précisa-t-il en se tapotant la poitrine, et ils ont des détecteurs de métaux à l'entrée.

Voilà qui est rassurant, pensais-je. Cela veut dire que celui que je dois rencontrer, quel qu'il soit, ne sera pas armé non plus.

Mon interlocuteur avait environ quarante-cinq ans et s'exprimait dans un russe plein de raffinements. Il ressemblait davantage à un instituteur qu'à un guérillero. Ils réclamaient de l'argent, m'expliqua-t-il, parce que Gotchiaïev était un homme traqué, et qu'il fallait bien qu'il s'établisse quelque part. Il suggéra que nous y voyions une contribution au relogement d'un témoin.

— Nous ne pouvons pas vous verser un sou, répondis-je. Nous ne savons pas qui vous êtes. Sans vouloir vous vexer, vous pourriez tout aussi bien être un groupe représentant des terroristes qu'une façade du FSB. Si nous vous payons, nous nous démasquons. Pour ce qui est de Gotchiaïev, quand je pense aux accusations qui pèsent sur lui en Russie, je peux vous dire qu'il est condamné quoi qu'il fasse. Il se fera prendre tôt ou tard. Sa seule chance est de nous dire la vérité et d'espérer que nous pourrons l'aider à établir son innocence.

— Il faut que je consulte mon supérieur, dit l'instituteur. Je serai de retour dans une heure.

Pendant son absence, je déjeunai seul, regardant les bateaux qui remontaient le Bosphore en direction des côtes russes. Il finit par revenir.

— Si notre identité vous préoccupe, vous avez le bonjour de mon patron. Il vous a rencontré dans une datcha des environs de Moscou.

C'était sa façon de m'annoncer que c'était Movladi Oudougov qui détenait mon témoin. Il n'était pas question que je le paye.

— Écoutez, dis-je. Votre patron, sachant qui il est et qui je suis, n'ignore certainement pas qu'il est exclu que de l'argent change de mains. Mais j'ai une solution à vous proposer. Trouvons un journal à Londres qui accepte d'acheter l'interview de Gotchiaïev. Ils seront peut-être prêts à payer très cher pour un document pareil. Si votre patron est d'accord, appelez-moi ou envoyez-moi un email.

Nous nous dîmes au revoir. Ils ne m'ont jamais redonné signe de vie.

La piste de Gotchiaïev commençant à refroidir, la suite de notre enquête ne se présentait pas sous un jour très prometteur. Après la mort d'Iouchenkov et de Chekotchihine, la Commission publique n'existait plus, de fait. Kovalev était trop âgé et trop occupé par son travail sur la Tchétchénie. Du reste, il était sur le point de prendre sa retraite ; il déclara qu'il ne se représenterait pas aux élections législatives de décembre 2003. Personne d'autre sur la liste de la commission n'était suffisamment motivé. Seul Trepachkine poursuivait sa quête solitaire.

Au mois de juillet, Sacha m'appela :

— Viens à Londres. J'ai du nouveau.

Trepachkine venait de faire une nouvelle percée. Il avait envoyé à Sacha un messager avec un tas de documents. En consultant de vieilles coupures de presse, Trepachkine avait mis la main sur le premier portrait-robot du terroriste de la rue

Gourianova que la police avait divulgué immédiatement après l'attentat du 9 septembre 1999. Deux jours plus tard, les journaux avaient publié un portrait du suspect numéro un ; cette fois, c'était une photo de Gotchiaïev. Le croquis initial était assez précis et Trepachkine pensait savoir de qui il s'agissait : Vladimir Romanovitch, suspecté d'avoir fait partie d'une bande de racketteurs dirigée par des Tchétchènes sur laquelle Trepachkine avait enquêté sept ans plus tôt, du temps où il était encore employé par le FSB. À l'époque, ses supérieurs lui avaient recommandé de ne pas toucher à Romanovitch car il travaillait pour le FSB.

Trepachkine montra ce croquis à un ancien collègue du FSB qui connaissait les dossiers de l'agent. L'homme lui confirma qu'il s'agissait bien de Romanovitch, un agent secret spécialisé dans la pénétration de groupes caucasiens au sein de la pègre moscovite. Romanovitch avait trouvé la mort dans un accident avec délit de fuite à Chypre pendant l'été 2000, quelques mois après les attentats de Moscou.

Au cours de ce même été 2003, Tania Morozova se rendit en Russie pour voir ses grands-parents. Pendant qu'elle était à Moscou, faisant valoir son statut de victime, elle se rendit chez l'enquêteur officiel du FSB, accompagnée de son avocat, Trepachkine. Cette réunion n'aboutit à rien, mais Trepachkine fut autorisé à consulter le dossier de l'affaire. Il ne contenait pas de portrait-robot de Romanovitch.

Trepachkine chercha alors la source du croquis de Romanovitch qui avait été transmis à la presse en 1999. Il trouva un certain Mark Blumenfeld, l'ancien gérant de l'immeuble de Tania, rue Gourianova. Oui, dit Blumenfeld, le lendemain de l'attentat, il avait aidé la police locale à réaliser le portrait-robot de l'homme qui avait loué le local du sous-sol. Mais deux jours plus tard, Blumenfeld avait été conduit à Lefortovo, où des officiers du FSB l'avaient vivement incité à modifier sa version et à « reconnaître » une autre photo, celle de Gotchiaïev.

C'était une information en or. Sacha exultait :

— Je te l'avais bien dit, Trepachkine est excellent ! On va les avoir, ces salauds !

Trepachkine écrivit qu'il ne préférait pas ébruiter l'affaire avant le procès des deux suspects de l'attentat, qui devait s'ouvrir le 31 octobre et auquel il représenterait Tania et Aliona.

Moscou, 23 octobre. Interfax rapporte que l'ancien officier du FSB Mikhaïl Trepachkine a été arrêté et accusé de possession d'armes prohibées. Il a été incarcéré dans la région de Moscou, après que la police a trouvé dans sa voiture un pistolet. Trepachkine affirme obstinément que l'arme a été délibérément placée dans son véhicule.

En bon enquêteur qu'il était, Trepachkine avait cependant pris ses précautions. Quelques jours avant son arrestation, il avait remis une copie du dossier Romanovitch à un journaliste de *Moscovskiye Novosty*, Igor Korolkov. Après l'arrestation de Trepachkine, Korolkov se précipita chez Blumenfeld pour vérifier l'histoire. Tout correspondait.

— À Lefortovo, ils m'ont montré la photo d'un homme, déclara Blumenfeld dans une interview dactylographiée, et ils m'ont dit que c'était Gotchiaïev et que c'était prétendument à lui que j'avais loué le sous-sol. J'ai répondu que je n'avais jamais vu ce type. Mais ils m'ont conseillé avec insistance d'identifier Gotchiaïev. J'ai compris ce qu'ils voulaient, j'ai cessé de discuter et j'ai signé ma déposition.

L'article de Korolkov fut publié. Malheureusement, cela se passait à la fin de 2003 et la mise au pas des médias engagée par Poutine était achevée. Tous les médias télévisés et presque l'intégralité de la presse écrite étaient à la botte du Kremlin. L'article de Korolkov dans le numéro de *Moscovskiye Novosty* du 11 novembre passa inaperçu en Russie.

Comme on pouvait s'y attendre, la Maison-Blanche n'y attacha pas grande importance non plus. Pourtant, parmi le petit nombre de gens qui s'y intéressaient, nos théories du complot gagnaient peu à peu du terrain. Prenant la parole devant le Sénat le 4 novembre 2003, le sénateur John McCain déclara : « Il n'est toujours pas exclu que le FSB de Russie ait été mêlé à ces attentats. »

Moscou, 30 décembre 2003. La police russe et des agents du FSB saisissent un camion parti de la ville de Pskov en direction de Moscou, et confisquent cinq mille exemplaires de Blowing Up Russia.

11 janvier 2004. Un juge moscovite condamne Adam Dekkouchev et Youssouf Krymchamkhalov à la détention à perpétuité pour participation aux attentats de Moscou en 1999, après un procès à huis clos et sans jury qui a duré deux mois.

Le 15 septembre 2005, j'arrivai à Kiev, capitale de l'Ukraine, sous un soleil éclatant, pour rencontrer Mikhaïl Trepachkine, qui venait de sortir de prison. J'étais accompagné d'Andreï Nekrassov, un réalisateur qui avait tourné un documentaire sur Tania et Aliona Morozova. Nous avons une mission : convaincre Trepachkine de s'enfuir à l'Ouest. Je voulais reproduire le coup de Sacha et Andreï tenait à le filmer.

Trepachkine fut libéré à la suite d'une négligence du FSB. En 2004, les poursuites dont il faisait l'objet pour possession illégale d'arme à feu s'effondrèrent et il fut acquitté. Ce qui ne l'empêcha pas d'être condamné à trois ans et demi de prison pour révélation de secrets officiels, une accusation due au vieux dossier du KGB qu'on avait trouvé dans son bureau en 2002. Après avoir exécuté les deux tiers de sa peine dans la ville perdue de Nijni Taguil dans l'Oural, il demanda une liberté conditionnelle. Il avait été un prisonnier modèle, si ce n'est qu'il avait cassé les pieds à l'administration pénitentiaire parce que, en tant qu'avocat, il rédigeait les plaintes de tous ses codétenus. L'administration soutint sa demande.

Apparemment, personne à Nijni Taguil ne savait qui était Trepachkine. Il n'était pas connu à l'échelle nationale, c'était un délinquant primaire, un malheureux officier du FSB détenu pour une accusation insignifiante. On le laissa donc partir. Il arriva à Moscou sans avoir prévenu ; sa femme Tatiana fut toute surprise de le trouver sur le pas de sa porte.

À ce moment-là, Goose et Igor Malachenko, soutenus par un investissement de Boris, avaient lancé leur chaîne, Russian TV International. Installée à New York, elle était visible par le câble dans toute la diaspora russe, de la Californie à Israël en passant par Kiev – partout sauf en Russie. « Nous sommes la seule chaîne d'information russe à ne pas subir la censure du Kremlin », se vantait une publicité pour RTVI. Je vis une interview de Trepachkine dans une dépêche de Moscou diffusée sur RTVI. Il affirmait avoir l'intention de reprendre son enquête sur les attentats et souhaitait y voir plus clair dans le siège du théâtre. Il ajouta qu'il envisageait de créer un nouveau groupe de défense des droits de l'homme, spécialisé dans les droits des prisonniers.

Ce type est cinglé, me dis-je. Effectivement, dès le lendemain, le bureau du procureur général fit appel de sa mise en liberté provisoire

« Mikhaïl Ivanovitch, retrouvons-nous au même endroit que la dernière fois, lui dis-je au téléphone. Et venez avec votre famille. » Chose étonnante, son passeport lui permettant de voyager à l'étranger ne lui avait jamais été confisqué.

Au moment où Tatiana et lui embarquèrent dans l'avion pour Kiev à l'aéroport de Cheremetievo, je suivis avec Nekrassov leur parcours grâce à des téléphones portables sécurisés. Nous espérions de tout cœur qu'on ne les arrêterait pas au dernier moment.

Tatiana Trepachkina, une jolie blonde d'une trentaine d'années, accueillit avec joie ma proposition de se réfugier à l'Ouest et de mener une vie décente après deux ans de cauchemar. Mais Trepachkine ne voulait pas partir. Pour lui, ce voyage à Kiev représentait des vacances bien méritées, rien de plus.

« Ils vous ont laissé partir par erreur. Si vous rentrez, vous retournez en prison et ils vous tueront », lui serinions-nous en chœur.

J'avais tout préparé. Une voiture était prête à récupérer leurs enfants, qui se trouvaient alors chez la mère de Tatiana en Russie, pas très loin de la frontière ukrainienne. Nous leur prendrions des billets pour les Seychelles ou la Barbade, qui n'exigeaient pas de visas pour les citoyens russes. Et ils profiteraient de n'importe quelle correspondance dans un aéroport d'Europe occidentale pour demander l'asile. Boris se porterait caution pour eux pendant quelques années. En gros, c'était la même combine que pour Sacha.

« Si je pars, je perds toute crédibilité, protesta Trepachkine. Tu me me croiras peut-être pas, mais j'ai rencontré beaucoup de gens super en prison. Tout le monde trouve que j'ai raison. Notamment les officiers du FSB. Il y en a beaucoup d'honnêtes. Si je m'enfuis, je serai un traître. »

Nous téléphonâmes à Sacha à Londres.

— Micha, ne fais pas l'idiot. Fais ce que te dit Alex. On te trouvera du boulot. On a toujours besoin de gens comme toi. J'ai déjà parlé à des amis en Espagne.

Trepachkine était inébranlable.

J'appelai Boris.

— Il veut jouer les héros, lui expliquai-je.

— Quel con, dit Boris. Passe-le moi. Je vais lui faire une offre qu'il ne pourra pas refuser. Et Boris lui dit de demander l'asile en Ukraine s'il ne voulait pas passer à l'Ouest ; nous pourrions lui trouver du travail à la fondation et l'aider à refaire sa vie. Depuis la révolution Orange, l'Ukraine était un pays libre. Ils ne le livreraient pas aux Russes.

Mais Trepachkine refusa. Elena Bonner elle-même, qui m'avait aidé avec Berezovski six ans plus tôt dans une situation similaire, ne put le convaincre. Trepachkine n'était pas homme à s'enfuir, voilà tout. Il préférait rester et se battre jusqu'au bout, coûte que coûte. Je décidai de changer de tactique :

— Et si on t'envoyait passer quinze jours aux Seychelles, le temps qu'une décision soit prise à propos de ta libération ? Il n'y a rien d'illégal à partir en vacances. S'ils te laissent tranquille, tu rentres. S'ils annoncent que tu vas retourner en prison, tu pourras toujours te décider à ce moment-là.

— Je veux aller aux Seychelles, dit Tatiana.

— Non, dit Trepachkine. On rentre à la maison.

Tatiana explosa. Elle avait épousé un officier du FSB, dit-elle, pas un prisonnier. Tout ce temps-là, elle avait cru que c'étaient les gens de Berezovski qui le manipulaient, mais elle voyait bien maintenant que c'était lui qui avait un comportement suicidaire. Il ne pensait pas aux enfants. S'il retournait en prison, elle jurait de ne jamais lui rendre visite. Elle était au bord de l'hystérie. Il fallut la calmer. Cela ne servait à rien. Le lendemain, nous les accompagnâmes tous les deux à l'avion de Moscou.

Le jour suivant, une unité d'agents du FSB convergea vers leurs trois pièces ; ils firent monter Trepachkine dans une voiture et le ramenèrent à Nijni Taguil où ils arrivèrent trente-six heures plus tard. On le mit en cellule en attendant la décision concernant sa mise en liberté provisoire, qui lui fut retirée quelques jours plus tard.

— Il est cinglé, dis-je à Nekrassov dans l'avion qui nous reconduisait de Kiev à Zurich.

— C'est un martyr, dit Nekrassov. Tous les martyrs sont maboules. Le problème, c'est qu'il faut d'abord qu'il se fasse tuer. Alors, ce sera un vrai martyr. Je ferai un film sur lui, *Le Héros de notre temps*. Mais si Trepachkine sort, j'ai bien peur de ne pas avoir de spectateurs.

14
Le gibier

D'une manière ou d'une autre, la guerre en Tchétchénie allait être déterminante pour Sacha et Marina, Boris et Poutine, Akhmed, moi-même, et tous les membres de notre cercle. La Tchétchénie était devenue le tombeau de la démocratie en Russie et le principal point de discorde entre celle-ci et l'Occident. L'affrontement entre Boris et le Parti de la guerre, ou avec le FSB, la présence de Sacha dans le tourbillon des luttes de pouvoir au Kremlin, tout cela avait été déclenché à cause de la Tchétchénie. Pour Poutine, c'était comme un combat de judo permanent, et un signe de dépendance vis-à-vis de George Bush. La Tchétchénie inspirait à Sacha les scénarios de conspiration les plus farfelus – à propos des attentats de Moscou, de la prise d'otages au théâtre – et les rendait tous plausibles. La solidarité avec les victimes de cette guerre rapprochait Sacha d'Akhmed Zakaïev qui, dans les dernières années de sa vie, devint son meilleur ami. Zakaïev s'installa en Grande-Bretagne à l'été 2002. Son arrivée et son alliance avec Berezovski expliquent sans doute en grande partie la peur du Kremlin que Londres devienne une nouvelle plate-forme de l'activité terroriste. Neutraliser notre groupe fut l'une des priorités du gouvernement russe qui commença par demander aux Britanniques de lui livrer Boris et Akhmed ; ayant essuyé un refus, il dénonça leur manque de coopération. Une fois les manœuvres légales épuisées, le Kremlin envoya ses commandos de tueurs.

Groznyï, Tchétchénie, juillet 2002. Un missile rebelle abat en vol un énorme Mi-26, l'hélicoptère de transport qui ralliait le quartier général russe de Khankala, tuant cent dix-neuf soldats. Ce sont les plus lourdes pertes infligées aux troupes russes combattant en Tchétchénie depuis la reprise de la guerre en 1999.

Au mois d'août, alors que le nombre des victimes de la guerre ne cessait d'augmenter, je participai à l'organisation d'une rencontre entre Akhmed Zakaïev et l'ancien secrétaire du Conseil national de sécurité, Ivan Rybkine, l'un des seuls hommes politiques russes à affronter Poutine. Nous voulions forcer la main au président pour qu'il sorte la Russie de l'impasse tchétchène.

Aucune des deux parties ne pouvait sortir victorieuse de ce conflit. Les forces russes contrôlaient presque tout le pays – mais seulement pendant la journée. La nuit, les rebelles, implantés dans chaque ville et dans chaque village, étaient maîtres du terrain. De semaine en semaine, les partisans de Bassaïev s'imposaient avec plus de force, menaçant de transformer la région en une pépinière d'extrémistes islamiques. Depuis sa retraite montagnarde, le président Aslan Maskhadov réclamait la reprise des négociations et laissait entendre en privé qu'il renoncerait à l'indépendance. Au sein de l'armée russe et dans les cercles politiques moscovites, le mécontentement grandissait.

L'Occident et l'aile libérale russe avaient toujours refusé de considérer Maskhadov comme un terroriste. Ses deux envoyés, Zakaïev en Europe et un dénommé Ilias Akhmadov aux États-Unis, se déplaçaient librement dans les capitales occidentales, rencontrant des parlementaires et diverses personnalités européennes. Les gouvernements occidentaux – y compris celui des États-Unis –, soucieux de ne pas laisser la crise tchétchène alimenter les passions anti-occidentales dans le monde musulman, faisaient discrètement pression sur Poutine pour qu'il accepte de négocier.

L'attitude du président russe se durcissait de jour en jour. C'était sa guerre depuis le début et, politiquement, il ne pouvait pas se permettre de la perdre (ni de laisser dévoiler les crimes de guerre commis par ses généraux). Négocier avec Maskhadov aurait été pour lui un échec humiliant ; seule une capitulation sans conditions pouvait le satisfaire. Émotionnellement impliqué dans ce conflit, il en faisait une affaire personnelle. Les journalistes qui l'interviewaient savaient que la Tchétchénie était le seul sujet susceptible de provoquer sa colère. Il lui arrivait même de s'emporter publiquement. Le jour où un journaliste français lui demanda, lors d'une conférence de presse : « Ne croyez-vous pas qu'en essayant de liquider le terrorisme, vous allez liquider la population civile en Tchétchénie ? », Poutine blêmit et perdit toute contenance. Il répondit : « Si vous voulez devenir un vrai islamiste et vous faire circoncire, je vous invite à Moscou. Nous sommes un pays multiconfessionnel, nous avons des spécialistes pour ça, ils se chargeront de l'opération. »

Le 16 août 2002, les médias annoncèrent qu'Ivan Rybkine, ancien secrétaire du Conseil de sécurité, ancien président de la Douma, s'était entretenu à Zurich avec l'envoyé spécial de Maskhadov, Akhmed Zakaïev, pour évoquer la possibilité d'une relance des pourparlers entre la Russie et la Tchétchénie. L'entrevue avait été préparée dans le plus grand secret, toutes les communications se faisant en langage codé.

J'allai chercher Rybkine à l'aéroport de Zurich et le conduisis à l'hôtel Savoy où l'attendait Zakaïev. Ils se retrouvèrent comme deux vieux amis, autour d'un déjeuner. En 1997, ils avaient passé de nombreuses heures à discuter des relations qu'entretiendraient leurs deux pays après la guerre, sans résultat. Rybkine ne représentait plus le Kremlin, alors que Zakaïev avait toute la confiance du gouvernement séparatiste. Leur entretien était une gifle pour Poutine ; il démentait son affirmation selon laquelle les séparatistes étaient des terroristes.

Au cours du repas, seul un tout petit pas fut franchi : ils décidèrent de reprendre leurs discussions. Nous rédigeâmes une déclaration stipulant que « les deux parties devraient revenir à l'accord du 12 mai 1997 signé par Boris Eltsine et Aslan Maskhadov ». Rybkine n'avait aucun poids officiel, et malgré son courage et son habileté politique, cette rencontre était purement symbolique.

Au dessert, nous avons informé Associated Press et Radio Echo Moscou par téléphone.

— Je crois fermement que la paix est possible, déclara Rybkine. Et je sais comment y parvenir. Dès mon retour à Moscou, je demanderai une entrevue au président Poutine pour lui exposer la manière de procéder.

— De notre côté, aucune objection, ajouta Zakaïev. Le président Maskhadov est prêt à conclure la paix. La balle est dans le camp du Kremlin.

Poutine refusa évidemment de recevoir Rybkine. Mais l'Union des comités des mères de soldats appuya son initiative, et la pression des élites russes et des dirigeants étrangers sur le Kremlin s'accentua : il fallait mettre fin à cette guerre. Rybkine me dit plus tard qu'après son retour à Moscou des gens de tous bords – libéraux, communistes, militaires – lui avaient téléphoné pour le féliciter.

Le 30 août, on annonça que plusieurs hommes politiques russes, dont un autre ex-président de la Douma, Ruslan Khasboulatov, et le député-journaliste Chekotchihine, avaient rencontré Zakaïev au Liechtenstein, après l'entrevue de Zurich. Et Primakov lui-même, l'ancien Premier ministre, toujours influent dans le milieu des services secrets, se déclara publiquement en faveur de nouvelles négociations avec les Tchétchènes.

Début septembre, Rybkine se rendit à Tbilissi pour rencontrer le président géorgien Édouard Chevardnadzé, qui appuya son initiative de paix. Ce voyage dut irriter tout particulièrement le Kremlin : la même semaine, Poutine envoyait une missive au secrétaire général de l'ONU, Kofi Annan, menaçant d'attaquer la Géorgie au prétexte que celle-ci abritait des Tchétchènes dans les gorges de Panski.

Rybkine avait décidé de se présenter à l'élection présidentielle de 2004 avec le soutien de Boris. Poutine, qui n'était pas idiot, l'avait bien compris et allait tout faire pour l'en empêcher. Car, si la guerre devenait vraiment impopulaire, Rybkine représenterait une menace sérieuse.

Le 23 octobre, à Washington, j'accompagnai Rybkine lors d'un rendez-vous avec le sénateur Charles Lugar à un déjeuner avec Zbignew Brzezinski. Pendant le trajet, nous apprîmes la terrible nouvelle : un gang de Tchétchènes, commandé par Movsan Baraïev, avait pris sept cents personnes en otages dans un théâtre de Moscou. Nos espoirs de paix tombaient à l'eau.

> *30 octobre 2002, Copenhague. La police arrête Akhmed Zakaïev, l'envoyé du président séparatiste Aslan Maskhadov, à son arrivée dans la capitale danoise où il venait assister à l'ouverture du Congrès mondial tchétchène. Il est incarcéré sous mandat d'Interpol déposé par la Russie qui le désigne comme un suspect dans la prise d'otages du théâtre. Un tribunal de Copenhague renvoie son affaire au 15 novembre pour donner le temps au ministère de la Justice danois d'examiner la demande d'extradition. Le même jour, la Russie révèle la nature du gaz incapacitant utilisé par le FSB pendant sa mission de sauvetage bâclée. Il s'agit d'une arme non létale, un genre de Valium en aérosol qui n'aurait dû tuer personne.*

Sacha ne douta pas un seul instant que l'affaire du théâtre fût un nouveau coup monté par le FSB pour soutenir la politique guerrière de Poutine et désigner le gouvernement Maskhadov comme terroriste et responsable d'« une nouvelle version des explosions d'immeubles ». Nous ignorions encore que Terkibaïev, agent du FSB, faisait partie des preneurs d'otages, et je doutais de la théorie proposée par Sacha. Mais il m'opposa un argument convaincant.

— Imagine, me dit-il, que tu sois un agent du FSB nommé Movsan Baraïev. Ton chef vient te trouver et te propose un marché en or : ta bande va pénétrer dans Moscou sans être inquiétée par la police, promis, juré ; ensuite tu investiras le théâtre et tu le mineras avec des explosifs bidons ; alors les Russes négocieront et accepteront un cessez-le-feu en Tchétchénie. Tu rentreras chez toi en héros, et en plus tu seras bien payé. Comme tu n'es qu'un montagnard stupide, tu ne flaires pas le piège. Tu crois fermement que les Russes vont entamer des négociations de paix. Tu ne comprends pas qu'on se sert de toi et de tes hommes. Alors tu y vas. Ce n'est pas la première fois que tu travailles pour le FSB, après tout.

« Ensuite, le FSB utilise un gaz et abat tous les preneurs d'otages. Mais finalement, beaucoup de gens meurent à cause du gaz inhalé. Et d'ailleurs, Alex, quand le FSB attribue l'attentat à Maskhadov et à Zakaïev, c'est sa façon de répondre à ce que tu as fait avec Rybkine et Zakaïev à Zurich. »

Les otages étaient effectivement morts, pas directement à cause du gaz, mais en s'étouffant dans leur vomi, personne n'ayant pris la peine d'expliquer aux équipes de secours comment gérer l'inhalation d'un tranquillisant. Je n'étais toujours pas convaincu.

— Encore une boulette typique du FSB, observa Sacha. Comme à Riazan. Bon projet, mauvaise exécution. Sans cela, l'opération aurait été brillante : tous les otages vivants, tous les terroristes morts.

— Il y a quelque chose qui cloche dans ton raisonnement, dis-je. L'attentat a été revendiqué par Bassaïev.

— Bassaïev raconte des conneries, répliqua Sacha. Les terroristes sont morts, maintenant, et pour les Tchétchènes ce sont des héros, des *shahids*. Alors Bassaïev a récupéré le coup.

L'attaque du théâtre causa un tort énorme aux Tchétchènes et aux opposants russes à la guerre. C'était une véritable aubaine pour le Kremlin. Elle fournissait à Poutine un argument supplémentaire dans son dialogue avec l'Occident : puisque les Tchétchènes venaient de s'affirmer comme de vrais terroristes, la Russie devait être considérée comme une vraie victime de la terreur. Et la guerre en Tchétchénie devait donc être qualifiée de juste et honorable.

Immédiatement après l'attaque du théâtre, Moscou lança une campagne de propagande attribuant au gouvernement Maskhadov la responsabilité de l'hécatombe. Le 31 octobre, devant la presse réunie à Moscou, le porte-parole de Poutine, Sergueï Iastrjembski, fit entendre l'enregistrement d'une conversation téléphonique entre le chef terroriste Movsan Baraïev et l'un de ses complices ; le prénom « Aslan » y était cité, preuve que Maskhadov connaissait le projet des terroristes.

Le gouvernement de Maskhadov nia toute implication dans ce drame, et désavoua Bassaïev et Baraïev. Cela n'empêcha pas le Kremlin de renouveler ses attaques contre le président tchétchène.

— Il est évident, déclara Iastrjembski, que l'image de Maskhadov a beaucoup pâti – même aux yeux de ceux qui incitent Moscou à négocier. Citez-moi un seul dirigeant tchétchène avec qui nous pourrions entreprendre des négociations. Je n'en connais aucun.

Ils s'en prirent ensuite à Akhmed Zakaïev. Le mandat d'arrêt lancé contre lui ne contenait aucune preuve ; il l'accusait simplement d'être mêlé à l'attaque du théâtre. Le gouvernement danois devait décider s'il convenait de le remettre aux autorités russes ou pas.

Une coalition improbable prit alors sa défense. De Washington, deux vétérans de la Guerre froide, l'ancien conseiller à la Sécurité nationale Zbigniew Brzezinski et l'ancien secrétaire d'État américain Alexandre Haig, demandèrent au gouvernement danois de ne pas extrader Zakaïev. En Grande-Bretagne, une campagne « Libérez Zakaïev » fut lancée par des personnalités aussi politiquement diverses que l'actrice Vanessa Redgrave et un lord ultraconservateur, Nicholas Bethel. Human Right Watch et Amnesty International prirent position en faveur de Zakaïev.

S'il y avait un Tchétchène qui s'était toujours opposé à la terreur, c'était bien Akhmed. Pour plusieurs observateurs, ce qui lui arrivait prit l'allure d'un test sur différents points : la légitimité des interventions russes en Tchétchénie, l'échec de la démocratie en Russie, la question de savoir jusqu'où la terreur pouvait justifier certains compromis avec les droits de l'homme. Pour les Tchétchènes, ceux des montagnes et ceux de la vaste diaspora européenne – et pour tous les musulmans modérés du monde, bien entendu –, l'affaire Zakaïev permettrait de mesurer l'équité des pays occidentaux. Pour Poutine, c'était l'occasion de mettre ses partenaires à l'épreuve sur le thème : on vous a aidés à combattre « vos » terroristes en Afghanistan, à vous de nous aider à combattre « les nôtres ».

— Ils n'oseront pas envoyer un innocent à la mort, dit Boris avec son optimisme habituel.

Nous étions à Londres, en train de discuter de ce qu'il fallait faire pour Zakaïev. Je voulais que Boris s'investisse.

— Quand la Russie a massacré deux cents civils en Tchétchénie, l'Occident a détourné les yeux. Pourquoi s'opposerait-il à Poutine pour défendre Zakaïev ? Il faut absolument aider Akhmed.

Boris se trouvait devant un sérieux dilemme. Sa demande d'asile restait en suspens. Les autorités russes l'avaient menacé de faire valoir contre lui ses connexions avec les Tchétchènes. Être associé avec un homme accusé de terrorisme était la dernière chose dont il avait besoin. Ses avocats lui conseillaient vivement de se démarquer de Zakaïev.

Son conseiller en relations publiques, Lord Tim Bell, qui prit la peine de lui expliquer ce que voulaient *vraiment* dire les Britanniques, était très inquiet.

— Vous n'imaginez pas à quel point le gouvernement pourrait se montrer vicieux s'il estimait que ses vrais intérêts sont en jeu

Mais Boris se rangea à mon avis : nous devions nous battre pour Zakaïev, tant par principe que pour des raisons plus pragmatiques. En effet, si nous avions laissé Poutine s'emparer de lui, nous aurions été les prochains sur la liste.

Le 1er novembre, nous avons annoncé que l'IFCL soutiendrait Zakaïev et assumerait les frais de sa défense. Quatre jours plus tard, la Russie envoyait aux Britanniques une demande d'extradition pour Boris – accusé de fraudes dans son commerce de voitures.

4 novembre 2002. La Russie exige que le Qatar extrade l'ancien président tchétchène Zelimkhan Iandarbiev, affirmant qu'il était en contact avec les preneurs d'otages du théâtre. Un porte-parole du ministère des Affaires étrangères salue la coopération des pays arabes dans la lutte contre le terrorisme, en insistant : « Pas une seule nation arabe ne soutient les rebelles en Tchétchénie. »

Le 9 novembre, à mon retour de Copenhague, je m'installai chez Sacha et Marina, dans leur appartement de Kensington. La veille, j'avais accompagné Rybkine au parlement danois où il avait pris la défense de Zakaïev. Ensuite, nous étions allés rendre visite à Akhmed dans sa prison. En apportant son soutien moral à un détenu accusé de terrorisme, Rybkine mettait sa réputation politique en jeu.

— Ils vont le tuer, me dit Sacha pendant le déjeuner. Dis-lui de venir à Londres et de déposer une demande d'asile. Je connais un excellent avocat.

Je passai la soirée au téléphone pour inciter des Russes à signer la pétition demandant au gouvernement danois de ne pas livrer Zakaïev. L'appel, lancé par Vanessa Redgrave, était soutenu par un nombre impressionnant de membres de la gauche internationale – du réalisateur Lars von Trier à l'intellectuelle Susan Sontag. Je voulais y ajouter une section russe. Je n'eus aucun mal à convaincre les dissidents, Elena Bonner, Vladimir Boukovski, Boris Berezovski et Sergueï Kovalev. Mais je ne m'attendais pas à ce qui suivit.

Pendant que je parlais avec Boukovski, qui était chez lui, à Cambridge, il passa le téléphone à Vladimir Kara-Mourza Jr., un fonctionnaire du SPS, le parti centriste de Tchoubaïs et de Nemtsov, qui lui rendait visite

— Avez-vous contacté Boris Nemtsov ? me demanda Kara-Mourza.

— Il ne signera jamais, dis-je. Il est dans le camp de Poutine.

— Pourquoi ne pas essayer ? Il s'est déclaré en faveur de Rybkine et il voulait même faire partie des négociations.

Vingt minutes plus tard, il me rappelait.

— On a pu joindre Nemtsov à Moscou ; il signe.

Surpris, et content de m'être trompé sur son compte, j'envoyai la liste des signataires russes à Vanessa par fax et allai voir un film.

En sortant du cinéma, j'avais trois messages de Kara-Mourza me demandant de le rappeler au plus vite.

— Nemtsov reprend sa signature, me dit-il. Ils ont fait pression sur lui, et de tout leur poids.

Il m'expliqua qu'une heure après avoir parlé avec Boukovski, Nemtsov avait reçu un coup de fil de Tchoubaïs, très en colère : « Qu'est-ce qui t'a pris, Borya ? Ils vont nous couper l'oxygène, et le SPS n'aura plus la moindre chance de siéger au Parlement après les élections. Es-tu devenu fou ? »

Tchoubaïs lui raconta que Vladislav Sourkov, le vice-secrétaire général du Kremlin, l'avait appelé pour le prévenir que si Nemtsov signait la pétition, le SPS serait considéré comme un parti rebelle. Avec les conséquences que cela entraînerait.

— Nous sommes samedi, observa Sacha, à Moscou il est plus de minuit. Tu comprends ce que ça implique ? Sourkov ne passe pas ses nuits au Kremlin à épier les conversations de Nemtsov. Ça veut dire que le FSB l'a mis sur écoute *en temps réel*. Entre l'appel de Nemtsov à Londres et la réaction de Tchoubaïs, il s'est passé une heure. Donc, il y a un type qui analyse en permanence le contenu de nos appels et qui est assez malin pour savoir ce qui est important. Ensuite l'information remonte vers un officier de liaison du FSB, puis à l'officier de garde au Kremlin, qui alerte Sourkov. Tout ça via des lignes sécurisées. Et oralement, parce qu'ils n'ont pas eu le temps d'enregistrer et de classer. Cela veut dire qu'une équipe complète travaille vingt-quatre heures sur vingt-quatre pour intercepter nos appels et les transmettre en priorité. Je ne serais pas surpris que Poutine dirige lui-même l'opération.

Effectivement, Nemtsov confia un peu plus tard à un ami commun que Poutine lui avait reproché d'avoir signé l'appel et conseillé « de se méfier des provocations de Berezovski ».

Les semaines passèrent. Le sort de Zakaïev restait incertain. Le tribunal danois avait renvoyé l'affaire deux fois. Finalement, les braves Danois prirent leur décision. Le 3 décembre, « considérant l'insuffisance des preuves », le ministère de la Justice relâcha Zakaïev. Un concert de protestations s'éleva à Moscou. « Il semble que le Danemark ait sa propre interprétation de la manière de combattre le terrorisme international », dit le porte-parole du bureau des procureurs russes.

« Un homme libre à Copenhague » titrait triomphalement l'éditorial du *Wall Street Journal*. « Les bellicistes du Kremlin, qui ont déclenché une guerre inhumaine contre le peuple tchétchène, s'acharnent aujourd'hui à neutraliser les hommes politiques qui s'efforcent de mettre fin au conflit », déclara Zakaïev depuis les marches de sa prison, avant de rentrer à Londres. Mais les Russes n'étaient pas prêts à lui laisser sa liberté. Pas encore.

> *Londres, 11 décembre 2002. Akhmed Zakaïev est arrêté et menacé d'extradition – en Grande-Bretagne, cette fois –, puis relâché contre une caution de cinquante mille livres envoyée par l'actrice Vanessa Redgrave. Il est accusé par les Russes d'enlèvements, de torture, de massacres et de rébellion armée, entre autres. Le ministre russe des Affaires étrangères, Igor Ivanov, critique sévèrement la décision de remise en liberté de Zakaïev, qu'il compare à Oussama Ben Laden.*

Cela faisait deux ans que les Litvinenko vivaient au Royaume-Uni. Ils avaient pris leur rythme de vie et leurs habitudes. Tous les matins, Marina accompagnait Tolik à l'école. Sacha se réveillait tard, après avoir passé une partie de la nuit devant son ordinateur à travailler ou à regarder des vidéos russes. Ils réagissaient de manière très différente. Marina ne regrettait absolument pas la Russie – même si sa mère lui manquait – et ne restait pas attachée à tout ce qui était russe ; elle s'était complètement immergée dans son nouvel univers. Sacha, au contraire, avait besoin de sa dose quotidienne de « russitude » : les dernières nouvelles sur Internet, des DVD et des livres. Pas par nostalgie ; il n'était pas hanté par les souvenirs de son ancienne vie. Mais, grâce aux merveilles de l'informatique, une partie de son être continuait à vivre dans son pays. Et pour les Moscovites, il restait un personnage public. Ses partisans et ses détracteurs discutaient de ses livres sur Internet. Les bureaux de Reuters, d'Associated Press et de Radio Echo Moscou continuaient à solliciter ses commentaires. À Londres, ses voisins ignoraient complètement qui il était.

Dans leur vie de couple, Sacha et Marina respectaient chacun l'indépendance de l'autre. Marina ne se mêlait pas des affaires de son mari, elle restait en dehors de la sphère du FSB et des Tchétchènes, de Felchtinski, Trepachkine et Berezovski.

Mais le travail de Sacha ne se limitait pas aux conflits avec le Kremlin. Vers la fin de l'année 2002, il me dit qu'il s'était « impliqué » dans une grosse compagnie de sécurité, dirigée par un ancien officier des services secrets britanniques, qui se spécialisait dans l'analyse des risques et les opérations à l'étranger. Il n'entra pas dans les détails, mais je compris qu'il travaillait dans son ancien domaine d'expertise – le crime organisé en Russie. C'est seulement après sa mort que j'ai appris la place de cette activité dans sa vie ; à la fin, il était consulté par des services chargés de faire respecter la loi dans différents pays d'Europe : l'Estonie, la Géorgie et l'Espagne. Il participa notamment à la libération du banquier britannique Peter Shaw, enlevé en Géorgie en 2002, et joua un rôle dans l'arrestation de suspects de la mafia russe en Espagne, en 2006. Selon les estimations de Marina, en 2006, la moitié de ses revenus provenait de son travail de consultant. Comme par le passé, il disparaissait pendant quelques jours puis il rentrait, d'excellente humeur.

Ce qu'ils avaient en commun depuis leur arrivée à Londres, c'était l'envie de s'installer définitivement. L'appartement qu'ils louaient était un meublé. Ils ne s'y sentaient pas chez eux. Marina rêvait d'avoir ses propres affaires, arrangées à son idée : une maison à décorer, une cuisine à équiper. Et Sacha, l'homme le plus casanier que j'aie jamais rencontré, était encore plus impatient de disposer d'un nid pour sa petite famille. Un jour, il fit le calcul : le loyer de leur appartement de Kensington coûtait plus cher qu'un remboursement d'emprunt s'ils achetaient une maison en banlieue.

Il en parla à Boris et donna le feu vert à Marina pour qu'elle entreprenne des démarches.

Tous les samedis matin, Marina accompagnait Tolik à Finchley, au nord de Londres, où il prenait des cours de russe – car ils ne voulaient pas que leur fils oublie sa langue maternelle. Elle avait ensuite trois heures de libres avant d'aller le rechercher. Elle se mit donc en quête d'une maison dans ce secteur. Elle consulta des agents immobiliers et visita plusieurs maisons. Finalement, le cinquième ou sixième samedi, elle découvrit à Muswell Hill un nouveau lotissement de maisons individuelles, dont certaines étaient encore en construction. L'une des sociétés de Boris acheta une maison et la loua à Sacha et Marina. Ils s'y installèrent en février 2003. Sur deux niveaux, ils avaient maintenant trois chambres, une grande cuisine pour Marina, et un sous-sol que Sacha transforma en salle de sport. Il dépensa une fortune en équipements divers. Ils allèrent ensemble acheter les meubles et tout le nécessaire pour la décoration. Ce fut le moment le plus heureux de leur vie commune. Sacha était extrêmement fier de leur nouveau logis et invita tout le monde à sa pendaison de crémaillère.

Parmi les invités, il y avait Zakaïev. Lui aussi voulait trouver un logement permanent, après avoir passé un an dans un appartement horriblement cher de Chelsea. Il y avait une maison vide en face de chez les Litvinenko. Akhmed qui vivait à la manière tchétchène, entouré de ses deux fils mariés et d'une ribambelle de petits-enfants, avait besoin de beaucoup d'espace. La maison d'en face semblait convenir. Comme il le dit plus tard à l'enterrement de Sacha, s'il l'avait choisie c'était en raison du vieux proverbe tchétchène : « Connais d'abord tes voisins, bâtis ta maison après. » Dès leur première rencontre, le jeune agent opérationnel et le vieux combattant de la paix, le « *Che* tchétchène », comme l'appelaient mes amis américains, étaient devenus les meilleurs amis du monde.

> *2 avril 2003. L'oligarque russe Boris Berezovski, sous le coup d'une demande d'extradition présentée par la Russie qui l'accuse de fraude, est remis en liberté contre une caution de cent mille livres (cent soixante mille dollars) par le juge Timothy Workman, en attendant les audiences fixées au mois d'octobre. À sa sortie du tribunal d'instance de Bow Street, Berezovski enfile un masque de Poutine avant de s'adresser aux reporters, pour souligner le ridicule des accusations portées contre lui.*

Pour qui n'est pas au fait de la législation internationale, asile et extradition peuvent apparaître comme les deux faces d'une même médaille, mais ils relèvent de législations très différentes. Les millions de demandeurs d'asile du monde entier n'ont pas, dans leur grande majorité, de problèmes avec la juridiction pénale. Ce sont pour la plupart des victimes de discriminations, génocides ou persécutions politiques qui veulent se réfugier en lieu sûr. L'octroi du statut de réfugié est un processus administratif qui se déroule dans le cabinet d'un juge. Aux États-Unis, les demandeurs peuvent obtenir la carte Verte, en Grande-Bretagne, un permis de séjour.

Les personnes sous le coup d'une demande d'extradition, à l'inverse, réclament rarement le droit d'asile. Ils fuient la justice, se cachent généralement des autorités, sous une fausse identité bien souvent. En fonction de traités multilatéraux, les États sont tenus de les arrêter et de les livrer pour qu'ils répondent des charges dont on les accuse dans leur pays d'origine. Si, comme c'était le cas pour Akhmed et Boris, les personnes visées considèrent ces charges comme infondées, elles peuvent se présenter devant un tribunal pour demander à ne pas être extradées. Les audiences sont publiques et très différentes des procès criminels. Le tribunal ne statue pas sur la culpabilité ou l'innocence du demandeur, c'est lui-même qui doit apporter la preuve que la demande d'extradition est abusive, que c'est une manœuvre politique et qu'il n'aura pas droit à un procès régulier mais subira la torture ou la mort s'il est renvoyé dans son pays. Autrement dit, le demandeur est sous le coup d'une présomption de culpabilité, pas d'innocence.

Extradition et asile sont donc des concepts antagonistes. Aucune demande d'asile n'est recevable si la personne fait l'objet d'une demande d'extradition, et à l'inverse le tribunal n'accepte pas de juger une affaire d'extradition contre quelqu'un qui a obtenu le doit d'asile dans le même pays.

La demande d'extradition de Zakaïev arriva avant même qu'il ait envisagé de demander l'asile. Mais pour Boris, en avril 2002, son statut de réfugié était en suspens depuis dix-huit mois. Le gouvernement britannique n'ignorait pas que, si l'asile lui était accordé, le Kremlin pousserait les hauts cris. Cette nouvelle demande d'extradition venait donc à point pour soulager les Britanniques. Le secrétaire d'État écrivit à Boris en précisant que sa demande d'asile était rejetée à cause des accusations contenues dans la demande d'extradition. Le sort de Boris n'était plus entre les mains de l'exécutif. Un juge nommé Timothy Workman allait en décider.

Les audiences d'extradition de Zakaïev et de Boris – les deux affaires entremêlées qui allaient permettre de tester l'influence du Kremlin – durèrent d'avril à novembre 2003. Il s'y passa tellement de revirements bizarres, de développements inattendus et de coïncidences étranges que je finis par croire aux conspirations dont Sacha m'entretenait en permanence. Les audiences avaient lieu en même temps que nos propres investigations sur les attentats de Moscou et sur le siège du théâtre. L'improbable le disputant à l'incroyable dans les deux affaires, j'avais l'impression de vivre un roman d'espionnage adapté pour la télévision.

Parmi ces bizarreries, il y eut notre rencontre avec un certain Pavel. Au cours d'une audience concernant la caution de Boris, le 2 avril, les gardes du corps de Boris – une escouade de vétérans de la Légion étrangère française – remarquèrent un homme grand et maigre au visage ridé, âgé d'une quarantaine d'années et vêtu d'un costume gris. Ils l'avaient déjà repéré plus tôt dans la journée, au Forum économique russe, tournant autour de Boris, un petit sourire satisfait aux lèvres. Ils gardèrent un œil sur lui. Un peu plus tard, Sacha le vit parler avec un Russe nommé Nikita qui faisait partie de l'escorte de Boris.

L'homme s'approcha de Nikita, à l'extérieur du tribunal. Il lui dit qu'il était un petit commerçant originaire du Kazakhstan, vivant à Londres. La conversation fut brève et n'alla pas au-delà des présentations.

Pavel réapparut à l'audience suivante, le 3 mai. Dès qu'il le put, Sacha fondit sur lui comme un rapace.

— Avouez ! lança-t-il. Nous savons tout. Qui vous envoie nous espionner ?

Curieusement, Pavel avoua. Il travaillait au noir pour l'ambassade de Russie, piégé par le FSB, dit-il. Il voulait changer de bord et travailler avec nous. Quelques jours plus tard, Sacha l'accompagna au Starbucks, sur Leicester Square, pour me le présenter.

Il nous raconta qu'il avait été recruté par le KGB quand il était chauffeur au Kremlin, à l'époque de Brejnev. Au moment de l'effondrement de l'Union soviétique, persuadé que sa relation avec le *Kontora* était terminée, il se lança dans les affaires. Mais il entra en conflit avec des gangsters et, pour sauver sa peau, se réfugia au Kazakhstan. De là, en 1999, il s'arrangea pour gagner Londres, demanda l'asile et fonda une petite société d'import-export. Son statut de réfugié était toujours en suspens quand, en 2002, deux diplomates russes l'avaient abordé dans un parc londonien en l'appelant par son ancien numéro d'identification du KGB.

— Ils m'ont dit que si je ne travaillais pas pour eux, ils mettraient les autorités de l'immigration au courant de mon passé et que je serais déporté. Je n'avais pas parlé du KGB dans ma demande d'asile, bien sûr. J'étais coincé, conclut-il.

— Et quel genre de travail faites-vous ?

— Je vais ici ou là, je rédige des rapports. Sur des événements réunissant des Russes, par exemple. Ou bien sur les parkings, les ascenseurs et les sorties de secours des grands magasins. Pour l'affaire Berezovski, j'étais censé me lier d'amitié avec l'un d'entre vous et rapporter tout ce que j'aurais pu entendre. Ce genre de choses.

— Et qu'attendez-vous de nous ?

— Je ne sais pas. Auriez-vous un moyen de m'aider pour ma demande d'asile ?

— J'en doute, répondis-je. Vous devriez peut-être vous contenter d'écrire votre rapport pour vos amis de l'ambassade. Attendre et espérer.

Il était peut-être de bonne foi, mais nous avions déjà assez de nos propres problèmes.

Pavel réapparut quelques semaines plus tard, à une autre audience, pour Zakaïev cette fois. Sacha nous emmena dans un restaurant japonais, à Soho. Pavel était chargé d'une nouvelle mission, nous dit-il. Ses contacts à l'ambassade lui avaient demandé d'acheter un stylo à réservoir d'un modèle particulier, et de vérifier qu'il n'était pas repéré par le détecteur de métaux du tribunal de Bow Street. Il devait aussi déterminer où l'on pouvait fumer dans l'enceinte du tribunal : dans les toilettes, dans les escaliers, etc.

Sacha, très excité, se pencha vers nous en travers de la table.

— Une binaire ! murmura-t-il. Ils sont en train d'organiser une attaque binaire. C'est une forme d'empoisonnement : tu projettes un liquide sur quelqu'un, avec un stylo, par exemple, et ça ne lui fait rien. Mais ensuite, tu l'exposes à de la fumée, inoffensive pour tout le monde sauf pour le type qui a ce liquide sur lui, et il tombe raide mort d'un arrêt cardiaque. Voilà ce que c'est !

Je n'en croyais pas mes oreilles.

— Volodia, écoutez-moi, dis-je à Pavel. Ce n'est peut-être rien, mais c'est peut-être quelque chose. Si vous dites la vérité, et si Sacha a raison, vous êtes sans doute impliqué dans un projet de meurtre. Si quelqu'un se fait tuer, vous aurez de gros ennuis. Nous serons obligés de rapporter cette conversation à la police. À votre place, j'irais moi-même la voir.

Il acquiesça. Pouvions-nous l'aider à trouver un avocat ?

Sacha appela George Menzies et lui demanda de nous recevoir à son bureau en urgence. Il était presque minuit. Pavel répéta son histoire pendant que Menzies prenait des notes. Pavel accepta de revenir en début de semaine pour relire une déclaration formelle à la police que Menzies aurait rédigée.

Mais il ne revint pas. Le jour du rendez-vous, il téléphona à Menzies pour lui dire qu'il avait été convoqué à l'Immigration pour parler de sa demande d'asile. Sacha, de son côté, avait déjà transmis son rapport sur notre conversation de Leicester Square à la division spéciale de Scotland Yard.

Début septembre, le juge Workman informa les avocats de Boris que les audiences étaient transférées de Bow Street au tribunal de Belmarsh – où sont jugés les cas de haute sécurité – grâce à l'intervention de la police de Londres. Celle-ci considérait en effet que la vie de Boris pouvait être en danger. Ensuite, le 11 septembre, le ministère de l'Intérieur accorda l'asile à Boris sans la moindre explication. Le lendemain, le juge Workman mit la demande d'extradition à la poubelle, précisant qu'elle était désormais « sans objet ».

Nous étions stupéfaits. Se pouvait-il que la police ait interrogé Pavel et corroboré cette histoire insensée ?

— Tu te rends compte qu'ils voulaient m'attaquer à l'arme chimique ? s'extasia Boris. Tu vois le délire ? Imagine : je suis Poutine ; je veux me récupérer par des moyens légaux. Je pense que j'ai une chance d'y arriver. Est-ce que j'envoie un commando de tueurs au tribunal ? Volodia doit être vraiment fêlé.

— Tu sais, répondis-je, ma femme est psychologue, et elle dit qu'on ne doit pas essayer de prévoir les réactions des autres en se mettant à leur place. Ce qui te paraît insensé lui semble peut-être parfaitement raisonnable. Il a la mentalité du KGB, pas toi. C'est pour ça que nous sommes ici.

— Exact. Et c'est pour ça que Sacha est tellement précieux. Il voit le monde à travers leurs yeux. Les complots qu'il imagine, ils sont peut-être en train de les mettre à exécution. Je me demande ce qu'en pensent les Britanniques.

J'étais toujours sceptique. Mais dix jours plus tard, le 21 septembre, le *Sunday Times* révélait l'existence d'un complot. D'après « des sources haut placées », disait l'article, « un agent du SVR... devait remplir un stylo de poison, s'arranger ensuite pour croiser Berezovski et le frapper au bras ». Le *Times*, pour sa part, citait un fonctionnaire du gouvernement qui confirmait que « contacté par un homme qui affirmait avoir été envoyé en Grande-Bretagne pour assassiner le magnat, le MI-5 en avait informé la police ». Le *Guardian*, lui, restait prudent ; il citait une autre source des services secrets : « Dans toutes les agences, le point de vue qui prévaut est que cela marquerait une escalade significative dans l'activité des Russes à Londres, et que cela dépasse les capacités actuelles du *Kontora* ».

21 août 2003, Athènes, Grèce. Au retour de vacances en Israël, Vladimir Goussinski est arrêté sur mandat d'Interpol l'accusant de fraude et de blanchiment d'argent. Il est libéré sous caution mais prié de ne pas quitter le pays. Le 14 octobre, un tribunal grec rejette la demande d'extradition émanant de Moscou. Lors d'une audience qui ne dure que quelques minutes, les trois juges décident que les charges retenues contre Goussinski ne constituent pas un crime selon la loi grecque.

Si Pavel, renégat du FSB, avait aidé Boris à obtenir le droit d'asile, ce fut un Tchétchène nommé Douk-Vakha Dochouïev, dont l'histoire n'était pas moins bizarre, qui permit à Zakaïev d'échapper à l'extradition. Et pour Sacha, qui avait encore servi d'intermédiaire, ce fut une nouvelle victoire.

Les charges retenues par les Russes contre Zakaïev étaient très graves. Il était accusé d'avoir dirigé un gang rebelle pendant la guerre de 1999, et d'avoir causé la mort d'au moins trois cents officiers russes ; en outre il aurait personnellement torturé un indicateur russe nommé Ivan Soloviov.

« Comme Soloviov refusait d'avouer qu'il coopérait avec les services fédéraux de sécurité, Zakaïev sortit un revolver et le menaça, précisait l'acte d'accusation. Ensuite, il appuya le canon de son arme sur le petit doigt de la main droite de Soloviov et pressa la détente. Il répéta l'opération sur sa main gauche, amputant Soloviov de ses deux petits doigts. »

Zakaïev était encore soupçonné d'avoir enlevé et torturé deux prêtres orthodoxes russes.

Le président d'audience n'était autre que le juge Workman. Zakaïev ne bénéficiant pas de la présomption d'innocence, la défense devait prouver la fausseté des accusations portées contre lui. Son avocat fit remarquer que tous les témoins et les victimes cités par l'accusation avaient signé leur déposition en novembre 2002, alors que Zakaïev était détenu au Danemark, ce qui permettait de supposer que l'accusation avait été montée en toute hâte. Mais ce n'était pas un argument bien solide.

Pis, l'un des prêtres orthodoxes prétendument enlevé et torturé fit une déposition accablante, affirmant que pendant sa détention en Tchétchénie, l'un de ses gardiens lui avait glissé à l'oreille que Zakaïev lui-même avait ordonné son arrestation.

Et puis, le matin du 24 juillet, la défense annonça un témoin-surprise. Un homme dont le témoignage, particulièrement accablant pour Zakaïev, avait été présenté par l'accusation. Il s'appelait Douk-Vakha Dochouïev. Dans sa déposition, il affirmait avoir personnellement entendu Zakaïev donner l'ordre d'enlever et de torturer les prêtres. Comment était-il sorti de Tchétchénie ? Comment était-il arrivé en Grande-Bretagne ? Mystère.

Dochouïev était un petit homme presque chauve au visage figé dans un sourire bizarre ; sûrement le risque de l'épreuve qu'il révélait maintenant au tribunal. Le 27 novembre 2002, arrêté à Groznyï, il fut emmené dans une base de l'armée russe et jeté dans un trou à demi rempli d'eau et recouvert d'une grille métallique. Le trou était si étroit qu'il ne pouvait pas s'asseoir et si peu profond qu'il ne pouvait pas rester debout. Il y passa six jours, plié en deux, menotté, la tête recouverte d'un sac. Il ne sortait que pour être interrogé, battu, torturé à l'électricité et menacé d'avoir la gorge tranchée s'il ne témoignait pas contre Zakaïev. Le sixième jour, il accepta de déclarer que, combattant sous les ordres de Zakaïev, il l'avait entendu donner l'ordre d'enlever les prêtres.

Il fut emmené à Groznyï, dans le bureau d'un enquêteur, pour signer sa déposition – celle que la Russie avait transmise au tribunal londonien et où le nom de Dochouïev avait été biffé. Ensuite, on le planta devant une caméra de télévision pour qu'il répète ses allégations. Le 15 décembre, son « interview » fut diffusée sur NTV comme un reportage de « nos envoyés spéciaux » en Tchétchénie. Deux mois plus tard, il fut jugé pour appartenance à « un groupe armé illégal », condamné avec sursis, puis libéré, le 29 janvier.

Le juge Workman qualifia à juste titre ce retournement de situation de « spectaculaire ». Il réclama le témoignage complet de Dochouïev et l'explication du fait que le document fourni par la Russie ne précisait pas, comme l'exige la loi, que ses aveux avaient été obtenus alors qu'il était en détention.

Assis à côté de moi dans la salle d'audience bondée, subjuguée, Sacha rayonnait. C'était lui, autrement dit Edwin Redwald Carter, qui avait fait venir Douchouïev à Londres et l'avait confié à la justice britannique.

L'autre accusation contre Zakaïev, l'amputation des petits doigts d'Ivan Soloviov, fut aussi remise en cause, non par l'entremise de Sacha mais grâce au récit d'Anna Politovskaïa publié dans *Novaya Gazeta*. Ivan Soloviov, écrivait la journaliste, était bien connu dans la ville natale de Zakaïev. Des gens l'avaient vu avec ses deux doigts en moins – probablement emportés par le gel – en 1992, six ans avant les faits reprochés à Zakaïev. Le récit précisait aussi qu'avant son départ pour Londres, il s'était vanté à l'un de ses compagnons de beuverie d'avoir conclu un marché avec le FSB : il allait charger Zakaïev contre « une bonne réserve de bibine ».

L'avocat d'Akhmed réduisit le témoignage de Soloviov à néant. Le 13 novembre 2003, le juge Workman statuait en faveur de Zakaïev.

Les deux tentatives du Kremlin pour se faire livrer ses ennemis de Londres par la voie légale avaient échoué.

Janvier 2004, Moscou. La campagne pour l'élection présidentielle, fixée au 14 mars, bat son plein. À la suite du scandale provoqué par la mort d'un jeune soldat maltraité, le président Poutine affirme travailler à abolir le service militaire. Le Comité des mères de soldats déclare que trois mille cinq cents conscrits meurent chaque année de bizutage, malnutrition ou maladie, sur les un million cent mille soldats que compte l'armée.

Aux yeux d'un observateur extérieur, Ivan Rybkine n'avait quasiment aucune chance de battre le président sortant. Avec le contrôle des médias par le Kremlin, le regain de sentiments antitchétchènes provoqué par l'attaque du théâtre, et l'amour traditionnel des Russes pour les dirigeants à poigne, Poutine n'aurait pas dû redouter que Rybkine soit élu à sa place. Mais à l'intérieur, on savait que la campagne de Rybkine inquiétait considérablement le Kremlin. Poutine n'ignorait pas qu'il devait sa popularité à l'absence d'opposition sérieuse plus qu'au succès de sa politique. Dans les couches populaires, le mécontentement grondait. Et un ancien du KGB comme Poutine était bien placé pour savoir que les régimes arrivés au pouvoir par la ruse sont souvent dissous par la ruse. Au centre de tout complot se trouve un prétendant crédible, souvent inattendu. Poutine lui-même n'était-il pas sorti de l'obscurité et parvenu au pouvoir en quelques petits mois ? Le 7 février, l'équipe de campagne de Rybkine annonça qu'il avait disparu. Alors que la veille la commission électorale avait enregistré sa candidature à l'élection présidentielle, et les deux millions de signatures requises.

Cette disparition fit grand bruit. Au cours des dix-huit mois précédents, deux dirigeants de Russie libérale, Golovliov et Iouchenkov, avaient été assassinés. Dans le monde entier, la nouvelle fit la une des journaux : « Disparition d'un candidat à la présidentielle russe ». La police lança des recherches. Bientôt des rapports affirmèrent qu'une « source bien informée » du FSB prétendait que Rybkine se reposait dans un sanatorium proche de Moscou. Personne, dans la presse, et peu de gens par ailleurs savaient qu'il était censé se trouver à Kiev ou en route pour un rendez-vous avec Maskhadov.

Rybkine refit surface, dans la capitale ukrainienne, le 10 février. Lors de sa première interview, il paraissait déboussolé, incohérent même.

— J'ai bien le droit de m'accorder quelques jours de congé, dit-il à l'agence de presse Interfax. Je suis venu à Kiev pour voir des amis. J'ai éteint mon téléphone portable et je n'ai jamais regardé la télévision, répondit-il pour expliquer pourquoi il n'était pas au courant de l'effervescence des médias.

De retour à Moscou, en fin de journée, il se montra encore plus mystérieux :

— Je reviens d'une série d'entretiens difficiles en Tchétchénie, et je suis content d'être ici.

Interrogé sur une éventuelle détention, il répondit avec une expression sinistre sur le visage :

— Je ne suis pas si facile à arrêter, mais il y a de braves gens à Kiev, et je leur suis très reconnaissant.

Nous, à Londres, étions absolument incapables d'expliquer ce qui se passait et hésitions à entreprendre des recherches par téléphone de crainte d'aggraver les choses. Sacha nous proposa tout de suite une théorie du complot irréfutable. Mais il ne fut pas le seul à tirer des conclusions immédiates. « Je pense qu'il a subi des pressions et qu'on l'a intimidé, accusa Valeria Novodvorskaya, chef de l'Union démocratique. Je crois aussi qu'on l'a menacé de mort. Et je pense qu'il a cédé. En plus ils lui ont offert une porte de sortie. Il arrive peut-être de Kiev, mais c'est le FSB qui lui a payé son billet de retour. »

— Il a été drogué, dit l'ancien général du KGB Oleg Kalouguine interviewé depuis Washington. Il existe des substances psychotropes, et non seulement les services spéciaux russes n'ont pas renoncé à les utiliser, mais ils les ont encore développées au cours de ces dernières années.

— Ils lui ont donné du SP-117, déclara Sacha. Une fois que tu as pris du SP-117, on peut faire tout ce qu'on veut de toi, te mettre au lit avec des filles ou des garçons, te filmer, n'importe quoi. Ensuite on te donne une pilule d'antidote et tu redeviens normal, mais tu ne te souviens plus de rien.

— Sur la bande vidéo, on croit voir un homme saoul qui prend du bon temps, dit Kalouguine. Ou bien il avoue qu'il travaille pour différents services secrets étrangers. Ensuite, on lui conseille de renoncer à sa campagne présidentielle et à toute activité publique s'il ne veut pas que l'enregistrement soit transmis aux médias.

Le 12 février, j'allai chercher Rybkine à l'aéroport Heathrow de Londres. La mine pâle et défaite, il affichait un sourire résigné. Son histoire correspondait pour l'essentiel au scénario de Sacha et de Kalouguine. Le lendemain, à l'hôtel Kempinski, il en fit le récit à la presse.

Ses contacts ukrainiens, dit-il, l'avaient emmené dans un appartement, à Kiev. On lui avait offert du thé et des sandwiches, et il avait été pris de somnolence. Il ne savait pas ce qui s'était passé ensuite. Il s'était réveillé quatre jours plus tard, dans un appartement différent, et on lui avait montré une bande vidéo compromettante pour lui. En évoquant ce souvenir, il semblait sur le point de pleurer. Le film était réalisé par « d'horribles pervers... j'ignore qui ils sont », sauf qu'ils parlaient russe. « Je sais à qui cela va profiter », ajouta-t-il.

Nous conseillâmes à Rybkine de subir des tests toxicologiques, mais ils ne révélèrent rien d'anormal. Sa course à la présidence et sa carrière politique étaient finies.

Le jour de la conférence de presse, Zelimkhan Iandarbiev, l'ancien président tchétchène exilé, était tué à Doha, au Qatar, en sortant de la mosquée avec son fils adolescent, par l'explosion d'une bombe placée dans sa voiture. Les services de sécurité russes nièrent toute implication dans l'attentat.

> *1er juillet 2004, Doha, Qatar. Deux agents secrets russes, Anatoli Belachkov et Vassili Bogachiov, sont accusés du meurtre de Zelimkhan Iandarbiev et condamnés à vingt-cinq ans de prison. « Les autorités russes ont donné l'ordre d'assassiner l'ancien dirigeant tchétchène », déclare le juge au procès. Il ajoute que le complot a été discuté et mis au point après une réunion au siège des services secrets russes à Moscou en août 2003.*

C'est dans son discours annuel au Parlement sur l'état de la nation, le 2 mai 2004, que le président Poutine lança ses attaques contre les organisations de défense des droits de l'homme. Il s'en prit à « certaines » organisations non gouvernementales qui, au lieu de représenter « les véritables intérêts du peuple », sont au service « de groupes douteux et d'intérêts commerciaux ». Les ONG, dit-il, n'ont d'autre but que de se faire donner des fonds par « des entités étrangères et des Russes influents ». Et cela se passe « dans le cadre d'une guerre économique globale » contre la Russie, qui « utilise toutes les ressources de la politique, de l'économie et des médias... Tout le monde n'a pas envie d'avoir affaire à une Russie indépendante, forte et confiante. »

« Nos appels en faveur de la paix en Tchétchénie n'ont pas plu au Kremlin », commenta Lev Ponomarev dont le groupe, Pour les droits de l'homme, avait été accusé par un fonctionnaire du ministère de la Justice d'inciter les prisonniers à la révolte en se servant des fonds alloués par la fondation de Berezovski.

En réponse au discours de Poutine, Boris versa des fonds supplémentaires à l'IFCL. J'entrepris d'organiser pour les responsables nationales de l'Union des comités de mères de soldats et pour la directrice d'un de leurs comités régionaux un voyage à Washington ; elles allaient faire passer un message fort contre la guerre. La politique du Kremlin au Caucase ne fait qu'entretenir le terrorisme, affirmaient-elles. Elle prirent la parole devant le Congrès, demandant aux États-Unis d'accroître leur soutien financier à la démocratie en Russie, soutien considérablement réduit depuis quelques années par l'administration Bush. Ensuite, elles allèrent voir Tom Graham à la Maison-Blanche. Mais il leur répéta exactement ce qu'il avait dit à Sergueï Kovalev un an auparavant : nous sommes de tout cœur avec vous, mais les États-Unis ne sont pas disposés à affronter Poutine à propos de la Tchétchénie.

1er septembre 2004, Beslan, république d'Ossétie-du-Nord. Un groupe de rebelles musulmans prend en otages près de mille deux cents enfants et adultes dans une école qu'ils remplissent d'explosifs. Au troisième jour du siège, une fusillade éclate et le bâtiment est investi par les forces spéciales russes. Trois cent quarante-quatre civils, dont cent quatre-vingt-six enfants, sont tués au cours des explosions et des échanges de coups de feu. Le gouvernement Maskhadov condamne cet attentat. Le chef de guerre Chamil Bassaïev en revendique la responsabilité.

L'horreur de cette attaque où les Tchétchènes avaient enfermé des écoliers innocents dans un gymnase et suspendu des explosifs à une corde tendue au-dessus de leur tête entre deux poteaux de basket-ball bouleversa le monde. L'assaut des forces russes et le carnage qui s'ensuivit suscitèrent de nouvelles questions sur les tactiques de maintien de l'ordre en

Russie, mais le tollé provoqué par les crimes des preneurs d'otages fut général. Pourtant, la plupart des réactions Occidentales avaient de quoi exaspérer le président nouvellement réélu, car elles soulignaient l'échec de sa politique tchétchène. Certains Occidentaux semblaient tenir Poutine en partie responsable du drame. Chaque expression d'indignation s'accompagnait de la suggestion qu'il était temps pour lui de comprendre la leçon et de négocier avec Maskhadov.

Quand Poutine s'adressa lui-même à la nation après le désastre de l'école, ce fut pour fustiger les ennemis internationaux de la Russie, qu'il considérait comme responsables de l'attentat. « Certains voudraient nous amputer d'une partie de notre territoire, dit-il. D'autres les aident. Ils les aident parce qu'ils croient que la Russie, en tant que puissance nucléaire majeure, constitue encore une menace pour eux – une menace dont ils doivent se débarrasser. Et le terrorisme est, évidemment, un bon instrument pour atteindre ces objectifs. »

Deux jours plus tard, lors d'un entretien avec un groupe d'universitaires et de journalistes étrangers, le président russe déclara : « Pourquoi n'invitez-vous pas Ben Laden, à Bruxelles ou à la Maison-Blanche, pour discuter avec lui, lui demander ce qu'il veut et le lui donner pour qu'il vous laisse tranquilles ? Vous n'hésitez pas à fixer certaines limites à vos relations avec ces salauds, alors pourquoi devrions-nous discuter avec des gens qui assassinent les enfants ? »

Peu après, le ministre des Affaires étrangères, Sergueï Lavrov, ajouta : « Nous coopérons avec les États-Unis et nos partenaires européens dans la lutte contre le terrorisme. Pourtant les États-Unis accordent l'asile à Ilias Akhmadov et la Grande-Bretagne fait de même pour Akhmed Zakaïev, ne peut-on penser qu'il y a là deux poids deux mesures ? Ceux qui procurent un abri aux terroristes sont directement responsables de la tragédie du peuple tchétchène. »

« La Russie a le droit de lancer des opérations préventives contre les bases militantes à l'étranger, » dit pour sa part le ministre de la Défense Sergueï Ivanov. Ces « frappes préventives peuvent impliquer n'importe quoi, ajouta-t-il, excepté des armes nucléaires. »

— Tu sais de qui il parle quand il fait allusion à des « bases militantes à l'étranger » ? demanda Sacha. De nous. Akhmed et Boris, je veux dire.

> *Moscou et Londres, octobre 2004-mars 2005. À la suite du massacre de Beslan, l'Union des comités de mères de soldats (CMS), la plus importante ONG de Russie, défie le Kremlin en entreprenant des « négociations populaires » avec les séparatistes tchétchènes. Le Kremlin accuse les CMS d'être à la solde d'intérêts étrangers. Mais des sondages d'opinion montrent que 66 % des Russes soutiennent cette initiative. Sous la pression diplomatique de la Russie, le gouvernement belge refuse de laisser entrer sur son territoire la délégation des CMS venue pour rencontrer Akhmed Zakaïev au Parlement européen, à Bruxelles. Le 2 février 2005, Aslan Maskhadov ordonne un cessez-le-feu unilatéral en réponse à l'appel des comités des mères de soldats. Le chef de guerre radical Chamil Bassaïev affirme qu'il le respectera. Les forces russes, elles, ne tiennent pas compte de la trêve. Le 24 février 2005, le CMS rencontre Zakaïev à Londres, en présence de plusieurs parlementaires européens, et publie un « Mémorandum pour la paix ». Deux semaines plus tard, Aslan Maskhadov est tué lors d'un raid des forces spéciales russes.*

La mort de Maskhadov sembla donner raison au Kremlin qui prétendait que le gouvernement séparatiste tchétchène n'était qu'un ramassis de terroristes. Le nouveau président était un intellectuel musulman modéré nommé Abdul-Halim Sadulayev, quasiment inconnu des Occidentaux, consensuel aux yeux de différents commandants de l'armée, peut-être à cause de sa faiblesse, précisément. Il n'avait pas la légitimité de Maskhadov, élu par un vote internationalement reconnu comme démocratique. Il n'avait pas le même désir que Maskhadov de chercher un compromis avec les Russes. Et sur le terrain, comprenant que l'Occident et le monde islamique rivalisaient d'efforts pour apaiser le Kremlin – trahison absolue de la Tchéchénie –, les combattants se trouvaient confortés dans leur tendance suicidaire provocatrice. L'influence de l'aile extrémiste augmenta considérablement. L'un des premiers actes du nouveau président tchétchène fut d'intégrer le chef de guerre Chamil Bassaïev dans son gouvernement.

— Bassaïev est un terroriste, dis-je à Akhmed Zakaïev. Je ne comprends pas comment tu peux rester dans le même gouvernement que lui.

— Tu commences à raisonner comme l'administration Bush, répondit Akhmed. Qu'attendez-vous de nous ? Cela fait dix ans que les Russes massacrent les nôtres – quarante pour cent des habitants ont été tués – et personne n'a rien dit. Maintenant, tout le monde pousse les hauts cris à propos de Bassaïev. Ce n'est pas moi qui l'ai fait entrer au gouvernement. C'est mon ennemi autant que le vôtre. Je l'ai combattu tout au long de ma vie politique. Et tu voudrais que je m'en aille en lui abandonnant le pouvoir ? Admettons que je le fasse. Il n'y aura plus personne pour s'opposer aux extrémistes. Et que deviendront tous ceux qui pensent comme moi ? Nous sommes encore un peuple, avec une jeune génération qui grandit, sur place et dans toute l'Europe. Ils vont penser, tiens Zakaïev s'en va ? C'est donc Bassaïev notre chef ? Cela voudrait dire que Bassaïev a gagné, avec l'aide des Russes et de l'Occident. Non. Je reste et je continue à me battre.

Au cours des semaines suivant la mort de Maskhadov, un débat enflammé opposa les deux principaux idéologues de l'indépendance tchétchène : Akhmed Zakaïev qui se prononçait en faveur d'un État démocratique à l'occidentale, et Movladi Oudougov qui militait pour une république islamique stricte. Comme dans l'Europe occupée pendant la Seconde Guerre mondiale, tout le peuple, dans les villes, les villages, et les camps de rebelles réfugiés dans les montagnes, écoutait les bulletins d'information de Radio Liberté pour entendre les politiciens en exil évoquer ce qui se passerait « après la victoire ». Les visions de Zakaïev et d'Ougoudov s'affrontaient également sur les pages de leurs sites Web respectifs, chechenpress.info et kavzakcenter.com, visités par des milliers de lecteurs attentifs de la diaspora tchétchène en Russie et dans toute l'Europe.

Sacha prit la trahison des Tchétchènes très à cœur. Il contribua fréquemment à alimenter le site de Zakaïev, celui-ci lui laissant volontiers tout l'espace dont il avait besoin. Chechenpress devint la tribune de Sacha ; en 2005 et 2006, il fit circuler plus d'une centaine d'articles avec des titres comme « Les loups-garous du Kremlin », « L'héroïsme de Mikhaïl Trepachkine » et « Les assassins de Politkovskaïa dissimulent leurs traces ».

Il s'était donné pour mission de tendre la main aux Tchétchènes et s'en acquittait très sérieusement, comme d'une obligation. Il me dit un jour qu'il se considérait comme « l'un de ces Allemands qui aidaient les juifs ».

— Quand la guerre sera finie, ajouta-t-il, je serai le dernier Russe en qui les Tchétchènes pourront encore voir un ami. Et Akhmed sera peut-être le seul Tchétchène disposé à parler aux Russes. Nous négocierons donc le prochain traité de paix tous les deux.

Un jour, il dit à Marina : « Akhmed et moi sommes comme des frères. On devrait nous enterrer côte à côte. Pas à Londres, en Tchétchénie. »

15
La « minibombe atomique »

Moscou, 8 juin 2006. La Douma adopte une mesure autorisant le FSB à envoyer des commandos assassiner des « groupes terroristes » à l'étranger. « Les amendements prévoient que des unités d'opérations spéciales du FSB pourront être employées à la discrétion du président contre des terroristes et des bases situés à l'extérieur de la fédération de Russie, dans l'objectif d'empêcher toute menace contre notre pays », explique Mikhaïl Grichankov, vice-président du Comité de sécurité de la Douma.

Alors que Poutine entamait sa seconde présidence, les services de sécurité prirent leurs aises dans les allées du pouvoir. Les anciens officiers du FSB occupaient plus de 70 % des plus hautes fonctions gouvernementales. La quasi-totalité du secteur de la télévision se trouvant désormais à la botte du Kremlin et l'opposition parlementaire n'existant plus, la vie politique s'immobilisa. À la suite du laminage de Russie libérale et de l'échec de la tentative d'Ivan Rybkine pour s'emparer de la présidence, notre groupe londonien de dissidents se rendit à l'évidence : il serait impossible de chasser le FSB du Kremlin par des moyens constitutionnels.

En 2004-2005, les intérêts de Boris et, par conséquent, mes activités ainsi que celles de Sacha s'éloignèrent de la Russie pour se recentrer sur l'Ukraine, où la révolution Orange infligea un sérieux revers aux efforts de Poutine pour réinventer l'Union soviétique. Le renversement pacifique du régime autoritaire ukrainien inféodé à Moscou par une foule qui campa sur la place de l'Indépendance à Kiev préfigurait à nos yeux ce que pourrait être une future révolution en Russie.

Boris devint le principal bailleur de fonds de l'opposition ukrainienne. Au cours de la période qui précéda immédiatement le changement de régime, il fit passer plus de quarante millions de dollars au camp Orange ; les manifestations de rue purent ainsi se poursuivre près de deux mois. Quand Viktor Iouchtchenko, l'adversaire démocrate du candidat de Moscou, fut victime d'un mystérieux empoisonnement, le désespoir nous gagna. Ce n'était pas seulement l'avenir de l'Ukraine qui nous semblait en jeu, mais celui de la liberté dans l'ensemble du bloc postsoviétique. Heureusement, Iouchtchenko survécut et accéda à la présidence.

Après la victoire Orange, l'IFCL établit un bureau à Kiev, dans l'espoir d'en faire la tête de pont d'une révolution pacifique en Russie. Au cours de cette période, Sacha collabora en coulisse avec des dissidents ukrainiens pour essayer d'élucider deux complots : l'empoisonnement d'Iouchtchenko et l'assassinat d'un journaliste de *Pravda Ukraïna* à Kiev, Géorgiy Gongadzé, en l'an 2000, un meurtre qui avait apporté un élan supplémentaire au mouvement démocrate ukrainien. Nous étions certains que ces deux crimes étaient l'œuvre du FSB.

Quand Anna Politovskaïa fut abattue à Moscou le 7 octobre 2006, le parallèle avec la situation en Ukraine nous sauta aux yeux. Anna pourrait-elle jouer un rôle de martyre comme Gongadzé en Ukraine ? Son assassinat pourrait-il être l'étincelle qui provoquerait la chute de Poutine ?

Dresde, 10 octobre 2006. Lors d'une conférence de presse donnée au cours d'un séjour en Allemagne, Vladimir Poutine impute l'assassinat de la journaliste Anna Politovskaïa le 7 octobre à des adversaires dont il ne donne pas les noms et qu'il accuse de vouloir déstabiliser le régime. « Nous disposons d'informations solides selon lesquelles de nombreuses personnes qui ont fui la justice russe envisagent depuis longtemps de sacrifier quelqu'un pour provoquer une vague antirusse à travers le monde », explique Poutine. La semaine suivante, prenant la parole au Frontline Club de Londres à l'occasion d'une cérémonie à la mémoire d'Anna Politovskaïa, Alexandre Litvinenko accuse Poutine d'avoir commandité l'assassinat de la journaliste.

Le samedi 11 novembre 2006, je reçus un appel de radio Écho Moscou, me demandant de confirmer l'empoisonnement d'Alexandre Litvinenko.

J'étais à Paris, en route pour Londres, et je n'avais pas écouté les informations. La source de cette dépêche était le site Internet d'Akhmed Zakaïev, chechenpress.info, qui avait annoncé que Sacha avait été empoisonné le 1er novembre, et accusait le FSB.

J'arrivai à joindre Sacha sur son portable. Il avait été admis dans un petit hôpital municipal du nord de Londres, pas très loin de chez lui. Il me parut bien en forme pour un mourant.

— J'ai passé trois jours à dégobiller avant qu'on m'hospitalise. Les médecins pensent que j'ai mangé des sushis avariés, mais je suis sûr que c'est autre chose.

— Et cet Italien ? demandai-je. Selon le site d'Akhmed, Sacha était tombé malade après avoir mangé des sushis avec un certain Mario Scaramella, dont je n'avais jamais entendu parler.

— Nous étions ensemble au bar à sushis. Il peut parfaitement avoir versé quelque chose dans ma soupe.

Ma première réaction fut de voir là un nouvel exemple de la paranoïa de Sacha et de ses sempiternelles théories du complot. Un Italien versant du poison dans sa soupe miso ? Les médecins devaient avoir raison, les sushis n'étaient probablement pas très frais, me dis-je.

J'appelai Marina, qui me confirma que les médecins avaient trouvé une bactérie dans son organisme, un nom compliqué qu'elle ne pouvait même pas prononcer. Il est sous antibiotiques. Je lui dis que je serais à Londres le lendemain.

Cela ne paraissait pas bien grave. Une intoxication alimentaire, de toute évidence. Et même si Sacha avait raison et si on avait effectivement cherché à l'empoisonner, la tentative avait échoué. Il ne me parut pas utile de me précipiter à son chevet et j'attendis le mercredi 15 novembre pour me rendre à l'hôpital. Il était encore mal fichu et je fus pris d'une vague inquiétude : deux semaines, cela paraissait un peu long pour une banale intoxication alimentaire.

Ce que je découvris en arrivant au Barnet Hospital ne me rendit pas plus optimiste. Sacha était en milieu stérile. Il fallait enfiler des gants de latex et une blouse avant d'entrer dans le service et ne pas le toucher, pour éviter de lui transmettre accidentellement un autre microbe.

— Il est neutropénique, m'annonça le médecin. Autrement dit, il n'a pas suffisamment de globules blancs. Ce sont des choses qui arrivent quand la moelle osseuse cesse de fabriquer les cellules nécessaires pour lutter contre une infection. Aucune intoxication alimentaire ne peut avoir de tels effets.

— Alors pourquoi a-t-il cela ? demandai-je.

— Nous n'en savons rien. En théorie, il pourrait s'agir d'un virus, une cochonnerie comme le sida, ou d'une réaction inconnue à l'antibiotique qu'on lui a administré au début. On retrouve aussi ce genre d'effets lors d'une chimiothérapie surdosée ou d'une irradiation sévère. Mais il n'a approché aucune source radioactive et n'a pas suivi de chimiothérapie. En plus, il est séronégatif. Pour tout vous avouer, nous pataugeons un peu.

— Nous craignons qu'il ne soit victime d'un coup tordu. Avez-vous prévenu la police ?

— Pour le moment, la cause de son affection peut très bien être bénigne. Il faut que nous y voyions plus clair avant de faire intervenir la police. Nous attendons les résultats d'analyses toxicologiques.

Je trouvai Sacha amaigri, le teint gris. Cela faisait deux semaines qu'il ne mangeait pas, il était alimenté par perfusion. Ce qui ne l'empêchait pas de faire les cent pas dans sa chambre et d'être d'humeur pugnace.

— Quand ça a commencé, j'ai vraiment cru que j'allais y passer, me raconta-t-il. J'ai immédiatement bu cinq litres d'eau et je me suis forcé à vomir pour me nettoyer l'estomac. Ces cons, ils n'ont pas voulu m'écouter. Quand je leur ai dit que j'avais été empoisonné par le KGB, ils ont voulu faire venir un psychiatre. Il faut que tu voies la presse anglaise.

— J'ai déjà appelé quelques journalistes. Mais personne ne veut s'engager sans confirmation de la police ou de l'hôpital. Quand nous aurons les analyses toxicologiques, nous comprendrons mieux ce qui s'est passé.

Grâce à Sacha et à Boris, j'étais passé maître dans l'art de transmettre aux médias des explications incroyables concernant des faits invraisemblables. Or cette affaire-là était encore plus extravagante que les autres. Pourtant, j'avais sous les yeux un homme manifestement très malade, et ne pouvais exclure la théorie d'un empoisonnement.

— Parle-moi de cet Italien.

— Il n'a rien à voir là-dedans. Je l'ai cité exprès, c'est une fausse piste. Le vrai suspect est Andreï Lougovoï, mais je t'en prie, garde ça pour toi. J'essaie de le faire revenir à Londres.

Fidèle à lui-même, Sacha cherchait encore à jouer au plus fin. Il était certain que Lougovoï, l'ancien garde du corps de Boris, l'avait empoisonné. Après que sa maladie eut été annoncée en Russie, Lougovoï l'avait appelé de Moscou pour lui souhaiter un prompt rétablissement.

— J'ai dit à Lougovoï que je soupçonnais l'Italien, pour lui faire croire qu'il pouvait revenir me liquider sans risque, ajouta-t-il avec un sourire ironique.

Un an plus tôt, lors d'une fête grandiose que Boris avait donnée pour ses soixante ans dans un château loué aux environs de Londres, nous avions partagé la même table, Sacha, Marina, Andreï Lougovoï et moi. C'est à peine si j'avais fait attention à lui ; c'était une ombre issue du passé russe, un invité sur deux cents. Mais, à l'hôpital, Sacha me confia que cette réception avait été le prélude d'échanges extrêmement nourris entre eux deux. Ils n'avaient pourtant pas été particulièrement proches quand ils vivaient encore à Moscou.

Après avoir fait quatorze mois de prison dans le cadre de la tentative de fuite de Nikolaï Glouchkov, Lougovoï s'était lancé dans les affaires avec un remarquable succès, profitant de la nouvelle prospérité russe due à la hausse vertigineuse des cours du pétrole. Sa principale entreprise était une société de sécurité, qui fournissait des gardes du corps à des centaines de nouveaux riches moscovites. Il s'était vanté auprès de Sacha d'avoir investi plusieurs millions de dollars dans l'industrie agroalimentaire et les services. Il lui avait proposé de travailler avec lui ; Sacha pouvait être son agent à Londres. Il y avait certainement des sociétés de sécurité britanniques qui s'intéressaient au marché russe.

Sacha présentait des références impressionnantes dans le domaine de la sécurité. Ils se rencontrèrent deux ou trois fois au cours de l'année. Ces négociations n'avaient pas encore produit de résultat concret, mais les perspectives semblaient prometteuses. Il avait rencontré Lougovoï pour la dernière fois le 1er novembre, au bar du Millennium Hotel de Picadilly, deux heures après avoir vu Scaramella. « Lougovoï était en compagnie d'un autre Russe que je ne connaissais pas, me dit Sacha. Il avait des yeux de tueur », ajouta-t-il. Il connaissait ce genre de type.

Le lendemain matin, je me rendis à l'hôpital avec Boris. L'état de Sacha s'était visiblement aggravé. Il commençait à perdre ses cheveux ; il en arracha une poignée pour nous le prouver. Il souffrait d'une sorte d'inflammation très douloureuse de tout l'appareil digestif, de l'intestin à la bouche, et avait le plus grand mal à parler et à déglutir. Il avait l'impression que toutes ses entrailles avaient été brûlées par un mystérieux produit caustique. Les médecins le mirent sous analgésiques. Ils ne comprenaient toujours pas l'origine de sa maladie.

Je pris contact avec le professeur John Henry, un célèbre toxicologue du St. Mary's Hospital, qui avait fait beaucoup parler de lui en 2004 – dans les milieux russes en tout cas – lorsqu'il avait diagnostiqué l'empoisonnement du président Viktor Iouchtchenko simplement en voyant son visage à la télévision. C'est une intoxication à la dioxine, avait-il déclaré. Effectivement, des analyses lui avaient donné raison un peu plus tard.

Je lui décrivis au téléphone les symptômes dont souffrait Sacha.

— L'alopécie est caractéristique du thallium, me dit le professeur Henry. Mais le dysfonctionnement de la moelle osseuse ne cadre pas. Souffre-t-il de faiblesse musculaire ?

Le thallium, un métal lourd, est interdit au Royaume-Uni, mais on peut s'en procurer comme raticide dans toutes les épiceries du Proche-Orient. Il agit en détruisant lentement la membrane externe des cellules nerveuses. Ceux qui s'en remettent risquent de souffrir durablement de problèmes neurologiques. Une infirmière du Qatar avait fait les gros titres des journaux dans les années 1980 en identifiant un empoisonnement au thallium qui avait échappé aux médecins, après avoir lu *Le Cheval pâle* d'Agatha Christie. L'empoisonnement au thallium avait également nourri une théorie du complot à propos de la mort de Yasser Arafat. On raconte même que la CIA aurait cherché à plonger Fidel Castro dans l'embarras en glissant du thallium dans ses chaussures, espérant provoquer ainsi la chute de sa barbe, de ses sourcils et de ses cheveux.

Sur la foi de ces histoires et des hypothèses du professeur Henry, je persuadai enfin un journaliste, David Leppard, du *Sunday Times*, d'aller rendre visite à Sacha. Par le passé, Leppard s'était montré disposé à écouter quelques théories rocambolesques. C'était lui qui avait révélé l'affaire de Pavel, l'homme au stylo. Il savait bien sûr que, tant que l'empoisonnement ne serait pas confirmé de source sûre, il ne pourrait pas écrire d'article, mais il s'était dit que si les rapports d'analyse étaient positifs, il aurait un scoop tout prêt avant que son journal du dimanche ne mette sous presse. Il interviewa Sacha au Barnet Hospital le jeudi soir.

15 novembre, Moscou. Prenant la parole à la Douma, le procureur général russe Iouri Tchaïka annonce un accord de coopération avec le ministère public de la couronne britannique. Il fait savoir que les enquêteurs chargés de faire la lumière sur la mort d'Anna Politovskaïa n'excluent pas que les assassins de la journaliste soient de mèche avec certains individus réfugiés à Londres.

Le jeudi 16 novembre, je retrouvai Boris et Lord Bell, son conseiller en communication, pour une réunion stratégique. À cette date, nous étions convaincus, Boris et moi, que Sacha avait été empoisonné. Nous ne savions pas trop pourquoi, mais l'identité du coupable ne faisait aucun doute à nos yeux : qui d'autre que le *Kontora* pouvait vouloir se débarrasser de Sacha ? Nous étions bien décidés à tirer la sonnette d'alarme dans tous les médias.

Tim Bell était extrêmement inquiet.

— Boris, dit-il. Vous êtes devenu, de votre propre fait, l'ennemi juré de Poutine : politique, personnel et idéologique. Des gens raisonnables estiment que dans cette croisade vous représentez le camp de la justice, ce qui ne les empêche pas de s'interroger sur vos motifs. Quant au grand public, tout cela lui est plutôt indifférent. Après tout, ce sont des affaires politiques concernant un pays lointain. Mais, cette fois, la situation est tout à fait différente. Un crime a été commis sur le territoire britannique, une tentative d'assassinat. Cette histoire va faire du bruit et les gens réagiront intuitivement. Il faut que vous compreniez bien que la plupart d'entre eux ne *voudront* pas croire à la culpabilité de Poutine. Les gens sont instinctivement hostiles à l'idée que des gouvernements ou des présidents ordonnent des meurtres. Plus la responsabilité de ceux-ci est flagrante, plus l'opinion publique refusera de l'admettre. Vous lutterez contre le courant. Or vous êtes l'anti-Poutine par excellence. Ceux qui ne voudront pas accuser Poutine penseront que c'est forcément vous le coupable. Plus vous crierez que c'est lui, plus on vous montrera du doigt.

Le vendredi 17, en fin de journée, les résultats d'analyses arrivèrent. L'information était officielle : Sacha avait été empoisonné au thallium, m'annonça Marina qui m'appela depuis l'hôpital. Elle paraissait presque soulagée. Au moins, on savait ce dont il souffrait. Les médecins lui administraient un antidote.

Ce fut le branle-bas de combat. Une patrouille de policiers armés arriva à Barnet à l'instant même où l'on s'apprêtait à transférer Sacha à l'University College Hospital (UCH) d'Euston, le meilleur établissement de soins de Grande-Bretagne. Avant qu'il ne quitte l'hôpital, Marina eut la sagesse de faire établir un compte rendu médical par le médecin de service. Je le fis apporter par coursier au bureau de Boris où nous tenions conseil, et nous le faxâmes immédiatement à New York. Notre réseau d'émigrés en Amérique avait déjà commencé à nous aider à rechercher l'autorité mondiale en matière d'empoisonnement au thallium.

Entretemps, une autre patrouille de police se dirigea vers la maison d'Akhmed Zakaïev, à Muswell Hill.

— Ils ont emmené Tolik, m'apprit Zakaïev au téléphone.

Pendant que Marina était à l'hôpital, les Zakaïev avaient accueilli Tolik chez eux après l'école.

— Tu ne me croiras pas, poursuivit-il. Huit flics dans trois bagnoles ont prétendu avoir reçu l'ordre de l'emmener. Ils ont terrorisé mes petits-enfants.

Je me précipitai à l'UCH pour découvrir que l'ambulance, sous escorte policière, m'avait pris de vitesse. Les portes de l'étage où se trouvait Sacha étaient verrouillées. Par une vitre, j'aperçus deux policiers au fond d'un couloir. Alors que je faisais de grands gestes pour essayer d'attirer leur attention, deux messieurs en costume sortirent de l'ascenseur, l'air grave. De toute évidence, ils étaient venus voir le même patient que moi.

— Puis-je savoir qui vous êtes ? me demanda l'un d'eux.

— Et vous, qui êtes-vous ?

Il me tendit sa carte et nota mes coordonnées. Son compagnon et lui étaient membres de l'unité antiterroriste de Scotland Yard. Ils me demandèrent de leur indiquer un jour où ils pourraient interroger Sacha. J'appelai Marina, mais son portable était éteint. Je ne pouvais rien faire de plus.

Zakaïev m'appela un peu plus tard.

— Ils ont arrêté Marina.

— Comment ça ?

— Elle m'a appelé d'une cabine de l'hôpital. Ils lui ont retiré son portable et ont refusé qu'elle voie Sacha, ou qu'elle s'en aille. Le portable de Tolik est coupé, lui aussi. Quand les flics l'ont emmené, ils m'ont dit qu'ils allaient rejoindre Marina, mais ce n'est pas vrai. Je suis en route pour l'hôpital.

Dès qu'il arriva à l'UCH, nous commençâmes à tambouriner à la porte vitrée. Un policier en uniforme apparut.

— Nous voudrions voir Mme Litvinenko.

— C'est impossible pour le moment.

— Elle est en garde à vue ?

— Non, mais elle ne peut pas vous voir.

Un flic reste un flic, me dis-je. Il n'y a qu'une façon de traiter avec ces gens-là.

— Très bien. Si elle n'est pas là dans cinq minutes, nous préviendrons la presse que vous avez procédé à son arrestation.

— Attendez, je vous prie, je vais appeler mon supérieur.

Deux minutes plus tard, l'inspecteur de l'unité antiterroriste que j'avais rencontré un peu plus tôt s'approcha de moi. Manifestement, c'était lui le chef.

— Je suis navré, me dit-il. Ils en font un peu trop. C'est la police locale, et ils ne savent pas ce qui se passe. On leur a dit de mettre les témoins en lieu sûr.

— Pourquoi avez-vous arrêté le petit ?

— On l'a conduit au commissariat et on est en train de le ramener chez M. Zakaïev. Je vous prie encore de m'excuser.

Un peu plus tard, Marina nous rejoignit.

— Merci d'être venus me délivrer, les gars, lança-t-elle. Ils viennent de me rendre mon téléphone.

Elle était secouée, mais essayait de faire bonne figure. Il était minuit passé. Akhmed la reconduisit chez elle.

Le samedi matin, je passai prendre le professeur Henry avant de me rendre à l'UCH. « Le thallium, m'expliqua-t-il en route, n'a aucun goût, il est incolore et inodore. Il en faut à peu près un gramme pour tuer quelqu'un. Pendant une dizaine de jours, ses effets sont les mêmes que ceux d'une intoxication alimentaire ordinaire. L'alopécie ne se manifeste qu'au bout de deux semaines. L'assassin a donc tout le temps de prendre le large. C'est une arme idéale pour un empoisonnement. »

À l'hôpital, il fit un cours sur le thallium au jeune médecin.

« L'organisme cherche à l'éliminer en l'évacuant dans l'intestin, mais il est rapidement réabsorbé. L'antidote le neutralise en le capturant au niveau de l'intestin. »

On administrait à Sacha des comprimés de « bleu de Prusse », une teinture qui sert d'antidote. Il avait beaucoup de mal à avaler ces gros comprimés bleu foncé à cause de l'état de sa bouche. Mais c'était un vaillant soldat. Il fut immédiatement sensible à l'autorité qui émanait du professeur Henry.

— Je sais que vous allez me tirer de là, professeur, lui dit-il.

— Vous ne vous débrouillez pas si mal, répondit Henry d'un ton jovial. Montrez-moi un peu si vous êtes fort. Serrez-moi la main. Oh ! là, là ! vous êtes drôlement costaud.

— Je pourrais encore faire des pompes sans tous ces tuyaux, dit Sacha tout content.

Mais en sortant de la chambre, Henry avait l'air perplexe.

— C'est vraiment bizarre. Ils lui administrent un traitement contre le thallium, mais si c'était du thallium il aurait dû perdre sa force musculaire, ce qui n'est pas le cas.

Je lui montrai le compte rendu toxicologique de l'hôpital Barnet.

— Voyons, dit-il. Le taux de thallium est élevé, en effet, mais seulement trois fois supérieur à la norme. C'est trop peu pour justifier de tels symptômes.

Le dimanche, les journaux révélèrent l'affaire. « Un espion russe empoisonné à Londres. La police antiterroriste mène l'enquête. »

— Sacha n'est pas un espion, protesta Marina. Il n'a jamais fait d'espionnage. Pourquoi le traitent-ils d'espion ?

— Pour le moment, lui dis-je, c'est le dernier de nos soucis.

Nous étions à la cafétéria de l'UCH. Sacha venait d'être transféré à un étage supérieur, dans une unité de soins intensifs – « par mesure de précaution », expliquèrent les médecins. Ses chances de survie étaient estimées à une sur deux.

Marina portait des lunettes de soleil. De nombreux journalistes se tenaient à l'extérieur, mais ils ne pouvaient pas l'approcher. L'hôpital avait engagé des agents de sécurité supplémentaires pour les tenir à distance. Depuis que le *Sunday*

Times était arrivé dans les kiosques, la presse était à ses trousses, ce qui l'obligeait à entrer dans l'hôpital par derrière. Les journalistes recherchaient son adresse à Muswell Hill. Scotland Yard avait affecté deux policiers à sa garde, pour parer à toute éventualité.

Elle ne voulait pas encore s'adresser à la presse.

— Vous me connaissez, nous dit-elle, à Akhmed et moi. Alors, à vous de jouer, les gars. Je préfère rester à l'écart le plus longtemps possible.

En vérité, je commençais à peine à la connaître. Je me souviendrais de cette conversation plus tard, après la mort de Sacha, quand Marina se déclara prête à affronter les médias. Elle le fit avec énergie et élégance, malgré son aversion pour la publicité, par obligation envers Sacha, comme une femme du Far West qui, lorsqu'il le fallait, abandonnait sa lessive pour ramasser le fusil de son homme abattu.

Mais, pendant qu'il était à l'hôpital, Marina géra la catastrophe avec calme, respectant les horaires de Tolik, et maîtrisant son émotion, ses yeux rougis trahissant seuls l'angoisse qui la dévorait dans la solitude. Je la voyais plusieurs fois par jour, mais elle ne manifesta jamais le moindre signe de désespoir et ne nous donna aucun motif d'inquiétude.

Plus tard, elle m'expliqua comment elle avait survécu tout au long de ces terribles semaines.

— En fait, je n'ai jamais cru qu'il allait mourir. Ni quand ils ont affirmé qu'il n'avait qu'une chance sur deux de s'en tirer, ni plus tard, pas même tout à la fin. Si j'avais admis qu'il pouvait mourir, je me serais effondrée. Je me disais, ce n'est qu'une nouvelle crise, la troisième de notre vie conjugale. La première avait été sa détention, la deuxième notre fuite en Turquie. Pour m'en sortir, j'ai appliqué les méthodes que j'avais apprises à ce moment-là. C'est comme lorsqu'on est entraîné par le courant : on continue à nager en espérant ne pas couler et en faisant le minimum pour garder la tête hors de l'eau.

En haut, à l'étage des soins intensifs, des policiers en armes montaient la garde. Les seules personnes admises dans la chambre de Sacha étaient Marina, Zakaïev, Boris et moi. Nous devions donner le feu vert à tout autre visiteur qu'il souhaitait rencontrer. Mais nous ne le voyions pas beaucoup. Les agents antiterroristes monopolisaient l'essentiel de son temps ; lorsque le dimanche soir arriva, ils avaient sans doute passé vingt bonnes heures avec lui. Ils se livraient manifestement à une course contre la montre pour lui arracher le maximum d'informations.

Le professeur Henry revint le lundi matin. À l'issue d'un entretien avec le médecin de service, il avait le visage sombre.

— Ce n'est pas du thallium, annonça-t-il. Sa moelle osseuse a complètement disparu alors que ses muscles résistent. Si c'était du thallium, on observerait le phénomène inverse. Ils le soignent maintenant comme si on lui avait administré une surdose de chimiothérapie – ce qui n'est pourtant pas le cas. Il faut dire qu'au point où nous en sommes, ça n'a plus grande importance. Ils s'inquiètent surtout des effets et craignent une défaillance brutale de l'organisme. Il s'affaiblit.

— Mais ils ont trouvé du thallium, au Barnet Hospital.

— C'est une énigme. Il a de toute évidence absorbé du thallium, mais aussi autre chose... – Il s'interrompit soudain. – Attendez... Et si c'était du thallium radioactif ?

Il fallait être un scientifique pour suivre le raisonnement du professeur Henry. Une petite quantité de la variété radioactive de thallium, c'est-à-dire un isotope, n'aurait pas provoqué de dégâts *chimiques* dans l'organisme de Sacha comme l'aurait fait du thallium ordinaire, entraînant notamment une faiblesse musculaire. On aurait observé en revanche d'importants dégâts dus à l'*irradiation*, tels que la destruction de la moelle osseuse et l'alopécie. C'était exactement ce qui était arrivé à un transfuge du KGB, un certain Nikolaï Khokhlov en 1957, dont le thé avait été empoisonné avec du thallium radioactif par des agents soviétiques.

— Si je ne me trompe, ils ont vérifié le taux de radioactivité de Sacha et n'ont rien remarqué d'anormal.

— C'est vrai. Ils ont fait deux examens de ce genre. Mais les hôpitaux ne sont équipés que pour mesurer les rayons gamma. S'il s'est agi de radiations alpha, ils ne les auront pas repérées. Je dois avouer que j'ai un peu oublié ma physique : je ne sais plus si le thallium émet des rayons alpha ou gamma.

Il existe deux types de radiations : les radiations à haute énergie et à fort pouvoir de pénétration, les rayons gamma, et les radiations à basse énergie, comme les rayons alpha, qui ne traversent même pas une feuille de papier, sans parler de la peau humaine. Dans les facultés de médecine, on ne parle que de rayons gamma ; ce sont ceux auxquels des gens ont été exposés à Hiroshima ou à Tchernobyl. Les médecins se servent aussi des rayons gamma quand ils emploient des isotopes à des fins de diagnostic, en injectant à un patient une faible quantité de produit émetteur de rayons gamma, avant d'enregistrer les émissions au scanner afin de détecter les cellules cancéreuses. Mais les rayons alpha n'ont pas d'utilisation en médecine, et les hôpitaux ne disposent pas d'équipement permettant de les détecter. Même si Sacha avait été bourré de rayons alpha, aucun appareil médical ordinaire n'aurait pu le remarquer.

Son organisme en revanche en aurait subi les effets. Les rayons alpha présents dans l'environnement sont inoffensifs, car ils ne traversent pas la peau. Mais si l'on ingère une substance qui émet des rayons alpha – qu'on l'avale ou qu'on l'inhale –, elle se dissémine immédiatement à travers tout le corps, se diffuse dans tous les organes et tous les tissus, entre dans chaque cellule et l'attaque de l'intérieur. La basse énergie des rayons alpha, comme une arme à faible portée, est plus que suffisante pour créer des dégâts à proximité. De l'intérieur d'une cellule, les rayons alpha attaquent l'ADN du noyau et le déchiquettent. La cellule meurt. Les plus vulnérables sont les cellules à division rapide, comme celles de la paroi intestinale, de la moelle osseuse et des bulbes pileux ; d'où les symptômes que présentait Sacha.

Le lundi, le professeur Henry m'appela :

— J'ai vérifié dans mes bouquins. Le thallium radioactif émet des rayons gamma. Ils auraient dû les détecter à l'hôpital. Mais il serait tout de même utile de rechercher des émetteurs d'alpha. J'en parlerai à Scotland Yard.

La première question que Sacha me posa le lundi matin concernait la presse. Les journalistes avaient-ils enfin compris ? Savaient-ils qu'il avait été empoisonné par le *Kontora* ? Il menait encore sa guerre, il voulait en tirer le maximum.

— Sacha, il y a dix équipes de télévision et cinquante journalistes sur le trottoir. Mais tu sais aussi bien que moi qu'une image vaut dix mille mots. Si tu veux que ton affaire fasse le maximum de bruit, il me faut une photo de toi, de la tête que tu as, dis-je, un peu embarrassé.

Marina me jeta un regard malicieux.

— Passe-moi une glace, demanda Sacha.

Elle sortit chercher un miroir.

— J'ai des chances de m'en tirer ? me demanda-t-il, profitant de son absence.

— Oui. Une sur deux, d'après les médecins, mais tu es costaud, et...

— Je sais, je sais, m'interrompit-il. Dans ce cas, il se peut que je ne m'en sorte pas et je voudrais écrire une déclaration. Donner le nom de ce salaud. Anna ne l'a pas fait, alors je le ferai, pour nous deux. Tu mettras tout ça en bon anglais, et je signerai. Tu garderas ce papier, au cas où.

— D'accord, mais on le déchirera ensemble quand tu sortiras d'ici.

— Évidemment.

Il avait du mal à parler. Pourtant, pendant qu'il me dictait sa déposition, je sentis quelque chose de nouveau dans sa voix. Pour la première fois, il me donnait des instructions, d'un ton sans réplique. Tout au long de nos relations, il avait eu un petit côté gamin. Il m'avait attribué le rôle de l'adulte, dont il espérait obtenir l'approbation. Maintenant, c'était lui l'adulte, sûr de lui, parlant pendant que je prenais des notes. C'était comme si le poison qui l'avait fait vieillir de vingt ans en trois semaines lui avait en même temps insufflé sagesse et assurance. Plus tard, quand Marina me parla de « l'autre Sacha », qui ne lui avait révélé qu'en de rares occasions la face dure de sa personnalité, je compris ce qu'elle voulait dire.

Marina revint avec le miroir. Sacha observa son visage pendant une longue minute. Il était satisfait – il avait une mine épouvantable.

Le lendemain, son portrait, un mélange de souffrance et de défi, s'afficha sur des millions d'écrans de télévision à travers le monde. Pendant ce temps, ce qui serait son *J'accuse* posthume signé en présence de Marina et d'un autre témoin se trouvait dans une enveloppe scellée, dans le coffre-fort de mon hôtel.

Je lui apportai les journaux. Ils avaient tous publié sa photo en première page.

— C'est bon, dit-il. Comme ça, il ne s'en sortira pas.

Ce furent les derniers mots que j'entendis de sa bouche.

Moscou, 21 novembre. Plusieurs députés de la Douma accusent Boris Berezovski et Akhmed Zakaïev d'être responsables de l'empoisonnement de Litvinenko. « Les liens étroits entre Berezovski et les terroristes tchétchènes [suggèrent] qu'ils auraient pu organiser à la fois l'assassinat de Politovskaïa et l'empoisonnement de Litvinenko, » déclare l'ancien chef du FSB, le parlementaire Nikolaï Kovalev. Le lendemain, le chroniqueur Tom Parfitt du Guardian *écrit : « L'idée que le Kremlin ait pu donner l'ordre d'éliminer M. Litvinenko paraît pour le moins improbable. Il n'en valait tout simplement pas la peine... [mais] la position de Berezovski semble de plus en plus précaire – tout comme celle d'autres individus dont la Russie réclame l'extradition... Ils doivent prouver que, comme ils le prétendent, ils risquent de subir des représailles s'ils sont renvoyés en Russie. La mort d'une journaliste libérale et l'empoisonnement d'un "ennemi du FSB" devraient satisfaire le juge Timothy Workman. »*

Pendant les vingt-quatre heures suivantes, on administra de puissants sédatifs à Sacha, qui ne fut conscient que par intermittence. Je consacrai l'essentiel de la journée du mercredi 22 novembre à la presse, accordant une kyrielle d'interviews dans le cadre de la guerre de communication avec le Kremlin qui battait son plein. J'arrivai enfin à l'hôpital dans l'après-midi. Je regardai Sacha à travers la vitre d'un box voisin. Il avait encore vieilli au cours de cette dernière journée : on aurait dit un homme de soixante-dix ans, chauve, hâve, la peau sur les os. Il n'avait pas mangé depuis vingt-deux jours. Il avait reçu plusieurs visites : George Menzies, son avocat, Andreï Nekrassov, le réalisateur, toute la famille d'Akhmed Zakaïev, Boris et Lena. Son père Walther était venu en avion de Russie et Marina et lui se relayaient à son chevet ; lui la nuit, elle le jour.

Avant le départ de Marina le mercredi soir, Sacha se réveilla soudain et la regarda.

— Je rentre à la maison, chéri, dit-elle. Je serai là demain matin.

— Marina, je t'aime tant.

Ce furent ses toutes dernières paroles.

Cette nuit-là, il fit un arrêt cardiaque et fut mis sous respirateur artificiel. Il ne reprit pas conscience et mourut à 21 h 21 le lendemain, le jeudi 23 novembre.

Walther Litvinenko était à son chevet. Le personnel de l'hôpital appela Marina au moment même où elle rentrait chez elle après sa journée de garde. Tolik et elle arrivèrent vers 22 h 30.

Londres, 24 novembre 2006. La déclaration de Sacha est communiquée aux journalistes qui attendent devant l'University College Hospital.

« Je voudrais remercier beaucoup de gens. Mes médecins, mes infirmières, tout le personnel de l'hôpital qui font tout ce qu'ils peuvent pour moi. La police britannique qui enquête sur mon affaire avec énergie et professionnalisme et qui veille sur moi et sur ma famille.

Je voudrais remercier le gouvernement britannique de m'avoir pris sous sa protection. Être un citoyen britannique est un honneur pour moi. Je voudrais remercier la population britannique de ses messages de soutien et de l'intérêt qu'elle porte à mon sort.

Je remercie ma femme Marina, qui m'a toujours épaulé. Mon amour pour elle et pour notre fils est infini.

Allongé là, j'entends distinctement battre les ailes de l'ange de la mort. Je réussirai peut-être à lui échapper, mais je dois avouer que mes jambes ne courent pas aussi vite que je le souhaiterais.

Je pense donc que le temps est venu de dire une ou deux choses au responsable de ma maladie actuelle.

Vous réussirez sans doute à me réduire au silence, mais ce silence aura un prix. Vous vous êtes montré aussi barbare et impitoyable que vos critiques les plus hostiles l'affirmaient. Vous avez prouvé que vous n'éprouvez aucun respect pour la vie, la liberté ou la moindre valeur de la civilisation. Vous vous êtes montré indigne de votre fonction, indigne de la confiance d'hommes et de femmes civilisés.

Vous réussirez peut-être à réduire un homme au silence. Mais une clameur de protestations venue de la terre entière résonnera à vos oreilles, monsieur Poutine, pour le restant de vos jours.

Que Dieu vous pardonne ce que vous avez fait, non seulement à moi, mais à ma Russie bien-aimée et à son peuple. »

Peut-être écoutèrent-elles le professeur Henry et apportèrent-elles un détecteur de radioactivité alpha à l'hôpital. Ou peut-être confièrent-elles des échantillons sanguins de Sacha à un laboratoire de physique nucléaire. Quoi qu'il en soit, quelques instants après sa mort, les autorités découvrirent ce qui avait tué Sacha : c'était un isotope radioactif obscur, le polonium 210, un émetteur de rayons alpha.

Je l'appris par Zakaïev, qui appela à trois heures du matin pour m'annoncer que des policiers en tenue de protection contre la radioactivité étaient arrivés à Muswell Hill moins d'une heure après le retour de Marina et de Tolik de l'hôpital. Ils leur avaient demandé de prendre le strict nécessaire et de partir immédiatement, car leur vie était en danger – ils passèrent le reste de la nuit chez les Zakaïev. Des hommes vêtus de combinaisons jaune vif, de bottes en caoutchouc, portant gants et masques à gaz, travaillèrent toute la nuit dans la maison de Sacha, posant des scellés, recouvrant de plastique le porche et la pelouse située devant la maison. D'importantes forces de police cernaient les lieux.

On exigea de nous une entière discrétion. Il fallait d'abord évaluer les risques sanitaires et s'assurer que la nouvelle d'un attentat radioactif ne provoquerait pas de mouvement de panique en ville. Mais dans la matinée, Walther Litvinenko, accablé de chagrin, faillit bien lâcher le morceau en s'adressant aux journalistes rassemblés devant l'hôpital.

— Mon fils a été tué par une minibombe atomique, dit-il en sanglotant.

Le secrétaire d'État au Home Office, John Reid, annonça dans l'après-midi que la mort de Sacha était due à la radioactivité. L'Institut de santé publique britannique, la Health Protection Agency (HPA), précisa qu'il s'agissait d'une « dose majeure ». Ce fut un branle-bas de combat d'un bout à l'autre de Londres. Des équipes de l'HPA et des policiers parcouraient la ville, brandissant des détecteurs de radioactivité alpha, retraçant le parcours de Sacha, tandis que des équipes de reporters suivaient chacun de leurs déplacements. La ligne spécialement mise à la disposition du public par l'HPA fut submergée d'appels. Le comité de planification d'urgence du gouvernement britannique, le même que celui des attentats du métro de Londres, se réunit pour étudier la situation. Les producteurs de journaux télévisés se bousculaient pour dénicher des spécialistes de physique nucléaire et diffuser des bulletins spéciaux. Le polonium, la politique russe et les théories du complot de Boris Berezovski n'eurent plus aucun secret pour des millions de Britanniques. Le monde entier connaissait désormais le nom de Sacha, première victime d'un attentat terroriste nucléaire.

Les autorités mirent quinze jours à autoriser l'inhumation. Le corps présentait en effet des risques majeurs pour l'environnement ; immédiatement après sa mort, il fut transporté dans une installation secrète et l'on entreprit de décontaminer les locaux de l'hôpital. Les médecins légistes chargés de pratiquer l'autopsie portaient un équipement de protection contre la radioactivité. On nous annonça enfin que sa dépouille nous serait remise dans un cercueil plombé, fourni par la HPA. Si la famille souhaitait faire incinérer le corps, elle devrait attendre vingt-huit ans, le temps que le niveau de radioactivité ne présente plus aucun danger – près de quatre-vingts demi-vies du polonium 210.

Avant les obsèques, notre petit cercle faillit être déchiré par une autre controverse, la dernière surprise que nous avait réservée Sacha. Alors que nous discutions des dispositions à prendre, Akhmed Zakaïev affirma qu'il fallait enterrer Sacha dans un cimetière musulman, car il s'était converti à l'islam la veille de sa mort. Le 22 novembre, juste avant que Sacha ne perde conscience, Akhmed avait fait venir à l'hôpital un mollah qui avait prononcé les prières idoines. Dans l'esprit d'Akhmed, Sacha était mort en musulman.

J'ignorais l'épisode du mollah et j'étais furieux contre Akhmed. Sacha n'avait jamais manifesté le moindre sentiment religieux et m'avait même avoué ne pas comprendre ceux qui attachaient de l'importance à la religion. Sa seule passion était de remporter ses combats et d'obtenir gain de cause. Bien sûr, il lui était arrivé souvent de dire « Je suis tchétchène. » Je disais ça, moi aussi, sans me considérer pour autant comme musulman. C'était une expression de solidarité, pas une déclaration de foi. De surcroît, on peut supposer que la veille de sa mort il n'avait pas les idées particulièrement claires.

— Je sais pourquoi il a fait ça, Akhmed, lui expliquai-je. Il se sentait coupable de ce que la Russie avait fait aux Tchétchènes et voulait faire un geste. Comme un Allemand qui se serait converti au judaïsme après la Shoah. Mais c'était une erreur. Ça ne favorisera pas votre cause. Avec ce qui se passe dans le monde, il faut être lucide, la propagande russe fera tout ce qu'elle peut pour mettre cette conversion en relief et mieux détourner l'attention de son assassinat. Tu joues leur jeu.

— Ce n'est pas un jeu, répliqua Akhmed. Tout a été fait selon les règles. Il est musulman.

Akhmed était un homme têtu. Peut-être est-ce cette obstination qui empêchera les Russes de gagner la guerre de Tchétchénie tant qu'ils n'auront pas tué toute cette population entêtée.

— Je ne suis pas spécialiste en conversions, poursuivis-je. Mais en biochimie, si. Et avec les doses de calmants qu'on lui a administrées ce jour-là, je ne suis pas sûr qu'il ait pu réfléchir de façon tout à fait rationnelle.

— Les actes de foi ne sont jamais rationnels, rétorqua Akhmed.

Nous en référâmes à Marina.

— Chacun n'a qu'à croire ce qu'il veut à propos de Sacha, répondit sagement Marina. Tu peux organiser une cérémonie à la mosquée, nous en organiserons une à la chapelle.

Marina décida que Sacha serait enterré dans la partie non confessionnelle du cimetière.

Le 8 décembre, sous une pluie battante, tandis que la police tenait les médias à distance, Sacha fut inhumé au cimetière londonien de Highgate, au milieu des tombes de victoriens célèbres et de quelques athées parmi lesquels Karl Marx et le physicien Michael Faraday.

La mort entoure la vie comme le cadre d'un tableau : elle en marque l'achèvement, et ajoute à la définition de l'image. Une vie qui vient de s'achever est un tableau qu'on vient de peindre et d'encadrer pour une exposition : il n'est plus temps d'entreprendre de changements, d'ajouts ou de reprises ; plus de repentirs, plus même de touche finale. La vie est complète, signée. Mais cet ensemble figé de formes et de couleurs est désormais et à jamais à la merci de ceux qui le contemplent – suspendu au mur, soumis aux débats et aux critiques.

À peine achevée, la vie de Sacha a pris un sens nouveau, elle s'est chargée de plus de signification qu'elle n'en avait avant le 1er novembre 2006.

Alors que j'essayais de comprendre sa mort, je me suis rendu compte que j'avais assisté grâce à Sacha à une métamorphose miraculeuse : de celles qui transforment le noir en blanc, qui déplacent le bien et le mal, inversent mort et salut, châtiment et récompense. Au cours des six brèves années qui avaient suivi sa fuite de Russie, un membre effrayé et dérouté d'une clique corrompue et meurtrière s'est transformé en croisé avant de le payer d'une mort atroce. Pour un autre témoin que moi, sa conversion susciterait peut-être des références religieuses ; tout ce que je peux dire, c'est que Sacha s'est révélé plus grand que la plupart des hommes.

Et, aux yeux de Marina, le tableau n'a jamais été encadré. « Il était tellement réel, incroyablement réel, il m'a tant apporté que je continue à puiser dans cette énergie, comme si nous étions toujours reliés l'un à l'autre. Je ne pense pas que cela s'arrête un jour. »

16
La galerie des glaces

Moscou, 1er février 2007. Lors d'une conférence de presse donnée au Kremlin, le président Poutine affirme que les services secrets russes considéraient Litvinenko comme une cible insignifiante et n'auraient jamais pris la peine de l'assassiner. « Il ne connaissait aucun secret, dit Poutine. Avant d'être renvoyé du FSB, Litvinenko travaillait dans les troupes d'escorte et n'avait pas accès à des secrets d'État. » Le même jour, Scotland Yard annonce avoir achevé son enquête et transmis le dossier de Litvinenko au ministère public de la Couronne, chargé de déterminer s'il y a lieu de procéder à une mise en examen.

La première fois qu'il a été question du Watergate, la Maison-Blanche a écarté l'affaire d'un revers de main et a parlé de « cambriolage ordinaire ». Puis les révélations se sont accumulées, et les murs qui entouraient Nixon ont commencé à s'effondrer, déclara George Menzies lors d'un déjeuner, quelque temps après la mort de Sacha. L'affaire de Sacha sera l'« empoisonnement ordinaire » de Poutine. J'ai le pressentiment qu'on finira par connaître le fin mot de l'affaire.

George réagissait à la conférence que je lui avais faite sur l'utilisation du polonium 210 comme arme meurtrière.

L'assassinat de Sacha restera dans les annales de la médecine légale, expliquai-je, pour son ironie ultime : le polonium est à la fois la meilleure et la pire arme qu'on ait jamais inventée.

Celui qui avait décidé de tuer Sacha avec du polonium avait

choisi ce produit parce qu'il n'y avait presque aucune chance qu'il soit découvert un jour. Il était difficile à identifier chimiquement : le laboratoire de toxicologie n'avait relevé que des doses inoffensives de thallium. Sa radioactivité avait peu de chances d'être détectée, car les compteurs Geiger habituellement employés en médecine, en santé publique, par les services de sécurité des aéroports, etc., n'étaient pas conçus pour détecter les rayons alpha. Le polonium est peut-être la substance la plus toxique au monde – une quantité infinitésimale constitue une dose terriblement létale et un gramme peut provoquer la mort d'un million de personnes. On peut le manipuler sans risque, pourvu qu'il ne soit ni inhalé ni avalé. Surtout, le polonium n'ayant encore jamais servi pour éliminer quelqu'un, personne ou presque dans les milieux spécialisés – toxicologistes, policiers ou spécialistes du terrorisme – n'aurait l'idée de chercher à l'analyser.

Enfin, c'est une arme peu vraisemblable parce qu'il est extrêmement difficile de s'en procurer.

Le polonium est une substance étroitement contrôlée, fabriquée dans des réacteurs nucléaires et qui trouve des emplois dans l'industrie spatiale et nucléaire. D'infimes quantités sont disponibles à la vente, mais à des prix tellement élevés qu'il faudrait des sommes fabuleuses pour en acheter suffisamment pour commettre un crime. Un criminel qui envisagerait d'employer du polonium à des fins homicides devrait disposer d'un haut niveau d'expertise, de connaissances en physique, en médecine, ne rien ignorer des procédures de surveillance radioactive, et posséder des informations sur la production et la distribution du polonium. Bref, il faudrait une touche de génie, associée à d'immenses ressources, et en premier lieu à un accès à du polonium, pour concevoir un projet de ce genre. Il n'y avait pas besoin d'être aussi paranoïaque que Sacha pour supposer que ce crime avait été perpétré par une organisation parfaitement au fait des techniques scientifiques d'empoisonnement.

Le polonium n'aurait pas dû être détecté. Si on le découvrit, ce fut pur hasard, et grâce à la phénoménale résistance de Sacha. On lui en avait administré une dose incroyable. S'il était mort au Barnet Hospital au cours des deux premières semaines, la cause de son décès n'aurait jamais été élucidée.

Mais une fois détecté – et c'est là l'ironie de l'histoire –, le polonium se révéla l'arme idéale pour un enquêteur. Comme une teinture invisible, il marque tout ce qu'il touche, et ne peut être effacé. Avec un équipement satisfaisant, on peut déceler du polonium dilué au millionième de millionième. Imaginons que quelqu'un pose la main sur une source de polonium, puis allume une lampe dans une chambre d'hôtel : l'interrupteur restera radioactif pendant des mois. En fonction de la quantité et de la répartition de la radioactivité sur un accoudoir de fauteuil, l'enquêteur saura si la trace a été laissée par une main droite ou gauche, si la main en question a été contaminée de l'extérieur ou si la radioactivité provenait des minuscules gouttelettes de sueur d'un individu qui avait eu le malheur d'ingérer le poison. En d'autres termes, il est possible de distinguer les traces laissées par le coupable de celles qu'a laissées sa victime.

Les enquêteurs ont également trouvé plusieurs pistes de polonium à Londres et à l'extérieur. Là encore, aucune information n'a été divulguée au moment où cet ouvrage est mis sous presse. Il y a cependant eu suffisamment de fuites provenant de sources sûres et de la presse londonienne pour que l'on puisse reconstituer une image plus ou moins complète des faits. Les enquêteurs ont, pour l'essentiel, confirmé ces informations à Marina.

Quelques heures après la mort de Sacha, les limiers de l'HPA identifièrent et bouclèrent plusieurs sites contaminés de Londres – dont le restaurant de sushis de Piccadilly où Sacha avait rencontré Mario Scaramella, et le bar de l'hôtel Millennium où il avait pris le thé avec les Russes. Au fur et à mesure de l'enquête, des dizaines d'autres lieux vinrent compléter la carte du polonium ; la liste définitive comprenait des bureaux, des restaurants, des chambres d'hôtel, des maisons, des voitures et des avions, dispersés dans plusieurs pays. Des centaines de personnes à travers toute l'Europe révélaient des degrés divers de contamination au polonium, rayonnant autour de l'épicentre de la « minibombe atomique » qui avait explosé à Londres. Lorsque la poussière retomba, les enquêteurs étaient capables de proposer une interprétation quasi intégrale de la carte. Comme le confia à Marina un officier de liaison de Scotland Yard, « nous savons exactement qui l'a fait, où et comment ».

Une des pistes de polonium avait évidemment été laissée par Sacha. Le 1er novembre 2006 au matin, il était parfaitement indemne de toute contamination. Les enquêteurs trouvèrent dans sa poche un billet qui les conduisit jusqu'au bus qu'il avait pris pour se rendre au centre de Londres le 1er novembre. On ne releva aucune trace de polonium dans le véhicule.

Vers 18 heures, Akhmed Zakaïev était allé le chercher au bureau de Boris pour le conduire à Mosewell Hill. Ce trajet avait suffi à rendre la Mercedes de Zakaïev inutilisable en raison des traces considérables de radioactivité que Sacha avait laissées sur le siège du passager.

Selon toute évidence, l'empoisonnement avait eu lieu au bar du Millenium vers 17 heures. Les enquêteurs mirent la main sur la théière qui avait contenu le poison et qui avait à son tour contaminé la cuisine, y compris le lave-vaisselle où on l'avait lavée. C'était apparemment au bar de l'hôtel que la concentration de polonium était la plus forte et elle était aérienne – ce qui veut dire que la poudre avait été glissée dans la théière. En effet, sept employés du bar furent testés positifs au polonium.

Entre le bar du Millenium et le moment où Zakaïev vint le chercher, Sacha s'était arrêté au bureau de Boris à Mayfair, où il s'était servi du fax. D'où les traces de radioactivité relevées sur l'appareil.

Tout ce qu'il avait touché après être rentré chez lui était fortement contaminé. La quantité de radioactivité disséminée au cours des trois premiers jours de sa maladie – c'est-à-dire avant son hospitalisation – était inimaginable. Selon l'HPA, les frais de décontamination de sa maison, nécessaire pour la rendre à nouveau habitable en toute sécurité, dépasseraient les deux cent mille dollars. Six mois plus tard, Marina et Tolik n'avaient toujours pas pu rentrer chez eux.

Parmi toutes les personnes en contact avec Sacha, Marina avait sans doute été la plus exposée, car elle s'était occupée de lui pendant les trois jours où il n'avait cessé de vomir. Elle fut contrôlée positive au polonium sous sa forme inhalée – pas suffisamment, heureusement, pour mettre sa santé immédiatement en danger. Chose remarquable, son taux de contamination n'était même pas suffisant pour qu'elle laisse une trace secondaire. C'est un élément important, car il suggère que ceux qui ont laissé une trace radioactive de polonium n'ont pas été contaminés par Sacha. Selon toute vraisemblance, ils ont été en contact direct avec le polonium lui-même.

Tolik, qui avait vécu sous le même toit que son père malade pendant trois jours mais avait eu beaucoup moins de contacts physiques avec lui, n'avait pas été contaminé du tout.

À part Sacha, deux personnes seulement avaient laissé des traces de polonium : Andreï Lougovoï et son associé Dimitri Kovtoun, le camarade de classe et copain d'armée de Lougovoï, un ancien, lui aussi, des services secrets de l'armée, le GRU. Kovtoun avait accompagné Lougovoï lors de deux rencontres avec Sacha, le 16 octobre et le 1er novembre.

Les taux importants de radioactivité qu'ils laissèrent derrière eux suggèrent une manipulation directe du polonium, plutôt qu'une ingestion. L'organisme dilue le polonium avant de l'excréter par la transpiration ; les quantités qui auraient dû être ingérées pour produire des traces égales à celles de Lougovoï et de Kovtoun auraient sûrement été mortelles.

Quand Scotland Yard publiera ses simulations de dissémination radioactive assistées par ordinateur, on pourra établir avec précision où et comment le poison a été manipulé avant de se retrouver dans la théière de Sacha. Tout ce que l'on peut dire pour le moment, c'est que Lougovoï et Kovtoun disséminaient de radioactivité *avant* que Sacha y soit exposé, le 1er novembre. Lougovoï a ainsi contaminé le canapé de cuir du bureau de Boris quand il lui a rendu visite le 31 octobre.

Kovtoun a laissé une trace de polonium à Hambourg en Allemagne, avant de se rendre à Londres du 28 au 31 octobre, dans l'appartement de son ex-épouse où il séjourna, et dans la voiture qui le conduisit à l'aéroport.

Lors de leur précédent séjour à Londres, les 16 et 17 octobre, les deux hommes avaient déjà laissé une piste de polonium dans des chambres d'hôtel, des bureaux, des restaurants ainsi que dans les avions de British Airways qu'ils prirent pour rentrer à Moscou. Ce fut au cours de ce séjour qu'ils contaminèrent le restaurant de sushis Itsu de Piccadilly, celui où se rendirent Sacha et Mario Scaramella le jour de son empoisonnement. Cette coïncidence entraîna une sacrée confusion jusqu'à ce qu'on établisse que le 1er novembre, Sacha et Scaramella s'étaient assis à une autre table que celle qui avait été occupée par Lougovoï, Kovtoun et Sacha deux semaines auparavant. Scaramella fut testé négatif au polonium.

On ne peut que se demander ce que Lougovoï et Kovtoun fabriquaient avec du polonium à Londres au cours de leur séjour du 16 octobre. Une hypothèse suggère l'existence de deux tentatives pour faire ingérer du polonium à Sacha ; la première – peut-être à l'Itsu – échoua, et les assassins revinrent donc pour un second essai, bien plus fructueux. On peut aussi voir dans leur rencontre du 16 octobre une sorte de répétition générale.

Pour moi, il reste une autre possibilité : Lougovoï et Kovtoun ne réussirent pas l'opération du 16 octobre, ils manquèrent leur cible, mais se contaminèrent eux-mêmes, bref, ils ratèrent complètement leur coup. Si bien que pour la seconde tentative, les commanditaires envoyèrent un vrai tueur professionnel : le « troisième homme ». La seule fonction des deux agents maladroits aurait été, cette fois, de mettre l'homme en contact avec sa cible. Cette théorie du troisième homme a été défendue dans la presse par Oleg Gordievski, l'ancien espion, qui cite des sources anonymes. Un « grand homme aux traits asiatiques » accompagnait Dimitri Kovtoun sur le vol de Hambourg le 31 octobre. Il fut enregistré par les caméras de surveillance de l'aéroport avant de s'évanouir dans la nature. Le passeport qu'il présenta en arrivant au Royaume-Uni provenait d'un pays européen, mais les enquêteurs furent incapables de retrouver sa trace dans un hôtel ou dans un avion quittant le pays.

La police n'a jamais confié à Marina le moindre indice étayant la thèse du « troisième homme », sans réfuter celle-ci pour autant. Elle tend à confirmer ce que Sacha m'a dit et a dit à d'autres : le 1er novembre, Lougovoï était en compagnie d'un homme que Sacha n'avait encore jamais vu et qui avait des « yeux de tueur ».

Enfin, un autre homme du nom de Viatcheslav Sokolenko traînait avec Lougovoï et Kovtoun le 1er novembre. Son rôle demeure obscur, même si apparemment il n'a pas été contaminé par le polonium.

Il ne fait pas de doute que de nombreuses questions seront résolues si la police publie le dossier de Sacha. Nous pourrons voir, le cas échéant, les cartes détaillées du polonium et disposer du compte rendu des déplacements minute par minute de Sacha, Lougovoï et Kovtoun dans les rues du centre de Londres, qui sont entièrement couvertes par les caméras de vidéosurveillance sur CCTV.

Ce récit serait incomplet si nous n'évoquions pas quelques autres théories sur cet assassinat, théories écartées depuis que la piste du polonium a livré ses secrets.

Le premier suspect avait été Mario Scaramella, un malheureux consultant en politique qui s'était trouvé au mauvais endroit au mauvais moment. Ses relations avec Sacha étaient liées à des querelles politiques en Italie et plus particulièrement à des rumeurs infondées prétendant que le Premier ministre Romano Prodi avait été un espion du KGB depuis la Guerre froide. En 2004, Sacha affirma à la commission parlementaire italienne chargée d'enquêter sur ces accusations qu'il lui était arrivé un jour d'entendre son mentor, le général Anatoli Trofimov, dire « notre homme », en parlant de Prodi. Mais cette conversation avec Trofimov avait eu lieu en 2000, alors que le scandale sur Prodi et le KGB avait éclaté en Italie en octobre 1999. Trofimov répétait peut-être ce qu'il avait entendu dire.

Quoi qu'il en soit, il paraît peu probable que quelqu'un ait pu utiliser du polonium en 2006 pour tuer Sacha en raison d'une affirmation anodine qu'il avait faite en 2004. Scaramella a été testé positif au polonium, mais à des doses très faibles.

Venait ensuite le cas de Ioulia Svetlitchnaïa, une Russe qui poursuivait ses études en Grande-Bretagne et fit momentanément les gros titres en prétendant que Sacha voulait faire chanter un « oligarque russe » qui n'était pas Berezovski et « entretenait des liens avec le Kremlin, avec Poutine. » Svetlitchnaïa avait rencontré Sacha alors qu'elle faisait des recherches pour son livre ; il avait correspondu avec elle.

D'autres hypothèses ont mis en cause d'anciens collègues de Sacha à l'URP ou d'autres éléments pourris dans le groupe des officiers du FSB, en activité ou à la retraite. Cette théorie a eu un retentissement tout particulier quand on a appris qu'un commando russe de Spetsnaz se servait de l'image de Sacha comme cible lors des exercices de tir.

Ajoutons le rapport de Iouri Chvets, un autre ancien officier du KGB établi à Washington, qui prétendait que Sacha avait monté un dossier sur une « personnalité majeure du Kremlin » dans le cadre d'une enquête de « due diligence » pour un client commercial.

Ces théories souffrent toutes de deux défauts : elles n'expliquent ni comment on a pu se procurer du polonium ni la participation d'Andrei Lougovoï.

À mon avis, aucun officier corrompu de grade moyen, aucun tueur à gages, aucun commando assemblé à la hâte ne pourrait avoir eu accès à cette substance radioactive soigneusement gardée qui, après tout, se prête aussi bien à un attentat terroriste que n'importe quelle arme de destruction massive : le polonium 210 est plus toxique que le bacille du charbon et convient aussi bien à la fabrication d'une bombe sale que le plutonium. Seuls les plus hauts représentants du gouvernement russe pourraient en obtenir. Et je suis sûr qu'au gouvernement russe, toutes les questions liées au groupe londonien de dissidents sont personnellement suivies par le président. L'opération de Londres n'aurait tout simplement pas pu se faire à son insu.

De même, il aura fallu un argument très convaincant pour inciter Andreï Lougovoï à se compromettre dans cette affaire. Après tout, il ne manque pas d'argent puisqu'on estime sa fortune à vingt ou vingt-cinq millions de dollars. Il n'aura donc pas agi par intérêt financier. Et il n'avait aucune raison de vouloir tuer Sacha. Seul un moyen de pression très puissant l'aura persuadé de participer à ce crime.

Pourquoi se donner autant de mal pour liquider un homme habitant une maison de location de Muswell Hill ? Sur ce point, je rejoins Poutine : quoi qu'ait pu faire Sacha, quoi qu'il ait été sur le point de faire, c'était se donner beaucoup de mal pour pas grand-chose. Sacha n'était pas la cible ultime ; sa mort devait servir une autre fin. Une fin d'une importance hors du commun qui justifiait l'emploi d'une arme aussi redoutable. Un seul motif semble plausible, celui que Lord Tim Bell évoqua avant même la découverte du polonium 210 et l'entrée en scène d'Andreï Lougovoï : mettre un assassinat sur le dos de l'autre camp dans l'interminable partie de bras de fer qui oppose Poutine et Berezovski.

Bien que Scotland Yard ait prétendu savoir « qui l'a fait, quand et où », peut-être ne connaîtra-t-on jamais le pourquoi de l'affaire. Lougovoï et Kovtoun ne parleront jamais, car ils ne seront jamais extradés. Les procureurs de Russie l'ont déjà fait savoir aux Britanniques. Au lieu de collaborer à l'enquête britannique, le gouvernement russe a préféré mener la sienne.

Celle-ci est conçue comme le reflet inversé de l'enquête britannique : il y a des enquêteurs, des témoins, des suspects et une hypothèse de travail qui constitue l'exact pendant de tout ce que les Britanniques ont à proposer. Chaque découverte britannique se voit opposer une contre-découverte russe, chaque déclaration suscite une contre-déclaration. Les Russes appliquent une tactique classique de désinformation, tout aussi évocatrice du style de l'ancien KGB que l'assassinat lui-même.

Comme l'a souligné une interview de Kovtoun et de Lougovoï publiée dans le *New York Times* le 18 mars 2007, cette contre-théorie russe ne les considère pas comme les auteurs d'un crime mais comme la « partie lésée » – les victimes d'une tentative d'assassinat au polonium qui aurait eu lieu lors de leur première visite le 16 octobre. Après avoir été contaminés à Londres, affirment-ils, ils ont rapporté du polonium à Moscou, puis de nouveau à Londres lors de leur second séjour.

En avril 2007, des enquêteurs russes se sont rendus à Londres pour interroger Akhmed Zakaïev et Boris Berezovski – écho de la visite de Scotland Yard à Moscou pour s'entretenir avec Lougovoï et Kovtoun en décembre 2006. Pour le moment, il s'agit de couples de témoins. Mais si les Britanniques condamnent les deux Russes pour l'assassinat de Sacha, les Russes risquent fort de riposter en accusant Boris et Zakaïev de tentative d'assassinat contre la personne de Kovtoun. Comme cette affaire ne sera jamais portée devant un tribunal, l'identité de l'assassin de Sacha ne sera jamais « officiellement » confirmée. La presse continuera à présenter une vision « pondérée » des faits.

Sans conclusion judiciaire, l'assassinat de Sacha se transformera en jeu à somme nulle entre deux théories rivales du complot, dont chacune est le reflet de l'autre. Aux deux extrémités de cette galerie des glaces – dont le cadavre de Sacha occupe le centre –, on trouve les deux protagonistes, les deux suspects, Boris Berezovski et Vladimir Poutine. L'un des deux a tué Sacha pour compromettre l'autre. Le choix se situe dans le regard du spectateur.

Un de mes amis qui vit à Moscou m'a dit :

— Pour toi, le coupable est Poutine, ce qui se comprend puisque tu travailles pour Boris et que tu vis à l'Ouest. Mais moi, je vis à Moscou et Poutine est mon président. Pas seulement un président, mais un homme qui, à tort ou à raison, est adoré et révéré par la majorité de la population. Il nous a rendu notre orgueil national, notre assurance. Il est comme la reine d'Angleterre. Si je commençais à imaginer qu'il est un assassin, je ne pourrais pas vivre dans ce pays. Autrement dit, il ne peut que s'agir de Boris, quelles que soient les preuves que tu présentes. Boris est *censé* être infâme.

Mon ami incarne une Russie supérieure, celle qui a une conscience. Il veut croire à la culpabilité de Berezovski. La majorité des Russes, j'en suis sûr, pense le contraire : elle veut croire que le coupable est Poutine – et n'en est que plus fière de lui. À ses yeux, Litvinenko était un traître et le président l'a liquidé. Au polonium. Ça lui apprendra. Le *vlast* doit être comme cela. Redoutable.

Voilà une bonne illustration de la profondeur désillusion qui touche la classe russe instruite à propos du *vlast*. Egor Gaïdar est l'ancien Premier ministre, l'homme qui, avec Tchoubaïs, a été l'architecte des réformes économiques de la Russie au début de la présidence d'Eltsine. Gaïdar, personnalité respectée dans le monde entier, dirige actuellement un groupe d'études économiques à Moscou. Il se trouvait en Irlande au moment de la mort de Sacha, pour assister à une conférence à l'Université nationale d'Irlande, à Maynooth. Au cours de ce qui fut peut-être le plus étrange rebondissement de l'affaire Litvinenko, dont on n'a pourtant pas fait grand cas, Gaïdar fut lui aussi victime d'un empoisonnement, le 24 novembre au matin.

Il a décrit ce qui lui était arrivé dans une lettre adressée le 7 décembre 2006 au *Financial Times* et intitulée : « Comment j'ai été empoisonné et pourquoi les ennemis politiques de la Russie en sont certainement responsables. »

« Après avoir franchi le seuil du centre de conférences, je me suis effondré dans le couloir de l'université, a écrit Gaïdar. Je ne garde qu'un souvenir très confus des événements qui se sont déroulés au cours des heures suivantes. Ceux qui se sont précipités vers moi alors que je gisais à terre m'ont trouvé saignant du nez, du sang et du vomi me coulant de la bouche. J'étais pâle, inconscient. J'avais l'air mourant. »

Après avoir passé la nuit dans un hôpital irlandais, Gaïdar insista pour être rapatrié à Moscou où il subit un bilan de santé complet. Son « médecin fut incapable d'expliquer des modifications aussi importantes et systémiques de l'organisme par des maladies connues de la médecine, ainsi que leurs combinaisons tout à fait singulières ». Gaïdar est sûr qu'il a été empoisonné et qu'il serait mort s'il s'était écroulé un quart d'heure plus tôt, seul, dans sa chambre d'hôtel.

« Qui, dans les milieux politiques russes, avait besoin de ma mort à Dublin le 24 novembre 2006 ? a-t-il écrit. J'ai écarté presque immédiatement l'idée d'une complicité des autorités russes. Après la mort d'Alexandre Litvinenko le 23 novembre à Londres, la mort violente le lendemain d'un autre Russe célèbre était la dernière chose qu'elles pouvaient souhaiter... Il est bien plus probable que des adversaires déclarés ou cachés des autorités russes aient tiré les ficelles, ceux qui cherchent à détériorer plus profondément et plus radicalement les relations entre la Russie et l'Occident. »

Dans son article, Gaïdar n'allait pas jusqu'à nommer ces « adversaires des autorités russes ». Mais un peu plus tard, plusieurs sites russes publièrent un fac-similé d'une lettre adressée par Gaïdar à George Soros lui-même, apparemment en réponse à ses vœux de prompt rétablissement. Ce fax au « cher George » était daté du 29 novembre 2006. Gaïdar y accusait nommément Boris Berezovski d'avoir cherché à l'empoisonner et demandait à Soros de « rappeler à l'opinion publique occidentale » quel genre d'individu était véritablement Boris.

« À l'heure actuelle, son principal objectif est de créer des ennuis à V.V. Poutine, de saper son régime, écrivait Gaïdar. Sa méthode consiste à nuire aux relations de la Russie avec l'Occident. »

Dans la mesure où il n'était pas particulièrement ami avec le Kremlin, alléguait Gaïdar, Soros pourrait se montrer « remarquablement efficace » pour salir la réputation de Boris. Il suggérait donc que Soros accuse Boris de « coopération avec le terrorisme international ».

La divulgation et la publication de cette lettre provoquèrent une tempête dans la presse libérale. La plupart des commentaires conseillaient vivement à Gaïdar de la désavouer et de dénoncer un faux. Mais Gaïdar resta silencieux. Finalement, le bureau de Soros confirma à un journaliste, sans commentaires, la réception de ce message.

Au début d'avril 2007, dans le hall de départ de l'aéroport de Berlin, je tombai sur Katya Genieva, une personnalité libérale très en vue à Moscou, qui avait accompagné Gaïdar à la conférence de Dublin. J'avais envie d'en savoir plus long. Pouvait-on envisager que Gaïdar ait souffert d'une simple infection gastrique et qu'il ait fait tout un plat pour rien ?

— Seigneur, Alex ! Comment peux-tu dire une chose pareille ? protesta Katya, horrifiée. Il a failli mourir. Moi aussi, j'ai été empoisonnée.

Elle me raconta qu'elle avait pris le petit déjeuner avec Gaïdar ce matin-là. Apparemment, elle avait absorbé une dose de poison très inférieure et ses symptômes avaient été moindres, mais elle avait été malade comme un chien pendant quatre mois et ses médecins pensaient qu'elle avait été intoxiquée par une substance inconnue. Pour elle, cela ne faisait aucun doute : c'était une tentative d'assassinat. Elle confirma également l'authenticité de la lettre adressée à Soros.

— Est-il possible que le Kremlin ait fait chanter Gaïdar pour l'obliger à calomnier Boris ? me demandai-je.

— Bien sûr que non, répondit Katya. Egor Timourovitch est vraiment persuadé que c'est un coup de Berezovski.

Je suis d'accord avec Gaïdar sur un point. Son empoisonnement était lié à celui de Sacha, et avait pour but de renforcer son effet sur l'opinion publique. Il n'existe que deux théories sérieuses susceptibles d'expliquer ces événements, et deux suspects majeurs. Si l'un des deux n'est pas l'assassin, eh bien, c'est l'autre.

Moscou, 16-17 avril 2007. Des milliers de contestataires se heurtent à la police anti-émeute dans les rues de Moscou et de Saint-Pétersbourg au cours de deux journées de manifestations anti-Poutine. La Maison-Blanche juge la réaction des autorités russes « dure ». Les observateurs notent que ces troubles pourraient servir de prélude à une révolution pacifique du genre de celles qui ont renversé les gouvernements d'Ukraine et de Géorgie. « Autrefois, la CIA faisait parvenir des fonds aux forces d'opposition. Aujourd'hui, ces forces sont financées par un système d'institutions et de fondations diverses. Cela explique probablement la multiplication de ce genre d'organisations dans notre pays », commente l'ancien dirigeant soviétique Mikhaïl Gorbatchev.

Londres, 19 avril 2007. Dans une lettre au secrétaire du Home Office, Iouri Fedotov, ambassadeur de Russie au Royaume-Uni, exhorte le gouvernement britannique à prendre des mesures immédiates pour répondre aux récents commentaires de Boris Berezovski appelant au renversement du régime de Poutine. « L'absence de réaction ne resterait pas sans effet sur les relations bilatérales », *avertit cette lettre. Une copie d'un mandat d'arrêt au nom de Berezovski, signé par le procureur général de Russie, Iouri Tchaïka, est jointe à la lettre.*

Lorsqu'on écrit sur la mort, comment ne pas penser à sa propre condition de mortel ? Sacha a succombé sous mes yeux à la mort la plus atroce que l'on puisse imaginer, interminable, abominable, inévitable. En assistant à son agonie, des visions d'anéantissement nucléaire – du champignon d'Hiroshima aux retombées de Tchernobyl, ces images qui ont hanté ma génération et rendu paranoïaques des millions de gens – me revinrent à l'esprit. Dès l'instant où il avait avalé ce thé, il n'avait plus aucune chance de s'en tirer : d'après les médecins, il avait ingéré une dose équivalente à celle qu'il avait reçue s'il s'était trouvé *deux fois* à l'épicentre de la catastrophe de Tchernobyl. Tous ceux qui s'y sont trouvés *une fois* sont morts en moins de quinze jours. Son affaire restera dans les annales de la médecine comme l'unique cas d'exposition interne à une aussi forte dose de radiations provoquant d'abord des symptômes gastriques et intestinaux, puis la période de latence, appelée la phase du « fantôme ambulant », celle où les cellules de l'organisme continuent à fonctionner par simple inertie, jusqu'à ce que tous les organes et tous les systèmes commencent à tomber en panne l'un après l'autre. Il n'est pas de mort plus atroce.

Et pourtant, me semble-t-il, on aurait peine à imaginer fin plus significative et plus édifiante, si tant est qu'on puisse appliquer ce genre de termes à la mort. Sacha, l'agent opérationnel par excellence, a résolu l'énigme de son assassinat en nommant les auteurs et leur commanditaire avant même que l'on ait mis la main sur un indice probant ou que l'on ait retrouvé l'arme du crime. En spécialiste des théories du complot, il n'a pas seulement présenté l'une des hypothèses les plus invraisemblables de toutes mais, avec sa mort, il a pu en apporter la preuve la plus convaincante. Ce faisant, il a confirmé toutes ses précédentes théories, rendant justice aux occupants des immeubles détruits, aux amateurs de théâtre moscovites, à Sergueï Iouchenkov, Iouri Chekotchihine et Anna Politovskaïa, ainsi qu'à la nation tchétchène à demi exterminée, en dénonçant leur assassin devant le monde entier.

Remerciements

Ce livre n'aurait pu exister sans l'enthousiasme, la perspicacité et l'aide efficace de Bruce Nichols à *Free Press*, qui a apporté tout son soutien et toute son intelligence à notre entreprise. D'autres personnes, chez Simon et Schuster, des deux côtés de l'Atlantique, notamment Judith Hoover, notre correspondante anglaise, et toute l'équipe de production ont fait de gros efforts pour finaliser ce projet malgré des délais qui, au dire de certains, étaient impossibles à tenir. Notre agent et notre conseiller dans le rôle d'auteur, le magnifique Ed Victor, s'est montré en tous points fidèle à sa réputation de légende vivante dans l'édition.

Nous avons la chance d'avoir des amis merveilleux : la famille d'Akhmed Zakaïev et celle de Boris Berezovski, George Menzies et Jane, Olga Konskaïa et Andreï Nekrassov, Nikolaï Glouchkov et Iouli Doubov, Lord Tim Bell et Jennifer Morgan, qui ont soutenu Sacha dans sa dernière bataille et aidé Marina pendant cette période difficile. Oleg Gordievski et Vladimir Boukovski méritent des éloges particuliers pour leur amitié et leur sagacité.

Walther et Zinaïda ont toujours été là pour Marina quand elle en avait le plus besoin, et Valentina l'a fidèlement entourée de son amitié. Alex n'aurait pas survécu à ces mois de tension sans l'hospitalité et la générosité d'Anukampa et de Timocha.

Marina remercie tout particulièrement Jay et Colin, de la

police de Londres, ainsi que Giacomo Croci de lui avoir servi d'anges gardiens.

Mais nous sommes surtout reconnaissants à Svetlana, qui a toujours été présente, d'Antalia à Highgate, et enfin à Tolik, perpétuelle source de réconfort, de force et d'espoir pour sa mère.

Table

Les principaux protagonistes 9

Première partie
LA FABRICATION D'UN DISSIDENT

1. Droit d'asile 13
2. L'agent opérationnel 33

Deuxième partie
LA LUTTE POUR LE KREMLIN

3. La baron voleur 61
4. Le pacte de Davos 75
5. Le QG fantôme 87

Troisième partie
LES GRONDEMENTS DE LA GUERRE

6. Les rebelles 105
7. Les conspirateurs 132
8. Les dénonciateurs 156

Quatrième partie
LA FABRICATION D'UN PRÉSIDENT
(À LA RUSSE)

9. Un homme loyal 181
10. Les vainqueurs 211
11. Les fugitifs 236

Cinquième partie
LE RETOUR DU KGB

12. Les exilés 269
13. Les limiers 295
14. Le gibier 334
15. La « minibombe atomique » 363
16. La galerie des glaces 385

Remerciements 401

*Cet ouvrage a été composé et mis en pages
par Étianne Composition
à Montrouge.*

Cet ouvrage a été imprimé par

FIRMIN DIDOT
GROUPE CPI

Mesnil-sur-l'Estrée

pour le compte des Éditions Robert Laffont
24, avenue Marceau, 75008 Paris
en mai 2007

Dépôt légal : juin 2007
N° d'édition : 47921/01 – N° d'impression : 85377

Imprimé en France